33.322

HISTOIRE
D'ELBEUF

par H. SAINT-DENIS

TOME IX

(De 1830 à 1846)

ILLUSTRÉ DE 12 PLANCHES HORS TEXTE

PAR DÉLIBÉRATION DU CONSEIL MUNICIPAL D'ELBEUF,
EN DATE DU 9 MAI 1894

Elbeuf. — Imprimerie H. Saint-Denis

1902

HISTOIRE D'ELBEUF

—

TOME IX

ELBEUF vers 1840, d'après une lithographie de cette époque.

HISTOIRE
D'ELBEUF

par **H. SAINT-DENIS**

TOME IX

(De 1830 à 1846)

ILLUSTRÉ DE 12 PLANCHES HORS TEXTE

PAR DÉLIBÉRATION DU CONSEIL MUNICIPAL D'ELBEUF,
EN DATE DU 9 MAI 1894

ELBEUF. — IMPRIMERIE H. SAINT-DENIS
1902

HISTOIRE D'ELBEUF

Tome Neuvième

CHAPITRE Ier
(AOUT 1830)

CHUTE DE CHARLES X. — LES VOLONTAIRES ELBEUVIENS A PARIS ; LEUR RÉCEPTION PAR LA FAYETTE ET LE DUC D'ORLÉANS. — ADMINISTRATION PROVISOIRE A ELBEUF. — AVÈNEMENT DE LOUIS-PHILIPPE. — FÊTE PUBLIQUE. — DÉLÉGATION DE FABRICANTS VERS LE GOUVERNEMENT. — ADRESSE AU NOUVEAU ROI. — L'AFFAIRE DU CURÉ DE LA LONDE. — PÉTITION CONTRE LES CLUBS.

Le roi, atterré par les trois journées de combat qui avaient ensanglanté la capitale, s'était résigné à révoquer les Ordonnances. Quand M. de Semonville vint annoncer cette nouvelle à l'hôtel de ville de Paris, on lui cria : « Il est trop tard ! Le trône de Charles X s'est écroulé dans le sang ! » Après une journée de réflexion et d'irrésolution, le roi se résigna à la retraite et partit avec sa famille pour Rambouillet.

Pendant ce temps, on intriguait à Paris pour investir Louis Philippe, duc d'Orléans, de la royauté. Le prince, voyant la victoire assurée, accepta le titre de lieutenant général du royaume, que les députés lui avaient conféré, et se présenta à l'hôtel de ville, où il embrassa le drapeau tricolore et distribua force poignées de main.

Le 1er août, Charles X envoya de Rambouillet son approbation à la nomination de son cousin le duc d'Orléans comme lieutenant général, pendant que celui-ci prenait des mesures pour l'éloigner davantage de Paris et même lui faire quitter la France.

Egalement le 1er août, une commission administrative départementale et provisoire se forma à Rouen. M. Henry-Mathieu Quesné, d'Elbeuf, en fit partie.

Ce même jour, à Elbeuf, une commission composée de MM. Lefort-Henry, Sauvage et J. Flavigny, fut chargée de présenter un plan d'organisation pour la garde nationale, à laquelle on allait donner un nouveau drapeau.

Nous avons sous les yeux la facture que délivra M. Beaudoin-Lefebvre, de Rouen, à la ville d'Elbeuf, à la date du 2 août, pour « un drapeau en soie, aux trois couleurs nationales, garni de franges à bouillon doré, avec poignée en velours garnie en galon fin, lance et bout en cuivre doré, brodé et glands en mi-fin... fr. 260 ». Elle fut payée le 31 janvier de l'année suivante.

M. Lemiraux, tapissier à Elbeuf, fournit un fourreau en serge verte pour le drapeau de la garde nationale, son prix était de 10 fr.

Ces deux sommes furent acquittées au moyen d'une souscription faite entre les membres de la commission administrative provisoire, à rai- raison de 17 fr. chacun.

Mais déjà, au 1er août, 150 volontaires elbeuviens s'étaient réunis et couraient sur Paris, avec l'intention de prendre part aux événements. Ce fut le premier détachement des gardes nationales de province qui se présenta aux Parisiens, qui, conséquemment, l'acclamèrent avec enthousiasme.

M. Petou écrivit de Paris, à la date du 2 août, aux membres de la commission municipale d'Elbeuf :

« Je m'empresse de vous annoncer que le roi Charles X vient de demander un sauf-conduit pour lui et sa famille. Des commissaires vont être nommés pour satisfaire à sa demande et le diriger sur l'Angleterre.

« La duchesse d'Angoulême, revenant de Dijon, n'a pu se rendre à Saint-Cloud que sous le déguisement d'une paysanne.

« Le détachement de la garde nationale est arrivé en bon ordre à Saint-Germain-en-Laye. J'en ai appris la nouvelle à quatre heures du matin par M. Chennevière. J'en ai informé, à 6 heures du matin, le lieutenant-général du royaume ; ensuite, j'ai fait avec M. Chennevière toutes les démarches pour assurer à ces braves jeunes gens une belle réception dans la capitale.

« Le général Gérard nous a adressés au général La Fayette, qui nous a embrassés avec cette cordialité qui le caractérise. Il s'est occupé aussitôt de notre demande, et enfin il a, de son propre mouvement, décidé qu'il irait en personne au-devant de notre garde nationale, qui demain sera réunie à celle de Rouen. Elle fera son entrée à Paris demain vers quatre heures. J'accompagnerai le général avec la députation de la Seine Inférieure... Petou ».

Un escadron du premier régiment des grenadiers de la garde royale, fort de 150 hommes, venant des départements du Calvados et de l'Orne, et en dernier lieu du Neubourg, arriva à Elbeuf dans la matinée, pour ensuite se rendre à Rouen.

Ce même jour, le président Henry reçut la démission de M. Turgis, commandant de la garde nationale. Le commandement fut offert à M. Patallier, ancien commandant.

M. Henry défendit aux gendarmes d'Elbeuf de décorer la tête de leurs chevaux de cocardes tricolores, cela constituant un abus à ses yeux.

Ce même jour encore, le bruit se répandit à Elbeuf qu'un dépôt d'armes se formait chez un habitant de Caudebec, du nom de Delahaye, où se tenaient également des réunions hostiles au nouveau gouvernement. La commission provisoire départementale en fut prévenue par M. Henry.

La commission municipale provisoire décida qu'un fonds de 5.000 fr. serait prélevé sur la caisse de la ville pour subvenir aux dépenses du corps des volontaires constitutionnels d'Elbeuf ; que cet arrêté serait transmis à M. Emile Delaunay, l'un des chefs du corps des volontaires.

M. F. Brisson écrivit, à la date du 4 août, au président de la commission administrative provisoire, cette intéressante lettre :

« En passant à Saint-Germain hier, j'ai appris que notre brave jeunesse y avait couché dans l'hôtel de MM. de la cy devant garde du corps. Je m'y suis rendu immédiatement. Je l'ai trouvée en armes et prête à se mettre en route pour Paris. J'ai remis à M. Emile Delaunay le paquet dont j'étais porteur pour lui ; il en a de suite fait faire la lecture, par M. V. Ménage ; elle a été accueillie par la plus vive acclamation

« J'ai continué ma route pour Paris, où j'ai annoncé son arrivée. J'ai trouvé la ville en émoi, et toute la garde nationale volontaire se dirigeant dans des voitures de réquisition, vers Rambouillet, pour en débusquer le roi et sa famille. Les journaux vous diront aujourd'hui que nos volontaires s'y sont rendus : le fait est tout à fait inexact ; il avait bien été question de leur en donner l'ordre, mais ils sont entrés à Paris au milieu d'une population innombrable qui les a reçus comme des frères. Ils ont été salués sur leur passage du cri mille fois répété de : « Vivent les volon- « taires d'Elbeuf ! »

« Ils se sont rendus dans la cour du Palais-Royal. Le duc et la royale famille étaient au balcon ; il les a reçus de la manière la plus gracieuse et, sans se faire attendre, ou pour mieux dire, il est descendu avec empressement, s'est mêlé parmi eux de la manière la plus affectueuse. Si le courage de nos jeunes gens avait eu besoin d'être retrempé, cette faveur de Son Altesse était tout à fait capable de leur donner une nouvelle énergie. Il est certain qu'elle leur a déjà fait oublier les petites fatigues qu'ils ont supportées.

« Si je vous avais écrit hier, j'aurais dû vous entretenir de l'agitation qui régnait dans Paris et des divers bruits qui couraient. Rien dans tout cela n'était rassurant ; aussi j'ai mieux aimé attendre pour ne pas vous inquiéter inutilement. Je viens de voir afficher une proclamation de la commission provisoire qui nous annonce que le roi est parti de Rambouillet.

« Je me suis présenté hier chez le général La Fayette. J'ai été introduit jusqu'à son cabinet, mais, dans le moment, il était tellement occupé que je n'ai pu avoir l'honneur de son audience. J'y reviendrai aujourd'huy, avec l'espoir d'être plus heureux. Je me présenterai aussi à la commission communale...

« Je ne partirai ce soir qu'à huit ou neuf heures et de manière à recueillir tout ce qui se sera fait dans la journée. Si je n'éprouve aucune contrariété, j'espère être à Elbeuf demain vers dix heures...

« P. S. — Je viens de voir entrer le duc de Chartres à la tête de son régiment. La garde nationale d'Elbeuf, la seule des départements qui soit ici, avait l'honneur d'être placée entre les deux escadrons des hussards du prince ».

M. Emile Delaunay, commandant de la légion des volontaires nationaux d'Elbeuf, écrivit à M. Augustin Henry, président du comité permanent de notre ville :

« Cinq minutes de repos me permettent de vous donner des nouvelles des cent cinquante braves qui ont volé au secours des Parisiens.

« Notre entrée chez eux s'est faite le 3 courant à deux heures d'après-midi.

« Nous avons été parfaitement reçus. Le duc d'Orléans a donné la poignée de main à tous les Elbeuviens présents. Tous les honneurs et félicitations possibles m'ont été adressés. J'ai remercié au nom de tous mes camarades.

« J'espère que nos frais de voyage ne se monteront pas à 5 000 fr. Notre itinéraire de route, placé sous vos yeux, vous donnera un compte exact de notre voyage ».

Le 5, à sept heures du matin, la garde nationale se réunit sur la place du Coq pour l'installation des officiers et la formation des compagnies.

Ce même jour, qui était un jeudi, la commission provisoire fit placarder en ville qu'il y aurait spectacle le soir, à six heures et demie, au profit des victimes des 27, 28 et 29 juillet : « L'administration provisoire y assistera. Tout bon Français, lisait-on sur cette affiche, est invité à venir payer sa dette aux mânes de nos frères morts pour la Patrie ». Ce document est signé de M. Vachot, commissaire de police.

Le voyage des Volontaires fut en partie fait par eau, car le maire de Rolleboise réclama une somme de 98 francs pour leur transport par la galiote de cette localité.

Le 7, M Delaunay écrivit, de Gaillon :

« Ma petite troupe de braves entrera demain dimanche dans Elbeuf, vers deux à trois heures d'après-midi.

« Nous avons travaillé en route au tableau qui doit vous être soumis. Nous espérons que la dépense ne s'élèvera pas à la somme limitée par le Conseil.

« Recevez, je vous prie, les remerciements de tous mes compagnons de fatigue et agréez, etc... »

Ce même jour, M. Flavigny, commandant de la garde nationale, adressa cet ordre du jour à ses troupes :

« Nos braves volontaires rentrent demain

dans notre ville. Demain, vous reverrons cette valeureuse troupe qui, la première de la France, a volé au secours de Paris.

« Nous nous assemblerons pour la recevoir et aller au-devant d'eux. L'heure est fixée à midi. Au premier coup de tambour, vous vous rendrez sur la place de l'Hôtel-de-Ville ».

Nouvelle lettre de M. Emile Delaunay :
« Pont-de-l'Arche, 8 août 1830.
« Le commandant des volontaires de la ville d'Elbeuf salue M. Augustin Henry, président de la commission administrative provisoire, et lui fait part qu'il arrivera à Elbeuf avec ses braves compagnons à 3 heures ».

La veille, la Chambre des députés, à la majorité de 219 voix sur 252 votants, avait déclaré le trône vacant et offert la royauté au au duc d'Orléans, qui l'accepta, naturellement.

Le 9, Louis-Philippe d'Orléans prêta solennellement serment à la Charte et commença un règne qui devait durer dix-huit ans. A Elbeuf, le nouveau roi était sympathique à la bourgeoisie, et ceux-mêmes qui avaient vu avec peine tomber Charles X ne se montrèrent pas hostiles au nouveau souverain.

Le 9 également, la Chambre consultative d'Elbeuf, présidée par M. Augustin Henry, président de la commission administrative provisoire, députa MM. Victor Grandin et Henri Quesné à Paris, pour signaler au nouveau gouvernement les dangers de la liberté illimitée du commerce et attirer son attention sur la fraude qui s'exerçait sur nos lignes de douanes, à la faveur des événements politiques que l'on traversait. Elle les chargea également de rapporter des échantillons types des couleurs adoptées pour les vêtements de la garde nationale.

Le président de l'administration municipale provisoire d'Elbeuf adressa, le 11, cette proclamation à ses concitoyens :

« S. A. R. Mgr le duc d'Orléans, lieutenant général du royaume, vient d'être proclamé roi des Français, sous le nom de Louis-Philippe Ier.

« S. M. a juré devant les chambres assemblées une charte qui sera désormais une vérité et qui assure les destinées de notre belle patrie.

« Un événement d'une aussi haute importance et dont les conséquences sont heureuses pour la France, excite de toutes parts la plus vive allégresse : celle des habitants d'Elbeuf est sans doute impatiente de se manifester. Aussi le président provisoire s'empresse t il d'ordonner que l'hôtel de ville et les autres édifices publics seront illuminés demain 12 août à huit heures du soir.

« Il ne doute pas que les citoyens, jaloux de manifester la joie qu'ils éprouvent de l'avènement au trône de Louis-Philippe Ier, ne suivent l'exemple de l'autorité et n'illuminent tous la façade de leurs habitations en signe de rejouissance publique.

« Vive le roi des Français ! Vive la famille royale ! »

Le lendemain jeudi 12, la fête eut lieu. On y ajouta un orchestre « afin que le peuple put se livrer à la joie ». Les illuminations furent générales ; on n'avait pas le souvenir d'une aussi belle soirée. On remarqua plusieurs transparents exprimant des sentiments patriotiques et des espérances que le nouveau règne faisait naître. Les deux églises furent illuminées, par les soins des curés, de huit heures à minuit. La ville retentit des détonations continuelles de pétards, boîtes, armes à feu et des cris répétés de : « Vive le Roi ! Vive la famille d'Orléans ! » Un rapport ajoute :

« On peut dire que la population tout entière parcourait les rues, que la joie et l'enthousiasme étaient dans tous les cœurs, comme ils se peignaient sur tous les visages. Jamais l'aurore d'un règne n'a été salué par de plus vives, plus sincères et plus unanimes acclamations. Toutes les classes de citoyens ont fourni leur contingent à la joie publique, qui s'est manifestée dans cette circonstance avec une énergie qui prouve l'excellent esprit dont sont animés les habitants d'Elbeuf ».

M. Victor Grandin, alors à Paris, écrivit à M. Henry, président de la commission municipale provisoire, pour inviter ses collègues à nommer une députation qui irait porter au roi l'expression des sentiments des Elbeuviens.

Cette lettre, communiquée le 13 à la municipalité, provoqua la nomination de MM. Joseph Flavigny, Eugène Sevaistre, Legrand-Duruflé et Brisson aîné, pour se joindre à MM. Petou, maire et député, Henry Quesné et Victor Grandin, à l'effet de porter au roi l'adresse suivante, rédigée par MM. Henry, J. Flavigny, Patallier, Lefort et E. Sevaistre·

« Sire,

« La ville d'Elbeuf qui, dans toutes les circonstances, a prouvé son attachement aux libertés constitutionnelles, ne pouvait rester indifférente lorsque Paris, les défendant avec un courage héroïque, ses généreux enfants ont saisi les armes et les premiers ils sont arrivés.

« La plus belle récompense de leur dévoucment, Sire, est de saluer, comme roi des Français, le prince qui, paré des trois couleurs, combattait à Valmy et à Jemmapes pour la Patrie, et de le proclamer le plus digne d'être chef de la grande Nation.

« Portez avec orgueil, Sire, le sceptre qu'a remis entre vos mains la volonté nationale. Votre Majesté saura rehausser la dignité de nos relations extérieures, affermir nos institutions, protéger la commerce, l'industrie ; porter dans les finances cet esprit d'ordre et d'économie qui distinguait si éminemment le prince. Telle est la conviction des Français.

« Une garantie de longue prospérité pour la France se trouve encore, Sire, dans votre auguste et nombreuse famille qui, élevée avec nos enfants et sous les lois de leur illustre mère, ne peuvent qu'assurer votre bonheur et le nôtre.

« Sire, au nom du président et de la commission provisoire de la ville d'Elbeuf, nous faisons avec transport le serment d'une inviolable fidélité à votre personne, à la charte constitutionnelle et aux lois du royaume.

« Vive Louis Philippe Ier, roi des Français! Vive la reine ! » — Suivent les signatures.

En arrivant à Paris, la députation se présenta à M. de la Rochefoucault, un des aides de camp du roi. On prit les ordres de Louis-Philippe, qui se montra disposé à recevoir les Elbeuviens immédiatement; mais comme ceux-ci désiraient se réunir à M. Petou, la visite fut remise au lendemain.

Le 15, à sept heures du matin, la députation se rendit à l'hôtel de ville, où elle fut reçue, par le vieux général La Fayette, de la façon la plus cordiale.

A une heure de l'après-midi, les Elbeuviens se rendirent au Palais-Royal, où ils furent introduits devant Louis-Philippe, la reine et les princes et princesses de la famille royale.

M. L. J. Flavigny lut au roi l'adresse de la commission provisoire. Le roi y répondit « de la manière la plus gracieuse et la plus affable, et les députés se sont retirés, enchantés d'avoir vu un roi citoyen qui n'a pas de sujets, mais qui est fier de commander à des hommes libres. Le même jour, M. Flavigny, président de la députation, eut l'honneur d'être invité au dîner royal ».

Le 15 août, jour de la fête patronale de la Londe, un rassemblement se forma pour empêcher M. Partie, desservant de cette paroisse, de dire la grand'messe. M. Henry, président de la commission municipale, fit envoyer deux gendarmes de la brigade, seule force publique que notre ville eût alors. Les gendarmes trouvèrent environ deux cents individus devant le presbytère ; ils demandaient que le curé leur remît les clefs de l'église, d'où ils paraissaient craindre qu'il enlevât les vases sacrés et autres objets de prix. Les clefs furent données par le curé, et des habitants s'en constituèrent les gardiens. Alors le rassemblement se dispersa.

Le lendemain, M. Partie quitta sa cure, vint à Elbeuf et se présenta devant M. Henry auquel il annonça qu'un nouveau rassemblement s'était formé une heure auparavant devant sa demeure à la Londe, en exprimant la crainte que la foule se portât à des excès. Le maréchal des logis fut envoyé dans cette commune.

M. Henry fit part de ces événements au préfet, en ajoutant : « Quelle qu'ait pu être la conduite antérieure du desservant de la Londe et les torts de l'autorité supérieure ecclésiastique en le maintenant opiniâtrement dans cette commune, il n'en doit pas moins obtenir protection ; et, d'un autre côté, il est urgent que l'ordre ne soit pas plus longtemps troublé. J'ai fortement engagé le desservant à ne pas retourner à la Londe, où il est probable que son absence va remener le calme... »

Le lendemain, M. Henry adressa une nouvelle lettre au préfet : « Le calme est rétabli à la Londe. Il est à désirer que l'abbé Partie, en ce moment à Elbeuf, soit éloigné du canton, et que son successeur, s'il lui en est donné, soit animé de cet esprit de modération et de tolérance pour opérer le bien... »

Le rétablissement des clubs politiques était à l'ordre du jour. La bourgeoisie d'Elbeuf, qui en redoutait les abus, adressa cette pétition aux membres de la Chambre des députés :

« Les événements qui viennent de survenir avec tant de bonheur ont assuré pour jamais nos libertés. Il ne reste à obtenir pour l'entier accomplissement de nos institutions que les lois municipales et départementales, mais tout annonce qu'elles seront incessamment présentées et que les bases en seront libérales.

« Avec un roi-citoyen, des ministres dévoués, des chambres constitutionnelles, rien ne manque à notre sécurité ; prétendre à de plus fortes garanties serait compromettre par excès de prévoyance l'immense résultat de notre révolution ; c'est le danger que nous croyons devoir signaler à votre sagesse, à l'instant même où nous apprenons que l'on organise des clubs populaires.

« Tout en rendant hommage à la sincérité

du patriotisme de ceux qui les établissent aujourd'hui, nous ne pouvons oublier ce que l'expérience nous a démontré.

« Si ces réunions sont nécessaires chez nos voisins pour entretenir dans les esprits plus froids le feu sacré, sauvegarde des institutions, chez nos Français, doués de l'imagination la plus vive, elles ne pourraient que devenir, comme en 90, une cause infaillible de trouble et d'agitation.

« Pénétrés profondément de cette importante vérité, c'est à vous, Messieurs, que nous adressons nos vœux ; nous en appelons à votre sagacité accoutumée pour opposer à toute création de clubs et sociétés populaires, inutiles pour la défense de nos libertés et dangereux pour notre avenir... »

Suivent soixante-quatre signatures, parmi lesquelles nous relevons les noms de MM. Le Roy, Flavigny, Louvet, Quesné, Lefort-Henry, Henry, Corblin, Grandin, Godet, Sevaistre, Turgis, Tassel, Lecerf, Maille, Desfresches, Join-Lambert, Capplet, Refuveille, Rouvin, Houllier, Chefdrue, Bourdon, Vauquelin, Lanseigne, Decaux, Debroche, Grivaz, Sallambier, Papavoine, Chennevière, A. Delarue, Simon, Beer, Ménage, Vimont, etc.

Les registres municipaux, en date du 26 août, portent ce procès-verbal :

« Nous Augustin Henry, président de la commission provisoire de la ville d'Elbeuf ; vu la lettre de M. le préfet, en date du 23 de ce mois, accompagnée d'une ordonnance de S. M. Louis-Philippe, roi des Français, nommant aux fonctions d'adjoints à M. le maire de cette ville :

« Attendu que par sa lettre, M. le préfet

nous délègue pour procéder à l'installation de ces deux fonctionnaires, en présence de la Commission municipale et des membres du Conseil municipal réunis...

« Nous avons ouvert la séance aux cris de : « Vive le roi ! » par un discours analogue à la cérémonie. Ensuite la musique de la garde nationale a exécuté une symphonie... Lecture faite, etc...

« MM. Flavigny et Louvet s'étant approchés du bureau et la main levée, ils ont invuduellement prononcé à haute voix le serment dont la teneur suit : « Je jure fidélité au roi des « Français, obéissance à la Charte constitu- « tionnelle et aux lois du royaume ! » et furent installés ».

M. Henry déclara ensuite que la commission provisoire avait cessé ses fonctions ; la musique joua et l'on se sépara aux cris de : « Vive le Roi ! »

Le 30, il fut procédé à la nomination des officiers de la garde nationale, sous la présidence de MM. Louis-Joseph Flavigny et Nic. Louvet, adjoints. — Le lendemain, les sous-officiers furent également élus.

La foire Saint-Gilles s'ouvrit sans incident ; les parades des saltimbamques firent allusion aux événements politiques qui s'étaient produits : ce fut la seule remarque que l'on fit.

CHAPITRE II
(SEPTEMBRE-DÉCEMBRE 1830)

M. Petou reprend ses fonctions. — Craintes de troubles ; arrestations. — Le nouveau Conseil municipal. — La garde nationale d'Elbeuf ; Louis-Philippe lui donne un drapeau ; la double fête du 27 octobre. — Agrandissement de l'hôtel de ville. — Lettre du maire au ministre. — La crise industrielle ; proposition de M. Victor Grandin.

Le 3 septembre, M. Petou, qui avait repris ses fonctions de maire, convoqua les officiers et sous-officiers pour la nomination des officiers de l'état-major. M. Sevaistre-Turgis fut élu chef de bataillon. Toutes ces élections se passèrent sans le moindre trouble.

Pendant la nuit du 4 au 5, trois placards séditieux furent apposés. La garde nationale les fit enlever au point du jour.

M. Petou en conclut que notre ville renfermait des agitateurs cherchant à pousser au désordre ; mais, dit-il, « j'ai confiance dans l'esprit de la garde nationale ».

Ce jour-là, arriva un nouveau commissaire

de police à Elbeuf ; il se nommait Galiay. Le maire le mit immédiatement au courant de l'affaire des placards, en lui enjoignant de commencer une information, et aussi de suivre avec attention tout mouvement populaire.

En effet, la veille, le bruit s'était répandu qu'un rassemblement d'ouvriers devait avoir lieu, dans le but d'obtenir une baisse sur le prix du pain et le ramener à trois sous la livre.

Ce bruit étant venu aux oreilles de M. Petou, il avait ordonné de renforcer le poste de garde nationale et à la garde à cheval de se montrer dans le quartier de la halle. Mais aucune manifestation ne se produisit et l'apposition de placards, seule, donnait quelque inquiétude au chef de notre administration municipale.

Bien qu'animés des meilleurs sentiments, d'après le maire, tous les gardes nationaux n'avaient pu pourvoir à leur armement, et il ne se dissimulait pas qu'à cause de la rareté des armes et de leur haut prix, cette dépense ne pourrait être faite par un certain nombre d'entre eux.

M. Petou, après avoir exposé cette situation au préfet, ajouta que, dans les circonstances où l'on se trouvait, il était extrêmement urgent que tous les gardes nationaux fussent armés, afin que, s'il y avait nécessité, une force imposante se développât.

Cette réflexion était de M. Sevaistre Turgis, commandant, qui, de son côté, se rendit à la préfecture, dans le but de faire délivrer trois cents fusils pour l'armement du bataillon. Il était supposable qu'environ 150 gardes nationaux paieraient l'arme qui leur serait remise, mais il était nécessaire que ceux ne pouvant la payer fussent néanmoins armés.

Pendant la nuit qui suivit, trois gendarmes de la brigade d'Elbeuf reçurent l'ordre de partir immédiatement pour Rouen.

Dès le matin du 6, le maire démontra au préfet le danger qu'il y avait, pour la sécurité à Elbeuf, par la diminution du nombre de gendarmes.

Pendant qu'il écrivait à ce fonctionnaire, il apprit que l'on venait de remettre aux mains du commissaire de police un individu étranger à la ville, ancien attaché au petit séminaire d'Evreux, qui avait été arrêté sous la prévention d'avoir cherché à exciter le peuple à la révolte. La population de l'agglomération elbeuvienne est de 20.000 individus, dit encore le maire au préfet, et ce n'était pas avec deux gendarmes seulement que l'on pouvait avoir la prétention de maintenir l'ordre.

En terminant, le maire demandait 2.000 cartouches pour la garde nationale. Il envoya M. Brisson, capitaine de la 2e compagnie de chasseurs, pour s'en livrer.

Ce même jour, le préfet invita le maire à donner une réquisition à M. Lanne, pour qu'il fit conduire immédiatement son bateau à vapeur au quai dit des Couchettes, à Rouen.

En cette journée encore, le maire d'Elbeuf apprit que la police soupçonnait le sieur Vannier, instituteur, d'être l'auteur des « trois placards incendiaires » trouvés sur les murs le 5 au matin. Il en informa le préfet.

Le 8, on sut que l'individu arrêté l'avant-veille se nommait Jean-Louis Folie ; qu'il avait été attaché comme domestique au petit séminaire d'Evreux. L'enquête établissait qu'il avait publiquement provoqué à la révolte des ouvriers rassemblés autour d'un marchand de papiers-nouvelles, en les excitant à demander le pain à trois sous et à briser les machines. Le marchand et cinq ouvriers avaient déposé dans ce sens.

Le commissaire de police fit conduire cet homme au procureur du roi. Le maire demanda que son jugement fut affiché sur les murs d'Elbeuf.

Ce même jour, les officiers et sous-officiers de l'état-major de la garde nationale furent invités à se trouver le dimanche 12 à l'hôtel de-ville, pour être reçus et reconnus, et ensuite assister à la réception des officiers et sous-officiers élus par les compagnies.

Vers ce temps, M. François-Félix Bellamy, commissaire-priseur, demanda l'autorisation d'ouvrir une salle de vente.

Ayant été avisé que l'on avait confectionné à Elbeuf des blouses militaires et des shakos pour l'uniforme de la garde nationale, le préfet demanda au maire, le 10 septembre, de lui envoyer une de ces blouses et un shako pour servir de modèles aux autres communes du département.

La garde nationale comptait alors sept tambours. M. Sevaistre-Turgis demanda au maire l'autorisation de les équiper aux frais de la ville, ainsi que les réglements sur la matière le prescrivaient.

Le 11 au matin, on arrêta un nommé Lhermite, se disant séminariste, prévenu aussi d'avoir provoqué le peuple à la révolte. La gendarmerie mit également en état d'arrestation le sieur Vannier, instituteur. Enfin, on recherchait à Elbeuf un nommé Félix Revert, ouvrier fileur, accusé d'être l'un des principaux chefs d'une coalition ouvrière à Rouen.

M. Petou réclama, le 16, pour la musique de notre garde nationale, « quinze colbaks nécessaires pour la coiffure, à prendre sur ceux laissés à Rouen par le régiment de la garde », et un pavillon chinois, ayant appartenu à la musique de ce dernier corps. — Les coiffures furent envoyées quelque temps après; leur prix s'éleva à 550 fr., y compris celui d'un ophicléide, reçu en remplacement du chapeau chinois.

Le 21, on compléta les cadres de la garde nationale, au moyen d'élections.

A partir du 24, les gardes nationaux d'Elbeuf purent se procurer des fusils, de la manufacture de Charleville, qui furent mis à leur disposition au prix de 28 fr. l'un.

M. Louis-Joseph Flavigny, adjoint faisant fonctions de maire pour cause d'absence de M. Petou, maire et député, présida, le lundi 20, à la prestation de serment des membres présents du conseil municipal dans l'ordre du tableau, qui était le suivant :

MM. Amable Corblin, Jacques-Louis Grandin, Robert Bourdon, Mathieu Quesné, Félix Lefebvre père, François Desfresches, Auguste Maille, Alexandre Tassel, Charles Louvet, Eugène Sevaistre, Henri Quesné, Hippolyte Join-Lambert, Victor Grandin, Joseph Godet, Jean Refuveille.

Le serment, ainsi formulé : « Je jure fidélité au roi des Français et à la Charte constitutionnelle et aux lois du royaume », fut prêté individuellement par les conseillers ci dessus nommés; M. Grémont, absent, avait envoyé le sien par écrit.

Sept membres furent dispensés de ce serment, comme l'ayant déjà prêté en raison d'autres fonctions publiques qu'ils remplissaient. Voici leurs noms : Laurent Patallier et Amédée Capplet, membres du Tribunal de commerce ; Louis-Robert Flavigny, conseiller général; Antoine Prieur-Quesné, juge au Tribunal de commerce ; Alexandre-François Legrand, juge suppléant au même tribunal; Isidore Lecerf, notaire; Nicolas Louvet, adjoint au maire.

Etaient absents : MM. Augustin Dévé, resté à sa maison de campagne dans le département de l'Eure. Alexandre Grandin fils, Amable Lenoble fils.

M. Louis-Joseph Flavigny, président le Conseil pour la première fois, exprima, au nom des Elbeuviens, ses remerciements à la Commission provisoire « pour le zèle et le dévouement qu'elle avait mis à maintenir l'ordre et la tranquillité pendant les journées orageuses ayant suivi celles des 27, 28 et 29 juillet, et pria les membres de cette commission de recevoir les éloges mérités pour leur conduite ferme et prudente pendant le provisoire de l'administration ».

L'adjoint exposa ensuite que l'organisation de la garde nationale entière, dont le service actif devenait indispensable par l'effet des circonstances, donnerait lieu, pour l'année, à une dépense assez considérable.

Le fonds de 600 fr. prévu au budget de 1830 était déjà absorbé et il y avait une infinité de dépenses à couvrir, telles que l'habillement complet et la solde du tambour-major et du tambour-maître, le paiement du tambour de garde, le chauffage et l'éclairage du poste, les frais de musique, etc. Bref, il demanda un crédit de 5.000 fr., qui fut voté à l'unanimité.

Le 24, le préfet informa le maire que le roi Louis-Philippe, par une ordonnance en date du 17, avait nommé MM. Louis Devitry, Mathieu-Constant Leroy, Augustin Henry, Désiré Lefort et Toussaint Barette membres du Conseil municipal, en remplacement de MM. Join-Lambert père et Sevaistre père, démissionnaires, Delarue et Revelle, non acceptants, et Louvet, nommé adjoint. Les nouveaux conseillers prêtèrent serment le 12 octobre.

Il restait encore deux sièges vacants au Conseil municipal, par suite du refus de MM. Dévé et Lenoble de prêter serment de fidélité au nouveau gouvernement.

M. Sevaistre-Turgis, chef du bataillon de la garde nationale, exposa au maire, le 26 septembre, que la place du Coq était trop petite pour faire les exercices militaires, que la prairie ne pouvait constamment être le lieu de ces exercices, et en outre que les propriétaires pouvaient la faire clore. En conséquence, il demanda l'autorisation de disposer de la place Saint-Louis et pria la municipalité de faire arracher les jeunes arbres qu'on y avait plantés, afin de faciliter les exercices.

Quelque temps après, le commandant signala « l'espèce de pavé, petit et pointu » qui se trouvait devant le corps de garde et fatiguait beaucoup les factionnaires, et demanda un autre pavage.

Le 14 octobre, la musique de la garde nationale d'Elbeuf reçut, de la place de Rouen, une grosse caisse estimée à 70 fr. et un chapeau chinois valant 30 fr., provenant tous deux du 5e régiment de l'ex-garde royale.

Jusqu'à cette époque, la fabrication lainière elbeuvienne s'était à peu près bornée à la production des draps unis ; mais des artisans lyonnais étant venus à Elbeuf, ils y développèrent l'idée de fabriquer des façonnés dits nouveautés, que plusieurs industriels de notre ville étudiaient déjà, en supputant leurs chances de succès.

Ainsi que l'a remarqué M. Mathieu Bourdon, ce serait une erreur de croire que ces articles étaient de nouvelle création, puisque la tradition avait transmis des témoignages irrécusables de ce qui avait été produit en ce genre pendant la fin du siècle précédent, par l'ancienne fabrique. Mais la vérité est que si, après 1830, les articles de goût dans lesquels le dessin et le façonnage jouent un si grand rôle, étaient purement et simplement à leur renaissance, on n'en doit pas moins considérer leur réveil comme une sorte d'innovation très heureuse.

Le 13 septembre, les membres du Tribunal de commerce furent convoqués pour prêter serment à Louis-Philippe, entre les mains de M. Augustin-Robert Baroche, conseiller du roi à la Cour royale de Rouen, délégué à cet effet par la Cour. Voici un extrait du procès-verbal dressé par M. Baroche :

« ... Nous avons, dans une allocution adressée aux magistrats récipiendaires, présenté quelques réflexions sur la nature des sentiments qui devaient les animer dans cette circonstance, en rappelant les motifs de reconnaissance envers le Roi, dont le dévouement a sauvé la France de l'anarchie, et le besoin du concours de tous les amis de la Patrie, pour le maintien de la paix intérieure et la conservation de nos libertés, si glorieusement conquises par leurs généreux défenseurs.

« Cette allocution a été terminée par l'éloge mérité des habitants de la ville d'Elbeuf, qui se distinguent par leur excellent esprit, leurs mœurs, leurs capacités commerciales et leur bonne renommée ».

La formule du serment était toujours la même: « Je jure fidélité au Roi des Français, obéissance à la Charte constitutionnelle et aux lois du Royaume ».

A la fin de la séance, M. Baroche ajouta ces quelques mots :

« Importante en établissements d'une antique renommée, si prodigieusement agrandie par le génie industriel de ses habitants ; centre d'une population laborieuse et sage, qui vénère ses chefs et s'honore de leur affection ; si riche surtout en hommes créateurs, qui se distinguent par la sagesse de leurs entreprises autant que par leur sévère probité, et cette délicatesse qui constituent l'honneur du commerce français ; brillante par ses nombreuses et anciennes familles, où la pureté de mœurs et de principes s'affermit dans les jouissances de la fortune : votre cité, Messieurs, ne renferme que des éléments de prospérité ; tout y respire la confiance, l'admiration et le respect, et doit y appeler et maintenir le bonheur. »

Les premiers agréés représentant les parties qui plaidèrent devant le Tribunal de commerce furent MM. Henri Tabouelle, secrétaire adjoint de la mairie d'Elbeuf ; Hector-Joseph-Victorin Carpentier, étudiant et gradué en droit, domicilié à Rouen ; Victor-Auguste Chrétien, ancien avoué près la Cour royale de Rouen, y demeurant; Jean-Jacques-

François Picard, gradué en droit et clerc d'avoué à Rouen.

Les huissiers audienciers désignés par le Tribunal, furent MM. Lemaître, Le Rat et Longuemare.

M. Guerrier, premier greffier du Tribunal, était décédé le 22 juillet précédent ; il était remplacé provisoirement par M. Jean-Baptiste-Casimir Lecomte, commis greffier, qui fut nommé titulaire trois semaines après.

Le 8 octobre, les Elbeuviens purent lire sur leurs murs la Charte constitutionnelle, affichée à quinze endroits différents.

Ce même jour, M. François-Nicolas Hénique, ancien huissier à Ecouis, fut nommé agréé au Tribunal de commerce, en remplacement de M. Carpentier, démissionnaire ; et M. Vauclin, ainsi que l'avaient été ses trois confrères, fut nommé huissier audiencier.

Disons tout de suite que M. Picard, agréé, ayant également démissionné, fut remplacé le 24 décembre de cette même année, par M. Alexandre Gucheuse, ancien huissier à Paris.

Le 8 octobre, le préfet demanda au maire d'Elbeuf des renseignements sur les opinions des gendarmes de notre brigade et sur la nécessité qu'il y aurait de faire partir ceux qui n'inspiraient pas assez de confiance aux autorités locales.

Le 13, le préfet adressa au maire d'Elbeuf, chef-lieu de la circonscription des deux bataillons du canton, une gravure coloriée représentant l'uniforme que les gardes nationaux ruraux devaient avoir pour la revue du dimanche suivant.

Le 17, les officiers et sous-officiers du bataillon *extra muros* de la garde nationale d'Elbeuf se réunirent à l'hôtel de ville pour élire l'état-major de ce bataillon.

Notre garde nationale avait obtenu 80 carabines et autant de gibernes ; mais le 18 octobre, M. Brisson, l'un de ses capitaines, fut chargé de les faire remettre à la douane de Rouen.

En ce même temps, beaucoup de gardes nationaux se munissaient d'armes à la manufacture de Charleville, par l'intermédiaire de M. Béranger et du maire. Trois caisses d'armes étaient déjà placées à la date du 18 octobre, et une quatrième était entamée.

Le 21, notre garde nationale reçut sept caisses de fusils de munition, adressées par la préfecture. Néanmoins, il manquait encore 400 fusils pour que tous les hommes fussent armés.

Le maire autorisa les exercices à feu, le 20 ; mais l'inexpérience des gardes nationaux fit suspendre immédiatement ces opérations, dangereuses pour la sûreté publique, car on n'entendait que des coups de fusils tirés de tous côtés, notamment dans les prairies et clos à rames de la ville.

Louis-Philippe envoya, vers le milieu d'octobre, un drapeau à la garde nationale. Notre administration municipale décida qu'il serait reçu avec solennité le mercredi 27, et que ce même jour il serait procédé à l'inauguration du buste du roi dans la salle des délibérations du Conseil. Voici le procès-verbal qui fut dressé de cette double cérémonie :

« Nous, Louis-Joseph Flavigny et Nicolas Louvet, adjoints à M. le maire de la ville d'Elbeuf, membre de la Chambre des députés.

« Sur le désir manifesté par ce magistrat de

coopérer par sa présence momentanée en cette ville, à l'inauguration du buste de S. M. et à la remise du drapeau donné par le roi à la garde nationale.

« Nous sommes rendus ce jour, à onze heures du matin à l'Hôtel de Ville, à l'effet de procéder à cette inauguration en présence de M. Petou, maire et député.

« Nous y avons trouvé réunis, sur notre invitation et conformément à notre arrêté du 23 du dit mois qui prescrit des mesures d'ordre et de police pour le cérémonial à observer, MM. les juges du Tribunal de commerce ; le Corps municipal ; les membres du Tribunal de paix et du Conseil des Prud'hommes ; les fonctionnaires et employés publics des diverses administrations et les officiers de la garde nationale.

« La séance a été, par le maire, ouverte aux cris de : Vive le roi ! vive Louis-Philippe Ier ! ; le buste de S. M. a été ostensiblement offert aux yeux de l'assemblée.

« Pendant que chacun en contemplait la ressemblance parfaite, la musique exécutait des symphonies, notamment l'air de la Marseillaise.

« M. Petou s'étant levé et découvert, a, dans un discours prononcé d'une voix ferme et sonore sur le but de cette touchante réunion, retracé les vertus et les qualités du roi.

« Ce discours accueilli aux cris de : « Vive « le roi ! », la musique a fait entendre de nouveaux airs.

« Ce pendant le buste de S. M. a été pompeusement placé dans la salle des séances de la mairie et salué à nouveau d'une voix unanime des acclamations retentissantes.

« Ensuite, l'administration qui avait jugé convenable d'ajouter à cette fête, où il ne régnait qu'un même esprit, qu'un même sentiment d'amour et de vénération pour le nouveau monarque, l'inauguration du drapeau donné par le roi à la garde nationale d'Elbeuf, s'est rendue avec toute l'assemblée sur la place d'armes, où le bataillon, par les soins de son chef M. Sevaistre-Turgis, avait été réuni en grande tenue.

« En tête, étaient les sapeurs-pompiers précédés des tambours et d'une musique nombreuse, ensuite deux compagnies de grenadiers, deux compagnies du centre, deux compagnies de chasseurs fermant la marche.

« Ce cortège était entouré de nombreux spectateurs.

« M. Petou, maire, à la tête des autorités civiles et militaires, s'est présenté au centre du bataillon près du drapeau envoyé par Sa Majesté à la garde nationale, comme un gage de la satisfaction du prince pour le patriotisme qui le distingue. Il a prononcé une courte allocution adressée à la brave garde nationale, ensuite de quoi il a fait la remise de ce dépôt sacré à M. le chef de bataillon qui l'a reçu aux bruits retentissants d'une musique guerrière et aux acclamations unanimes de : « Vive le roi ! vive la reine ! »

« La garde nationale s'est ensuite livrée à des exercices militaires et à la réception de divers officiers et sous-officiers, notamment des compagnies du centre, après quoi les compagnies ont défilé devant les autorités, aux mêmes acclamations de : « Vive le roi ! vive «la famille royale ! »

« A quatre heures s'est terminée cette double cérémonie, qui offrait le spectacle d'une réunion de famille, au milieu d'une grande population empressée de jouir de cette fête, qui généralement causait la plus vive émotion.

« Procès-verbal a été dressé par MM. les adjoints sus-nommés pour être déposé dans les archives de la mairie.

« A Elbeuf, en mairie, le 27 octobre 1830.
« N. Louvet. — L. J. Flavigny ».

Le dimanche 31 octobre, M. Petou, député et maire, MM. Louis-Joseph Flavigny et Nicolas Louvet, adjoints, se rendirent à la mairie de Caudebec, où étaient réunis les maires de cette commune, d'Orival et l'adjoint au maire de la Londe, les autorités et officiers de l'état-major du bataillon de la garde nationale d'Elbeuf *extra muros*.

Un cortège se forma et se rendit sur le Cours, à Elbeuf, où étaient rangées en bataille les trois compagnies de garde nationale de Caudebec, celle de la Londe et celle d'Orival. Ces troupes se formèrent en carré. Le député-maire prononça un discours, qui se termina au milieu des acclamations : « Vive Louis-« Philippe Ier, roi des Français ! » Il fut ensuite procédé à la réception de M. J.-B. Chatel, chef du bataillon rural, puis à celle des autres officiers de l'état-major.

Un état portant la date de 1er novembre, indique qu'il y avait alors à Elbeuf onze anciens militaires, âgés de 24 à 28 ans, ayant fait partie de l'ex-garde royale licenciée, mais qui fut rappelée sous les drapeaux.

Le 10, MM. Valentin Cousin et Georges-Aimable Génard furent installés comme membres du conseil municipal. Ils avaient été nommés par le roi en remplacement de MM.

Dévé et Lenoble fils, considérés définitivement comme démissionnaires pour n'avoir pas voulu prêter serment.

Le 11, un renouvellement partiel de la Chambre consultative fit entrer dans cette compagnie MM. Constant Le Roy et François-Antoine Grémont, pour remplacer MM. Devitry et Prieur-Quesné, sortants.

Nous avons vu que l'aile droite de l'ancien hôtel de ville avait été acquise, en 1779, moyennant une rente perpétuelle de 1.481 fr. 48 c. En 1830, le 12 novembre, la ville acheta l'aile gauche, pour le prix de 100.000 fr.

L'organisation de la garde nationale avait coûté 5.000 fr. à la Ville, somme que le Conseil municipal, avec l'autorisation du préfet, avait portée au budget additionnel de 1830 ; mais le ministre de l'intérieur refusa d'y laisser, en bloc, une dépense aussi grande. Le préfet en prévint M. Petou, qui, le 17 novembre, lui écrivit :

« Si depuis trois mois on nous a engagés à faire une garde nationale et si nous avons obtempéré de si bon cœur aux pressantes invitations, il est désolant pour nous de voir élever des difficultés sur la forme de nos demandes et nous parler des torts que nous avons eus d'habiller un tambour-major et d'avoir voulu une musique.

« Nous avons fait les avances de ce qu'a coûté la formation de notre garde et, après deux mois écoulés depuis notre demande du crédit de 5.000 fr., quand nous croyons que nos sacrifices vont être remboursés, la lettre la plus décourageante nous demande la nature des dépenses, la quotité de chaque article, enfin un état détaillé des frais.

« On ignore donc, M. le préfet, au ministère de l'intérieur qu'un état pareil est extrêmement minutieux et qu'il se compose d'une multitude d'articles. On ignore donc que notre administration se compose d'hommes loyaux, économes, et qu'il leur est insupportable de subir l'humiliation de n'être pas crus sur parole, surtout dans la position où nous a placés la Révolution de Juillet.

« Une cause aussi sacrée que celle de la garde nationale méritait d'être jugée autrement.

« Deux mois passés dans l'attente nous ont semblé bien longs ; nous aimons à croire que M. le ministre de l'intérieur appréciera notre position fâcheuse, et qu'il se souviendra qu'Elbeuf a, le premier, marché pour la défense de Paris ».

L'effectif de la garde nationale, à la date du 20, était de 836 hommes, dont 165 restaient à habiller ou à armer. Le maire fit une demande de 4.180 cartouches au préfet, soit cinq pour chaque garde.

Malgré la mauvaise saison, une compagnie de la garde nationale fit des exercices militaires dans la cour de l'Hôtel de Ville, chaque dimanche, de dix heures à midi, une autre de midi à deux heures et une troisième de deux à quatre heures.

Le 2 décembre, le maire dénonça au préfet l'établissement de M. Malteau comme très insalubre. C'était une fabrique de gaz, dont la présence au milieu des habitations, rue de la Justice, suscitait les plaintes continuelles des voisins, qui, tous, demandaient son transfert en dehors de la ville.

La Chambre consultative, réunie le 5, décida de solliciter du gouvernement la construction de la route d'Elbeuf à Bourgtheroulde, afin d'occuper les nombreux ouvriers alors sans ouvrage.

Le 12 du même mois, M. Victor Grandin fit, par lettre, à la Chambre consultative l'importante proposition suivante :

« Messieurs, dans un moment où vous êtes réunis pour discuter et aviser aux moyens d'assurer le bien-être de notre ville, en préservant son commerce et son industrie de catastrophes dont ils sont incessamment menacés, permettez à l'un de vos collègues, retenu chez lui par une indisposition, de payer aussi sa dette au pays en vous soumettant les idées qu'ont fait naître chez lui la gravité des circonstances.

« La crise actuelle est grande, sans doute. Il est à remarquer cependant que, jusqu'ici, elle n'a encore atteint que ceux dont la gêne remontait à une époque déjà assez éloignée ; mais la chute des maisons qui ne se soutenaient que par le crédit, a jeté un grand désordre dans le monde commercial. Le retrait du numéraire qui, en grande partie, appartient à des capitalistes, à des propriétaires étrangers aux opérations du commerce et, par conséquent, hors d'état d'apprécier la valeur de ceux qui s'y livrent, en a été la suite : de là le malaise général. C'est ainsi qu'une défiance momentanée, dont ceux-là seuls qui se trouvaient au-dessous de leurs affaires auraient dû être victimes, atteint maintenant et menace de compromettre ceux qui possèdent une fortune réelle.

« La position critique des chefs d'établissement n'est pas la seule chose qui frappe douloureusement les esprits dans cette circonstance : le sort des ouvriers semble encore plus inquiétant. Que deviendront, que feront, en effet, ces malheureux, si l'on ferme les ateliers pendant l'hiver, dans cette saison qui les rend plus nécessiteux, en même temps qu'elle leur enlève les ressources que leur offre l'agriculture aux autres époques de l'année?

« Indiquer un moyen de soulager les uns, en venant au secours des autres, n'est pas chose facile, et je suis loin de me flatter de l'avoir découvert. J'avoue, au contraire, que plus j'ai étudié les divers projets susceptibles d'être présentés, plus j'ai rencontré de difficultés et d'inconvénients dans leur exécution ; aussi, n'est ce que bien timidement que je me permettrai d'émettre un avis dans cette circonstance.

« S'il est bien constant que le mal vient, en grande partie, de la rareté des capitaux, en s'en procurant on doit espérer le voir diminuer. Obtenir un secours en argent, tel est donc le but vers lequel tous les efforts de la Chambre consultative doivent être dirigés, sans avoir égard pour les objections qui pourront être faites sur l'excédent de produits qui existe déjà sur place, et sur le danger de l'augmenter en accordant de nouvelles facilités aux producteurs. La chose la plus urgente c'est, suivant moi, de mettre à couvert l'honneur commercial de ces mêmes producteurs, et d'assurer, s'il est possible, du travail aux ouvriers pendant la mauvaise saison. Gagnons le printemps : nous verrons ensuite.

« Le gouvernement a créé une commission de secours. Trente millions ont été mis à sa disposition pour être donnés, à titre de prêt, aux commerçants et surtout aux industriels, à la prospérité desquels se rattache l'existence d'un grand nombre d'individus, et qui présenteraient, d'ailleurs, toutes sortes de garanties pour la rentrée des fonds avancés.

« Sans parler des droits particuliers qui ont acquis à la bienveillance du gouvernement les habitants d'Elbeuf qui, les premiers, sont accourus au secours de la capitale, dans les glorieuses journées de juillet, quelle autre cité, je le demande, a plus qu'Elbeuf droit de revendiquer une part dans ces trente millions ? Sa prospérité n'est-elle pas aujourd'hui d'un intérêt national ? Personne ne le conteste.

« Sa nombreuse population possède-t-elle d'autres moyens d'existence que ceux que lui procure l'exploitation de l'industrie qui lui est particulière ? Aucun.

« Une autre ville, une autre corporation, présenteraient-elles au gouvernement plus de garantie que n'en peut offrir le commerce d'Elbeuf ? Je ne crains pas d'affirmer le contraire, et il me sera facile, je le pense, de le démontrer.

« Que 600.000 fr. soient obtenus du gouvernement ; qu'un de nos concitoyens, jouissant d'une considération générale et d'une solvabilité notoire, soit chargé de faire la distribution de ces fonds à ceux qui en réclameront. Que, sous sa garantie personnelle, ce citoyen soit astreint à ne faire d'avances que sur dépôt de draps, auxquels il ne sera donné d'autre valeur que le prix accordé par l'Etat à ceux destinés à l'habillement des troupes, et je soutiens que nulle part le gouvernement n'aura rencontré de gage plus assuré, puisque le cas de non remboursement, au lieu de l'exposer à une perte, devient au contraire pour lui l'occasion d'un bénéfice, résultant de la supériorité qu'ont, sur les draps de troupe, les qualités les plus ordinaires d'Elbeuf.

« Mon avis serait donc, Messieurs, que, sans perdre un instant, la Chambre nommât une commission de trois membres qui, dans le plus bref délai, devra lui soumettre un projet d'adresse en forme de requête, à l'effet d'obtenir du gouvernement un secours de 600.000 fr. Puis, je demanderais qu'après l'adoption de cette adresse, la même commission fut invitée de se rendre immédiatement à Paris, pour la présenter et en poursuivre sans désemparer les fins, par tous les moyens en son pouvoir.

« Le secours une fois obtenu, il sera temps de s'occuper du mode de répartition des fonds mis à notre disposition. Au premier abord, on peut se demander pourquoi un seul et pourquoi pas plusieurs. Pourquoi ? Messieurs, c'est pour ne pas rendre le secours inutile à beaucoup d'honnêtes fabricants, qui ne craindraient pas de confier à un homme seul, à un ami, leur position, et qui redouteraient de la faire connaître à un plus grand nombre.

« Ce mode, d'ailleurs, n'offre aucun inconvénient, puisque j'ai ajouté que le citoyen chargé du travail devrait être de toute solvabilité et agir sous sa responsabilité personnelle. Un seul cas pourrait rendre nécessaire la formation d'une commission : ce serait celui... où le nombre des draps offerts en nantissement absorberait et au-delà la somme obtenue.

« Alors je conçois qu'une commission serait indispensable, attendu qu'une seule personne ne pourrait prendre sur elle de déterminer dans quelle proportion chaque réclamant devrait prendre part à la distribution. Mais avant d'en venir à la création de cet espèce de jury, il serait un moyen bien simple de s'assurer de la nécessité qu'il y aurait d'y avoir recours : ce serait d'inviter les fabricants désireux d'avoir part au secours à faire connaître dans un délai fixé, au répartiteur, la quantité d'aunes de drap sur laquelle ils voudraient emprunter. Or, si la réunion des demandes n'excédait pas le montant de la somme à disposer, il n'y aurait aucun inconvénient à suivre la marche indiquée et à autoriser le répartiteur.

« ... Maintenant, Messieurs, si nous sommes assez heureux pour réussir dans nos démarches auprès du gouvernement ; si le plan que je vous propose, modifié, élaboré par vous, venait à recevoir son exécution, je n'aurai plus qu'un vœu à former ; ce vœu, j'en suis convaincu d'avance, vous vous y associerez tous : c'est que M. Prieur-Quesné, homme intègre, capable, discret et estimé de tous ses concitoyens, c'est que M. Prieur-Quesné, dont la fortune, la prudence et la réserve en affaires présentent toutes les garanties désirables, soit prié de se charger des opérations auxquelles donnera lieu le prêt obtenu...

« ... Quoique je sois entré dans beaucoup de détails, il est encore une foule d'objets qui se rattachent à mon plan..., tels que l'application d'une partie des fonds obtenus à la formation d'un Comptoir destiné à faciliter l'escompte du papier déplacé, un fonds de réserve pour une époque un peu plus reculée ».

Il fut fait comme l'avait proposé M. Victor

Grandin. Une commission, nommée huit jours après, se rendit auprès du ministre qui l'accueillit favorablement ; mais on jugea utile, avant d'aller plus loin, de consulter les principaux fabricants d'Elbeuf. Le maire fut invité à les convoquer, ainsi que tous les commerçants ayant des rapports avec la fabrique.

Les principaux commerçants de notre ville se réunirent, le 23, pour examiner ce projet d'emprunt. Ils nommèrent une commission chargée d'étudier l'affaire. Cette commission était composée de MM. Osmont aîné, Patallier père, Prieur-Quesné, Sébirot, Cousin Corblin, Mathieu Leroy, Eugène Sevaistre, Sevaistre-Turgis, Lefort-Henry, Joseph Godet, Sauvage, Pierre Turgis et Join-Lambert fils.

Le lendemain, mourut M. Bernard Join-Lambert père, maître teinturier, âgé de 87 ans, né à Saint-Chinian (Hérault).

Vers cette époque, il fut question d'envoyer à Elbeuf quatre compagnies d'infanterie pour y tenir garnison, mais on dut renoncer à ce projet, faute d'un casernement pour les recevoir.

Le conseil municipal décida, en décembre, que toutes les maisons de la ville seraient numérotées ; quinze mois après, cette décision n'était pas encore mise à exécution.

A cette époque également, on projetait d'établir une caisse de retraite pour les employés de la ville.

Nous avons dit que l'industrie lainière était très éprouvée. A la fin de l'année, époque où les besoins se faisaient encore plus durement sentir, les ouvriers ne travaillaient guère que trois jours par semaine.

Dans la séance du conseil municipal tenue

le 30, le maire exposa la nécessité de créer des ressources pour subvenir à la classe indigente et en même temps aider la population ouvrière, qui allait être exposée à manquer de travail, à cause du ralentissement considérable des affaires, précisément pendant la saison la plus rigoureuse.

Un membre proposa, qu'au lieu d'établir une contribution générale par rôle, on établît un impôt volontaire, égal au dixième des cotes de chacun. Cette proposition fut accueillie, mais elle n'eût pas de suites.

On compta, pendant l'année 1830, 430 naissances, 71 mariages et 357 décès.

CHAPITRE II
(JANVIER-MAI 1831)

La question du gaz. — Manque de travail; création d'ateliers de charité. — Une fourniture de draps militaires. — On commence la route de Bourgtheroulde. — Difficultés dans l'administration municipale; démission des adjoints. — La garde nationale « intra muros » et « extra muros ». — La Saint-Philippe. — Dégats dans les forêts. — Le roi vient visiter Elbeuf. — Les tribulations de M. Nicolas Louvet.

Des plaintes nombreuses s'étaient élevées contre la fabrication du gaz. Son transport, disait-on, laissait après lui une odeur infecte « à tel point qu'il était possible de suivre la voiture à la trace ».

Le maire avait dû en informer le préfet et demander, le 2 décembre 1830, que l'établissement fut reporté hors de la ville, attendu « que le gaz n'était fait qu'avec des matières combustibles dans un état de décomposition plus ou moins avancée, telles que déchets et débourrages de cardes, résidus de graisse, de poussière, de laine morte, de crasse de teinture et d'huile réchauffée et décomposée ».

Le 7 du même mois, le préfet chargea le maire de s'assurer si M. Malteau avait rempli toutes les obligations imposées par l'arrêté d'autorisation.

Le 24, le commissaire de police, accompagné de l'architecte de la ville, furent chargés d'une enquête, qui eut lieu le 5 janvier 1831 : le procès-verbal constata plusieurs « infractions graves ».

Le maire envoya, le 17 du même mois, un mémoire au préfet, en sollicitant la suspension de l'arrêté d'autorisation du 23 juin 1829, jusqu'à ce que M. Malteau s'y fut conformé.

Le 28, le préfet interdit provisoirement la fabrication du gaz, conformément aux conclusions du maire d'Elbeuf.

Les fabricants de chandelle chantèrent victoire ; mais, le 1er février, M. Malteau, ayant reçu avis de cette suspension, adressa une longue réclamation au préfet, dans laquelle il demandait jusqu'au 15 mai pour se conformer aux dispositions prescrites. En attendant, il fit, par Me Le Rat, huissier, remettre opposition au commissaire de police et continua la fabrication et le transport du gaz.

Le 3 avril, le maire en instruisit le préfet, l'invitant à persister dans son arrêté de suspension.

Le lendemain 4, M. Malteau adressa au préfet une nouvelle requête tendant à ce qu'il fût ordonné une contre-visite de son établissement, se faisant fort de démontrer qu'il s'était strictement conformé à l'arrêté du 23 juin 1829.

Le 8, le préfet prit un nouvel arrêté maintenant les dispositions de celui du 28 janvier et chargeant en même temps le maire de faire apposer les scellés sur les fourneaux et cornues de l'établissement.

Le 11 du même mois d'avril, le commissaire de police procéda à l'apposition des scellés, en présence de l'architecte. Le procès-verbal de l'opération fut adressé au préfet le lendemain.

Le 18, le préfet répondit en approuvant la mesure ; mais en se réservant de se prononcer ultérieurement sur la nécessité de faire surélever la cheminée de l'établissement, jugée trop basse, après la visite que ferait l'ingénieur des mines.

Le 2 mai, sur le rapport de l'ingénieur, le préfet rendit un nouvel arrêté rapportant les précédents, sauf celui du 23 juin 1829 ; en conséquence, ordonna la levée des scellés et rétablit M. Malteau dans ses droits, sauf à soumettre son établissement à la surveillance de l'autorité locale. Le 5, les scellés furent enlevés par le commissaire de police, en présence de M. Joseph Flavigny, adjoint au maire.

Les tracasseries auxquelles M. Malteau était en butte provenaient de ses voisins, d'une part ; mais les plus actives étaient ceux que lui suscitaient sournoisement les fabricants de chandelles, dont le nombre était réduit, à cette époque, de vingt-et-un à dix-neuf. Le succès de l'usine à gaz, c'était la mort pour les fondeurs de suif ; aussi mirent-ils tout en jeu pour ruiner l'industrie introduite à Elbeuf par M. Malteau, qui n'était encore qu'aux débuts des ennuis qu'il eût à essuyer.

M. Ch. Louvet et le docteur Fillolet, membres de la commission sanitaire d'Elbeuf, étaient au nombre des adversaires de la petite usine à gaz. Le 4 décembre 1831, ils présentèrent à la commission sanitaire un rapport dans lequel ils rappelèrent que le préfet n'avait permis la continuation des opérations de M. Malteau qu'à la condition que les matières employées pour la production du gaz ne donneraient pas lieu aux inconvénients signalés précédemment.

Or, comme par le passé, M. Malteau se servait « de matières combustibles plus ou moins décomposées, puisque, lorsqu'il transportait son gaz à travers les rues, on sentait les mêmes odeurs infectes ». Et ils demandaient si l'on ne pouvait pas interdire la circulation du gaz dans la ville.

A l'appui, les opposants disaient : « Le sieur Malteau a obtenu l'autorisation de fabriquer du gaz par extraction de l'huile, mais il n'a pas obtenu celle de le promener par les rues ». Au point de vue de la salubrité, cette circulation est préjudiciable, et M. Malteau le sait si bien, ajoutaient-ils, qu'il a demandé l'autorisation d'établir des tuyaux sous le pavé des rues. En résumé, MM. Louvet et Fillolet demandaient la suppression de la circulation de la voiture à gaz et la nomination d'une commission pour dire si les exhalations fétides du gaz n'étaient pas nuisibles à la santé publique.

Le préfet, saisi de nouveau de cette question, la renvoya au maire, lequel nomma une commission de trois membres, composée de MM. le docteur Revelle, Decroix, pharmacien, et Martin. Cette commission présenta son rapport à M. Constant Leroy, maire d'Elbeuf.

Suivant elle, la petite quantité de gaz qui s'échappait dans l'atmosphère pendant les opérations ne présentait aucun danger. Quant à l'odeur d'huile empyreumatique, elle était inoffensive ; elle présentait avec celle des divers bitumes une analogie frappante. Grâce à M. Malteau, on convertissait en gaz inflammable des rebuts de filature jusqu'alors sans utilité, et, en outre, on obtenait une matière bitumeuse éminemment propre à être employée à la peinture des toiles grossières, des bois, des métaux, des murailles et de tous les objets enfin pouvant être dégradés ou altérés par l'humidité. La commission concluait en disant qu'elle était unanime dans la conviction que l'industrie de M. Malteau n'était pas nuisible, mais encore qu'elle était digne de la bienveillance et de la protection de l'autorité.

Deux nouvelles fonderies de suif éteignirent leurs fourneaux au commencement de l'année suivante.

M. Ambroise Delalande occupa le siège de président au Conseil des prud'hommes, à partir du 3 janvier 1831, avec M. Jacques Boisguillaume, vice-président.

Le 7, M. Louis-Jacques Fontaine, ancien huissier à Bourgtheroulde, fut nommé agréé près le Tribunal de commerce, en remplacement de M. Chrétien, démissionnaire.

Le 9 du même mois, la Chambre consultative fut saisie d'un travail de M. Petou fils, contre la réunion de la Belgique à la France. Une commission, nommée pour l'examiner, dressa un rapport que la compagnie adopta et qu'une députation, composée de MM. Henri Quesné, V. Grandin et Petou fils, présenta au ministre.

Quelques jours après, M. Pattay, négociant à Elbeuf, fit part à cette même Chambre d'un projet ayant pour objet de réclamer auprès du gouvernement des primes d'exportation. Ce projet fut également soumis à l'examen d'une commission, qui en fit un rapport, que la même commission, augmentée de M. Pattay, porta au ministre.

Le 8 mars, le bruit se répandit que les habitants de la Londe, de Saint-Ouen et de Boscroger allaient s'assembler pour descendre à Elbeuf le samedi suivant, à l'effet de faire diminuer le prix du blé, demander de l'ouvrage, ou mettre la ville au pillage et détruire les fabriques, si on ne leur en donnait pas.

Le maire d'Elbeuf songea à créer des ateliers de charité pour les ouvriers sans travail ; son projet était de faire réparer le chemin de la Londe, et, à cet effet, il écrivit à M. Reizet, receveur général à Rouen, pour obtenir de lui la permission de tirer du caillou dans les bois qui lui appartenaient. Quelques jours auparavant, le maire de la Londe avait adressé la même demande à M. Reizet, qui avait refusé l'autorisation sollicitée. Le maire d'Elbeuf remontra à ce propriétaire qu'il y aurait du danger pour sa forêt à ne pas occuper les ouvriers en chômage. Les travaux commencèrent le 20 mars.

M. Flavigny, adjoint, en l'absence du maire retenu à la Chambre des députés, et conformément à une ordonnance royale, ordonna la destruction de toutes les fleurs de lys existant tant à l'intérieur qu'à l'extérieur des édifices publics, et de toutes celles placées en évidence par des particuliers, sous peine, pour les contrevenants, d'être déférés aux tribunaux.

Le maire d'Elbeuf avait écrit à ses collègues du canton au sujet de la prière pour le roi. M. Delamare, maire de Freneuse, lui répondit qu'un dimanche, le curé de sa commune étant à Cléon, où il binait, avait fait chanter le *Domine salvam fac regem* en ajoutant ces mots : *Ludovicum Philippum*; mais qu'après l'office, il avait été vertement réprimandé par la supérieure du couvent de Saint-Aubin-jouxte-Boulleng, qui lui avait observé qu'il ne devait pas prier pour Louis-Philippe. M. Delamare ajoutait : « Je vous dois cette observation, parce que la supérieure du couvent a toujours cherché à paralyser le zèle et la bonne volonté des jeunes prêtres qui ont desservi ma commune et celle de Cléon ».

Le 15, la garde nationale fut convoquée pour aller recevoir le préfet aux portes d'Elbeuf. La garde à cheval se rendit même jusqu'au bas de la côte de Couronne.

Le travail étant venu à manquer presque complètement, le Conseil municipal dut prendre des mesures pour donner au moins du pain à la plupart des ouvriers oisifs.

Réuni le 16 mars, le maire lui exposa que depuis le 1er du mois, il avait employé un grand nombre d'ouvriers à tirer du caillou dans la forêt, et que la dépense, pour cette quinzaine, s'élevait à près de 5.000 fr. Il ajouta qu'il était indispensable, pour le maintien de l'ordre, de prolonger la durée de cet atelier de charité, et d'y employer, chaque semaine, un plus grand nombre et jusqu'à nouvel ordre 600 ouvriers des plus nécessiteux, et qu'il était nécessaire, pour se procurer des ressources correspondantes, de faire un emprunt de 30.000 fr. M. Malfilâtre, qui avait déjà avancé les 5.000 fr. à raison de 4 pour 100, était disposé à en fournir 25.000 autres.

Le Conseil prit immédiatement une délibération en ce sens, et comme la ville serait appelée à contribuer pour une part dans les frais de construction de la route projetée entre Elbeuf et Bourgtheroulde, il décida qu'elle serait imposée extraordinairement pour l'année en cours, au quart de ses revenus sur les contributions foncière, mobilière et des patentes.

Le 19 mars, le maire avisa les fabricants, à propos d'une fourniture de 100.000 mètres de draps de troupe, que, sur le rapport de la Chambre consultative, le Conseil municipal avait décidé d'accorder, par forme d'encouragement, en sus des prix payés par le gouvernement, une prime de 4 pour 100 à ceux des manufacturiers qui se chargeraient d'une partie de cette fourniture.

« Mais, ajouta le maire, comme les conditions doivent être connues avant tout, les fabricants sont invités à se rendre aujourd'hui à la mairie pour prendre connaissance des obligations imposées et se faire inscrire pour la quantité de mètres qui leur conviendra. Ils ne perdront pas de vue que cette mesure est conçue dans l'intérêt spécial des ouvriers de fabrique et qu'il y a urgence de l'adopter. »

La situation, par suite du manque de travail était devenue très grave et notre administration municipale avait des inquiétudes justifiées sur le maintien de l'ordre. Cependant, le préfet se montra hostile aux travaux de la route de Bourgtheroulde.

M. Nicolas Louvet, adjoint, faisant fonctions

de maire, lui écrivit, le 21 mars, que les centimes seraient employés à payer la quote-part de la ville dans la construction de la route et que les 30.000 fr. dont nous avons parlé, avaient été empruntés à M. Malfilâtre, pour indemniser les manufacturiers qui allaient entreprendre une fourniture de 100.000 mètres de drap de troupe, à des prix qui les mettaient en perte, mais afin d'occuper un certain nombre d'ouvriers.

M. Louvet continuait sa lettre dans ces termes énergiques :

« Les ateliers de charité ont été alimentés par les avances de M. Malfilâtre, avances que nous portons jusqu'à 10.000 fr. qui, cette semaine et partie de l'autre, seront absorbés ; mais ces 10.000 fr. seront remplacés par une pareille somme que le ministre de l'intérieur nous a accordée à titre de secours extraordinaires...

« Je ne pensais pas, M. le préfet, d'après nos conversations de mardi dernier, être obligé d'entrer dans tous ces détails ; vous m'avez si clairement dit que votre intention était de laisser toute liberté aux administrations et aux conseils municipaux, que j'ai dû penser que nous allions en jouir.

« Vous me demandez la copie de l'exposé que j'ai fait au Conseil municipal ; je le traduis par deux mots : « Misère profonde et « désir ardent de la soulager ! »

« Vous devez penser qu'une ville qui a déjà de grandes charges et qui voit son revenu décroître rapidement, a dû réfléchir avant d'en prendre de nouvelles. Elle ne s'est pas dissimulé que, pendant trois mois de suite, il lui faudrait des impositions extraordinaires ; elle a vu que le gouvernement, de son côté, en créait de nouvelles ; eh bien ! elle n'a pas dû reculer devant la nécessité...

« Ce n'est pas quand nous marchons sur un terrain brûlant qu'il faut regarder si des propositions sont d'accord avec tel ou tel article de loi !

« Aujourd'hui même, une petite émeute a eu lieu à un de nos ateliers de charité. Le mal a gagné dans les autres ateliers, et tous les ouvriers ensemble, pioche et pelle sur l'épaule, sont venus me déclarer que mes conditions de travailler trois jours par semaine, pour être relevés par d'autres les trois autres jours, et à raison d'un franc par jour, ne pouvaient leur convenir.

« Mon collègue et moi avons eu le bonheur de rétablir promptement l'ordre, en quoi nous avons été aidés par quelques gardes nationaux tant à cheval qu'à pied, qui sont venus, comme par enchantement, faire un rempart à l'Hôtel de Ville. A cette heure, une partie des ouvriers est retournée au travail...

« Après toutes ces raisons, M. le préfet, je dois espérer que vous userez de toute votre autorité pour que rien ne paralyse la bonne volonté de la ville.

« Je le répète : dans un temps extraordinaire, il faut prendre beaucoup sur soi, et on est fort quand on n'a que de bonnes intentions.

« M. Roquefeuille — ingénieur à Rouen — est arrivé, et dans ce moment il étudie la forêt. C'est à ce point qu'il faut particulièrement s'attacher, parce qu'il fournit beaucoup d'occupation aux ouvriers, et qu'étant d'accord avec M. Malfilâtre — propriétaire de cette forêt — nous ne serons pas interrompus».

Quelques jours après, le préfet était d'accord avec M. Nicolas Louvet et il assurait celui ci de son aide pour traverser la crise dans laquelle notre ville se trouvait.

Le plan de la rue du Vallot fut exposé à la mairie du 9 au 17 avril.

Le 10, on ouvrit à l'Hôtel de Ville un bureau pour souscrire à l'emprunt de 120 millions en rente 5 pour 100, fait par l'Etat.

Le 20, on fit le recensement de tous les citoyens d'Elbeuf, âgés de 20 à 60 ans, capables de figurer sur le rôle de la garde nationale.

M. Louvet, adjoint, faisant fonctions de maire depuis plusieurs mois, reçut le budget, retour de la préfecture et du ministre, accompagné d'annotations désobligeantes, malgré les promesses du préfet de l'aider dans l'administration de la ville. Très froissé, M. Louvet donna sa démission, le 16 avril, par une lettre se terminant ainsi :

« Pour m'avoir méconnu, pour avoir manqué de confiance ou pour avoir écouté des personnes qui ne trouvent jamais bien que ce qu'elles ont fait elles-mêmes, vous perdrez en moi et irrévocablement un administrateur honnête homme, qui a fait violence à ses goûts par dévouement à la chose publique et dans des moments difficiles, et qui, pour récompense, subit une punition qui n'avait jamais été imposée à mes prédécesseurs et sous aucun préfet. Mais libre, fier et en paix avec ma conscience, je suis au-dessus de toutes les atteintes.

« Monsieur le préfet, je vous engage à vous hâter de me faire remplacer, car au zèle et au courage dont j'étais animé, ont succédé l'insouciance et le dégoût ! »

Le préfet fit plusieurs tentatives pour faire

revenir M. Louvet sur sa décision, mais celui-ci la maintint fermement, disant que, comme beaucoup d'autres, « il s'était laissé séduire par le mot magique de liberté », mais qu'il avait reconnu que rien n'était changé dans le système d'administration des affaires municipales.

Dans le budget de 1831, figurait une somme de 3.200 fr. pour l'achat de 80 capotes destinées aux pompiers.

M. L.-J. Flavigny, adjoint, délégué pour recevoir le serment des officiers de la garde nationale du bataillon d'Elbeuf *extra muros* et du bataillon de Freneuse, procéda à cette cérémonie le dimanche 24 avril, à l'Hôtel de Ville d'Elbeuf. Etaient présents :

Caudebec. — MM. Jean-Baptiste Chatel, commandant; Asse, capitaine adjudant-major; Corblin, Heullant, Duquesne, capitaines; Sorieul, P.-J. Lefebvre, P.-A. Lefebvre, Caban, lieutenants; Petit, Dischard, Hellouin, Marquais, sous-lieutenants; Durand, porte-drapeau; Debeaulieu, lieutenant rapporteur; Ovide Picard, sous-lieutenant secrétaire; Delahais, chirurgien aide-major. — M. Alix, sous-lieutenant, était absent. — MM. Gancel et Laîné, capitaines, et Brisemontier, lieutenant, étaient démissionnaires.

Freneuse. — MM. Noel Leroux, commandant; Bocquet, Le François, Décambeaux, capitaines; Rivette, Fréret, F. Postel, Bachelet, lieutenants; Mouchard, Delande, Hédouin, A. Postel, sous-lieutenants; Surget, porte-drapeau; Revelle, chirurgien-major. — Etaient absents, MM. Bertin, adjudant-major, Duhamel et Bachelet, capitaines; Hédouin, lieutenant; Maille, sous-lieutenant, Bouvry, lieutenant rapporteur ; Lenormand, secrétaire, qui envoyèrent, comme les absents de Caudebec, leur serment par écrit. — Etaient démissionnaires MM. Hazé, capitaine, et Sénéchal, lieutenant.

Ce même jour, M. Flavigny reçut le serment des officiers de la garde nationale *intra muros* d'Elbeuf. — Etaient présents, MM. Sevaistre-Turgis, chef de bataillon ; Renault, adjudant-major ; Huard-Maille, porte-drapeau.

Sapeurs pompiers : Bellec fils aîné, capitaine ; Deparrois et Sèbe, sous-lieutenants.

1re compagnie de grenadiers : Louis Maille, capitaine ; Sauvage, lieutenant ; Desfresches aîné, sous-lieutenant ; 2e compagnie : Victor Quesné, capitaine ; Osmont, lieutenant ; Buisson et Thouin, sous-lieutenants.

1re compagnie de chasseurs : Lefort-Henry, capitaine ; Victor Ménage, lieutenant ; Ch. Flavigny et Alex. Leroy, sous-lieutenants — 2e compagnie : Brisson aîné, capitaine ; Touzé-Delamare, lieutenant ; Mècre et Aug. Delarue, sous lieutenants.

Compagnie de garde à cheval : Joseph Grandin, capitaine ; Charles Louvet, lieutenant.

Deux absents : MM. L. Pion, lieutenant de pompiers, et Alexandre Delarue, sous-lieutenant à la 1re de fusiliers, envoyèrent leur serment par lettre.

La fête du roi fut célébrée le 1er mai, jour de la Saint-Philippe, avec beaucoup de solennité. La veille, des détonations d'artillerie et le son des cloches annoncèrent le grand jour.

Cette fête ne fut que la réédition de celles Saint-Louis et Saint-Charles, et le maire constata, comme sous les monarques précédents, que le peuple « avait donné un témoignage éclatant de son amour et de son attachement inviolable au digne monarque qui gouvernait la France ». Comme document, nous transcrirons le discours que prononça M. Petou devant la garde nationale et la population assemblée sur la place Royale, après des évolutions militaires commandées par M. Sevaistre-Turgis, chef de bataillon :

« Mes chers concitoyens,

« Je me félicite de me trouver au milieu de vous le jour même, où, pour la première fois, nous avons à célébrer la fête du Roi placé sur le trône par le vœu national.

« Le plus beau bouquet que nous puissions offrir au noble cœur de Sa Majesté, c'est l'union ; et tous ici, mes amis, nous en présentons le faisceau.

« Qu'il me soit permis de profiter de cette heureuse circonstance pour vous témoigner la satisfaction que je ressens d'être à la tête d'une ville dont tous les citoyens ont montré un si grand dévouement à la cause de la liberté et donné des preuves si fréquentes de leur zèle infatigable pour le maintien de l'ordre et de la tranquillité publique.

« Vive le roi ! Vive la garde nationale ! »

Beaucoup de fenêtres furent pavoisées, non plus avec le drapeau blanc, qui était alors définitivement proscrit, mais avec le drapeau tricolore. Suivant le maire, il y avait bien longtemps que l'enthousiasme avait été porté à un si haut degré.

Onze fabricants avaient souscrit à la fourniture de draps militaires et pour 43.500 m. seulement, livrables au 30 juin suivant. M. Victor Grandin, l'un d'eux, se chargea de la correspondance collective avec le maréchal

Soult, ministre de la guerre, et d'assister aux livraisons.

Au 3 mai, un ingénieur des mines procédait, depuis quelques jours déjà, à la visite minutieuse des machines à vapeur, contre plusieurs desquelles des plaintes avaient été portées. Le jour fixé pour une inspection, l'usine visitée chômait.

Le gouvernement faisait un emprunt de 120 millions. A Elbeuf, on n'avait souscrit que pour 21.400 fr. Notre municipalité attribua cette réserve « au bon esprit de nos industriels, qui depuis six mois, afin de soutenir la classe malheureuse, avaient fait de très grands sacrifices en continuant à fabriquer, malgré la rareté des capitaux et le manque absolu de tous débouchés ». Ils avaient donc contribué aussi au maintien de la tranquillité et fait acte de patriotisme très louable.

Le bruit s'étant répandu que, pendant un voyage qu'il comptait faire dans le département, Louis-Philippe viendrait à Elbeuf, les exercices de la garde nationale furent poussés avec une grande activité, le commandant Sevaistre et la municipalité désirant qu'elle fut digne d'être présentée « au roi-citoyen » et de manœuvrer devant lui.

MM. Louis-Joseph Flavigny et Nicolas Louvet, adjoints au maire, ayant définitivement donné leur démission, le Conseil municipal, dans sa séance du 14 mai, exprima les regrets que lui causait cette décision et vota des remerciements « à ces deux citoyens qui, chargés de l'administration de la ville dans les circonstances les plus graves et les plus difficiles, avaient donné tant de preuves de leur zèle, de leur dévouement et de leur haute capacité, et s'étaient acquis de véritables titres à la gratitude de leurs concitoyens ».

L'inspecteur des forêts en résidence à Louviers, accompagné d'un sous-inspecteur et de plusieurs gardes, réquisitionna M. Nicolas Louvet, adjoint faisant encore fonctions de maire d'Elbeuf, de l'accompagner pour chercher à découvrir les auteurs des enlèvements de bois opérés par des ouvriers sans travail dans la forêt de Bord. L'inspecteur exhiba même un ordre formel.

Néanmoins, M. Louvet refusa nettement d'assister aux perquisitions que l'on se proposait de faire : aucun avertissement préalable n'ayant été donné aux populations malheureuses, il n'admettait pas que l'on prît contre elles des mesures de rigueur, qui pourraient susciter en ville de graves désordres. L'inspecteur n'insista pas.

Mais pendant que cette conversation avait lieu à l'hôtel de ville, un rassemblement, provoqué par la présence de gardes forestiers, s'était déjà formé sur la place du Coq, et un autre rue de la Barrière, par où devaient revenir les agents des forêts.

Une pierre fut lancée d'un groupe et atteignit un garde forestier, qui, avec ses camarades, rebroussa chemin et rentra à l'hôtel de ville, d'où M. Nicolas Louvet envoya le commissaire de police pour faire disperser les manifestants.

Ce ne fut qu'une heure et demie après que les forestiers quittèrent la mairie et traversèrent la ville, au milieu d'une hostilité évidente de la population à leur égard.

En rendant compte de cet incident au préfet, le lendemain, M. Louvet lui dit :

« J'appelle votre attention sur la mesure en elle-même et sur la date de son exécution.

« Comment a-t-on pu songer, la veille de l'arrivée du roi, à mettre la force armée aux prises avec la population ? Quel bouquet au roi qu'une émeute ?

« Il n'y a eu ici qu'un cri de réprobation contre cette mesure, dans de telles circonstances, et je dois dire qu'elle a excité contre M. le conservateur, les réflexions les plus fâcheuses ».

On lira sans doute avec quelque intérêt le texte d'une adresse qui fut rédigée, le 17 mai, et portée à Louis-Philippe, à son château de Bizy, près Vernon, par une députation composée de MM. Constant Leroy, Lesseré, Joseph Grandin et Legrand-Duruflé :

« Sire,

« A la nouvelle de votre arrivée dans la Seine-Inférieure, la ville d'Elbeuf s'est flattée qu'elle aurait le bonheur de vous recevoir dans ses murs.

« Vous approchez, Sire, et vos dévoués Elboviens ignorent encore si votre présence comblera leurs vœux les plus chers.

« Nous vous portons ces vœux, Sire, au nom d'une ville dont le patriotisme est éprouvé, dont les enfants volèrent les premiers au secours de la capitale, dont l'industrie est si renommée et où tous les cœurs vous espèrent. Daignez, Sire, les accueillir avec bienveillance.

« Nous avons l'honneur d'être, avec un profond respect, Sire, de Votre Majesté les très fidèles sujets.

« Les maire et membres du Conseil municipal de la ville d'Elbeuf ». — Suivent les signatures.

Le lendemain 17, le maire adressa cette proclamation à ses concitoyens :

« Nos vœux sont comblés !.. Le roi arrive aujourd'hui dans nos murs vers quatre heures... Sa Majesté abandonne son itinéraire pour venir nous visiter !

« Habitants d'Elbeuf, nous ne possèderons Louis-Philippe que peu d'instants : nous les emploierons à prouver au roi-citoyen tout notre amour pour sa personne et notre vive reconnaissance de sa sollicitude pour le bonheur et la prospérité de la France !

« Vive le roi Louis-Philippe !

« Fait à Elbeuf, le maire : PETOU ».

Nous n'avons pu trouver de compte rendu de la visite du roi à Elbeuf. A défaut, nous reproduirons la plus grande partie de l'arrêté municipal pris le matin même du jour de sa visite :

« Sa Majesté Louis-Philippe étant attendue vers quatre heures, le conseil municipal, le tribunal de commerce, la justice de paix, le clergé et les divers fonctionnaires publics civils et militaires se réuniront à trois heures de l'après-midi à l'hôtel de ville.

« A la même heure, le bataillon de la garde nationale, en grande tenue d'hiver, sera assemblé sur la place de l'hôtel de ville.

« A trois heures et demie, le cortège se rendra, escorté par la garde nationale, sur les limites de la ville, à l'extrémité du Cours, pour y attendre Sa Majesté, où un arc-de-triomphe sera établi.

« A deux heures, la garde nationale à cheval sera partie pour se rendre au-devant du roi jusqu'au Pont-de-l'Arche.

« L'arrivée du roi sera annoncée par une

salve de cent-un coups de canon. Les cloches des deux paroisses seront mises en volée.

« Le roi sera complimenté par le maire, sous l'arc-de-triomphe, et conduit escorté par les autorités et la garde nationale à pied et à cheval, jusqu'à l'hôtel de ville.

« Sa Majesté sera priée, au nom de la ville, d'y accepter un rafraîchissement.

« Au départ du roi, les autorités et la garde nationale accompagneront S. M. jusqu'aux limites de la ville vers Rouen.

« Les habitants sont invités à orner leurs maisons de drapeaux tricolores, notamment dans la traverse de la ville que parcourra S. M.

« Au départ du roi, une nouvelle salve d'artillerie sera tirée. Les cloches sonneront.

« Le soir, à la chûte du jour, l'hôtel de ville et les édifices publics seront brillamment illuminés.

« Le maire compte sur les sentiments et l'enthousiasme de ses concitoyens, qui les porteront à rendre cette illumination générale.

« Des danses gratis seront organisées, le soir, sur la place Royale ».

Suivent des mesures de police concernant notamment le nettoyage des rues.

Les dépenses occasionnées par le passage du roi chargèrent notre budget municipal de 1.820 fr., qui avaient été employés ainsi :

Salves d'artillerie............fr.	123
Frais d'illuminations............	131
Transport à Rouen du bataillon...	250
Frais de poste pour le voyage de Bizy......................	102
Rafraîchissements...............	121
Danses publiques...............	30
Frais de peinture........	36

Arc-de triomphe...............	
Disposition d'une salle à l'Hôtel de Ville....................	1.027

Louis-Philippe était à Rouen, le 18 mai, où il passa la revue des gardes nationales de la Seine-Inférieure, y compris celle d'Elbeuf.

M. Petou, maire, pria le préfet de donner des successeurs à MM. Flavigny et Louvet. Mais comme personne ne se souciait d'être adjoint, à la veille de nouvelles nominations municipales, M. Petou proposa au préfet, le 19 mai, de déléguer deux membres du Conseil à ces fonctions, et lui désigna M. Corblin père, âgé de 70 ans, et M. Nicolas-Félix Lefebvre, âgé de 71 ans, qui avait déjà été adjoint au maire pendant plusieurs années.

Le préfet ayant fait de nouvelles remontrances à M. Louvet, celui-ci lui répondit le 21 :

« Comme vous, M. le préfet, je déplore les dévastations des forêts royales et je suis convaincu que les efforts de l'autorité doivent tendre à y mettre un terme ; mais le moment pour cela m'a paru, comme à tous les bons citoyens, très mal choisi la veille de l'arrivée du roi ; j'ajouterai qu'il ne me semblait pas plus heureux le lendemain de son départ.

« La population est encore sous le charme des impressions heureuses qu'a laissées la présence du monarque ; et c'est alors qu'on voudrait, en son nom, exercer des actes de rigueur pour des faits qui sont depuis six mois journellement tolérés. Je ne pourrais, en vérité, concevoir une telle mesure et une précipitation aussi hâtive, dont le moindre effet serait d'atténuer le bien produit par le passage du roi.

« A portée de connaître l'esprit des diverses classes de citoyens et d'apprécier les conséquences de la mesure projetée, je crois, M. le préfet, remplir un de mes devoirs les plus essentiels en vous invitant à vous opposer à son exécution actuelle.

« Certes, notre garde nationale est dévouée à l'ordre public ; elle saura toujours le faire respecter. Et si des agitateurs apparaissaient ici, elle le prouverait bien promptement ; mais dans les circonstances où nous nous trouvons et pour l'objet dont il s'agit, je ne la mettrais pas aux prises avec notre population ouvrière, encore si souffrante. C'est vous dire, M. le préfet, que je ne la requerrais pas d'assister les agents forestiers ».

M. Louvet termina sa lettre ainsi :

« Voici comment je conçois la possibilité de réprimer et de mettre fin aux délits :

« Un avis préalable serait donné pour annoncer que des poursuites sévères vont être dirigées par l'administration forestière, tant contre les délinquants que contre les personnes qui seraient trouvées détenteurs de bois enlevés des forêts de l'Etat.

« D'ici une quinzaine de jours, on l'espère du moins, les travaux des fabriques auront sans doute repris quelque activité ; ceux de la campagne commenceront à s'ouvrir ; les besoins des indigents seront moins impérieux. Un avertissement paternel aura été donné ; les motifs si puissants qui subsistent encore aujourd'hui, auront perdu de leur gravité. Alors l'autorité locale pourra, moitié par persuasion, moitié par contrainte, aider aux mesures de répression. Autrement, elle n'y peut concourir ; les souffrances des masses sont encore telles qu'elle préférerait se retirer que d'avoir la main forcée à cet égard.

« Ceci, M. le préfet, répond à la phrase qui termine votre lettre ; ce n'est pas moi qui signerais les billets de logement des troupes de ligne que vous paraissez être, à mon grand étonnement, disposé à envoyer ici !

« Il y a plus, et je dois le dire : c'est que, prévoyant les malheurs qui pourraient en résulter, je volerais, s'il le fallait, jusques auprès du roi et de ses ministres, pour empêcher ce déploiement de force, dangereux sous plus d'un rapport... »

Ce même jour, le préfet prit l'arrêté suivant:

« Vu les lettres qui nous ont été adressées à plusieurs reprises par MM. Louis-Joseph Flavigny et Nicolas Louvet, adjoints de la ville d'Elbeuf, par lesquelles ils annoncent se démettre de leurs fonctions ; vu la lettre du maire de ladite ville, en date du 19 de ce mois, qui nous propose de charger provisoirement des fonctions d'adjoints deux membres du conseil municipal ; vu la loi du 21 mars 1831, sur les élections communales ; considérant que cette loi doit être mise très prochainement à exécution et que, par conséquent, il devient inutile de provoquer la nomination de deux adjoints au maire de la ville d'Elbeuf, qui pourraient ne point être appelés à continuer ces fonctions ; arrêtons :

« MM. Corblin père et Nicolas-Félix Lefebvre sont chargés de remplir provisoirement les fonctions d'adjoints au maire de la ville d'Elbeuf... »

Le baron Testé, lieutenant général commandant la 14e division militaire à Rouen, avait envoyé à Elbeuf un exemplaire d'un ordre du jour par lequel il transmettait, aux gardes nationales de l'arrondissement de Rouen, l'expression de la satisfaction royale. Cet exemplaire, affiché, disparut presque aussitôt, de sorte que nos gardes nationaux, pour lesquels se trouvait « une mention particulière infiniment flatteuse » n'en purent prendre connaissance.

D'un autre côté, M. Nicolas Louvet croyait utile que cet ordre du jour fut lu à la tête du bataillon et qu'il restât aux archives de la garde nationale. En conséquence, par une demande qu'il fit, le 25, il sollicita l'envoi de nouveaux exemplaires ou au moins d'une copie de l'ordre du jour.

Ce fut le dernier acte de l'administration si délicate et si ferme de MM. Louvet et Flavigny. Le lendemain, MM. Amable Corblin et Nicolas-Félix Lefebvre père les remplacèrent dans leurs fonctions d'adjoints.

A la date du 25 mai, le préfet Dupont-Delporte transmit à la municipalité d'Elbeuf les « témoignages de satisfaction de Sa Majesté. Le roi a été frappé de l'admirable tenue de la garde nationale d'Elbeuf et très touché des sentiments patriotiques qui l'animent... »

Le chef du 1er bataillon de la garde nationale de Rouen exposa au maire de notre ville que beaucoup de gardes nationaux de son bataillon désiraient manœuvrer et fraterniser avec la garde nationale d'Elbeuf, et demanda s'il pouvait se transporter dans cette ville, avec son bataillon, le dimanche 29 du même mois.

Le 28 mai, le maire adressa une proclamation toute paternelle aux habitants de notre ville et les supplia de s'abstenir à l'avenir de commettre des délits forestiers : « Piller les forêts de l'Etat, dit-il, c'est piller la propriété de tous. Recéler les produits du pillage est plus coupable encore, puisque c'est le favoriser et s'assurer par une action honteuse un profit illégitime... Le maire est convaincu que sa voix sera comprise, et que ce ne sera point à Elbeuf que des mesures rigoureuses seront nécessaires... »

CHAPITRE IV
(juin-juillet 1831)

Au Tribunal de commerce. — Emeute a Elbeuf ; arrestations. — Le général Quiroga et autres réfugiés espagnols se fixent dans notre ville. — Trois décorations ; le commandant Sevaistre. — Les sœurs d'Ernemont. — Ouverture du cimetière du Vallot. — Le premier imprimeur elbeuvien. — Anniversaire des « Trois Glorieuses ».

Le 3 juin 1831, on procéda à l'installation de plusieurs membres du Tribunal de commerce : M. Legrand-Duruflé, nommé juge, en remplacement de M. Prieur-Quesné; M. J.-L. Grandin, juge, pour remplacer M. Laurent Patallier ; M. Grémont, juge, en remplacement de M. Turgis, et M. Osmont-Cartier, juge suppléant, succédant à M. Legrand-Duruflé. A cette occasion, M. Constant Le Roy, président, prononça un discours dont le texte figure sur le premier registre du Tribunal, duquel nous extrayons le passage suivant :
« La première année de ce Tribunal a été

marquée par un de ces événements mémorables qui occupent une grande place dans les annales des nations.

« Trois journées à jamais célèbres ont vu s'opérer une révolution si prompte et si complète que l'intelligence humaine en est encore frappée d'étonnement.

« La foi promise avait été méconnue et, tout à coup, audacieusement violée. La Nation a ressaisi ses droits et en a confié le dépôt à un prince qui, soldat dans ses jeunes années, Français dans l'exil, citoyen sur le sol de la France, les a constamment défendus. Observateur fidèle de la Charte qu'il a jurée, Louis-Philippe, ce roi si pieux envers la Patrie, ne règnera que par les lois et selon les lois.

« Elles vous sont encore présentes, Messieurs, ces paroles touchantes, inspirées par son noble cœur. Vos esprits, émus, retentissent encore de ces accents pénétrants qui nous exprimaient naguère son ardente sollicitude pour les intérêts du commerce, douloureusement froissés par de si grandes commotions politiques. Ouvrons nos cœurs à l'espérance ; les peuples, aujourd'hui éclairés, savent que le seul lien qui peut les unir d'une manière durable, c'est le commerce, qui, tout à la fois instrument et gage de liberté, anime et soutient les Etats par la prospérité qu'il leur apporte.

« Certains de jouir désormais d'une liberté assise sur des bases immuables, serrons-nous autour d'un gouvernement de vérité et de bonne foi, et que l'amour de la Patrie confonde en une seule pensée, en un sentiment unique, toutes les théories, toutes les spéculations, tous les intérêts ».

Année 1831

La tranquillité publique fut troublée, le 6, par suite de l'arrestation de trois habitants de Caudebec et leur mise en prison à Elbeuf, en vertu de mandats d'amener.

D'après les mesures concertées avec le conservateur des forêts, des perquisitions avaient été faites dans la matinée au domicile de diverses personnes. Un peu après l'arrivée des prisonniers à Elbeuf, vers dix heures, des groupes se formèrent, et la place du Coq fut couverte en un instant d'hommes et de femmes, tous réclamant la remise en liberté des prisonniers. La foule grossissait à vue d'œil et annonçait son intention d'enlever de vive force les personnes arrêtées.

La garde nationale couvrait la plus grande partie de l'hôtel de ville et s'efforçait pacifiquement à disperser la foule, lorsqu'un individu lança une poignée de terre à la figure du commandant. Celui-ci saisit l'homme qu'il crut être l'auteur de cet acte de violence, mais la masse s'opposa à son arrestation. La garde nationale réussit néanmoins à s'en emparer, ainsi que d'un deuxième qui avait fait résistance à la force publique.

L'effervescence augmenta. Un des adjoints au maire se présenta sur la place ; il essaya longuement de la persuasion. On l'écouta, mais l'attroupement persista, plutôt par curiosité que par hostilité.

Pendant ce temps, la garde nationale à pied et à cheval se formait en compagnies. Devant ce déploiement de forces « et sans même qu'il y ait eu besoin de faire usage des sommations », la place fut déblayée, la foule divisée et refoulée dans les rues voisines. Quelques pierres lancées contre la garde nationale n'atteignirent personne, mais on arrêta encore deux femmes et un homme qui provoquaient la foule à des actes de violence.

On comptait donc huit arrestations ; mais l'autorité ne tenait pas à expédier les prisonniers à Rouen par la voie terrestre, car on disait qu'un rassemblement se formait à Orival pour les enlever.

Le bateau, partant à quatre heures de l'après-midi, offrait un moyen de transport plus sûr.

Le commandant de la garde nationale fit entourer les huit prisonniers de deux compagnies de ses hommes, de la garde à cheval et de la gendarmerie. Ils furent ainsi conduits jusqu'au lieu de l'embarquement, à travers un grand nombre de curieux, et sans qu'aucune démonstration fût faite en leur faveur.

Arrivés au quai, les prisonniers montèrent sur le bateau, avec la gendarmerie et un fort peloton de grenadiers, placés pour prévenir les tentatives qu'on aurait pu faire à la traversée de Bédanne, de la part du rassemblement d'Orival, lequel, disait-on, était capable d'un coup de main.

Le bateau parti, et au moment où la garde nationale opérait son mouvement pour revenir « une foule de mutins, qui avaient pénétré dans un chantier à pierres voisin du quai, lancèrent sur elle une grande quantité de pierres, dont plusieurs atteignirent des gardes nationaux ; l'un d'eux reçut même à la tête une assez forte blessure... »

L'adjoint ne dissimula pas au préfet que « si toute la nombreuse population ouvrière eût pris part à l'émeute, on n'aurait pu garder ici les prisonniers qu'en se portant à des actes graves ».

Cette proclamation du maire fut publiée et affichée le 8 juin :

« Les désordres de la journée d'hier, qui ont si vivement affecté tous les bons citoyens, ont été réprimés et ont dû l'être. La loi doit toujours être exécutée envers et contre tous ; la force publique, instituée pour la faire observer, a fidèlement rempli ses devoirs ; le maire en témoigne ici sa gratitude à tous ses concitoyens de la garde nationale.

« Que ceux qui ont fait partie des rassemblements soient bien avertis que l'autorité ne souffrira aucune atteinte à la tranquillité publique, que les auteurs de trouble seront arrêtés et punis selon la loi, et que les ordres des magistrats, agissant en son nom, recevront l'exécution qui leur est due et à laquelle nul ne peut s'opposer sous les peines les plus sévères ».

Le 8, le préfet félicita, par lettre, le maire d'Elbeuf pour sa manière sage et ferme avec laquelle il avait agi, et la garde nationale dont l'attitude avait suffi pour prévenir tout accident de nature à troubler davantage la tranquillité publique. Il ajouta : « Vous avez agi avec beaucoup de discernement en faisant transporter de suite les prisonniers à Rouen. Je pense que cette démonstration judiciaire suffira pour imposer aux délinquants ; dans le cas contraire, nous aviserions aux mesures à prendre, car l'impunité ne ferait qu'enhardir les malveillants... »

Dans une seconde lettre, adressée le lendemain au maire, le préfet exprima ses regrets aux gardes nationaux d'Elbeuf de n'avoir pu, comme ils en avaient fait la proposition, déposer leurs prisonniers aux mains de la garde nationale de Rouen, car il y eut fait droit. Le préfet ajouta que le maire de Rouen avait offert aux gardes nationaux d'Elbeuf tous les secours d'une bonne hospitalité.

Le garde national blessé était M. Ancelin, fabricant, récemment établi dans notre ville, et qui avait déjà été blessé à Paris pendant la révolution de Juillet.

Les gardes nationaux qui avaient accompagné les délinquants à Rouen n'eurent guère à se féliciter de leur zèle. Il y avait douze heures qu'ils étaient sous les armes, sans avoir pris de nourriture, quand ils arrivèrent à la préfecture. Là on leur ordonna de conduire les huit prisonniers à Bicêtre, bien qu'on eût pu les faire remplacer par une autre force armée. — Cette conduite à Rouen coûta 210 fr. à notre ville.

M. Nicolas Louvet reprit la plume ce même jour et écrivit au préfet qu'il tenait du conservateur des forêts qu'un nombre considérable de jugements étaient à exécuter sur des délinquants d'Elbeuf et des environs.

« Il serait sage, lui dit il, de ne pas se presser à mettre ces jugements à exécution. Vous voyez, Monsieur le préfet, par ce qui s'est passé hier, que les appréhensions que j'avais précédemment manifestées n'étaient que trop fondées; j'ai donc lieu de croire que mes nouvelles observations seront accueillies et appuyées par vous ».

Au 6 juin, le général espagnol Antonio Quiroga était domicilié à Elbeuf, où il s'était réfugié avec sa fille, âgée de 14 ans.

Antoine Quiroga était né à Betanços (Galice) en 1784. Il avait pris une part fort active à la guerre nationale contre Napoléon, de 1808 à

1813, était devenu lieutenant-colonel, et avait favorisé, en 1815, la tentative de Porlier pour établir un gouvernement constitutionnel en Espagne. Arrêté pour ce fait, il avait été traduit devant un conseil de guerre et acquitté.

En 1819, arrêté de nouveau, comme compromis dans le projet de soulèvement du comté d'Abisbal, on l'avait rendu à la liberté en 1820. Lors du soulèvement des troupes de Riego, Quiroga avait pris le commandement de l'armée constitutionnelle et enflammé l'ardeur patriotique des soldats dans l'île de Léon par de chaleureuses proclamations. Après l'établissement du régime constitutionnel, il avait été élu député aux Cortès, puis nommé maréchal de camp, capitaine général, commandant militaire de la Galice en 1821, mais s'était démis de ces fonctions l'année suivante, à la suite d'un duel.

Lorsqu'en 1823, le roi de France avait envoyé une armée en Espagne pour y rétablir le gouvernement absolu, Quiroga était rentré au service de la cause libérale et s'était mis à la tête de la division de la Corogne. Tout espoir étant perdu, le général s'était embarqué pour l'Angleterre, puis pour l'Amérique du Sud, qu'il avait quittée pour venir en France.

A Elbeuf, le préfet fit d'abord passer à Quiroga, à la date du 9 juin, une somme de 400 francs, puis le gouvernement de Louis-Philippe lui servit une mensualité de 150 fr., qui, huit mois après, fut réduite à 100 fr., par suite du nombre toujours croissant des réfugiés espagnols en France. Mais les sympathies que le maire de notre ville avait pour le général et sa famille le portèrent à demander au gouvernement le rétablissement de la somme de

150 fr., ce qui fut accordé par lettre ministériellle du 8 février 1832. Entre temps, Quiroga fit un voyage à Bruxelles.

Le capitaine Bouquer, le sous-lieutenant Lluch y Rovira et un nommé Manuel Martinez, également réfugiés espagnols, habitaient Elbeuf en même temps que le général Quiroga. Ce Martinez fut arrêté à Louviers, en janvier 1832, comme prévenu de vols.

Disons tout de suite que le 16 novembre de cette année 1832, Quiroga, Lluch y Rovira et Bouquer furent informés par le préfet, que par suite de « l'amnistie accordée par S. M. catholique la reine d'Espagne », les subsides qu'ils recevaient seraient supprimés à partir du 31 décembre. Les deux derniers quittèrent Elbeuf, mais Quiroga y resta et continua à recevoir ses 150 fr. Enfin, en 1834, le 7 avril, il reçut un passe-port pour sortir du royaume.

De retour en Espagne, il remplit les fonctions de capitaine-général de Grenade, en 1835, puis se retira à Saint-Jacques de Compostille, où il mourut en 1841.

Nous revenons aux faits particuliers à notre ville.

Le 15 juin 1831, le maire reçut avis de la préfecture que le grand chancelier de la Légion d'honneur lui avait envoyé trois croix pour Elbeuf ; une était destinée à M. Sevaistre-Turgis, commandant de la garde nationale ; la seconde à M. Louis Maille, capitaine de la compagnie de grenadiers, et la troisième à M. Victor Grandin.

Voici ce que dit M. Edouard Turgis, au sujet des deux premières de ces croix :

« Par une faveur toute spéciale, la bataillon d'Elbeuf reçut deux décorations : l'une destinée à son commandant et l'autre au capitaine de la compagnie de grenadiers. Ce dernier, aussi surpris que flatté d'un honneur auquel il était loin de s'attendre, s'empressa d'orner sa boutonnière du ruban de l'ordre, mais il n'en fut pas de même du commandant Sevaistre : lorsqu'il reçut l'avis de sa promotion, il éprouva un vif sentiment de contrariété. Dans sa modestie, il se refusait à reconnaître qu'il eût rien fait pour mériter une aussi haute distinction et, porter la décoration dans ces conditions, c'eût été, à ses yeux, plus qu'une défaillance ; la refuser eût été, d'un autre côté, une injure faire à la garde nationale.

« M. Sevaistre n'hésita pas longtemps sur le parti qu'il avait à prendre : par un ordre du jour qu'il fit immédiatement afficher, il transmit à la garde nationale les félicitations qu'il avait reçues du roi à l'occasion de la revue du 18 mai ; il y joignit ses félicitations personnelles et, considérant que la croix d'honneur qui lui avait été donnée avait été méritée non par lui, mais par le bataillon, il déclara qu'il se ferait un devoir de l'attacher lui-même à son drapeau.

« A peine les officiers eurent-ils connaissance de cet ordre du jour, qu'ils se réunirent et se rendirent chez le commandant pour tenter de le faire revenir sur sa détermination, mais les arguments qu'ils firent valoir ne suffirent pas pour convaincre entièrement M. Sevaistre ; néanmoins, touché de leurs vives et sympathiques instances, il consentit à porter l'insigne de la Légion d'honneur, mais sur son uniforme de garde nationale seulement.

Les officiers connaissaient assez le commandant pour ne pas chercher à exiger de lui davantage, et ils lui surent gré de cette concession dont ils apprécièrent toute la délicatesse ».

D'autres officiers ayant été nommés pour compléter les cadres, leur reconnaissance se fit le dimanche 26, à six heures du matin.

Vers ce temps, on fixa la largeur de la rue du Port, dite aussi de l'Epinette, à 10 mètres, et l'on décida de porter celle du Vallot à sept mètres et de la prolonger jusqu'à la forêt.

Dans la séance du 17 juin, MM. Louis-Robert Flavigny et Victor Grandin présentèrent un rapport sur les comptes de l'année précédente, dans lequel ils se livrèrent à plusieurs critiques, notamment par rapport aux religieuses de la communauté d'Ernemont. En voici quelques passages :

« Ces dames n'ont fourni aucune pièce ou document quelconque à l'appui de leur compte sommaire présenté par elles. Nous devons, dans l'intérêt de l'ordre et de la population, exiger des tableaux ou pièces probantes, qui, si nous les avions eus à notre disposition, nous eussent permis de connaître les sommes payées par chacun et de comparer le nombre des élèves payantes avec celui des élèves communales. De cette manière, nous eussions pu apprécier jusqu'à quel point est atteint le but que s'est proposé la ville : l'enseignement gratuit pour le plus grand nombre.

« Et, c'est ici le moment de le déclarer, nous pensons qu'on s'est considérablement écarté de ce but : il nous serait peut-être facile de l'établir ; mais quoi qu'il en soit, nous nous bornerons à provoquer l'administration pour qu'elle veuille bien faire connaître au Conseil quelle sorte de contrat existe entre elle et les religieuses ; et si, comme nous sommes autorisés à le penser, il n'existe aucune convention écrite, nous ferons observer combien il est fâcheux de laisser ainsi au libre arbitre des religieuses le soin de fixer elles-mêmes le temps qu'elles devraient consacrer à l'enseignement gratuit et la part qu'elles auraient à réclamer dans le produit des recettes.

« En 1829, j'ai dû expliquer comment les religieuses, sans manquer à leur devoir, avaient pu s'attribuer une portion des sommes perçues par elles. Cette année, je remplis un devoir rigoureux en signalant l'inconvénient qu'il y a à tenter la bonne foi de ces dames, en consentant qu'elles soient affranchies de tout contrôle...

« Dans la somme de 1.787 fr. pour dépenses imprévues, est comprise celle relative à l'achat des livres donnés en prix par les religieuses. Il semble que, d'après la faculté laissée à ces dames de s'occuper pour leur compte personnel de l'éducation des jeunes personnes appartenant à des familles aisées, et d'après les bénéfices assez considérables qu'elles en retirent, il semble, dis-je, qu'elles eussent pu ne pas mettre cette dépense à la charge de la ville.

« C'est encore ici l'occasion de remarquer que ces avantages considérables, assurés à ces dames, empêchent toute concurrence, et de ce qu'il est impossible à un autre établissement de se former à Elbeuf ; il en résulte au profit des religieuses une sorte de monopole, qui souvent même n'a point paru suffire à leurs exigences ».

Le terrain pour le nouveau cimetière au

triège du Vallot, étant alors complètement enclos de murs, on cessa les inhumations dans celui du Maurepas, et, à partir du 1er juillet, on porta dans le nouveau les corps des décédés de la paroisse Saint-Jean.

Le premier brevet d'imprimeur « en lettres » fut délivré à M. Noirfalise, déjà imprimeur lithographe, le 11 juillet 1831. Il lui fut remis le 14 du même mois. Quelques jours après, il reçut invitation de se rendre au Tribunal civil de Rouen pour prêter serment de « fidélité au roi des Français et désobéissance — *lapsus calami* du scribe assurément — à la Charte constitutionnelle et aux lois du royaume ».

Le 29, on afficha, à dix exemplaires, l'arrêt de la Cour des pairs condamnant par contumace à un emprisonnement perpétuel les anciens ministres d'Hausez, de Montbel et Capelle.

Vers ce temps, MM. Patallier fils et Legrelle, notaire, furent nommés, le premier, rapporteur, le second, secrétaire, près le conseil de discipline du bataillon de garde nationale, dont l'effectif était alors de mille hommes.

M. Corblin, adjoint, faisant fonctions de maire, prit un arrêté « pour célébrer dignement les glorieux triomphes obtenus sur la Restauration dans les journées à jamais mémorables des 27, 28 et 29 juillet 1830...

« Considérant que la ville d'Elbeuf, dont les volontaires nationaux furent des premiers à voler au secours de la capitale, doit être aussi une des premières à montrer son empressement à en célébrer l'anniversaire... »

Voici quelques extraits du procès-verbal de la célébration des « Trois Glorieuses » à Elbeuf :

Le 26 au soir, « le son lugubre des cloches de toutes les paroisses annonça l'anniversaire.

« Le 27, dès l'aube, mêmes sons lugubres et déploiement de drapeaux ornés de crêpes noirs. A onze heures, la garde nationale et les autorités se rendirent en cortège, crêpe noir au bras, à l'église Saint-Jean, où l'on célébra un service funèbre, avec le concours de la musique; les tambours étaient drapés de noir. Au milieu de la nef, avait été élevé un superbe catafalque en l'honneur des braves de juillet qui avaient été tués. Ce monument était surmonté d'un faisceau de drapeaux tricolores avec crêpes. Des couronnes d'immortelles le couvraient.

« Après l'office, le cortège revint sur la place du Coq, où la garde nationale évolua ; la séparation se fit aux cris de : « Vive le roi ! «Vivent les braves de Juillet ! » Le reste de la journée se passa en recueillement; un nouveau glas funèbre fut sonné le soir.

« Le 28, dès le matin, les cloches furent mises en volée. On distribua des vivres aux pauvres.

« Le 29, même sonnerie que la veille, le matin et à midi. L'après-midi, grande revue de la garde nationale par le maire, suivie d'exercices à feu sur le Champ-de Mars qui durèrent jusqu'à sept heures du soir. A huit heures, danses sur la place Royale. A la chute du jour, illuminations générale de la ville ».

Pendant le tir au fusil, 200 gardes nationaux avaient brulé 15 kilogrammes de poudre, dans 1.800 cartouches ; jamais Elbeuf n'avait assisté à une pareille pétarade.

CHAPITRE V
(AOUT-DÉCEMBRE 1831)

Le Champ-de-Foire. — Elections municipales. — Le Saint-Simonisme a Elbeuf ; conférences publiques ; rapport au préfet. — Crainte d'une épidémie cholérique. — M. Constant Leroy, 21e maire d'Elbeuf. — Installation solennelle de la municipalité ; discours du préfet. — Projet de nouveaux travaux municipaux. — M. Th. Chennevière et les articles nouveautés.

Le 1er août, on mit en adjudication la fourniture de 80 capotes, pour le service de la compagnie de sapeurs-pompiers.

Le lendemain, on procéda à l'adjudication des matériaux provenant de la démolition des halles municipales de la rue Saint-Jean.

M. Louis-Joseph Flavigny, chargé de la conduite des travaux de la route de Bourgtheroulde et payeur des ouvriers, n'avait plus de fonds disponibles. Il en fit réclamer à la préfecture le 2 août.

Le même jour, les membres du conseil de discipline de la garde nationale prêtèrent serment à Louis-Philippe. Ce conseil se composait de MM. Sevaistre-Turgis, chef de bataillon ; Louis Maille, capitaine; Sèbe, sous-lieutenant de pompiers ; Boisguillaume, fourrier; Ch. Houllier, voltigeur ; Benard, chasseur ; Laurent Patallier, rapporteur ; Legrelle, secrétaire.

Le 8, M. Pelou, maire et député, data de Paris la nomination de M. Léonidas Murizon aux fonctions d'architecte de la Ville, en remplacement de M. Caban, de Rouen, qui n'avait pu se décider à venir habiter Elbeuf.

La deuxième compagnie de chasseurs de la garde nationale, composée presque entièrement de jeunes gens, tendait à attirer à elle les meilleurs sous-officiers et caporaux des autres compagnies, en nommant ceux-ci en dehors de son cadre. Son but était de se faire remarquer par son zèle et d'être citée comme la plus belle compagnie du bataillon.

Les autres compagnies réclamèrent contre cette ambition, qui pouvait amener la désorganisation du corps tout entier. Le 16 août, M. Corblin, adjoint faisant fonctions de maire, réclama au préfet l'établissement d'un jury de revision, pour faire cesser cette tendance et éviter l'introduction de nouveaux germes de discorde dans le bataillon.

Le point de départ de la création de notre Champ-de-Foire fut la location de trois acres de prairie, moyennant 300 fr., faite par M. Paul Sevaistre à la ville, en août 1831, pour y faire tenir la foire, les propriétaires des prairies où elle se tenait précédemment ayant fait clore leurs terrains. La foire Saint Gilles durait alors neuf jours.

Le 7 septembre, les patrouilles de garde

nationale reçurent l'ordre d'arrêter et mener au poste tous les individus circulant à pied ou en voiture la nuit, qui leur paraîtraient suspects. Ces mesures étaient prises à cause des menées « de partisans d'une dynastie déchue ». — Le commissaire de police fut chargé de vérifier minutieusement tous les passe-ports des étrangers à la ville.

L'administration municipale répondit, le 13, à un questionnaire, que lui avait adressé le préfet, que M. Georges Petou, manufacturier, avait été nommé maire le 30 avril 1823, qu'il avait été installé le 24 avril suivant ; que son domicile était fixé à Elbeuf ; qu'il était né le 12 novembre 1772, à Paris, avait un enfant de son mariage et possédait un revenu de 20.000 fr., et enfin qu'il avait été membre du conseil municipal, de la Chambre de commerce, capitaine de la garde nationale et membre de la Chambre des députés.

La démolition des halles de la rue Saint-Jean, réclamée depuis tant d'années, commença le 15. Les adjudicataires étaient MM. Joseph Colvée, Michel Leblond et Louis Delaunay, chacun pour une partie.

Il résulte d'une note datée du 19 septembre que le bataillon de garde nationale comprenait douze sapeurs porte-hache, placés sous les ordres du sergent et d'un caporal, et que la musique comptait vingt-trois musiciens, plus un chef et un sous-chef. Ce corps de musique faisait des répétitions deux fois par semaine et était exempt du service de garde.

Un autre nous apprend que la gendarmerie, ayant refusé de conduire à la chambre d'emprisonnement les gardes nationaux condamnés à quelques heures de prison par le conseil de discipline du corps, le préfet en chargea le commissaire de police qui, au besoin, pourrait se faire accompagner de deux des gardes nationaux de service.

Le 26, il fut rappelé aux hôteliers, aubergistes, cafetiers et cabaretiers qu'ils étaient tenus, conformément à un arrêté du mois de mai 1806, de tenir à la devanture de leur établissement respectif, une lanterne allumée, à partir du coucher du soleil jusqu'à dix heures du soir en hiver et onze en été.

En septembre, chaque sapeur-pompier reçut une médaille et une enseigne, celle-ci pour être posée à l'extérieur de son domicile.

Au 27 de ce mois, les ateliers de charité créés pour la construction de la route de Bourgtheroulde et procurer du travail aux ouvriers, avaient déjà coûté à la ville environ 22.000 fr. Le maire réclama au préfet une somme de 15.000 fr., à compte sur celle des trois quarts de 22.000 que le Département avait pris à sa charge pour l'établissement de cette route.

Le 12 octobre, l'adjoint faisant fonctions de maire fit défense au sieur Brammerel dit Gringalet, de donner des représentations dans une salle de spectacle qu'il avait établie rue Hervieux, sans autorisation préalable.

Le même jour, il demanda au préfet 50 kil. de poudre pour permettre à trois cents gardes nationaux de continer leurs exercices à feu.

A cette époque, les halles de la rue Saint-Jean étaient abattues ; il ne restait debout qu'une maison appartenant à M. Constant Delalande, qu'il consentait à faire abattre également, moyennant une légère indemnité de 3.000 fr.

Une note du maire, adressée au préfet, nous apprend que les tailleurs elbeuviens avaient peu d'occupation, parce que les jeunes gens se faisaient habiller à Rouen et même à Paris.

Des élections communales commencèrent le lendemain 13, à l'hôtel de ville. Les électeurs, appelés par le son des cloches de Saint-Jean, se rendirent au scrutin. La sonnerie recommença les 15, 17, 19 et 21 du même mois.

Le nombre des électeurs communaux était de 520, répartis en cinq sections. Voici le tableau de ces sections, avec la désignation des rues composant chacune et le nombre d'électeurs pour chaque rue :

1re section. — Rue de la Barrière, 98 électeurs ; rue Lafayette, 7 ; rue Robert, 5 ; rue du Maurepas, 2 ; total 112 électeurs, nommant 6 conseillers municipaux ;

2e section. — Rue du Caudebec, 22 électeurs ; rue du Cours, 19 ; rue du Neubourg, 24 ; rue du Cimetière (depuis rue Constantine), 1 ; rue Saint-Amand, 2 ; rue des Traites, 1 ; rue des Trois-Cornets, 1 ; rue de la Bague, 7 ; rue des Champs, 2 ; rue de la Justice, 20 ; rue Poulain, 13 ; rue des Echelettes, 4 ; rue Hervieux, 1 ; total : 117 électeurs, nommant 6 conseillers ;

3e section. - Rues Saint-Jean, 86 électeurs ; de la Rigole, 5 ; du Moulin, 3 ; du Pré-Bazile, 1 ; total : 95 électeurs, nommant 5 conseillers ;

4e section. — Rues Royale, 67 électeurs ; Saint-Louis, 12 ; du Centre, 4 ; de l'Hospice, depuis le carrefour du Couvent jusqu'à la rue aux Bœufs, 17 ; total : 100 électeurs nommant 5 conseillers.

5e section. — Surplus de la rue de l'Hospice, 26 ; rues du Thuit-Anger, 2 ; des Ecameaux,

2 ; hameau du Buquet, 3 ; rues Saint Etienne, 39; du Bassin, 4 ; du Nord, 2; Notre-Dame, 6; Saint-Auct, 1 ; de Rouen, 10 ; des Rouvalets, 1 ; total : 96 électeurs, nommant 5 conseillers.

Les vingt-sept conseillers municipaux élus furent :

1re section : MM. Yves-Louis Randoing, Philippe Aubé, Louis-Henri-Mathieu Quesné, Hippolyte Join-Lambert, Louis-Philémon-Eugène Sevaistre et Lecerf, notaire.

2e section : MM. Antoine-Louis Grémont, Marie-Mathieu-Constant Leroy, J.-B.-Louis-Joseph Flavigny, Joseph-Paul Petou père, Lefort-Henry et Nicolas Louvet.

3e section : MM. Toussaint Barrette-Lasnon, Louis-François Rouvin, Pierre-Louis-Adrien Osmont-Cartier, Mathieu-Isidore Lecerf, notaire, et Joseph Colvée.

4e section : MM. Laurent Patallier fils, Louis-Alexandre Viard fils, Droulin, Ambroise Delalandre et Auguste Duval-Dantan.

5e section : MM. Jacques-Louis-Prosper Grandin père, Amédée-Charles-Parfait Capplet, Mathieu-François Sevaistre-Turgis, Victor-Pierre-Michel Grandin et Auguste-Mathieu Maille.

On remarquera que M. Lecerf fut élu dans deux sections.

Vers le commencement d'octobre, M. de Boutteville, directeur de l'asile d'aliénés de la Seine-Inférieure, grand partisan des doctrines saint-simoniennes, vint organiser deux conférences à Elbeuf. Le préfet demanda confidentiellement au maire de notre ville de lui faire connaître les particularités et incidents que cette prédication avait pu soulever. M. Petou lui répondit le 16 octobre :

« Il n'est pas exact de dire que M. de Boutteville ait prêché à Elbeuf les dogmes saint-simoniens, seulement il assistait un apôtre (comme il se nomme lui-même) de cette doctrine, dans une réunion qui a eu lieu le 8 du courant à la salle de spectacle ; et comme ce saint-simonien a appelé la controverse, qui a été assez vive de la part des auditeurs, M. de Boutteville a plusieurs fois pris la parole pour aider à la défense des dogmes que celui qu'il assistait venait d'enseigner.

« A cette première assemblée, il ne se trouvait que des personnes qui pouvaient sans danger entendre les systèmes absurdes prêchés par les saint-simoniens. On n'y avait été admis qu'au moyen de cartes qui avaient été généralement bien placées ; et quoique certaines propositions saint-simoniennes tendent évidemment à jeter la perturbation dans la société, il n'était nullement à craindre qu'elles trouvassent des partisans parmi des citoyens si fortement intéressés au maintien de l'état de choses actuel et de la tranquillité.

« Mais dans une nouvelle réunion qui a eu lieu hier au même endroit, et où M. de Boutteville assistait encore, quoique passivement, l'apôtre de Saint-Simon..., un certain nombre d'ouvriers se trouvaient rassemblés. La discussion a été amenée, entre autres, sur l'influence de l'introduction des machines dans l'industrie. Quelques propositions des saint-simoniens, qui paraissaient contraires à cette introduction, ont trouvé des approbations parmi les ouvriers et de vifs contradicteurs parmi les autres personnes présentes, qui ont prudemment, l'heure d'ailleurs étant avancée, quitté la séance.

« Il est juste de dire que M. de Boutteville, voyant l'effet qu'avait produit sur l'auditoire l'idée que les nouveaux sectaires repoussaient l'emploi des machines, a protesté fortement contre cette interprétation donnée à leurs paroles et a fait ressortir les avantages immenses que retiraient les ouvriers eux-mêmes de cet emploi.

« Mais il n'est pas moins vrai que, selon moi, ces sortes de prédications ou de discussion devant des hommes de la classe populaire ne sont pas sans de graves inconvénients, et qu'alors même je n'aurais pas eu à vous répondre, Monsieur le préfet, j'aurais cru devoir vous signaler les faits qui se sont passés à la réunion d'hier soir et de prendre vos conseils à l'égard des saint-simoniens.

« Sachant qu'à Paris, à Rouen et dans beaucoup d'autres villes leurs enseignements sont tolérés, je n'ai pas cru qu'il m'appartenait de leur susciter aucun obstacle. D'abord, ils ont prêché dans un des cercles de commerçants existant en cette ville, et là il n'y avait nul danger. Le ridicule faisait ample justice de leurs systèmes ; mais dans une salle où peuvent se rassembler de 7 à 800 personnes, où un grand nombre d'ouvriers peuvent s'introduire, il peut résulter des conséquences graves de ce que ces derniers entendent sans cesse répéter que la société est mal organisée, que les biens sont injustement répartis, qu'il faut travailler à renverser un tel état de choses, pour cela se faire saint-simonien, etc., etc. Et quand vient-on prêcher de telles maximes ? Alors que la classe malheureuse supporte depuis quinze mois de grandes privations, que bientôt l'hiver peut ramener.

« Cet état de choses, Monsieur le préfet, me paraît mériter l'attention de l'autorité, et bien qu'elle doive assurer une entière liberté d'opinions quelqu'absurdes qu'elles puissent être, encore doit-elle avant tout prévenir toute atteinte à la tranquillité publique, menacée, je le crains, par les doctrines saint simoniennes. Je serai fort aise de connaître en bref délai votre opinion sur la conduite à tenir à l'égard de ceux qui les prêchent en cette ville... »

M. Jean-Baptiste-Nicolas Olivier, né le 23 octobre 1777, chevalier de la Légion d'honneur, mourut à Elbeuf, le 23 octobre.

A la séance du 26 octobre, M. Louis-Joseph Flavigny, ancien adjoint, qui avait été délégué par la Chambre consultative pour surveiller et tenir la comptabilité des travaux de charité, présenta à la compagnie les comptes relatifs à la somme de 10.000 fr. qui avait été accordée à la Chambre par le gouvernement, pour secours extraordinaires aux ouvriers de fabrique pendant le printemps précédent.

Il avait été dépensé pour : le chemin de la Londe, 2.092 fr.; la côte de Saint-Cyr, 914 fr.; la rue du Thuit-Anger, 1 219 fr.; le bois du Thuit-Anger, 1.840 fr.; la route de Bourgtheroulde, 3.943 fr., sommes qui, avec les centimes négligés, formaient juste celle de 10 000 francs.

Le 14 novembre, on enregistra le décès de M. Jacques-François-Alexandre Quesné — son père portait les mêmes prénoms — domicilié rue de la Barrière, né en 1748.

Le 18, l'adjoint faisant fonctions de maire remontra au préfet que « les malheureux réfugiés espagnols qui avaient réclamé notre ville pour lieu de séjour, croyant y vivre à bon compte, ou du moins que les secours promis par le gouvernement leur suffiraient, s'étaient furieusement trompés ».

Ils avaient prié notre administration municipale de s'occuper d'eux, en faisant connaître leur triste situation au préfet, pour que celui-ci intervînt ensuite auprès du ministre. Ils désiraient aller demeurer à Verneuil et surtout recevoir quelque secours du ministre.

M. Ribot entra en fonctions comme maître de la poste aux chevaux, en remplacement de M. Rouzé, démissionnaire, le 19 novembre. Cette poste était rue de la Barrière.

A cette époque, le choléra faisait déjà des ravages dans toute l'Europe et même en France. Le maire s'en émut et adressa une proclamation aux ouvriers de notre ville, pour les engager à plus de propreté, et notamment à ne point garder « de lapins ni de chiens dans le local où les familles couchaient et mangeaient... » Il leur indiqua également le régime qu'ils devaient suivre pour donner moins de prise à l'épidémie.

Le préfet nomma une commission sanitaire composée de MM. Henri Quesné, Victor Grandin, Sevaistre-Turgis, Nicolas Louvet, le docteur Fillolet et Dubosc, juge de paix. Déjà les membres du comité de salubrité de l'hôpital, composé de MM. Henry et Revelle, médecins; Delanos, chirurgien, et Jean Refuveille, pharmacien, s'étaient occupés de rechercher les moyens de combattre le fléau.

L'insurrection de Lyon fit un instant craindre qu'elle eût une répercussion dans notre ville; mais les ouvriers d'Elbeuf étant pourvus de travail, la préfecture se rassura ; néanmoins des précautions furent prises.

Mais le général commandant la division de Rouen ayant manifesté l'intention d'envoyer 400 hommes de troupe à Elbeuf, M. Corblin, faisant fonctions de maire, après s'être entretenu de ce projet avec le commandant de la garde nationale, écrivit au préfet, le 1er décembre, pour l'en dissuader :

« Nous avons pensé, dit M. Corblin, que ce serait insinuer à la population ouvrière que cette mesure serait la crainte d'un mouvement du genre de celui de Lyon. Comme notre ville jouit d'une parfaite tranquillité, il est bien à prendre garde d'éveiller la susceptibilité de qui que ce soit.

« En outre, la nourriture du peuple est ici portée à un prix exorbitant ; un plus grand nombre de bouches ne pourrait que l'accroître. Enfin, chacun n'a ici pour logement que ce qui lui est rigoureusement nécessaire, et il serait difficile et très gênant d'avoir à coucher ces militaires, dans une saison surtout qui demande plus de soins pour les placer à l'abri du froid ».

Le 2 décembre, M. Louis-Elie-Planque Delabretonnière, ancien notaire, fut nommé agréé près le Tribunal de commerce, en remplacement de M. Guchens, démissionnaire.

Le 16, du même mois, MM. Marie Mathieu-Constant Leroy, Henri-Mathieu Quesné et Victor-Michel-Pierre Grandin furent informés qu'une ordonnance royale datée du 12 les nommait, le premier, maire de notre ville, les deux autres, adjoints.

Le 22, le préfet vint procéder à l'installation du maire, des adjoints et des membres du nouveau conseil municipal. A cette occasion, le bataillon de la garde nationale prit les armes. Le préfet, baron Dupont-Delporte, conseiller d'Etat, officier de la Légion d'honneur, était accompagné du baron de la Barthe, colonel de la gendarmerie départementale, et du chevalier Emery, chef d'escadron. Dans la grande salle de l'hôtel-de-ville étaient réunis, outre les membres de la municipalité, les divers fonctionnaires publics, les curés des deux paroisses et les officiers de la garde nationale.

Le préfet prononça ce discours :

« Le suffrage des électeurs a fait entrer dans le Conseil des citoyens éclairés, capables de contribuer au succès de l'administration municipale. Leur active prévoyance et leurs désirs du bien public donneront à l'administration supérieure les moyens de satisfaire aux besoins de la cité. Le zèle et le patriotisme des fonctionnaires que le roi vient de choisir ajoutent à cette conviction.

« Vous améliorerez les revenus municipaux ; vous déterminerez l'emploi le plus utile et le plus sage des ressources du budget ; vous fixerez les dépenses sans prodigalité comme sans parcimonie ; vous accorderez aux établissements de bienfaisance et d'instruction publique des subsides proportionnés à la population, à ses besoins, à vos revenus ; vous porterez votre attention sur le perfectionnement de la police municipale ; vous méditerez sur les mesures qui seront à prendre pour la plus grande prospérité du pays ; vous marcherez d'accord avec la garde nationale, si distinguée par le bon esprit qui l'anime et par l'instruction militaire qu'elle a reçue.

« Par inclination et par devoir, vous me

trouverez toujours dévoué aux intérêts de cette ville, l'une des plus importantes du département par son industrie et le genre de ses manufactures.

« C'est avec une satisfaction véritable que je viens, Messieurs du Conseil municipal, Monsieur le maire et Messieurs les adjoints, présider à votre installation. Mais en vous remettant la conduite des affaires, je dois à l'ancien conseil municipal, au digne maire que des soins importants retiennent à Paris, à Monsieur Corblin, qui a bien voulu le remplacer, le témoignage de ma reconnaissance, j'ajouterais de celle des habitants d'Elbeuf, dont je me permets d'être ici l'organe, pour le dévouement et le zèle qu'ils ont apportés à remplir les honorables et laborieuses fonctions dans lesquelles vous leur succédez ».

Après la prestation de serment des nouveaux élus, il fut donné lecture de l'ordonnance royale nommant maire M. Marie-Mathieu-Constant Leroy; et adjoints MM. Henri-Mathieu Quesné et Michel-Pierre-Victor Grandin. Ensuite, M. Constant Leroy prononça le discours suivant :

« Messieurs ; un des bienfaits de la Révolution de Juillet devait être de restituer à la France ses institutions municipales, conquêtes du Droit et de la Raison, qui forment la plus vitale comme la plus antique des libertés publiques.

« Une première loi a rendu aux citoyens le droit d'intervenir par de libres élections dans l'administration communale et a concilié les franchises du Pays avec l'élément de l'Etat ; tous les intérêts, toutes les exigences de la vie civile s'y trouvent réunis.

« Veiller à ses besoins de tous les instants ; diriger avec sagesse et économie l'administration de ses biens et l'emploi de ses revenus ; s'occuper de son agrandissement et de sa prospérité ; améliorer une instruction primaire qui, en même temps qu'elle épure les mœurs, apprend à tous leurs devoirs comme Français et leurs droits comme citoyens ; dans une ville industrieuse comme la nôtre, rechercher sans cesse tout ce qui peut contribuer au bien-être et assurer l'existence de l'homme laborieux : tel est le but des institutions municipales ; telles sont les obligations des magistrats appelés à en faire jouir le pays auquel nous avons le bonheur d'appartenir.

« La législation nouvelle, en donnant une même origine à l'administrateur de la commune et à ses conseillers, a fondé les éléments de cette famille municipale, destinée à affermir et à perpétuer cet état d'esprit d'ordre et de conservation, qui seul peut assurer l'avenir de la Patrie.

« Véritable soutien des intérêts locaux, le Conseil municipal est chargé de surveiller les affaires privées de la cité ; il approuve et vote les mesures nécessaires à la conservation de ses droits et de ses biens, et exerce dans ce sens, sur la conduite du maire, un contrôle loyal et consciencieux.

« Le maire, chef de la famille, est le gardien des intérêts de la communauté et l'interprête fidèle de ses besoins auprès du Prince. Objet de la confiance simultanée du roi et des citoyens, c'est par son intermédiaire que s'accomplissent les nécessités de la vie sociale ; mais ce n'est que dans l'estime et l'affection de ses concitoyens qu'il peut trouver cette puissance morale qui doit donner une véritable force à son autorité.

« Les témoignages réitérés que j'ai reçus de votre estime et de votre affection, Messieurs, m'ont imposé le devoir d'accepter les fonctions que je suis appelé à remplir. Ces fonctions sont honorables au plus haut degré ; mais une tâche délicate et difficile, une grande responsabilité, y sont attachées, et il m'était, certes, permis de reculer devant ce périlleux honneur.

« Aidé par des collègues qui, en partageant avec moi le fardeau de l'administration, donnent au pays une nouvelle marque de leur dévouement tant de fois éprouvé, j'ai besoin de compter encore sur l'active et bienveillante coopération de Messieurs les membres du conseil municipal. Animés tous du même zèle pour le bien public, fidèles aux inspirations de notre conscience, nos relations mutuelles seront, je n'en doute pas, cimentées par une confiance inaltérable. Je ne mets point d'ambition à acquérir par moi-même une influence personnelle ; mais je tiens à honneur d'arriver, par le concours des bons citoyens, à la plus grande prospérité du pays.

« Toujours prêt à soutenir ce qui sera juste et nécessaire avec fermeté, mais sans obstination, je ne craindrai jamais de céder lorsque la raison et la vérité se seront manifestées à ma conscience. Dans la juste défiance où je suis de mes forces, je m'encourage en pensant que l'assiduité à ses devoirs vaut quelquefois mieux que le talent, et que les travaux utiles sont souvent préférables aux travaux éclatants.

« Au moment d'entrer dans l'exercice de nos fonctions, nous devons tous, magistrats et conseillers municipaux, payer un juste hommage à ceux qui nous ont précédés dans la carrière ; leurs noms, Messieurs, sont présents à votre pensée. Hommes de bien, leurs actes témoignent assez avec quelle fidélité ils ont rempli leur mandat. Administrateurs courageux et dévoués, nous leur devons l'ordre et la tranquillité que notre ville a conservés au milieu des circonstances les plus difficiles. Honneur à eux ! honneur au citoyen généreux que nos cœurs cherchent en vain dans cette enceinte et qui, après avoir pendant huit ans fait du bien-être de ses concitoyens l'objet de ses constantes méditations, ne s'est aujourd'hui refusé aux vœux les plus légitimes que pour se livrer tout entier à la défense de nos droits et de nos libertés !

« En recevant lui-même le serment qui est dans tous nos cœurs, le magistrat éclairé qui veille avec tant de succès aux destinées de ce département, a voulu donner un nouveau témoignage de la haute sollicitude qui l'anime pour les intérêts de notre ville. Eminemment élevé dans la confiance du monarque si digne de notre amour, il lui fera connaître nos besoins et nos vœux ; il pourra lui dire que la ville d'Elbeuf s'unit toute entière au serment que nous avons prêté ; que, pleine d'espoir dans un gouvernement de bonne foi et de vérité, elle sait qu'il ne peut y avoir de bonheur pour tous que dans le respect des lois, et que l'industrie ne peut fleurir et prospérer que par l'union intime de l'ordre public et de la liberté. Vive le roi ! »

Après ce discours, la musique joua un air, puis l'assemblée se sépara en poussant de nouvelles acclamations.

Le même jour, le Conseil municipal nomma une commission, avec mandat de faire un rapport tendant à obtenir une part sur les cinq millions que la loi du 6 novembre précédent mettait à la disposition des villes qui entreprendraient des travaux d'utilité communale extraordinaires.

Cette commission proposa divers travaux, entre autres l'exhaussement du port d'environ 1m30, en comblant une grande partie et peut-être la totalité du vaste cloaque qui le coupait et l'infestait, et de conduire les eaux à la Seine par une pente plus douce, à partir de la rue de la Rigole.

Ce travail considérable, dit le rapporteur de la commission, « est capable d'occuper beaucoup d'ouvriers, pour dépaver, exhausser le talus, remblayer et réparer. Personne n'en contestera la grande utilité quand on songe :

« 1º Que le vaste bassin qui reçoit les eaux et les immondices est hideux, infect et dangereux pour les hommes comme pour les voitures, et qu'il nous coûte tous les ans une somme pour le curer.

« 2º Que souvent, pendant des mois entiers, le port, qui est trop bas, se trouve couvert par l'inondation de la rivière.

« 3º Que cet état de choses rend plus difficiles et plus dispendieux les transports et les communications ; que les accès deviennent périlleux pour les personnes, et que le commerce du blé s'en trouve à ces époques diminué et paralysé.

« 4º Que la place destinée pour halle aux blés est présentement incommode et resserrée par des talus et avant-saillies qui se nivelleraient et disparaîtraient... »

Les conclusions du rapport furent adoptées, surtout à cause de la perspective que le Conseil avait qu'après l'achèvement de la route de Bourgtheroulde le marché aux grains se développerait considérablement.

Les autres travaux que l'on se proposait de faire, au moyen d'un emprunt de 50.000 fr., avaient pour objet la mise en viabilité de la rue Bourdon, le nivellement de la rue de la Bague et la suppression de son égoût, l'écoulement des eaux de la rue du Cours, des répations au talus de la Rigole, la création d'un puits artésien sur une place publique, la construction de quatre latrines publiques, l'amélioration des chemins de Saint-Cyr, de la Londe et des Ecameaux; soit au total une dépense de 50.000 fr., sur laquelle on espérait que le gouvernement fournirait un tiers.

Le lendemain, M. Mathieu-Constant Le Roy, maire, délégua une partie de ses pouvoirs à MM. Henri Quesné et Victor Grandin.

Pendant l'hiver, plusieurs directeurs de troupes demandèrent la salle du Théâtre afin d'y donner des représentations, mais elle ne put leur être accordée, cette salle étant louée pour un an à un négociant qui y déposait des laines.

En 1831, la fabrication des nouveautés se développa à Elbeuf, grâce à M. Th. Chennevière. Voici, en effet, ce que nous lisons dans la *France Industrielle*, qui se publiait sous le règne de Louis-Philippe :

« M. Th. Chennevière a fait reprendre, en 1831, les articles de fantaisie, délaissés depuis trop longtemps à Elbeuf, et qui ont tiré la fabrique de la triste situation où elle se trouvait alors. En 1832, plusieurs maisons abandonnèrent totalement la fabrication des draps pour la nouveauté, et, en 1834, on en comptait plus de vingt qui étaient exclusivement livrées à ce genre de travail, M. Chennevière est le premier qui ait appliqué le Jacquard aux étoffes façonnées dites de fantaisie... »

En cette même année, on construisit un second théâtre dans l'étage supérieur d'un magasin à laine occupé par MM. Lanseigne et Auger, rue Hervieux, dans lequel le fameux Gringalet — Brammerel — devait donner des représentations au mois d'octobre ; mais, ainsi que nous l'avons déjà dit, le maire ne l'autorisa point, la salle n'ayant pas d'existence légale.

En 1831, la population d'Elbeuf était de 9.294 habitants.

On avait compté, dans l'année, 462 naissances, 67 mariages et 365 décès.

CHAPITRE VI
(janvier-juin 1832)

Considérations sur la fabrication elbeuvienne. — La mendicité. — Naissance du « Journal d'Elbeuf ». — Les logements ouvriers. — Progrès du choléra ; son apparition a Elbeuf ; terreur de la population ; mesures municipales et cantonales. — Le docteur Henry et « la Cousine ». — Dévouement extraordinaire de Mlle Bertaut ; ses fondations a Elbeuf.

Nous commencerons ce chapitre par une note manuscrite de M. Louis Bertin, monteur-dessinateur de grand mérite, qui exerça à Elbeuf pendant plus de quarante années.

A cette époque, dit-il, les draperies elbeuviennes jouissaient d'une réputation universelle justement méritée, tant à cause de leur parfaite teinture que par leurs beaux apprêts.

Elbeuf pratiquait tous les moyens mécaniques existants et utilisait les meilleurs procédés connus. Il livrait au commerce intérieur et extérieur des marchandises de tous prix, jusqu'à 30 fr. le mètre et même plus.

Toutes ces étoffes en général étaient confectionnées en belle et bonne laine-mère, sans addition d'aucun mélange inférieur. Les déchets de la fabrication étaient recueillis par des maisons spéciales qui les expédiaient au dehors.

Elbeuf possédait alors un grand nombre de directeurs d'apprêts, notamment pour le garnissage et le tondage des draps. On désignait les premiers sous le nom de conducteurs de laineries et les seconds sous celui de conducteurs de tondeuses.

On sait que le lainage consiste à tirer et à peigner les filaments de laine sur la surface de l'étoffe, au moyen de chardon végétal ou minéral, et que le tondage a pour but de couper, en les régularisant, les filaments « tirés à poil » par le chardon.

Ces conducteurs possédaient une connaissance profonde du travail qu'ils pratiquaient; aussi les perfectionnements leur étaient-ils faciles.

Les fabricants s'attachaient leurs conducteurs autant qu'ils le pouvaient; craignant de les perdre, ils les payaient à des prix élevés et abandonnaient à leur profit les bourres et déchets provenant de leurs opérations. Et il faut le reconnaître, c'était en grande partie au savoir professionnel et à l'expérience de ces collaborateurs d'élite que les manufacturiers devaient la haute réputation de leurs produits.

L'outillage dont on se servait était encore loin des perfectionnements qu'il devait atteindre plus tard.

Les laineries étaient confectionnées d'une façon rustique, avec des bâtis en grosses pièces de bois très encombrantes; les cadres à chardons étaient à l'avenant.

Le tondage se faisait encore et généralement sur des tables spéciales, au moyen de forces à tondre mises en mouvement mécaniquement ; elles glissaient d'un bout à l'autre de la table sur laquelle était étendue une partie de l'étoffe que l'on nommait « tablée » et que l'on renouvelait de proche en proche jusqu'à la fin de la pièce. Malgré les défauts de cet outillage, on obtenait cependant de très beaux apprêts.

La substitution des tondeuses à cylindre aux tables à tondre se fit lentement et demanda, pour être générale, un certain nombre d'années, malgré les avantages indiscutables que présentaient les nouvelles machines.

Parmi les maisons de cette époque dont notre place était fière à cause de la parfaite qualité et du fini de leurs produits, il convient de citer celles de MM. Dumor-Masson, Poussin, Chefdrue et Chauvreulx, Camille Randoing, Th. Chennevière, Victor Grandin, Flavigny, Charvet, Félix Lefebvre, Philippe Decaux, Isidore Lecerf, Félix Gariel, Lesseré-Grémont, Montreuil, Félix Aroux, Edmond Devé, Cousin-Corblin, Hennebert et quelques autres.

Un ancien notable d'Elbeuf, M. Jacques-Pascal Voranger, rentier, rue de l'Hospice, né en 1760, mourut le 13 janvier 1832.

Le 25, le maire fixa les heures à partir desquelles les gardes nationaux condamnés pour infraction par la chambre de discipline, pourraient se présenter pour subir leur peine dans la salle dite du « Haricot », que beaucoup d'Elbeuviens connurent et où même l'on organisa plus tard de véritables parties de plaisir.

Ce même jour, M. Jacques Boisguillaume

fut nommé président du Conseil des Prud'hommes, et M. Augustin Dévé fils vice-président.

Le 28, les maires du canton se réunirent au chef-lieu, sous la présidence du maire d'Elbeuf, pour aviser aux moyens d'exécuter un arrêté préfectoral du 6 décembre précédent sur la suppression de la mendicité.

On constata que dans le canton, sans y comprendre la ville d'Elbeuf, il existait 440 indigents, dont 132 invalides incapables de se suffire à eux-mêmes, et 308 valides, mais auxquels des secours temporaires étaient absolument nécessaires. On estima que la somme de 45.000 fr. serait indispensable pour secourir ces malheureux, mais il fut en même temps reconnu que les communes rurales n'avaient que fort peu de ressources qui pussent être consacrées à leur soulagement.

On estima également que la ville d'Elbeuf aurait aussi besoin de 15.000 fr. au moins pour secourir ses propres pauvres ; c'était au total, pour le canton, une somme de 60.000 fr. par an qu'il manquait au service de la bienfaisance.

M. Renard reçut un brevet de libraire, le 30 janvier ; son dernier magasin était rue du Glayeul, non loin du carrefour du Bout du Couvent.

Le 3 février, à la suite d'une décision, prise par le juge de paix, de faire exécuter le service de ses audiences exclusivement par MM. Le Rat et Vauquelin, huissiers, le Tribunal de commerce arrêta que son service ne serait fait que par les deux autres huissiers, MM. Lemaître et Longuemare.

M. Noirfalise, imprimeur à Elbeuf, fit une

déclaration, le 4 du même mois, par laquelle il annonçait la fondation du *Journal d'Elbeuf*, pour paraître chaque dimanche, en format in-4°, et traiter de littérature, modes, annonces et avis divers. Ce programme peu compromettant devait assurer de longs jours à ce doyen de la presse elbeuvienne, qui ne disparut que pour faire place à *l'Indépendant*, lequel, du reste, n'en est que le continuateur sous un autre titre.

Le 7, mourut M. J.-B. Philippe Tienterre, âgé de 85 ans, né à Caudebec.

Le 13, le Conseil municipal décida d'accepter l'offre d'un prêt de 30.000 fr., que lui faisait M. Francois Rouvin, à raison de 5 pour 100 d'intérêt.

Vers ce temps, M. Melchior, chef de musique de la garde nationale, fut prié par la municipalité de prêter son concours à un concert au profit des pauvres, que devait donner M. Bucher, première flûte du théâtre de Naples, qui, l'année précédente, s'était déjà fait entendre à Elbeuf.

A partir du 15, on exposa les plans de l'exhaussement du pavage des rues Saint-Jean, du Port et de la Bague, et celui de l'écoulement des eaux provenant de cette dernière.

Quelques jours après, le maire fit fermer par les deux bouts la ruelle aux Bœufs, attendu que, depuis l'ouverture de la rue nouvelle (Saint-Louis), elle n'était guère utile pour la circulation et qu'elle servait de réceptacle aux immondices de toutes sortes, malgré la surveillance de la police.

Le 27, le Conseil municipal établit un réglement pour le nouveau cimetière Saint-Jean. Il décida entre autres choses que des portions de terrain seraient concédées à perpétuité et que les concessions ne seraient accordées que dans la partie de ce cimetière réservée à cet effet. Les prix furent ainsi fixés : 400 fr. pour 7m33 carrés (une perche) ; 250 fr. pour 3m67 carrés (1/2 perche): 30 fr. pour 1m carré. En outre, à chaque inhumation, une donation d'au moins 20 fr. devrait être faite à l'hospice, à moins de donation antérieure suffisante, faite au nom de la personne décédée. L'exhumation d'un corps, pour être porté au lieu concédé, fut fixée à 15 fr., dont un tiers pour le fossoyeur.

Le choléra fit son apparition dans notre département le 20 février. Le maire prit un arrêté, que nous reproduirons dans sa partie principale :

« Considérant que les ouvriers, en très grand nombre, logés en hôte, à la semaine ou au mois, dans des cabarets ou autres lieux, sont entassés dans des endroits étroits peu aérés et malsains ; que de mauvais lits ou grabats sont rapprochés les uns des autres, de manière à occasionner un encombrement d'individus insalubre et nuisible à tous égards, arrête :

« Toutes les permissions accordées aux logeurs qui reçoivent en hôte des ouvriers sont annulées... »

Le reste de l'arrêté indique dans quelles conditions seulement les logeurs pourraient recevoir des ouvriers: « Chaque chambrée ne pourra excéder le nombre de lits déterminé par l'autorité, c'est à dire un lit par mètre carré », et jamais plus d'une personne par lit.

Vers la fin de février, M. Prieur Quesné fut nommé président du Tribunal de commerce,

M. Osmont aîné, juge, et MM. Henri Sevaistre et Hippolyte Join-Lambert, juges suppléants ; mais le premier et le dernier refusèrent d'accepter ces fonctions.

Dans la séance municipale du 3 mars, le Conseil décida d'abandonner aux religieuses d'Ernemont la jouissance de la maison achetée par la Ville, pour y fonder une école de filles, mais à la condition qu'elles donneraient l'instruction gratuite à 300 élèves. Passé ce nombre, il leur serait alloué une somme de 10 fr. par élève communale ; aucune rétribution pour fournitures scolaires, frais de chauffage, etc., ne serait accordée aux religieuses.

La discussion qui précéda ce vote nous apprend que les religieuses s'occupaient beaucoup plus des élèves payantes que des autres. Il y avait « trois maîtresses dans la classe dite la pension, deux dans la grande et une seulement dans la classe gratuite ».

Il existait alors dix-sept fonderies de suif dans notre ville ; ces établissements causaient de perpétuelles inquiétudes d'incendie, et les désagréables odeurs qui s'en échappaient faisaient la désolation de leurs voisins ; aussi des plaintes étaient-elles constamment adressées à l'administration municipale, qui, le 28 mars, prit le parti de les transmettre au préfet.

Le 7 avril, le général espagnol Antonio Quiroga adressa cette lettre au chef de notre municipalité :

« Monsieur le Maire,
« A la veille de quitter Elbeuf, pour rentrer dans ma patrie, je dois témoigner à ses habitants toute ma gratitude de l'accueil sympathique dont j'y ai été l'objet.

« C'est à vous, Monsieur le Maire, représentant de la cité, que je dois porter l'expression de mes sentiments pour l'hospitalité si cordiale que j'y ai trouvée et dont le souvenir vivra autant que moi.

« Veuillez, je vous prie, Monsieur le Maire, les agréer avec l'assurance de ma considération particulière et très distinguée. — Antonio Quiroga ».

Nous avons précédemment rapporté les événements qui marquèrent les dernières années du général, dont le portrait figure sur un tableau d'histoire, peint par M. Cochet, de Saint-Omer.

Le 7 avril également, le Conseil municipal, impressionné par les progrès du choléra, vota une somme de 10.000 fr. pour être mise à la disposition du comité sanitaire.

Le 10, M. Constant Leroy, maire, convoqua ses collègues du canton pour prendre en commun des mesures contre le fléau. Le lendemain 11, le premier cas fut signalé à Orival ; le maire en fit part, par exprès, à M. Vingtrinier, médecin des épidémies à Rouen, afin que ce docteur assistât à la réunion des maires.

Le 12, M. Vingtrinier vint à Elbeuf, avec les docteurs Dubuc et Avenel, médecins des épidémies de l'arrondissement. Dans la conférence qu'ils eurent avec leurs confrères de notre ville et les maires du canton, il fut décidé que des bureaux de secours seraient immédiatement établis dans chaque commune ; les médicaments de chaque bureau seraient fournis par le Département.

Le 22, le maire donna avis qu'un médecin se tiendrait désormais en permanence à l'hôtel de ville, de neuf heures du soir à six heures du matin, pour porter des secours aux personnes atteintes des premiers symptômes de choléra pendant la nuit.

Le lendemain, il prit un arrêté pour assurer le prompt enterrement des décédés. Quelques jours après, il ordonna que les décédés de l'hospice seraient portés au cimetière Saint-Jean.

Le 12 avril, on avait mis en adjudication le remblai et l'empierrement de la rue Bourdon ; la dépense était estimée à 2.032 fr.

Au 15 avril, la compagnie des sapeurs-pompiers possédait quatre grandes pompes, une petite pompe sur deux roues et une pompe à main, ainsi qu'il résulte d'un inventaire signé ce jour par M. Constant Le Roy, maire d'Elbeuf, en présence de M. Sevaistre-Turgis, commandant de la garde nationale, et de M. Bellec, capitaine de la compagnie de pompiers.

Le 17, un étranger descendu chez la dame Macé, aubergiste, rue Saint-Jean, tira un coup de pistolet sur un garçon de douze ans et ensuite se suicida d'un second coup.

De nouvelles mesures furent prises à Elbeuf contre le choléra, dont l'extension devenait chaque jour plus alarmante.

Un hospice provisoire devait être aussi installé dans chaque commune pour recevoir les cholériques. Les bureaux communaux devaient être fournis de lits complets, de couvertures de rechange, de briques, brosses et flanelles pour frictions, de seringues, gobelets et bassins, de chemises de flanelle ou de drap blanc d'une civière, d'une bassinoire, de bois et de linge.

Le 17, les sœurs d'Ernemont offrirent leurs

services pour soigner les malades de l'épidémie que l'on transporterait à l'hôpital.

Le premier cas de choléra se produisit dans notre ville, le lendemain ; dès le début de la maladie, on considéra l'état du malade comme désespéré. Ce malheureux, nommé Leprêtre, âgé de 57 ans, mourut 24 heures après avoir été frappé. La seconde victime fut un enfant.

A partir de ce jour, un certain nombre d'Elbeuviens quittèrent la ville pour aller habiter la campagne. La terreur s'empara de beaucoup d'esprits, et il est probable que la gravité qu'atteignit l'épidémie provint de l'affollement causé par la peur.

Le 20, M. Galliay, commissaire de police, reçut l'ordre de faire des visites sévères chez tous les logeurs, et de leur enjoindre la plus stricte propreté.

Les médecins établis à Elbeuf étaient alors MM. Henry, Revelle, Fillolet, Delanos, Lesaas et Justin. — Les pharmaciens étaient MM. Refuveille, Monsaint, Deshais et Decroix.

En prévision de l'extension de l'épidémie, les vieillards de l'hospice furent installés dans les mansardes habituellement utilisées pour le séchage du linge, et l'on affecta leurs lits aux cholériques. Le nombre de ces lits fut même porté à trente, grâce à la bienfaisance de divers habitants de la ville.

Des réclamations se produisirent cependant contre l'entrée de cholériques à l'hospice, situé dans le quartier où il y avait le plus d'habitations misérables et malsaines, qui, disait-on, conserveraient longtemps des restes de l'épidémie. Mais la réclamation devint à peu près générale lorsqu'on apprit que les malades d'Orival seraient transportés dans notre hôpital. Il n'y avait pas de raison pour refuser la même faveur aux cholériques de Caudebec. Il y avait, disait-on, déjà assez des ouvriers de la campagne, travaillant dans nos fabriques toute la semaine, qui pouvaient être frappés et que l'on devrait nécessairement faire porter à l'hospice, sans se charger encore des malades des autres communes, étant donné surtout que le nombre des lits dont on pouvait disposer était restreint et que l'on manquait de locaux.

M. Constant Leroy transmit ces plaintes au préfet, le 20 du même mois, en le priant d'agir sur le maire d'Orival pour que celui-ci sollicitât des secours des personnes aisées de sa commune et stimulât leur charité. Les médecins d'Elbeuf étaient disposés à donner leurs soins gratuitement à Orival ; de plus, cette commune avait à sa disposition un local gratuit, dans lequel des habitants d'Elbeuf avaient envoyé un lit, que l'on n'avait même pas installé ; d'autres lits pourraient encore y être envoyés. Des infirmiers étaient prêts à commencer leur service.

En fait, c'était l'argent qui manquait à Orival ; aussi le maire d'Elbeuf demanda-t il au préfet de lui accorder une somme minimum de 500 fr. pour cette commune. Déjà M. Leroy avait offert de mettre 200 fr. à la disposition de son collègue d'Orival.

Un ouvrier teinturier fut atteint le 23. Ce même jour, M. Leroy eut à répondre à une demande de médicaments qui lui était faite par le maire de Cléon, où sévissait l'épidémie ; il les fit donner, mais pria le préfet d'engager les maires des communes à suffire à leurs besoins, son temps et ses soins devant être principalement appliqués au soulagement de ses propres administrés.

Ce même jour encore, ordre fut donné au poste de la garde nationale de recevoir les personnes indisposées qui s'y présenteraient et de les soigner.

Le lendemain, le maire enjoignit d'envelopper soigneusement de chlorure de chaux le corps des cholériques décédés, avant de les mettre dans le cercueil.

Plusieurs décès furent constatés le 23, en même temps qu'on apprenait à Elbeuf que les communes d'Orival et de Tourville-la-Rivière étaient gravement atteintes. On disait qu'un homme, habituellement adonné à la boisson, s'était grisé avec de l'eau-de-vie dès qu'il s'était senti frappé par le choléra, et qu'il allait mieux.

A Saint-Aubin, la population était terrifiée par plusieurs morts foudroyantes. Le maire d'Elbeuf ayant appris que le gouvernement ferait passer des fonds pour secourir les communes rurales du canton, M. Leroy en prévint son collègue de Saint-Aubin, en offrant de lui avancer également 200 fr. en attendant l'arrivée des secours promis.

Plusieurs Elbeuviens furent attaqués les jours suivants. Le 26, il en mourut trois, ce qui portait déjà le nombre des décédés à neuf.

Le 28, le maire ordonna à M. Galiay, commissaire de police, de veiller à ce que les vêtements, linges et couvertures des cholériques décédés fussent soumis à des fumigations au chlore ; de faire procéder lui-même et en sa présence à ces mesures d'intérêt général, aux frais de la Ville.

Malgré les efforts de la municipalité, il ne

lui fut pas permis de faire complètement remblayer un cloaque, véritable foyer d'infection, qui se trouvait rue de la Bague, à son point d'intersection avec la rue Théodore-Chennevière actuelle, à cause de la mauvaise volonté d'un très riche propriétaire voisin, qui intervint auprès du préfet pour faire arrêter les travaux, ce dont M. Leroy se plaignit amèrement par lettre adressée à ce magistrat.

Le 29, M. Sevaistre-Turgis donna sa démission de commandant de la garde nationale. Cet événement causa « une fermentation dans les esprits » et porta le trouble dans tout le corps. La crainte de l'administration était que d'autres officiers suivissent l'exemple de leur commandant et que la garde nationale se désorganisât.

Le 25 de ce même mois, était décédé, rue de Rouen, M. Henri-Michel-Pierre Grandin, né en 1784, fils de Pierre-Michel-Constant.

Le jour de la fête du roi, le 1er mai, il y eut des troubles dans la soirée. Le maire ne voulut point en informer la justice dans la crainte que des poursuites fussent dirigées contre les perturbateurs ; mais le procureur du roi lui en fit le reproche quelques jours après.

Le choléra continuait ses ravages ; sur les trois infirmières de l'hospice, deux étaient gravement malades ; à la date du 9 mai, quatre nouveaux cas furent constatés. A Saint-Aubin, l'épidémie faisait encore proportionnellement plus de victimes qu'à Elbeuf, La Londe, Freneuse et Sotteville-sous-le-Val n'avaient jusque là payé aucun tribut au fléau.

En ville, on ne parlait que du choléra : c'était le sujet de toutes les conversations; mais bien qu'une recrudescence de l'épidémie se produisit le 11, on commençait à espérer, car parmi les personnes atteintes beaucoup allaient mieux. Sur les trente-deux cholériques traités à l'hospice, neuf seulement étaient décédés ; les autres étaient en convalescence. On vantait avec plaisir le dévouement du docteur Henry, médecin chef de l'hôpital, qui, malgré son grand âge, passait nuits et jours à soigner les malades, admirablement secondé par « la Cousine ».

La Cousine était le sobriquet que la population d'Elbeuf et des environs donnait à celle que l'on nommait aussi « l'Ange de la Cité », à Mlle Bertaut, directrice de l'hospice et fondatrice de la Providence, dont nous allons dire quelques mots, empruntés en grande partie à M. Maxime du Camp, de l'Académie française :

Caroline-Anne Bertaut — et non Bertaud — était née à Saint-Sever près Rouen, le 9 avril 1777, de feu Grégoire Bertaut et de feue Marguerite-Anne Duruflé, originaire d'Elbeuf. Ses parents faisaient un petit commerce d'épicerie quand elle les perdit. La fortune qui lui revenait, liquidation faite, représentait un capital d'environ 5.000 fr. ; ce fut avec ces modestes ressources qu'elle entreprit de créer une institution qui rendit d'immenses services aux jeunes filles délaissées.

Elle était jeune lorsqu'elle vint à Elbeuf, obéissant au besoin de soulager les souffrances, comme d'autres obéissent à l'attrait du plaisir : « Nulle mieux qu'elle ne sut apprécier la volupté du sacrifice, qui est la volupté la plus exquise qu'il soit donné à l'homme de goûter ici-bas. En 1804, lorsqu'elle n'était encore âgée que de vingt-sept ans, elle sollicita et obtint la direction, gratuite, de l'hôpital d'Elbeuf, qui ne comptait que douze lits et était insuffisant à secourir une population ouvrière exposée à tous les accidents des ateliers, à toutes les maladies que produisent l'encombrement et l'insalubrité du logis ».

Petit à petit, la Cousine réussit, en stimulant la municipalité, à agrandir son hôpital, qui bientôt put contenir soixante lits. Mais ce n'était point assez pour elle de pouvoir accueillir un plus grand nombre de malades; elle voyait que bien des vieillards indigents ou infirmes en étaient réduits, pour prolonger leur existence, à invoquer la charité publique; elle voulut leur ouvrir un asile, et parvint à annexer à son hôpital un hospice qui s'ouvrit devant 22 malheureux : ainsi commença notre asile pour les vieillards.

En 1819, deux petites filles, Armande et Alexandrine Lefebvre, âgées de neuf et six ans, furent recueillies par Mlle Bertaut : ce fut le point de départ de la création de « la Providence ». La Cousine loua une maison, puis trois fois, jusqu'à 1826, elle changea de local pour ses pupilles, dont le nombre augmentait sans cesse.

Dans cet établissement, on recevait des pauvrettes ahuries, affamées, dépenaillées, ignorantes ; à force de bons procédés, elles devenaient des ouvrières habiles.

« Pour subvenir au logement, à l'habillement, à la nourriture de cent cinquante orphelines qui trouvent asile à la Providence, les ressources sont bien minimes. Tout ce que possédait Caroline Bertaut a été d'abord dépensé; peu à peu, pour parer à des nécessités urgentes, elle a vendu ses hardes, ses meubles ; elle couche sur un lit de sangle et trouve qu'on n'en dort pas plus mal...

« ... Quand le pain manquait au logis, quand la bourse était vide, Caroline, prenant un grand sac en toile grise, que l'on connaissait bien à Elbeuf, partait en quête et allait mendier pour ses enfants.

« Hardiment et la conscience d'aplomb, elle entrait dans les maisons. En voyant son sac, on souriait. Il faut rendre justice aux gens d'Elbeuf, elle ne quêta jamais en vain. On fouillait dans la huche au pain, on regardait dans le garde-manger, et la bonne Caroline ne s'en allait pas les mains vides. Les boulangers, les bouchers la connaissaient, et les fruitiers aussi ; la table de l'orphelinat était garnie, vaille que vaille, et les enfants n'allaient pas se coucher le ventre creux...

« Elle menait de front les soins à donner aux malades, aux vieillards, aux enfants, et nul ne put lui reprocher d'avoir sacrifié les uns aux autres. Bien plus, il semblait que cette triple tâche eut triplé son dévouement en triplant ses forces.

« Lorsqu'en 1832 le choléra envahit la France, il n'épargna pas les agglomérations ouvrières et traversa Elbeuf avec brutalité. Caroline Bertaut tint tête au monstre et ne recula pas. Par son initiative, dans son hospice même, une infirmerie spéciale fut établie où l'on recueillait les cholériques ; les infirmiers mouraient à la peine ou fuyaient devant le mal implacable ; elle resta debout, disputant les victimes à la mort et les lui arracha.

« Cent cinquante-neuf malades lui furent confiés, elle en sauva cent neuf. Elle eut sa récompense en ces jours néfastes : la Providence contenait alors deux cents orphelines ; or, les précautions prises par la Cousine, les soins préventifs qu'elle parvint à imposer arrêtèrent la peste au seuil de la maison : aucune de ses petites pensionnaires ne fut atteinte ».

Le dévouement de Mlle Bertaut n'avait cependant pas encore atteint le degré où il devait être porté. En cette même année 1832, elle ouvrit un orphelinat pour les petits garçons orphelins, dans lequel douze entrèrent immédiatement. Elle comptait donner à cette nouvelle fondation un grand développement et y joindre une école d'apprentissage ; mais, comme nous le verrons bientôt, la mort, qu'elle avait bravée tant de fois, la surprit au moment où cette entreprise allait réussir, et l'orphelinat de garçons fut fermé. Quant à la Providence, on sait qu'elle subsiste encore.

Le 14 mai, le maire d'Elbeuf reçut du gouvernement une somme de 6.000 fr. pour les cholériques et leurs familles de la ville et du canton.

En mai, pour remplacer MM. Constant Le Roy, nommé maire, et Victor Grandin, démissionnaire, la Chambre consultative nomma de sa compagnie MM. Prieur-Quesné, banquier, et Joseph Godet, teinturier. Elle désigna également MM. Nicolas Louvet et Valentin Cousin comme membres adjoints.

Le 17, le Conseil municipal arrêta le tableau des fournisseurs des draps de troupe ayant droit à l'indemnité de 4 0/0 sur leurs livraisons.

M. Victor Grandin fut inscrit pour 21.000 mètres lui donnant droit à une indemnité de 6.213 fr.; MM. Mathieu Quesné et fils, 5.400

mètres, 1.597 fr. ; A. Demontfleury et Cie, 5.400 mètres, 1.597 fr.; Théodore Chennevière, 3.600 mètres, 1.065 fr. ; Sevaistre-Turgis, 1.800 mètres, 532 fr.; Nicolas Bourdon et Petou, 1.800 mètres, 532 fr. ; Brutus Javal, 900 mètres, 266 fr. ; Henri Sevaistre, 900 mètres, 266 fr. ; Victor Quesné, 900 m., 266 fr.; Philippe Decaux, 900 mètres, 100 fr. ; les draps de ce dernier n'avaient pas été acceptés par la commission militaire. Au total, l'indemnité se monta à 12.704 fr.

L'épidémie cholérique avait diminué d'intensité vers le milieu du mois ; mais elle reprit à partir du 27, notamment dans trois cours communes, dont les logements insalubres furent évacués le 29, par ordre du maire, et nettoyés au chlore. Les victimes étaient presque toujours des ouvriers, habitant des chambres où les règles les plus élémentaires de l'hygiène n'étaient pas observées, et se nourrissant habituellement d'aliments malsains ou mal préparés.

Le 30, le commissaire de police se transporta dans deux autres cours infectes, celle Huet, rue de l'Hospice, et celle Berment, rue du Thuit-Anger, prit des dispositions pour en faire sortir les habitants et purifier leurs logements ensuite. Dans la cour Macé, on ferma l'appartement où était décédé un cholérique et l'on fit défense à qui ce fut d'y pénétrer.

A partir du 5 juin, les personnes décédées à l'hôpital furent inhumées dans le cimetière Saint-Jean.

Des agitations légitimistes avaient eu lieu à Paris et dans quatre départements. La mort du général Lamarque, frappé par l'épidémie cholérique, avait été un deuil public. Elle fut aussi le signal des événements graves du 5 mai, véritable révolte républicaine contre le gouvernement, trop faible à l'égard de la chouannerie dont l'audace augmentait chaque jour.

A Elbeuf, on ne ressentit aucun contre-coup de cette affaire, mais le commissaire de police reçut l'ordre de surveiller avec une attention soutenue tous les étrangers qui se présenteraient. Il devait être présent à l'arrivée des diligences et voitures, et examiner les passeports des voyageurs, questionner ceux-ci, etc. La gendarmerie reçut les mêmes instructions.

M. Sevaistre-Turgis, ayant été renommé commandant de la garde nationale, reprit sa démission. On procéda, le dimanche 17 juin, à sa reconnaissance et à celle d'officiers nouvellement élus.

CHAPITRE VII
(Juillet-décembre 1832)

A la chambre consultative. — L'anniversaire des journées de Juillet ; plusieurs Elbeuviens sont décorés ; discours du maire. — Projet d'un Champ de Mars a Elbeuf. Création d'une foire aux laines. — Députation d'Elbeuviens vers le roi ; transfèrement du moulin Saint-Etienne. — Fin de l'épidémie cholérique. — Toujours le gaz et M. Malteau.

Une ordonnance royale, du 3 juillet 1832, autorisa la ville d'Elbeuf à acquérir un terrain pour en faire un cimetière monumental. — On sait que le cimetière Saint-Jean était déjà ouvert.

M. Louis-Robert Flavigny père, membre du conseil général, s'occupait alors, avec M. Roquefeuil, ingénieur de l'arrondissement, de plusieurs différends survenus pendant les travaux de charité et concernant la route de Bourgtheroulde.

Une autre ordonnance royale, du 16 juin précédent, avait déterminé un nouveau mode de recrutement pour la formation des Chambres consultatives. Le 11 juillet, la Chambre sortante désigna la moitié des vingt notables devant concourir, avec le Tribunal de commerce et le Conseil des prud'hommes, au renouvellement de ladite Chambre. Ces dix commerçants notables furent MM. Félix Lefebvre fils, Valentin Cousin, Alexandre Poussin, Jean-Baptiste Suchetet, Nicolas Louvet, Sevaistre-Turgis, Benjamin Sébirot, Auguste Maille, tous fabricants ; Pedro Turgis, teinturier, et Louis Randoing, filateur.

Quant au Tribunal de commerce, il avait désigné les dix notables suivants : MM. Petou père, Henri Quesné, Lefort-Henry, Joseph Godet, Victor Grandin, Edouard Delarue, Albert Ménage, Henri Sevaistre, Chefdrue fils ainé et Jean-Baptiste Guérot.

Quinze jours après, les vingt notables désignèrent pour faire partie de la Chambre consultative, au moyen d'un vote par bulletin secret : au premier tour, MM. Join-Lambert père, Lefort-Henry, Joseph Godet et Sevaistre Turgis, et, au second tour, MM. Poussin et Victor Grandin. M. Sevaistre-Turgis n'ayant pas accepté, M. Petou père fut élu en octobre suivant, pour le remplacer ; mais celui-ci n'ayant point accepté non plus, ce fut M. Desfrèches qui fut définitivement désigné.

En juillet, l'épidémie cholérique se porta principalement vers la rue Robert, alors très sale et bordée de plusieurs constructions insalubres.

On s'occupait, à cette époque, à combler le bassin de la place de ce nom, dans lequel croupissaient des eaux de savon et autres.

Le 14 du mois de juillet, le Conseil municipal renonça, pour le moment, au puits artésien et aux latrines publique projetés, et décida d'employer les fonds qui y auraient été employés au pavage du sol de l'ancienne halle, à la reconstruction de l'abreuvoir et à l'établissement d'une estacade près de l'extrémité de la rue du Pré-Bazile, ce qui donnerait une superficie de plus de 200 mètres au quai.

Pendant les fêtes commémoratives des 27, 28 et 29 juillet, le maire fit solennellement remise « des insignes décernés par le roi aux citoyens qui en avaient été jugés dignes par la Commission des récompenses nationales, pour la part qu'ils avaient prise aux mémorables journées de juillet 1830 ».

Les citoyens d'Elbeuf qui reçurent la croix de juillet furent MM. Victor Ménage, manufacturier, rue de la Barrière ; Victor-Mathieu Quesné, manufacturier, rue Royale, et Thomas Brisson aîné, commissionnaire en drap, rue Royale. MM. Frédéric Brisson jeune, commissionnaire en drap, rue Royale, et Pierre Eloy, tambour-major, rue Robert, reçurent la médaillle de juillet. Tous prêtèrent serment de fidélité au roi et d'obéissance à la Charte et aux lois, devant la municipalité et la garde nationale, dans la journée du 29. A cette occasion, M. Constant Le Roy, maire, prononça ce discours :

« En saluant le second anniversaire des journées de juillet, toutes nos pensées se reportent naturellement sur cette glorieuse révolution qui a créé pour la France une ère nouvelle.

« Le gouvernement qu'elle a fondé jouit, après deux années d'existence, de toute la vitalité des monarchies consacrées par le temps.

C'est à la confiance réciproque de la France et de son roi que nous devons une situation si rassurante. Un même besoin, une même pensée les animent tous deux : la liberté, le bonheur et l'indépendance du pays, et jamais les bons citoyens ne séparent dans leurs vœux et dans leurs affections le monarque et la nation, le trône et la patrie, unis par la plus sainte des alliances.

« Grâce à cette union qui fait la force du pays, grâce à cette milice citoyenne qui veille sur nos libertés comme elle défendrait, au besoin, notre indépendance, ni la guerre étrangère, ni l'anarchie ne sont sorties de notre glorieuse révolution...

« Notre garde nationale, Messieurs, est et devait être le principal ornement d'une fête qui est à la fois la fête du Pays et celle de la Royauté nouvelle. Il lui appartenait surtout de sanctionner par sa présence le témoignage honorable que vient de décerner la reconnaissance nationale aux citoyens dont le patriotisme a pris tant de part à nos mémorables destinées.

« Recevez, généreux citoyens, en présence du drapeau que vous avez contribué à relever, de ces nobles couleurs auxquelles se rattachent tant et de si glorieux souvenirs ; recevez ces insignes empreints de ces mots « Liberté, Patrie », si chers à tous les cœurs français ; ces insignes qui attestent votre dévouement à la Patrie et votre fidélité à la Charte et à la cause de la liberté. Placés sur votre poitrine, ils vous rappelleront la conduite sage et généreuse, le courage et la modération, le respect pour l'ordre et les lois qui ont imprimé tout d'abord un caractère si durable à notre régénération politique ; ils vous suivront pendant toute votre vie, et vous les laisserez à vos neveux comme un noble et précieux héritage...

« Rallions-nous, Messieurs, autour du trône constitutionnel que nos mains ont élevé et qui est si digne de notre confiance et de notre amour ! Que la tranquillité rétablie, que la paix maintenue, qu'un pouvoir juste et fort secondent les institutions généreuses du monarque, et la fortune de la France sera impérissable, comme ses institutions ! Honneur au roi qui a compris les vœux et les véritables intérêts de la Nation ! Honneur à la Nation qui sait apprécier les généreux efforts de son roi ! »

Inutile de dire que ce discours fut accueilli par des acclamations. La fête se continua par une revue de la garde nationale, et se termina par des danses. On remarqua beaucoup l'illumination de l'hôtel de ville, qui éclairait le buste de Louis-Philippe, placé au premier étage, sur la rue.

Cependant, la manifestation ne fut pas du goût de tout le monde, et les mécontents applaudirent M. Ch. Flamand, commis-voyageur, d'avoir refusé la médaille et le brevet de juillet qui lui étaient destinés ; il est vrai qu'il croyait avoir mérité la croix.

Pendant les fêtes, les curés des deux paparoisses avaient reçu, pour leurs pauvres, 468 livres de pain et 234 livres de viande.

La garde nationale de notre ville reçut un nouveau réglement, le 31 juillet, approuvé le 9 août par le préfet, et imprimé chez M. Noirfalise, à Elbeuf, quelques jours après.

On procéda, le 13 août, à l'installation de MM. Join-Lambert père, Lefort-Henry, Joseph

Godet, Sevaistre-Turgis, Poussin et Victor Grandin, nommés membres de la Chambre consultative.

Par une délibération municipale du 4 décembre 1826, les actionnaires du Théâtre avaient été privés de l'indemnité de 1.200 fr. par an que la ville leur avait accordée le 17 décembre 1824. Sur une réclamation de ces actionnaires, le Conseil décida, le 14 août 1832, de leur allouer 200 fr. par chaque mois que le théâtre donnerait des représentations, jusqu'à concurrence de 1.200 fr. l'an. Les actionnaires n'admirent point ce système, et quelque temps après la ville leur rendit l'ancienne annuité de 1.200 fr.

Dans cette même séance, M. Const. Leroy donna lecture de son rapport sur le choix d'un emplacement pour en faire un Champ-de-Mars et un Champ de-Foire.

Deux terrains lui semblaient propres à ce double objet; l'un était situé au haut de la rue du Neubourg; l'autre, où se tenait ordinairement la foire Saint-Gilles, était dans la Prairie, et c'est à celui-ci qu'il donnait la préférence.

Ce dernier emplacement s'étendait sur six ou sept acres, dont deux, ayant accès sur le halage, le long de la Seine, appartenaient à M. Langlois d'Autheuil et à Mlle de Saint-Etienne; trois autres acres, propriété de M. Paul Sevaistre, étaient traversées par la rue des Champs tendant au triége de l'Epinette; moins de trois vergées appartenaient à M. Cousin Corblin; une acre étaient devenue la propriété des héritiers de feue Mme Corblin.

« Si, comme on doit l'espérer, dit M. Leroy à ses collègues, Mlle Julie Sevaistre, aujourd'hui propriétaire d'un clos en face et faisant suite en ligne directe à la rue Fouché, se décidait à l'ouvrir, pour la continuer à travers les champs jusqu'à la rivière, vous auriez en même temps Champ-de-Mars, Champ-de-foire, promenade publique, port de débarquement, chantier de séjour pour les gros matériaux, tels que bois de marque, pierres, plâtre cru, briques, qui, de là, se rendraient à volonté, sans être obligé de les enlever de suite, dans les chantiers des rues du Cours et du Neubourg, en évitant leur passage à travers la ville. Le séjour de ces matériaux serait facultatif aux propriétaires, en payant une rétribution à la ville. Vous savez, ajouta-t-il, que suivant la disposition du nouvel abreuvoir — qui se trouvait au bout de la rue de Seine — il n'y aura plus de possibilité de pouvoir débarquer de bois flottant au port actuel.

« Sous les rapports de convenance pour le Champ-de-foire, Champ-de-Mars, rien ne peut être comparé pour le charmant coup d'œil et le bel effet qu'offre cet emplacement. De quelque côté que vous l'envisagiez, c'est une chaîne de montagnes en amphithéâtre, recouverte de verdure qui couronne notre ville, et un beau fleuve, bordé de la presqu'île de Saint-Aubin, couronnée également de verdure... »

M. Constant Leroy prêchait des convertis ; il y avait longtemps, en effet, que chacun exprimait le désir que cette partie de la Prairie devînt une place publique ; mais la difficulté était de s'entendre avec tous les propriétaires, ce qui ne fut pas facile, ainsi que nous le verrons par la suite, car la loi sur les expropriations pour cause d'utilité publique n'était pas encore promulguée.

Un des principaux numéros de la séance municipale du 20 août porta sur la pose de caractères et de repères dans le Puchot, afin de régulariser le cours de cette petite rivière et sauve-garder l'intérêt général.

Une visite du préfet étant annoncée, la garde nationale à cheval fut convoquée, le 23, pour aller au-devant de lui jusqu'au bas de la côte de Couronne, et celle à pied pour recevoir ce magistrat à l'entrée de la ville.

Le 10 septembre, un accident arrivé sur le quai, aux travaux que l'on y faisait alors, impressionna vivement notre population. Un ouvrier charpentier, nommé Queval, fut écrasé par la chute d'une chèvre ; il mourut le lendemain à l'hôpital, laissant une veuve et cinq enfants dont l'aîné n'avait que sept ans Le conseil municipal, ému lui-même par les conséquence de ce funeste accident, vota un secours de 150 fr., pendant quatre ans, à la veuve du malheureux Queval ; cependant ce vote n'eut lieu qu'à la majorité d'une voix.

Le 14, on procéda à l'installation de MM. Osmont-Cartier et Prieur-Quesné, nommés juges au Tribunal de commerce, en remplacement de MM. Grémont et J.-L. Grandin, et de MM. Henri Sevaistre et Albert Ménage, comme juges suppléants, en remplacement de MM. Capplet et Osmont-Cartier, tous nommés à ces fonctions par ordonnance du roi, en date du 5 août précédent.

Le premier travail de la nouvelle Chambre consultative porta sur le projet de chemin de fer de Paris à Rouen. M. Victor Grandin, membre de la commission centrale du département, proposa à ses collègues de la Chambre consultative de demander le passage de la ligne par Elbeuf. Tous, sauf un, appuyèrent cette proposition et chargèrent M. Grandin de la défendre à la commission centrale.

Une société de commerçants se fonda rue de la Barrière, hôtel de l'*Univers*, sous la présidence de M. Louis Lemonnier, et fut autorisée, au même titre que celles existant déjà dans notre ville, le 13 août 1829. — A partir du commencement de novembre 1832, ce cercle, alors présidé par M. Sallambier, s'établit dans la maison de MM. Godet frères, au bout de l'impasse Dubuc.

A cette époque, notre administration municipale s'occupait du prolongement de la rue des Traites jusqu'à celle du Port. — Vers ce même temps, M. Godquin, médecin, s'établit à Elbeuf.

La Chambre consultative désigna, le 8 novembre, M. Petou fils pour faire partie du Conseil général des manufactures. — En février suivant, M. Petou ayant donné sa démission, la compagnie nomma M. V. Grandin aux fonctions de délégué à ce Conseil.

Le lendemain 9, on procéda à l'installation comme président du Tribunal de commerce de M. Lefort-Henry, nommé par le roi le 13 du mois précédent, pour remplacer M. Constant Le Roy. Du discours prononcé par ce dernier, nous relèverons quelques notes :

Pendant les trente-trois premiers mois du fonctionnement du tribunal, 2.099 affaires ou réappels avaient été incrits au rôle ; 1.238 jugements avaient été prononcés, dont 437 en 1830, 400 en 1831 et 249 pendant les dix premiers de 1832. Le nombre des faillites déclarées avait été de 31.

M. Constant Le Roy termina son discours

par une nouvelle apologie du gouvernement de Louis-Philippe.

La création de la foire aux laines — dont il n'est plus question que dans les almanachs — fut due à M. Grémont, qui, dans la séance municipale du 15 novembre 1832, fit la proposition suivante :

« Plusieurs des villes et bourgs qui nous environnent possèdent quatre foires par chaque année, tandis qu'Elbeuf, beaucoup plus commerçant et plus peuplé, n'en compte que deux.

« Notre ville, aujourd'hui le principal marché pour la vente des laines et la première manufacture pour la confection, n'a pas de foire aux laines. La Beauce en a beaucoup dans ses différentes villes, où se présentent les cultivateurs de cette ancienne province, pour y vendre les laines de leur récolte, et c'est là où s'en fixe le cours.

« La partie de notre ancienne Normandie qui se compose des campagnes d'Evreux, du Neubourg, du Roumois et des bords de la Seine n'a que deux foires, au Neubourg, à quatre lieues de nous, où se présente une partie des cultivateurs qui l'avoisine à deux à trois lieues. Mais ceux du Roumois, des bords de la Seine et des environs de Louviers, se trouvant trop éloignés et ne récoltant pas d'assez grandes quantités pour les remettre dans les entrepôts chez les commissionnaires de notre ville, sont obligés d'attendre qu'il se présente chez eux des fabricants ou marchands de laine pour en opérer la vente.

« Une foire aux laines à Elbeuf y attirerait par la suite un grand nombre de cultivateurs, par la certitude qu'ils auraient d'y rencontrer beaucoup d'acheteurs, et favoriserait la rencontre du petit fabricant avec le cultivateur le troupeaux peu nombreux. Il y aurait, à coup sûr, amélioration dans les transactions commerciales, d'autant plus que bon nombre de nos fabricants se rendent au Neubourg, ce qui les oblige à un déplacement, avec la certitude de n'y rencontrer que peu de laines, parce que, le 24 juin, il n'y a guère encore que la moitié des moutons de tondus.

« Cette foire pourrait être fixée au 20 ou 30 juillet. L'emplacement serait convenable dans la Prairie : le matin pour le commerce et l'après-midi pour les danses et réjouissances que la Ville offre au public en mémoire des Trois Journées. Ma proposition, adoptée, procurerait avantage au commerce ; la fête nationale servirait en même temps les intérêts de la ville et ceux de sa population marchande au débit ».

Cette proposition fut prise en considération à l'unanimité. On arrêta que la foire serait fixée au 27 juillet et durerait trois jours.

Le 19 novembre, jour de l'ouverture de la session législative, un individu que l'on ne put connaître tira un coup de petit pistolet sur Louis-Philippe. Quand la nouvelle de cet attentat — beaucoup supposèrent que ce fut plutôt une comédie — parvint à Elbeuf, le maire crut devoir convoquer le Conseil municipal.

La réunion eut lieu le 22. Le maire adressa ce discours à l'assemblée :

« Messieurs, tous les cœurs français ont tressailli d'horreur et d'effroi à la nouvelle du lâche attentat qui vient de mettre en péril les jours du roi.

« Il appartient aux conseils municipaux d'exprimer, au nom des populations qu'ils représentent, la profonde indignation dont cette criminelle tentative a pénétré les bons citoyens, et de porter aux pieds du trône les hommages de dévouement et de l'affection qui les animent pour le monarque, dont les destinées sont si intimement liées à celles du Pays.

« J'ai cru aller au devant de vos vœux, Messieurs, en vous réunissant aujourd'hui, pour vous proposer de consacrer l'expression de nos sentiments dans une adresse au nom de cette ville d'Elbeuf, dont le patriotisme a pris tant de part à notre glorieuse Révolution, et qui sait apprécier les généreux efforts du roi qui l'a consolidée et dont l'existence est le gage de notre repos et de notre prospérité ».

Cette proposition fut adoptée, et l'on nomma, au scrutin secret, une commission de trois membres pour rédiger une adresse au roi. M. Victor Grandin obtint 13 voix, M. Philippe Aubé 9 et M. Jacques-Louis Grandin 6. On décida également qu'une députation irait porter la manifestation à Louis-Philippe. Voici quels furent les termes de l'adresse :

« Sire ; le maire et les membres du Conseil municipal de la ville d'Elbeuf, organes des vœux et des sentiments de leurs concitoyens, s'empressent d'exprimer à Votre Majsté l'horreur et l'effroi dont les a pénétrés l'attentat affreux dont Elle a failli devenir la victime.

« Forcés de considérer un instant l'horrible position où nous eût placés la réussite d'un forfait aussi épouvantable, tous nous avons senti que si Votre Majesté était chère à notre amour, son existence n'était pas moins nécessaire au bonheur et au salut de la France.

« Oui, Sire, au milieu des circonstances graves qui nous environnent, vous seul pouvez dominer les factions à l'intérieur et maintenir, sans effusion de sang et avec honneur, la paix avec l'étranger.

« Déjà les artisans des séditions, ennemis de la France encore plus que les vôtres, sont obligés de convenir des suites heureuses qu'ont eu pour toutes les branches d'industrie et pour le bonheur de la masse des citoyens les sages mesures de votre gouvernement ferme et impartial. Le bien public s'est opéré à la confusion de ses ennemis, et Votre Majesté tirera une vengeance éclatante de leurs vains efforts en les réduisant à participer eux-mêmes au bonheur commun.

« Ainsi la France, dont vous avez si bien compris les vrais intérêts, vous devra la félicité de tous ses enfants ; et vous, Sire, dont le cœur se préoccupe déjà aux ivresses de l'avenir, et qui chaque jour cherchez à consolider davantage l'alliance de l'ordre et de la liberté, comptez que la Patrie secondera vos efforts dans la poursuite d'un si noble but.

« Vive le Roi ! »

La députation fut formée de M. Constant Leroy, maire, Victor Grandin, Osmont, Aubé et Henri Quesné, mais avec la faculté pour les autres membres du Conseil et autres citoyens d'Elbeuf de s'y joindre.

Le 29, Louis-Philippe reçut la députation et répondit ainsi à l'adresse :

« Je vous remercie des sentiments que vous venez de m'exprimer. En France, rien n'est impossible à réaliser, alors que le but est clairement indiqué et que l'on sait où l'on va. La prospérité, le bonheur et la liberté de la Patrie ont toujours été le but constant de mes efforts. J'espère qu'aucune coopération ne me manquera pour l'obtenir, et l'unanimité de sentiments qu'a fait éclater l'attentat du 19 novembre m'en est sûr garant.

« Je n'ai pas oublié l'accueil que j'ai reçu l'année dernière dans votre ville. Je prie M. Petou, M. le maire, d'être auprès de vos concitoyens l'interprète de mes sentiments, et de leur témoigner le souvenir agréable que j'ai conservé de leur réception ».

Le moulin de Saint-Etienne, situé sur le côté nord de la rue du même nom, était une gêne pour la circulation, car il s'avançait de quatre mètres et demi sur la voie publique, déjà peu large. De plus, il avait été établi, le long de ce moulin, un petit canal profond d'un pied et large de trois, pour recevoir les eaux provenant de la partie supérieure de cette rue.

Cet état de choses était déploré de tous, aussi M. Leroy entra-t-il en pourparlers avec M. Louis-Robert Flavigny fils, propriétaire du moulin, afin de le transférer de l'autre côté de la rue, où il est actuellement. Le 26 décembre, le conseil municipal vota une indemnité de 10.000 fr. à M. Flavigny, pour le transfert de ce moulin.

Une souscription ouverte dans notre ville, en faveur des blessés lors de l'affaire des 5 et 6 juin à Paris, produisit 400 fr.

Le marché aux blés d'Elbeuf était encore, à cette époque, l'un des plus considérables du département. En 1832, il y fut vendu 35.624 hectolitres de blé, plus 248 hectolitres d'orge et 836 hectolitres d'avoine. Dans les vingt-quatre principaux marchés de la Seine-Inférieure, Elbeuf tenait le quatrième rang par l'importance de ses ventes de blé, et venait avant Rouen, où il n'en était vendu que 13.840 hectolitres par an.

En 1832, fait qui ne s'était pas encore produit, les décès excédèrent les naissances. Pendant les sept mois et demi — de la fin d'avril au commencement de décembre — que le choléra sévît à Elbeuf, on compta 334 cas (141 mâles et 193 femelles), dont 124 décès (52 mâles et 72 femelles). Le total des décès pendant l'année s'éleva à 537 ; on n'en avait compté que 365 en 1831 et, pendant 1833, il n'y en eût que 310. — Le nombre des naissances, en 1832, avait été de 395 et celui des mariages de 63.

Les dépenses de toute nature faite par la ville pendant l'épidémie s'étaient élevées à 14.340 fr. Les personnes qui s'étaient fait le plus remarquer par leurs soins aux malades étaient MM. Augustin Henry, Michel Delanos, Jean-Noel Revelle, Jean-Baptiste-Marin Lesaas, Benjamin Fillollet, Hippolyte Justin et Mlle Caroline Bertaut. Le Conseil municipal, dans une séance tenue en mai de l'année suivante, voulut transmettre leurs noms à la postérité, en les mentionnant spécialement sur le registre des procès-verbaux.

Nous avons laissé M. Malteau triomphant, mais ce ne devait pas être pour longtemps. Voici le résumé de ses démêlés avec l'autorité et une partie du public pendant l'année 1832.

D'abord, le maire entreprit de l'obliger à ne transporter son gaz que pendant la nuit, ce que le préfet approuva le 7 mars.

En outre, le 18 avril, les voisins de la rue de la Justice se levèrent en masse et exposèrent au maire que M. Malteau ne devait extraire du gaz que de l'huile seulement et non pas des débourrages et des matières grasses, causes de l'insalubrité et des odeurs du gaz, qui s'échappaient pendant le transport. Ces voisins étaient MM. Louvet, Fillolet, Lecerf, Cousin-Corblin, J..Godet, Aug. Maille, Laurent Collas, Monsaint, Flavigny-Gosset, Lesseré-Grémont, Lefort-Henry, Ch. Flavigny, Hervieux, Rocques, Hémery, Chandelier, Messier-Adam, etc.

M. Malteau allait être vaincu; car le préfet s'apprêtait à défendre le transport du gaz entre cinq heures du matin et dix heures du soir. Alors il appela ses clients à son aide, et, le 22 mars, il portait à la préfecture une attestation en sens contraire, signée d'un grand nombre de consommateurs, très heureux d'avoir pu substituer dans leurs ateliers le gaz à la chandelle.

Le 23, le baron Dupont-Delporte, préfet, écrivit au maire d'Elbeuf qu'il y avait danger d'incendie à transporter le gaz pendant la nuit; que, d'ailleurs, une nouvelle voiture, que venait de construire M. Malteau, ne laissait plus échapper de gaz.

Une nouvelle série de lettres fut échangée pendant les jours suivants entre la mairie et la préfecture. Il s'ensuivit que le préfet ordonna, le 14 mai, une visite de l'établissement Malteau par une commission, prise dans le comité central de salubrité publique de Rouen. Cette commission après étude, fit un rapport concluant à un avis favorable à l'industrie du gaz.

En conséquence, le 19 juillet 1832, le préfet rendit un nouvel arrêté autorisant M. Malteau à décomposer les rebuts de filature, de cardes, etc., à condition que quelques mesures de détail seraient prise par l'industriel.

Les adversaires, ne pouvant plus l'empêcher d'employer ces matières, se rejetèrent sur le transport pendant la nuit, qu'ils tentèrent de lui faire imposer ; mais alors le préfet se fit le défenseur de M. Malteau. Il représenta au maire que, outre le danger d'incendie, les manufacturiers consommateurs de gaz ne consentiraient pas à laisser leurs ateliers ouverts de dix heures du soir à cinq heures du matin pour recevoir ce produit.

Le maire répondit par des observations qui ne firent point changer les opinions du préfet.

Le nombre des fonderies de suif baissait toujours : il n'en restait plus que seize.

Une anecdote :

Les intéressés n'avaient point manqué d'accuser le gaz d'être un des principaux facteurs de l'épidémie cholérique. Au commencement de l'hiver, le public s'amassa un soir devant la boutique d'un épicier, qui avait élevé un tas énorme de chandelles et au pied duquel on lisait, éclairé par quatre chandelles, naturellement, les vers suivants, dont l'auteur était un écrivain public local :

> L'homme, dès sa naissance et jusqu'à son trépas,
> Ne cesse d'apprécier mes charmes.
> Je ne lui cause point d'alarmes,
> Car je fais la lumière et n'empoisonne pas.

L'auteur, très fier de son œuvre, circulait dans les groupes qui successivement se formaient devant l'étalage, en disant à tous ceux qui voulaient l'entendre et même aux autres, que ces vers « sortaient de son esprit, qu'ils étaient venus librement, sans effort aucun » : à ses yeux, il était un génie, et pas un mince

Mais il arriva que le poète vint à se fâcher contre son éditeur l'épicier, et, à partir de ce jour, il mit autant de feu à soutenir les avantages du nouvel éclairage qu'il en avait précédemment apporté à combattre le gaz. Alors on lui adressa ce distique, qui, le lendemain, fit le tour de la ville :

<small>Le vieux oing t'achetant, tu chantas la chandelle ;
Depuis, désenchanté, peu te chaut des chants d'elle.</small>

On s'amusa du malheureux écrivain ; mais on rit beaucoup mieux la semaine qui suivit : l'épicier avait lui-même fait installer des brûleurs à gaz dans sa boutique !

C'était encore une fonderie de moins.

A partir de ce moment et jusqu'au mois de février suivant, M. Malteau travailla en paix.

CHAPITRE VIII
(janvier octobre 1833)

Les draperies nouveautés ; les monteurs. — La tête-poire du roi. — Le bassin de la place de ce nom. — Les fêtes de juillet. — Élections municipales. — Louis-Philippe a Moulineaux ; la garde nationale d'Elbeuf a Rouen. — L'obélisque de Louqsor. — Nouvelles démissions dans la municipalité. — M. Laurents, 22° maire d'Elbeuf. — Avant-dernier mot sur le gaz de M. Malteau.

Nous continuons la reproduction des notes de M. Louis Bertin, sur la fabrication des nouveautés dans notre ville :

Il faudrait remonter, dit-il, avant le commencement du siècle, si on voulait mentionner les premières opérations préparatoires faites à cet effet, mais elles furent de si faible importance pendant de longues années, que ces détails offriraient bien peu d'intérêt.

Il est démontré qu'en toute chose, dans les sciences, les arts, l'industrie, etc., il s'est toujours produit un long laps de temps pour l'incubation, avant l'éclosion du principe positif, absolu, de l'idée poursuivie, marquant alors un véritable progrès acquis ; il en fut ainsi pour l'industrie des étoffes façonnées — que l'on devait plus tard baptiser du nom de nouveautés — avant qu'elle n'obtint les véritables moyens nécessaires et propres à leur fabrication. On peut à peu près, avons-nous dit, fixer l'époque de 1830 comme étant l'éclosion de ce principe industriel.

Elbeuf, alors, inspirait au commerce une confiance exceptionnelle pour l'avenir, étant à l'apogée de sa belle fabrication des draps lisses, et comme le besoin des étoffes nouveautés se faisait impérieusement sentir, les grands négociants en draperie de la capitale poussèrent les manufacturiers elbeuviens à entrer dans cette voie. Ils les engagèrent avec tant d'insistance que, forcément, les fabricants se décidèrent à se livrer à des études sérieuses et plus attentives. Ils produisirent laborieusement les premiers façonnés désignés sous les noms de taupeline, élasticotine, grain de poudre, que l'on destinait aux vêtements, habits, redingotes, et les satins pour pantalons.

Enfin, les fabricants s'inspirant d'idées plus hardies, de combinaisons plus fantaisistes, firent des effets d'ourdissage composés de diverses nuances différentes, qui formaient rayures en long ; plus tard on tissa, avec plusieurs navettes (que l'on changeait à la main) les mêmes nuances, dans le même ordre qu'étaient ourdis les fils de la chaîne ; on obtenait de la sorte des carreaux écossais ; ces étoffes portaient le nom de « tartans » ; on ne visait guère qu'aux tissus se faisant avec peu de lames.

On essaya ensuite quelques combinaisons plus étendues ; mais alors, les difficultés d'exécution augmentèrent nécessairement, et un montage de métiers compliqués en fut la conséquence. L'ouvrier ne savait pas conduire ces métiers, qui étaient certainement, de beaucoup, plus embarrassants que ne furent, plus tard, les métiers à la Jacquard, qui à cette époque n'étaient pas encore utilisés.

Plus un dessin comportait de levées différentes, plus il fallait de lames pour l'exécuter ; les levées de ces lames s'effectuaient au moyen de pédales disposées sous les pieds du tisseur, lequel, en faisant pression dessus, et suivant sur chacune d'elles l'ordre de la croisure des fils, formait le dessin.

Ce travail délicat demandait, pour être bien fait, une grande habileté de la part de l'exécutant. Toutes ces pédales mises en mouvement avec les pieds avaient quelque analogie avec les touches d'un piano, sur lesquelles on appuie avec les doigts pour obtenir des sons de différents tons : au lieu de faire de la musique avec les doigts, le tisseur exécutait des dessins au moyen de ses extrémités inférieures.

C'était donc tout une nouvelle école à faire, pour les chefs tisseurs comme pour les ouvriers. Les chefs tisseurs durent apprendre à monter l'agencement de ces nouveaux métiers, et les ouvriers la manière de s'en servir. On fut quelque temps à obtenir ces résultats : il est si difficile de se débarrasser des vieilles routines.

Parmi les premiers monteurs de ces métiers, on citait M. Baptiste Roulé, qui gagna une grande réputation par son ingéniosité remarquable dans cette partie essentielle. On le désignait sous la rubrique de « monteur » à cause de la profession d'alors ; depuis, ce qualificatif est toujours resté en usage à Elbeuf pour désigner les contremaîtres de tissage.

Les fabricants durent se préoccuper aussi des conséquences pécuniaires de ces nouvelles opérations, des conditions pratiques, et de l'accueil qui serait réservé par le public à ces nouveaux produits.

Dès qu'on eut à sa disposition quelques monteurs capables et des ouvriers qui surent conduire ces métiers, les dessins façonnés se produisirent en conséquence, grâce aux conseils éclairés des acheteurs de la capitale, qui ne marchandèrent pas leur concours et donnèrent de la sorte une forte impulsion.

Les premières idées, une fois écloses, se perfectionnèrent avec rapidité : c'était dû aux mœurs de l'époque, qui rendaient la chose facile.

En ce temps, les monteurs avaient entre eux des rapports continuels ; ils aimaient à s'entretenir de leurs travaux, ils échangeaient leurs idées, les discutaient chacun à son point de vue et se stimulaient par l'ambition de grandir leur réputation. Ils avaient des lieux, sorte de cercles, où ils se réunissaient et où, du choc de leurs raisonnements, jaillissait l'instruction pour tous. Cette fréquentation continuelle établissait, entre les membres de cette corporation, des sentiments de confraternité qui les prédisposaient à l'obligeance mutuelle ; ils s'entr'aidaient, et comme l'union fait la force, ils étaient devenus forts dans leur profession.

C'est aux connaissances pratiques de ces hommes intéressants que la fabrication devait la plus grande partie de sa renommée ; et l'on doit rendre cette justice aux patrons d'alors qu'ils savaient le reconnaître et le manifestaient par des sentiments de réelle considération.

Nous reprenons l'ordre chronologique des faits principaux qui se produisirent dans notre ville.

Le 25 janvier 1833, M. Auguste Dévé fils fut nommé président du Conseil des prud'hommes et M. Constant Fouard, vice-président.

Dans une pièce datée de ce même jour, il est fait mention du « Palais Royal », rue de la Barrière ; c'était un café.

Sur la demande du ministre de l'intérieur, la Chambre consultative rédigea, le 4 février, un intéressant et long mémoire sur un projet de statistique industrielle, sur l'opportunité d'une exposition publique des produits de l'industrie, sur les droits d'entrée en France des laines et sur la prime d'exportation des tissus. Ce mémoire, accompagné d'un tableau, est en copie sur le registre de la Chambre.

L'épidémie cholérique de l'année précédente avait augmenté de vingt le nombre des orphelines de Mlle Bertaut. En mars, le préfet lui fit parvenir un secours de 150 fr. auquel la ville joignit une autre somme de 250 fr., en adressant de vives félicitations à cette femme bienfaisante. Quelques jours après, le préfet fit parvenir à Mlle Bertaut une nouvelle provision de 250 fr.

Le budget municipal de 1833 comportait une prévision de recettes de 164.906 fr., et en dépenses 160.036 fr. — Le règlement définitif du budget de 1830 avait accusé aux dépenses

133.206 fr., laissant un déficit de 11.813 fr. sur les prévisions. — Elbeuf comptait alors 10.258 habitants.

A partir du 5 mars, une enquête fut ouverte sur le projet de M. Louis-Robert Flavigny, de changer l'emplacement du moulin St-Etienne, dont il était propriétaire.

Quelques jours après, on ouvrit une autre enquête sur le projet qu'avait M. E. Sevaistre de rétrécir le courant d'eau de Saint-Jean, le long du bassin du Nord, à 2 m. 30 de largeur, au lieu de 6, 7 et 8 mètres.

Le 19 mars mourut, à l'âge de 30 ans, M. Georges-Pierre Petou, manufacturier, rue de l'Hospice, fils du député et ancien maire de notre ville.

Le 4 avril, on ouvrit une troisième enquête sur le projet d'ouverture d'une foire aux laines à Elbeuf qui, nous l'avons dit, devait se tenir les 27, 28 et 29 juillet de chaque année, c'est-à-dire pendant les fêtes commémoratives de la révolution de 1830.

Le 12, M. Vallery-François Franck, ancien avocat à Paris, fut nommé agréé près le Tribunal de commerce, en remplacement de M. Delabretonnière, démissionnaire.

Le 8, M. Lecoq avait mis son bateau à vapeur la *Seine* en service entre Elbeuf et Rouen.

M. Lanne, également entrepreneur de batellerie entre Rouen et Elbeuf, avait éprouvé un grand préjudice par suite de cette concurrence ; il mit aussi en service, vers le 20 avril, un bateau à vapeur, et bientôt une lutte acharnée s'établit entre les deux entrepreneurs.

On procéda, le 26, à l'installation de MM. Albert Ménage et Henri Quesné, nommés juges au Tribunal de commerce, par une ordonnance royale du 21 mars précédent, en remplacement de MM. Legrand-Duruflé et Prieur-Quesné. Quatre jours après, on installa M. Laurent Collas, comme juge suppléant en remplacement de M. Albert Ménage.

Le 29, le maire déposa au préfet une plainte contre M. Galliay, commissaire de police, pour négligence dans son service, malgré l'aide qu'il recevait du sieur Turquin son principal agent.

La fête du roi fut marquée d'un incident qui paraîtra comique à nos lecteurs, mais qui fut considéré alors comme très irrévérencieux envers la royauté du « juste-milieu ».

On sait qu'aucun monarque ne fut plus caricaturé que Louis Philippe, dont la tête en forme de poire fut le point de mire de nombreux dessinateurs de l'époque. Charles Philippon publia une série de têtes, partant de celle du roi pour finir, par degrés, à la figuration d'une poire de bon-chrétien ; Philippon fut poursuivi pour ce fait, mais acquitté. Ce procès eut un grand retentissement en France et à l'étranger, et à partir de ce moment, on voyait des poires charbonnées sur les murs, ou crayonnées sur les volets des boutiques.

Ceci étant établi, nous allons reproduire fidèlement le rapport de M. Alphonse Godet, sous-lieutenant de la garde nationale, chef de poste à l'Hôtel de Ville d'Elbeuf, le 1er mai, jour de la Saint-Philippe :

« Le chasseur Aug. Grandin s'est conduit de la manière la plus scandaleuse pendant une partie de son service.

« A notre arrivée au poste, les risées publiques nous accueillirent. J'en cherchais la cause quand le lieutenant Ménage me fit remarquer au shako du sieur Grandin une poire remplaçant son pompon.

« Je lui ordonnai de la retirer, le menaçant de toute la rigueur des mesures que j'avais à ma disposition pendant la durée du service, s'il ne remplissait son devoir avec exactitude et tranquillité. Il obéit, mais nous avions été exposés à des risées d'où naît ordinairement le mépris.

« A sept heures du soir, il fut posé en faction, son tour étant arrivé ; mais le caporal étant rentré au poste, Grandin déposa son arme contre la muraille et se mit à copier au crayon le programme des réjouissances de ce jour.

« Averti par la rumeur du dehors, autant que par les chasseurs du poste, je sortis et l'engageai d'abord à faire sa faction d'une manière plus convenable. Ses réponses me forcèrent à lui enjoindre de reprendre son arme. Il la prit, en effet, mais la plaça sur son épaule de la manière la plus ridicule.

« Cette discussion avait fait amasser à la porte du corps de garde un grand nombre d'individus. Voulant faire cesser le scandale qu'occasionnait une pareille conduite, je donnai l'ordre qu'il fût remplacé par un autre factionnaire. Il se mit alors à crier bien haut qu'il ne quitterait pas sa place.

« Enfin, impatienté de la résistance qu'il mettait, je saisis son arme, qu'il ne laissa pas aller, et par ce moyen je l'emmenai vers le poste. Mais lui, quittant son fusil d'une main, il me saisit par mon hausse-col. Je parvins à le faire entrer au poste, et me réservai de le recommander à la sévérité du conseil de discipline ».

En marge est écrit :

« Si, voulant maintenir la dignité du poste qui nous est confié, nous étions souvent exposés à de pareilles scènes, il n'est, dans le bataillon, aucun garde national qui voudrait y conserver un grade ».

Les fabriques étant fermées ce jour-là et le bruit s'étant répandu en ville que les gardes nationaux montaient la faction avec une poire au shako en guise de pompon, il y eut toute l'après-midi une affluence considérable devant la maison commune, chacun voulant voir la poire séditieuse.

Notons, pour terminer le récit de ces incidents, que les dessins de Philippon donnèrent naissance à des locutions populaires, dans lesquelles le mot poire est employé comme synonyme de tête : Elle fait sa poire ; tu veux te payer ma poire, etc.

Dans la séance du jeudi 23 mai, M. Constant Le Roy, maire, représenta au Conseil municipal que, depuis l'établissement du cimetière neuf, le nom de la rue tendant de la rue de Seine à la rue du Cours et désignée rue du Cimetière pouvait prêter à l'équivoque. Il proposa et le Conseil accepta de donner à cette rue le nom de la Porte Rouge, à cause de l'ancien triége de ce quartier qui le portait.

Ce même jour, un premier rapport sur la création d'une Caisse d'épargne fut lu au Conseil.

Dans cette séance également, à propos d'un rapport sur la pose de « caractères » dans le lit du Puchot, on discuta la question de savoir si ce cours d'eau appartenait à la ville ou aux riverains.

On discuta aussi sur la suppression du bassin, dans la rue de ce nom. Nous relevons cette partie du rapport qui fut lu au Conseil :

« Le bassin actuel, d'une grandeur de seize mètres de diamètre, a été construit par une grande gaucherie de l'architecte, avec une inclination de 0 m. 50, et est d'une trop grande profondeur. L'eau, à cause du peu de volume de la source, ne peut s'y renouveler fréquemment, et encore cette eau lui arrive-t-elle toute remplie de savon, puisqu'elle vient du lavoir public. Le bassin étant souvent à moitié vide, l'eau s'y corrompt et répand une odeur infecte et insalubre. Le fossé du côté inférieur de la rue est aussi insalubre et plus dangereux ».

La source qui alimentait le lavoir de M. Bellec et le bassin public ne débitait qu'un pied et quart cube à la minute, soit environ deux seaux.

Une pétition de gardes nationaux, présentée au maire le 18, réclamait que le service du poste fût seulement fait la nuit.

En juin, le commissaire dut intervenir auprès de M. Vannier, chef d'institution, dont les élèves cherchaient continuellement querelle à ceux de l'école mutuelle.

Le 5, le Tribunal de commerce, considérant que la feuille paraissant à Elbeuf n'était pas quotidienne, désigna le *Journal de Rouen* et l'*Echo de Rouen* pour publier les actes de société de son ressort.

Le 8, M. Leroy, maire, devant s'absenter pour cause de santé, délégua ses pouvoirs, à défaut d'adjoints, à MM. Patallier et Barette, premiers inscrits au tableau du Conseil municipal.

Des Elbeuviens fréquentaient assez souvent le théâtre de Rouen. Afin de leur faciliter le retour, un entrepreneur faisait partir une voiture de Rouen, chaque dimanche soir, vers onze heures ; mais elle ne contenait que dix places.

M. Robert-Amand Collet Valdampierre, ancien notaire, directeur de la poste aux lettres, mourut le 14 juin, à l'âge de 69 ans. Il était originaire de Cany.

Les fêtes de juillet furent toujours célébrées, sous le règne de Louis-Philippe, et souvent avec beaucoup de solennité ; mais en 1833 elles furent splendides. On inaugura toute une série de jeux publics : mât de Cocagne, course en sacs, casse-bouteilles et bascule triangulaire, qui eurent un succès populaire complet. Les danses n'étaient pas moins goûtées, car pour répondre à l'entrain du public qui se pressait d'ordinaire en foule autour des musiciens, on établit quatre orchestres dans la Prairie, c'est-à-dire le champ-de-foire actuel. Le « clou » du soir fut l'illumination de la tour de St-Jean, qui fut éclairée jusqu'à son sommet. A noter également un concert sur la *Seine* et sur la Seine, et un feu d'artifice, tiré de ces mêmes bateau à vapeur et fleuve. Plus de 10.000 personnes se massèrent au bord de la rivière pendant la soirée du 28. Le commissaire en chef et l'ordonnateur de ces fêtes était M. Sallambier aîné, auquel toute la ville vota des félicitations. Cette fête coûta environ 2.000 francs.

L'Académie française, dans sa séance du 9 août 1833, décerna le prix Monthyon, consistant en une somme de 6 000 fr., à Mlle Caroline Bertaut, d'Elbeuf, alors âgée de 56 ans.

MM. Demontfleury et Cie, fabricants à Elbeuf, se trouvant sous le coup d'une saisie de draps de Mouy, qui leur appartenaient, posèrent à la Chambre consultative de notre ville une série de questions, avec invitation à les résoudre. La compagnie, en raison de l'importance et de la gravité du cas, appela tous les anciens membres de la Chambre pour, avec elle, étudier les faits. M. V. Grandin fut chargé de rédiger un travail sur cette question. Ce travail, que l'assemblée adopta, conclut à l'avis que l'on pouvait marquer du nom d'Elbeuf des draps bruts achetés à Mouy et terminés à Elbeuf.

Il y avait alors six démissionnaires au Conseil municipal : MM. Nicolas Louvet, Lefort-Henry, Camille Randoing, Petou, Sevaistre-Turgis et Lecerf, celui-ci élu par deux sections. Il fallut donc procéder à des élections partielles d'autant plus nécessaires que M. Constant Leroy, maire, venait d'être nommé sous préfet de Pont-Audemer, et que MM. Henri Quesné et Victor Grandin, tous deux adjoints au maire, avaient précédemment donné leur démission également.

Les élections se firent, dans quatre sections de la ville, les 24, 26, 28 et 30 août, et amenèrent ou ramenèrent au Conseil MM. Lefort-Henry, Nicolas Louvet, Camille Randoing, Robert Flavigny fils, P.-A. Laurents, Isidore Lecerf, A. Sauvage et Augustin Dévé fils. On les installa dans leurs fonctions le 9 du mois suivant.

On avait appris, le 15, que le roi devait traverser Moulineaux le 17 septembre, et qu'il passerait une revue de gardes nationales, à Rouen, le lendemain. Dès lors, le commandant Sevaistre fit reprendre les exercices à ses troupes et se disposa à une revue préparatoire, pour le 25 août.

Le 22, cette affiche, sortie de l'imprimerie de M. Noirfalise, fut placardée en ville :

« Gardes nationaux !

« Le roi des Français vient visiter nos contrées pour la seconde fois. Sa Majesté, qui aime à se trouver au milieu des habitants de nos pays industrieux, désire surtout se voir entourée des gardes nationales, dont elle connaît le dévouement à l'ordre public et au trône de Juillet ; nous répondrons à cet appel si flatteur en paraissant à la revue royale à Rouen.

« Mais pour soutenir dignement l'honneur acquis à notre bataillon, il convient de se préparer. D'après les ordres de M. le maire, il y aura, pendant trois semaines, exercice de marche et maniement d'armes pour les gardes nationaux non reconnus suffisamment instruits, et une revue générale pour le dimanche 25 de ce mois.

« C'est avec ces précautions et en manifestant votre zèle accoutumé que nous prouverons au prince, qui a su déjà distinguer l'aptitude et la belle tenue de notre garde nationale, que le bataillon qu'il a récompensé dans ses chefs est toujours digne de sa faveur.

« Pour le chef de bataillon absent,

« L'adjudant major : Renault ».

La revue de Rouen eut lieu le 14 septembre ; le bataillon d'Elbeuf prit un bateau à vapeur ; les autorités municipales partirent par *la Seine* et tous se rendirent au Champ-de-Mars.

Un jour de la troisième semaine de septembre, il y eut foule sur les quais d'Elbeuf pour voir passer le *Louqsor*, navire qui avait été construit spécialement pour transporter le célèbre obélisque de ce nom, d'Egypte à Paris.

On sait que ce monolithe était debout près

Le Quai (état actuel)

du village de Louqsor, résidence des anciens rois de Thèbes, et marquait, avec un second qui est resté en place, l'entrée du palais de Rhamsès III. Moïse a pu le voir debout, car Rhamsès commença son règne vers 1560 avant J.-C., alors que le législateur des Hébreux avait onze ans. L'obélisque est donc actuellement âgé d'environ 3.462 ans.

Le navire, parti de Toulon, était arrivé devant Louqsor le 15 août 1831. L'abattage, confié à M. l'ingénieur Lebas, au moyen d'appareils inventés pour la circonstance, avait demandé deux mois. Le monolithe, placé sur le navire, traversa la Méditerranée, le détroit de Gibraltar, longea les côtes d'Espagne, du Portugal et de la France, puis remonta la Seine, sur les rives de laquelle les curieux étaient nombreux, et enfin arriva à Paris.

Alors on l'érigea au milieu de la place de la Concorde, au moyen de nouveau appareils dont on peut voir les dessins gravés sur le socle. Sa hauteur, sans le socle, est de 22 mèt. ; sa masse représente 80 mètres cubes de granit et son poids est de plus de 220 tonnes.

On rapporte que pendant son érection, M. Lebas se plaça juste au-dessous du monolithe en mouvement, de sorte que, s'il était survenu un accident, il fût écrasé par l'énorme masse, l'ingénieur ne voulant pas survivre à un événement qu'il considérait comme un déshonneur. On dit encore que les câbles se seraient cependant rompus sans la présence d'esprit d'un ouvrier, qui, entendant un grincement significatif, eut l'idée de les mouiller, ce qui les raccourcit, augmenta leur résistance et les empêcha de s'enflammer par le frottement.

En septembre, des plaintes furent portées

contre les propriétaires de deux moulins à foulons établis sur le Puchot, qui lâchaient dans cette rivière les eaux de leurs fouleries.

Au 10 octobre, de nouvelles démissions s'étaient produites dans le Conseil municipal ; celles de MM. Philippe Aubé, Auguste Duval, Augustin Laurents, François Rouvin, Sauvage, Grémont, Eugène Sevaistre, Louis Flavigny, Ambroise Delalande, Louis Viard, Joseph Colvée et Osmont fils aîné, soit, avec les précédents, un total de dix-sept.

Quelques jours après, M. Laurents revint sur sa décision et voulut même bien accepter les fonctions de maire, afin de ne pas laisser la ville sans administration.

A l'automne de cette année, la question relative à la prohibition des draps étrangers, devenue brûlante, fournissait à la presse un sujet d'ardentes déclamations. A Elbeuf, les esprits étaient alarmés : M. Victor Grandin exposa dans un mémoire les raisons militant en faveur du maintien de l'état de choses existant.

Pour la quatrième fois, nous reviendrons sur M. Malteau et l'éclairage par le gaz.

Cet innovateur, après tant de tracas, avait pu opérer jusqu'au 12 février 1833. Alors les voisins de l'usine, prétextant que le maire laissait sous silence les nombreuses réclamations qui lui étaient présentées, s'adressèrent directement au préfet, qui renvoya leur pétition à M. Le Roy, maire.

Celui-ci s'en autorisa pour, le 15 du même mois, prendre un arrêté, basé sur les émanations insalubres qui s'échappaient de la voiture à gaz, obligeant M. Malteau à apporter les améliorations nécessaires au véhicule et lui interdisant de le laisser stationner « sous aucun prétexte » sur la voie publique.

C'était pour M. Malteau l'impossibilité de livrer son gaz à domicile et conséquemment la fermeture de son établissement. Il ne se découragea point cependant.

Après avoir pris l'avis de M. Girardin, professeur de chimie, et de M. Vingtrinier, docteur-médecin, il adressa, le 16 mars, un mémoire au préfet, dans lequel il démontrait l'absurdité des théories de ses adversaires concernant l'insalubrité du gaz, et l'impossibilité de faire entrer sa voiture dans les cours des consommateurs, surtout quand ceux-ci n'en possédaient pas.

Le 17 juin, nouvel arrêté préfectoral disant que la voiture ne devrait stationner sur la voie publique que dans le cas où les consommateurs ne pourraient la faire pénétrer à l'intérieur de leurs établissements.

Le nombre des fabricants de chandelles se réduit encore d'une unité.

Le suif était, cette fois, vaincu définitivement, mais les rancunes particulières n'étaient pas éteintes. M. Malteau, désireux de quitter un voisinage hostile et un endroit où il ne pouvait augmenter sa production en raison des besoins de la consommation, demanda l'autosation d'aller installer son usine rue de la Bague. Une enquête fut ouverte le 23 décembre 1833.

Ce nouveau projet déplaça le théâtre du combat et souleva une nouvelle légion d'adversaires, dirigés par M. Alexandre Grandin.

Le maire d'Elbeuf, qui était alors M. Laurents, donna, le 6 janvier 1834, son opinion personnelle : « Si, dit-il, la nouvelle usine devait être aussi désagréable que l'est celle actuelle, je regarderais comme une injustice d'en permettre l'établissement, malgré l'intérêt que mérite sous tous les rapports, M. Aug. Malteau qui, par son active industrie, cherche par tous les moyens de pouvoir la rendre utile à la société, et il y est parvenu en utilisant des déchets plutôt nuisibles qu'utiles ».

Dix-neuf propriétaires ayant protesté contre le transfèrement, un autre arrêté du préfet, daté du 23 janvier, repoussa la demande de M. Malteau.

Alors, sans perdre de temps, cet industriel s'adressa au ministre et au Conseil d'Etat. Le 25 juillet suivant, Louis-Philippe signait une ordonnance par laquelle M. Malteau était autorisé à transporter ses fours et cornues rue de la Bague, à la condition de n'employer que de l'huile et à l'exclusion de toute matière animale.

Le 17 octobre, des oppositions contre le transfèrement furent déposées à la préfecture; mais le 19 décembre 1834, le conseil de préfecture se déclara incompétent pour statuer sur les oppositions de M. Alexandre Grandin, Anquetin et consorts.

Les battus s'adressèrent, à leur tour, au Conseil d'Etat qui, le 5 septembre 1836, repoussa leur requête et les condamna à l'amende et aux dépens.

Pendant ces dix-huit mois de tranquillité, deux nouvelles fonderies de suif s'étaient fermées. M. Malteau, vainqueur sur toute la ligne, espérait sans doute jouir en paix des fruits de son initiative et de son travail. Il se trompait : Il allait avoir à lutter contre la concurrence, ainsi que nous le verrons plus tard.

CHAPITRE IX
(NOVEMBRE-DÉCEMBRE 1833)

INSTALLATION DE M. LAURENTS. — M. THIERS, MINISTRE DU COMMERCE, VISITE ELBEUF; SON DISCOURS ; UN MÉMOIRE. — ELECTIONS AUX CONSEILS GÉNÉRAL ET D'ARRONDISSEMENT. — LA GARDE NATIONALE A LA RECHERCHE DE FORÇATS. — UNE LISTE DE FORÇATS. — SINGULIÈRES EXCUSES. — LES PUITS ARTÉSIENS.

M. Pierre-Auguste Laurents, nouveau maire d'Elbeuf, MM. Yves-Louis Randoing et Toussaint Barette-Lanon, ses adjoints, furent installés dans leurs fonctions le 4 novembre. Ils avaient été nommés par ordonnance royale du 22 octobre précédent, en remplacement de MM. Constant Leroy, nommé sous-préfet de Pont-Audemer ; Quesné et Victor Grandin, démissionnaires.

Pendant la cérémonie d'installation, à laquelle la musique de la garde nationale et les notables de notre ville avaient été convoqués, M. Laurents prononça ce discours :

« Messieurs ; les fonctions de maire, que je me trouve appelé à remplir, sont très honorables sans doute ; mais les obligations et les devoirs qu'elles m'imposent sont grands. Cependant, après quelques hésitations qui m'étaient bien permises, je les ai acceptées, comptant sur la coopération de chacun de vous, Messieurs, pour m'aider à administrer d'une manière qui puisse être avantageuse au pays.

« Déjà deux honorables citoyens, d'un patriotisme éprouvé, ont bien voulu partager avec moi le fardeau de l'administration ; vous les imiterez, je n'en doute pas, Messieurs, et le zèle que vous avez toujours montré pour le bien public m'en est un sûr garant.

« Vous ne trouverez pas chez moi les talents que possédait au plus haut degré l'administrateur distingué auquel je succède, et que Sa Majesté, juste appréciateur du vrai mérite, a cru devoir nous enlever pour veiller aux intérêts d'un plus grand nombre ; mais, guidé par le désir de faire le bien, secondé de mes honorables collègues, éclairé des sages avis du Conseil municipal et aidé de tous les bons citoyens, j'ai l'espoir de parvenir à vous rendre sa perte moins sensible, et je suis certain, Messieurs, que cette coopération de tous pour le bien public sera, pour ce digne magistrat, le tribut de reconnaissance le plus agréable que nous puissions lui offrir pour les services qu'ils nous a rendus.

« Avant de terminer, Messieurs, qu'il me soit permis de rappeler aux citoyens éclairés que le vœu général appelait à la tête de notre administration communale, que leur patriotisme leur fait un devoir d'en prendre les rênes aussitôt qu'auront cessé les motifs qui ont pu les en empêcher.

« Et moi, Messieurs, trop heureux si pendant cet intervalle, en acquérant quelques droits à la reconnaissance de nos concitoyens, je puis me rendre digne de leur confiance et de celle dont vient de m'honorer le monarque qui veille avec tant de sollicitude au bonheur de la France.

« C'est là ma seule et unique ambition.

« Vive le roi ! »

Des critiques s'étant élevées contre la fixation de la foire aux laines pendant les fêtes nationales des 27, 28 et 29 juillet, que le conseil municipal de Louviers qualifiait même d'inconvenance, et le Conseil général ayant donné la préférence au 10 juillet, le Conseil municipal, dans sa séance du 13 novembre, admit aussi cette dernière date.

A cette époque, des troubles s'étant élevés à Louviers, on prit à Elbeuf des mesures pour qu'ils n'y eussent aucun écho.

Le registre de la Chambre consultative conserve le procès-verbal de la visite de M. Adolphe Thiers, à Elbeuf :

« Le 18 novembre 1833, M. Thiers, ministre du commerce, est arrivé à onze heures du matin, accompagné de M. David et de M. Dupont-Delporte, préfet de ce département. Il est descendu chez M. Victor Grandin, où l'attendaient les membres des trois corps représentant le commerce de cette ville, et un piquet d'honneur pris dans la garde nationale.

« A la réception des représentants du commerce, il leur a manifesté le désir de s'entretenir avec tous les commerçants de cette cité, sur plusieurs questions intéressantes pour l'industrie.

« Ensuite, M. le ministre a accepté un déjeuner offert par M. Victor Grandin, après lequel il a été visiter cinq des principaux établissements de cette ville, ceux de MM. Victor Grandin, Robert Flavigny, Randoing, veuve Lécallier et Gariel.

« Sur les cinq heures du soir, M. le ministre est arrivé à l'hôtel de ville, où se trouvaient réunis 60 commerçants environ. La question de l'entrée des produits belges et anglais, au moyen de droits protecteurs, émise par M. le ministre, a donné lieu à une controverse qui a rempli presque toute cette séance, et c'est par suite de cette discussion que la Chambre consultative a rédigé le nouveau mémoire transcrit à la suite de la présente délibération, afin qu'il fût représenté à M. le ministre et appuyé par M. Victor Grandin, appelé en ce moment au Conseil général des manufactures.

« La séance a été terminée par la remise de quelques notes faites à M. Thiers, par M. Lefort, président du Tribunal de commerce, relatives à la révision du Code des faillites, et la remise d'une demande par le Conseil des prud'hommes d'une loi repressive des vols de fabrique.

« A sept heures, M. le ministre s'est rendu à un banquet offert par MM. les commerçants et, après trois heures passées à ce repas dans une entière cordialité, il s'est retiré chez M. Victor Grandin, d'où il est parti le lendemain à neuf heures du matin... »

Voici le discours qu'avait prononcé M. Thiers à l'hôtel de ville devant les membres de la Chambre consultative, les autorités municipales et un grand nombre de fabricants :

« C'est à tort, Messieurs, que vous vous êtes effrayés de quelques questions que j'ai eu l'occasion d'adresser à Paris, à plusieurs d'entre vous, touchant les inconvénients qui pourraient résulter pour votre industrie de l'abandon du système prohibitif. Vous vous êtes exagéré l'imminence du danger et le danger lui-même. Je puis vous le déclarer, le gouvernement n'a à cet égard aucune idée formée, aucun plan arrêté ; il s'écoulera encore du temps avant qu'aucune décision importante ne soit prise.

« Néanmoins, je ne dois pas vous le dissimuler, un jour viendra où il nous faudra sortir de ce système de prohibition. Nous avons fait une révolution pour détruire les privilèges, et il faut vous familiariser avec l'idée de voir tôt ou tard l'abrogation de celui qui vous protège ; c'est un canonicat dans lequel vous ne pouvez demeurer éternellement.

« Dans cette prévision, j'ai été bien aise de venir conférer avec vous, d'abord pour connaître vos besoins et me bien pénétrer de toutes les précautions qu'il sera convenable de prendre pour mettre vos intérêts à couvert ; mais aussi pour vous faire sentir la nécessité de redoubler d'efforts et de vous mettre en mesure d'entrer en lutte.

« Vous avez joui pendant longtemps et vous jouissez encore de l'avantage de pourvoir seuls aux besoins de la consommation intérieure ; cependant, on vous accuse de vous être un peu endormis ; vos progrès ne paraissent pas avoir été aussi rapides qu'on avait le droit de s'y attendre ; vous vous êtes, dit-on, laissé devancer par vos voisins, et le pays se plaint du désavantage qui résulte pour lui du défaut de concurrence...

« Vous prétendez le contraire, citez des faits

Je ne demande pas mieux que de pouvoir détruire les préjugés qui subsistent, si tant est qu'il y ait préjugés. De leur côté aussi, les vignicoles, le commerce réclament. La prohibition entrave leurs opérations et amène de la part de nos voisins des mesures de représailles qui retombent sur eux. L'activité de nos ports s'est ralentie d'une manière fâcheuse, et cependant le commerce maritime demande aussi à être protégé, car la navigation forme des sujets précieux et indispensables pour l'entretien de nos forces navales. Enfin, l'opinion publique, s'il faut tout dire, se manifeste en faveur d'une liberté moins restreinte, et il faut savoir céder à l'opinion.

« Il faut commencer par quelque chose, et cependant si l'on écoutait tout le monde, on ne ferait rien, car les fers, les houilles, les laines veulent la conservation des lois qui les protègent. J'entends dire d'ici qu'il n'y a pas d'analogie entre ces objets, que vous appelez matières premières, et les produits manufacturés, tels que les draps et les tissus en général ; au contraire, il y a analogie, et tout à l'heure je vous le démontrerai.

« Vous demandez aussi où est l'avantage qui résultera du changement projeté ; dans un instant je l'indiquerai ; mais auparavant, je vous le répète encore, il ne faut pas prendre l'épouvante. Si, d'un côté, nous voulons donner à votre industrie un léger coup de fouet qui stimule son activité et la force à se maintenir au niveau des autres industries, nous saurons, d'autre part, veiller à ce qu'elle ne soit point envahie et à ce qu'aucune atteinte grave ne lui soit portée. Ainsi, croyez que le jour où la prohibition serait levée, l'intention du gouvernement est bien de la remplacer par des droits assez élevés, tels que 40 pour 100, par exemple, pour les draps, afin d'être assuré que la quantité qui pourrait en être introduite soit excessivement restreinte. Car il faut bien l'avouer, avec le goût qui existe en France pour tout ce qui est nouveau, pour tout ce qui est mode, la première année, les premiers dix-huit mois peut-être, la lutte sera rude pour vous ; mais ce premier moment d'engouement passé, toutes choses devenues égales, il est indubitable que vous saurez soutenir la concurrence. A cet égard vous pouvez compter sur l'assistance du gouvernement : la levée successive des droits qui existent sur les matières premières, de ceux surtout qui frappent à leur entrée les laines étrangères, vous permettra, sans aucun doute, d'offrir aux masses les mêmes avantages que nos voisins.

« Je ne concevrais d'opposition à cette mesure que de la part de ceux qui, envisageant la suppression de la prime comme devant en être la conséquence naturelle, craindraient de voir diminuer leurs bénéfices. Or, c'est encore un privilège à détruire.

« C'est donc à cause de ce moment de transition surtout qu'il convient de s'entourer des plus grandes précautions. Comptez, quand il sera venu, sur toute la sollicitude du gouvernement.

« Voilà, Messieurs, ce que j'avais à vous dire. Je suis venu ici pour apprécier votre position, entendre vos observations. Je vous engage à émettre votre opinion avec franchise, avec confiance. Je vous écoute ».

Nous ne relèverons que quelques passages du très long mémoire qui fut établi et envoyé à M. Thiers à la suite de sa visite et du discours qu'on vient de lire :

« Monsieur le ministre,

« Dans la conférence qui a eu lieu lors de votre passage à Elbeuf, et à laquelle vous avez bien voulu présider, nous tous fabricants, membres de la Chambre consultative, du Tribunal de commerce et du Conseil des prud'hommes, nous avons insisté pour le maintien de la législation actuelle en ce qui concerne la prohibition des tissus étrangers, tandis que vous, au contraire, Monsieur le ministre, vous avez déclaré qu'un changement dans cette partie était indispensable, qu'il était réclamé par l'opinion et l'intérêt du commerce. Vous avez, dans la discussion, assigné comme principales causes de la nécessité nouvelle qui se faisait sentir, et les clameurs devenues presque générales, avez-vous dit, et le peu de progrès qu'aurait fait notre industrie sous l'empire du monopole exclusif de la consommation intérieure.

« A cela, Monsieur le ministre, nous avons répondu par des faits ; ces faits vous ont sans doute paru assez probants et de nature à être pris en considération, puisque vous nous avez recommandé de les consigner dans un mémoire, que vous nous avez engagés à présenter ».

Le mémoire très éloquent, fort intéressant et extrêmement étendu, expose ensuite les objections faites à M. Thiers par les fabricants d'Elbeuf.

Il porte d'abord sur les progrès faits par la fabrique, depuis 1814, en entrant dans des détails minutieux de fabrication ; démontre ensuite que la prohibition ne pourrait être remplacée par des droits protecteurs, et que la levée de la taxe mise sur les matières premières étrangères à leur entrée en France, ne serait pas une compensation à la libre entrée des tissus étrangers.

Notre ville serait infailliblement ruinée par cette concurrence : « Qu'on se figure Elbeuf mis au rang de Pont-de-l'Arche, sa voisine, où les maisons qui s'écroulent ou qui sont détruites par le feu, ne sont plus ni relevées, ni rebâties, et qu'on dise ce que vaudraient alors les 150 millions auxquels Elbeuf était estimé ».

Le mémoire continue en faisant le procès de la presse, qui, dans la circonstance, ne représente point l'opinion publique française, et termine ainsi :

« Vous prétendez forcer par des moyens violents les fabricants à atteindre prématurément le but vers lequel ils marchaient d'un pas rapide, eh bien ! vous les éloignez pour longtemps. Votre intention est d'accroître la prospérité du pays ; vous l'anéantissez !.. »

Suivent les signatures de MM. Laurents, maire, Join-Lambert, Joseph Godet jeune, Desfrêches père, Alex. Poussin, Lefort-Henry et Victor Grandin.

Les électeurs du canton furent convoqués pour le lundi 18 novembre, à l'effet de nommer un membre du Conseil général, et le samedi 23 du même mois pour l'élection d'un membre du Conseil d'arrondissement.

Les électeurs du canton étaient alors au nombre de 240, dont 215 d'Elbeuf, 4 de la Londe, 10 de Caudebec, 1 d'Orival, 2 de Saint-Aubin, 3 de Freneuse, 2 de Tourville et 3 de Sotteville. — Pour être candidat au Conseil général, il fallait payer au moins 200 fr. de contributions dans le département, et, pour l'être au Conseil d'arrondissement, 150 fr. dont au moins 50 fr. dans l'arrondissement.

Le bureau pour l'élection au Conseil général, présidé par M. Laurents, maire, fut composé des deux plus vieux et des deux plus jeunes électeurs : MM. Cauchois, chef d'escadron, né le 14 décembre 1771 ; Jean-François Patallier, né le 10 août 1773 ; Georges-François Vaugeois, notaire, né le 2 février 1807, et Amédée-Frédéric Delachapelle, employé des contributions, né le 21 octobre 1803.

Chaque électeur, en déposant son bulletin, devait prêter serment de fidélité au roi des Français, obéissance à la Charte constitutionnelle et aux lois du royaume. Le scrutin dura deux heures et fut clos à midi et demie.

Pour le Conseil général, le scrutin donna ces résultats : MM. Robert Flavigny père, 90 voix ; Robert Flavigny fils, 19 ; Victor Grandin, 30 ; Petou, 7 ; Lefort-Henry, 1 : Joseph Flavigny, 1 ; Sevaistre-Turgis, 1. — En conséquence, M. Robert Flavigny père fut déclaré élu.

Le bureau formé pour l'élection au Conseil d'arrondissement se composa de MM. Mathieu Delarue, né le 28 décembre 1767 ; Pierre-Louis Dezaubris, né le 13 février 1789 ; Eug. Bouvet, né le 21 mars 1808, et Albert Vinet, né le 2 décembre 1806.

Le dépouillement du scrutin donna 86 suffrages à M. Joseph Flavigny, 9 à M. Victor Grandin, 2 à M. Lefort-Henry, 1 à M. Henri Quesné et 1 à M. Sevaistre-Turgis. M. Joseph Flavigny fut donc élu

A partir du 21 novembre, les gardes nationaux non habillés, de service au poste, furent obligés de porter une giberne et une cocarde nationale qu'on leur fournît gratuitement ; ces objets devaient être rendus après chaque service.

Le 8 décembre, la ville fut en émoi. Sur un avis du préfet de l'Eure, le maire d'Elbeuf fit battre le rappel de la garde nationale, afin de rassembler 200 hommes destinés à se mettre à la recherche de deux forçats qui s'étaient échappés d'Evreux. Le commandant forma quatre pelotons qui furent lancés, par groupes, dans quatre directions différentes : sur Saint-Pierre de Lierroult, sur la route du Neubourg, par la côte de la Justice, sur le chemin de la Saussaye et sur la commune de Thuit-Anger. Tous les bois furent fouillés, mais inutilement. Dans cette battue générale, il avait été brûlé 230 cartouches.

Les vols de fabrique se développant chaque jour, il fut question d'établir une police secrète. Une commission fut même nommée au conseil municipal à cet effet, et M. Laurents, maire, s'en entretint avec M. Victor Grandin dans le courant du mois de décembre.

Le 10, M. Hippolyte Join-Lambert père fut réélu membre de la Chambre consultative. Le même jour, les notables commerçants désignèrent M. Henri Sevaistre pour remplacer M. Desfrêches, membre sortant.

Les fabricants et notables commerçants de notre ville, se groupaient en trois cercles différents. L'un était le *Société de commerce*, avec siège rue de la Barrière ; le deuxième le *Cercle commercial*, rue de la Bague, et le troisième la *Société du commerce*, qui se réunissait chez M. Loyer.

Les deux églises étaient encore entourées de leurs anciens cimetières ; mais on s'occupait alors de les supprimer, ainsi que le cimetière de la Porte-Rouge.

Sur les rôles de la garde nationale de 1833, nous relevons les noms de quelques-uns des habitants de notre ville :

Renard père, 53 ans, libraire, rue Saint-Etienne ; Renard fils, 26 ans, libraire, même rue ; Fromage, 50 ans, maître de danse, même rue ; P. Decaux, 50 ans, basdestamier, côte Saint-Auct ; Tallevast, 31 ans, instituteur, rue de l'Hospice ; Sèbe, 35 ans, fabricant de savon, même rue ; Justin, 30 ans, docteur-médecin, même rue ; F. Noirfalise, 36 ans, imprimeur, rue Saint-Louis ; Niessel, 29 ans, compositeur d'imprimerie, même rue ; Fontaine, 33 ans, agréé, rue Royale ; Constant Monsaint, 44 ans, pharmacien, même rue ; Laurent Monsaint, 27 ans, pharmacien, même rue ; Lerat, 43 ans, huissier, rue de la Bague ; Godquin, 42 ans, docteur-médecin, rue Poulain ; Lemaître, 44 ans, huissier ; Samson, 24 ans, huissier ; Longuemare, 34 ans, huissier ; Tabouelle, 34 ans, agréé, rue Poulain. Barbe, 48 ans, receveur ; Fourquemin, 36 ans, instituteur ; Henique, 33 ans, agréé ; Gueroult, 33 ans, émouleur ; Vaugeois, 26 ans, notaire ; Fillolet, 39 ans, médecin ; Lecerf, 50 ans, notaire honoraire ; Golliay, 53 ans, commissaire de police ; Vannier, 57 ans, instituteur ; Lucas, 27 ans, maître de pension ; Ch. Lebeurrier, 24 ans, professeur, rue de la Justice ; Papavoine, 53 ans, émouleur ; Nissel, 29 ans, lithographe ; Decroix, 42 ans, pharmacien ; Longuemare, 53 ans, notaire ; Ch. Ribot, 42 ans, maître de poste ; Laurent-Buisson, 33 ans,

Année 1833

greffier de paix, rue de la Barrière ; Le Page, 29 ans, instituteur ; Blondel, 29 ans, épinceur, rue Pavée ; Bevel, 58 ans, instituteur ; Martin-Gaurant, 49 ans, écrivain, rue du Neubourg ; Papavoine, 46 ans, émouleur ; Eug. Leblond, 34 ans, banquier ; Lefebvre, 32 ans, herbier ; Delahaye, 28 ans, médecin, rue de Caudebec ; Landrin, 56 ans, maître d'école, rue Saint-Amand ; Dumanoir, 41 ans, teneur de livres, rue du Cours ; Hébert, 33 ans, géomètre, rue des Traites ; Dehais, 35 ans, pharmacien ; Renaud, 33 ans, professeur de tenue de livres ; Ducosté, 40 ans, herboriste, rue de la Barrière ; Mourel, 33 ans, maître de pension ; Ste-Marie-Renoult, 34 ans, ancien instituteur, rue de Seine ; Refuveille, 47 ans, pharmacien ; Delhomel, 25 ans, pharmacien, rue de la Barrière ; Depoids, 47 ans, maître d'écritures ; Mulot, papetier, passage Padel (rue Saint-Jean) ; Théry, 25 ans, teneur de livres ; Denys, 41 ans, capitaine de bateau, cour Osmont (rue Saint-Jean, près du quai) ; Prieur, 56 ans, banquier ; Prieur, 26 ans, banquier ; E. Buisson, instituteur ; Lesaas, 40 ans, médecin ; Sanson, 24 huissier ; Frank Vallery, 40 ans, agréé ; Legrelle, 35 ans, notaire ; Lanne, 20 ans, maître de bateau ; Lemarié, 37 ans, associé du précédent, rue Saint-Jean ; Rallé, 52 ans, architecte ; Lecomte, 44 ans, greffier du Tribunal de commerce, rue de la Rigole ; Monville, 30 ans, vicaire ; P. Olivier, 57 ans, sonneur de l'église ; Devisuzanne, 26 ans, papetier ; Dor, 50 ans, orfèvre, rue Saint-Jean ; Baret, 26 ans, armurier, rue Royale ; Godefroy, 60 ans, receveur de l'octroi ; Revelle, 40 ans, médecin ; Dériberpré, 21 ans, entrepreneur de diligences, rue Saint-Etienne ; Pierre Lejeune, 34 ans, émouleur de forces ; Cartier, 45 ans, maître de pension ; J. Bellec, 40 ans, émouleur ; Aug. Bellec, 33 ans, même profession, rue du Bassin; Léonidas Murizon, 35 ans, architecte, aux bains de Candie; Varlet, 23 ans, instituteur, rue Robert.

On conserve aux Archives municipales des lettres de demandes de dispense du service et de radiation de la garde nationale. Dans le nombre, on en trouve d'amusantes :

Un pâtissier expose que c'est le dimanche qu'il vend le plus de marchandise et qu'il ne peut monter la garde ce jour-là.

Une femme assure que son mari « est doué » d'une faible santé et qu'il ne peut « remplir son devoir ».

Du même genre : un certificat de médecin déclare qu'un tel « jouit d'une mauvaise santé ».

Un failli semble heureux de sa situation financière, qui l'exclut du service.

Un autre s'empresse de faire connaître qu'il est atteint de la teigne, ce qui l'empêche de porter une coiffure quelconque.

Un voltigeur écrit que ne pouvant supporter le bonnet à poil, il désire faire partie des chasseurs.

Un fabricant ne veut pas rester dans sa compagnie « dont le chef se plaît à faire sottise à ses hommes ».

Un autre demande à être incorporé dans la garde à cheval, parce qu'il « ne peut pas faire son service à pied ».

Des difficultés étant survenus avec M. Melchior, chef de musique, un certain nombre de musiciens demandent à rentrer dans les rangs.

Un fils supplie le commandant de ne pas

traduire devant le conseil de discipline son père, qui n'a pu monter sa garde parce qu'il était mort la veille du jour où il devait la prendre.

Un jeune garde national, récemment marié, voudrait être dispensé du service pendant l'hiver, afin de ne point laisser sa femme seule.

Un autre sollicite la même dispense : « Le meilleur certificat que je puisse présenter, dit-il au conseil de recensement, est écrit sur mes joues, où deux cicatrices ouvertes fournissent à tout moment la preuve que je ne puis pas rester sous les armes ».

Un voltigeur n'ayant pas reçu le bonnet à poil sur lequel il comptait en s'engageant dans la compagnie, réclame son inscription aux chasseurs.

Un perruquier-coiffeur écrit que son patriotisme ne va pas jusqu'à perdre son pain et ses clients pour monter la garde le dimanche, son principal jour de travail.

M. Adrien Lescouvé, originaire d'Amiens, condamné à la prison pour infraction aux règlements de la garde nationale à Elbeuf, prétexte d'une attaque de cholérine pour demander la remise de sa détention à plus tard.

Parmi de très nombreuses demandes de radiation des rôles, on trouve aussi des lettres de citoyens réclamant l'honneur de servir dans la garde nationale.

En 1833, Elbeuf consomma : 3.471 hectolitres de vin, 1.372 hectol. d'alcool, 31.515 h. de cidre, 1.330 bœufs ou vaches, 2.020 veaux ou génisses, 3.473 moutons, 885 porcs, et 9.007 kilog. de viande dépecée.

La consommation du charbon de terre, qui huit ans auparavant n'avait été que 40.000

hectolitres, passa à 125.000 par suite de l'établissement des machines à vapeur. Par contre, la disparition des manèges fit tomber la consommation de l'avoine à 12.954 hectol. contre 16.166 en 1825, et celle du foin à 284.000 bottes, au lieu de 486.000.

On commença, en 1833, à forer le premier puits artésien établi à Elbeuf. Nous empruntons les notes qui vont suivre à M. Mulot, auteur du puits de Grenelle, à Paris, qui entreprit des travaux semblables dans notre ville et les termina avec succès.

M. Join Lambert fit creuser ce premier puits dans sa propriété de la Cerisaie. Les opérations du sondage firent constater la nature et l'épaisseur des diverses couches que l'on traversa :

Alluvion ou ancien lit de la Seine m^{tres}	12 98
Craie blanche avec silex..................	35 12
Craie grise dite craie tuffeau..........	49 30
Craie verte dite craie chloritée.........	37 53
Argile et sables inférieurs à la craie sableuse........................	11 72
Sable mouvant.....................	2 75
Profondeur........ mètres	149 40

L'eau commença à jaillir, le 5 juin 1834, lorsque la sonde fut parvenue à 146 m. 65, aux sables mouvants, dont l'épaisseur, comme on vient de le voir, n'était que 2 m. 75.

Il y avait alors plus d'une année que l'on travaillait au puits. M. Join-Lambert, lassé de ne point voir arriver l'eau, avait, quelques semaines auparavant, fait arrêter le forage et s'était rendu dans une autre propriété qu'il possédait au pays de Caux. Le matin du 6 juin 1834, il vit accourir un courrier à cheval, le quel lui annonça que ses jardins, herbages et bosquets de la Cerisaie étaient inondés par les eaux qui jaillissaient du puits. Voici ce qui s'était passé :

Pendant l'absence de M. Join-Lambert, son fils et ses neveux, MM. Flavigny, qui s'intéressaient beaucoup à l'entreprise et avaient foi dans le résultat final, avaient fait reprendre le travail. Tout à coup, l'eau jaillit abondamment des profondeurs de la terre et les ouvriers durent fuir devant elle. Ce fut un événement par toute la ville.

Les eaux de ce puits ont toujours joui et jouissent encore, parmi les vieux habitants d'Elbeuf et de Caudebec, d'une grande réputation par leur qualité et leur pureté, et l'on vient parfois de loin pour s'en approvisionner, principalement pour la fabrication de la boisson De fait, elles dissolvent parfaitement le savon ; leur température est de 16° centigrades. Le débit s'élevait à 200 litres par minute à hauteur de sol, et à 50 litres par minute à 21 m. 76 de hauteur au-dessus du sol. — Ce puits avait coûté 14.500 fr.

M. Mulot signala la disposition, dans ce puits, de deux tubes placés concentriquement dont, dit-il, « le plus grand communique à une nappe rencontrée à 12 m. 98 (épaisseur des terrains d'alluvion); en sorte que toutes les eaux jaillissantes peuvent s'absorber dans l'espace annulaire de ces deux tubes et ensuite dans la nappe d'eau dont on vient de parler, laquelle est fort puissante, car c'est elle évidemment qui alimente presque toutes les pompes des machines à vapeur dans la ville d'Elbeuf ».

Pour ne pas y revenir, nous donnerons tout

de suite quelques notes sur les autres puits artésiens qui furent établis à Elbeuf pendant les années suivantes.

Les couches traversées étaient partout semblables à celles du puits de la Cerisaie, sans différence notable dans leur épaisseur respective.

M. Prieur-Quesné fit creuser, en 1835, le deuxième puits, entre les rues Saint-Jean et de Seine, Bourdon et de la Prairie. Ses eaux étaient de même température et qualité que celles du premier, et sa profondeur était de 152 m. 67. Le débit était de 250 litres par minute ; la force ascensionnelle faisait monter l'eau au-dessus de 23 m. 06. Entrepris à forfait, ce puits ne coûta que 14.000 fr.

Le troisième puits artésien, creusé en 1835-1836, dans la cour de M. Randoing, rue de la Bague, atteignit 154 m. 57 de profondeur ; il fournissait 360 mètres cubes d'eau par jour. Il avait été entrepris sous la condition que s'il ne donnait pas une quantité se rapprochant du débit du précédent, il ne serait payé que 14.000 francs à M. Mulot, et 16.000 francs s'il donnait 500 tonnes en douze heures ; dans l'espoir de gagner la prime, l'entrepreneur le tuba à six pouces, au lieu de quatre et demi.

Le quatrième puits donna le plus beau résultat que l'on eût encore obtenu à Elbeuf. Creusé à 159 m. 50 de profondeur, sur un des terrains les plus élevés de la ville, au Mont-Rôti, dans la propriété de M. Victor Grandin, il fournissait néanmoins un volume d'eau supérieur à celui des autres puits ; la pression naturelle permettait d'emmagasiner ses eaux dans un réservoir placé à un deuxième étage, d'où elles se répandaient dans tout l'établissement.

Devant ces résultats, la Ville ne pouvait rester indifférente. En 1837, ainsi que nous le rappellerons plus tard, elle fit établir un puits artésien sur la place Saint-Louis ; sa profondeur est de 159 m. 17. Ses eaux alimentèrent : deux fontaines, chacune à deux robinets, l'une sur l'emplacement même du puits, l'autre rue Saint-Jean ; deux autres fontaines devant la façade de l'hôtel de ville, place du Coq, et une autre fontaine au Bout-du-Couvent.

M. Henri Quesné, rue Royale, fit établir le sixième puits, profond de 159 m. 98 ; ce fut le plus abondant : il donnait 600 mètres cubes d'eau par jour.

Le septième, creusé à 160 m. 70, chez M. Robert Flavigny, rue de l'Hospice, montait 200 litres d'eau par minute à 2 m. 50 au-dessus du sol. On le considérait, à divers points de vue, comme le plus beau succès obtenu jusqu'à cette époque.

Le huitième, établi chez M. Ch. Flavigny, rue Royale, était profond de 156 m. 24 et fournissait 300 m. c. par jour. — M. Mulot, dans l'espoir de trouver une troisième nappe, comme cela lui avait réussi à Tours, avait continué le forage jusqu'à 194 mètres, mais sans résultat.

Le neuvième puits fut établi rue de la Bague, dans la propriété de M. Théodore Chennevière.

L'état-civil, en 1833, avait enregistré 449 naissances, 94 mariages et 310 décès.

CHAPITRE X
(1834)

Donation Romelot. — Mort de Mlle Bertaut. — Le commerce « a la pouque ». — Les massacres de Paris ; suppression, a Elbeuf, des fêtes du 1er mai. — Le champ-de-foire. — Emprunt de 250.000 fr. — Élections. — Elbeuf a l'Exposition de 1834. — Projet de lois douanières. — État de la fabrique elbeuvienne.

Vers le commencement de 1834, M. l'abbé Romelot, curé de Saint-Jean, fit plusieurs donations, s'élevant ensemble à 32.000 fr., au profit de l'hospice-hôpital et du bureau de bienfaisance. — C'est en reconnaissance de ces libéralités que la ville donna le nom de son auteur à l'une de nos rues.

Le maire arrêta, le 10 janvier, sur l'avis du conseil municipal, qu'il se tiendrait, chaque jeudi, un marché aux bestiaux, rue du Neubourg, entre le Calvaire et le bout de la rue des Trois-Cornets.

Le 24, M. Constant Fouard fut nommé président du Conseil des Prud'hommes ; le même jour, M. Ezéchiel Vauquelin lui succéda à la vice-présidence.

Vers ce temps, il était vaguement question de créer une bibliothèque communale.

Un événement de peu d'importance, mais qui fit beaucoup de bruit dans notre ville à cette époque, fut l'entrée au poste de garde nationale établi à l'hôtel de ville, pendant la nuit du 2 février, de trois hommes masqués, qui insultèrent le factionnaire et forcèrent la consigne. L'un d'eux s'échappa par la fenêtre, un autre cassa un carreau en s'échappant également ; mais le troisième fit connaître son nom et celui des autres « masques » : c'étaient trois manufacturiers d'Elbeuf, qui remplirent plus tard des fonctions publiques.

Une funèbre nouvelle jeta la consternation à Elbeuf le 12 février : Mlle Caroline Bertaut était décédée subitement le matin de ce jour, à sept heures.

En mourant, Mlle Bertaut avait légué son établissement de la Providence à Mlle Euphrasie Lejeune, et Mlle Lemeilleur fut nommée directrice de l'hospice.

Quelque temps après le décès de la vertueuse femme, que tous les habitants de notre ville et des campagnes voisines regrettèrent autant que celui d'une proche parente, chacun se demanda si quelqu'un ne possédait pas son portrait. Il fut reconnu qu'il n'avait jamais été fait.

Cependant, le docteur Henry assura à l'administration municipale que « peu de temps avant sa mort, il était venu à l'hospice une personne envoyée de la part de l'administration s'occupant de la publication des *Portraits et biographies des hommes utiles*, et que cette personne avait dessiné les traits de cette demoiselle ».

Nous croyons que le portrait ci-contre, extrait de *la Vertu en France*, de M. Maxime du Camp, a été fait sur le dessin dont il s'agit.

Dans sa séance du 18 février, le conseil municipal s'associa au deuil général et décida « qu'une place particulière dans le cimetière Saint-Jean serait affectée aux mânes de Mlle Bertaut » et que cette concession serait faite à perpétuité et au nom de la Ville.

Une parenthèse :

La ville d'Elbeuf a donné — en le défigurant — le nom de Mlle Bertaut à l'une de ses rues, et à ses restes une concession dans le cimetière. Est-ce vraiment suffisant pour honorer convenablement sa mémoire et rappeler aux générations présente et futures les efforts surhumains que fit pendant trente ans cette femme extraordinaire pour soulager et même sauver une multitude d'existences ?

Le 15 mai 1904 sera le centenaire de l'entrée de Mlle Bertaut à l'hospice d'Elbeuf. En ce temps d'érection de monuments, pourquoi un Comité local ne s'organiserait-il pas pour provoquer une souscription publique, destinée à ériger, dans la cour d'entrée de notre hôpital hospice, en l'honneur de cette vaillante fille du peuple, un groupe allégorique quelconque dont l'inauguration aurait lieu ledit jour 15 mai 1904 ?

Cette cérémonie pourrait être accompagnée d'une grande fête au profit des pauvres, des vieillards et des malades.

Nous soumettons cette idée à nos concitoyens : nous croyons qu'elle mérite d'être examinée.

Mlle Caroline Bertaut, d'après « La Vertu en France »

Nous reprenons le récit des principaux événements survenus à Elbeuf en 1834.

Le commerce frauduleux dit de « la pouque » faisait le désespoir de notre fabrique, car rarement on découvrait les voleurs et les recéleurs de fils et laines qui, journellement, étaient dérobés aux manufacturiers. Le projet de police secrète, dont nous avons parlé, avait été approuvé par le ministre, qui avait même mis à la disposition du maire une somme de 1.000 francs. En outre, le maire avait ouvert une souscription à Elbeuf qui, au 25 février, atteignait près de 5.000 fr. Enfin, M. Petou, député, s'occupait d'un projet de loi concernant l'achat et la vente des déchets de fabrique.

Peu de temps après, on arrêta à Boscroger un individu qui allait à la porte des tisseurs solliciter la remise de paquets de fils de laine en échange d'objets de peu de valeur: harengs, rubans, etc. Son procès fut instruit à Pont-Audemer, qui avait M. Constant Leroy comme sous-préfet, lequel aida beaucoup à éclairer la justice dans cette affaire et la mit au courant du préjudice énorme que causaient aux fabricants d'Elbeuf les vols de fabrique.

Au sujet des crieurs de journaux dans les rues, M. Laurents, maire, écrivit au préfet, le 26 février, qu'il n'y en avait aucun de domicilié à Elbeuf ; mais il en venait quelquefois du dehors. Il ajoutait :

« Je suis on ne peut plus partisan de la liberté de la presse ; mais, en même temps, ennemi des abus dont certains individus voudraient se servir en son nom, et vous pouvez être assuré, Monsieur le préfet, que je ferai tout ce qui dépendra de moi pour que notre ville ne soit pas troublée par des agents d'anarchie. Vous pouvez être persuadé qu'il n'y y a rien à craindre pour la tranquillité publique dans Elbeuf ».

Une demande de brevets d'imprimeur typographe et lithographe et de libraire avait été faite par M. Demangeot, compositeur d'imprimerie et ancien rédacteur du *Journal d'Elbeuf*, mais elle avait été repoussée. M. Pierre-Amédé Fournier fut plus heureux dans une demande qu'il fit pour un brevet de libraire, car il recut avis, le 26 mars, qu'elle était agréée.

C'est le 7 avril 1834, et non en 1832, comme nous l'avons imprimé par erreur, page 101 du présent volume, que le général Quiroga adressa la lettre au maire d'Elbeuf que nous avons publiée.

En cette même année et les suivantes, plusieurs officiers, sous officiers et soldats polonais vinrent se réfugier à Elbeuf.

Depuis longtemps, nous croyons l'avoir déjà dit, la municipalité et le public manifestaient le regret de n'avoir point à leur disposition une grande place communale pour y tenir la foire et passer les revues de la garde nationale. En 1834, on forma un projet définitif que le maire fit connaître le 8 avril. Il consistait à acquérir « la Prairie », appartenant alors à divers propriétaires, et d'en faire une place d'armes et un champ-de-foire ; il comportait, en outre, le prolongement de la rue Deshayes jusqu'à la Seine. Ce projet fut exposé à l'hôtel de ville, où tout Elbeuf alla l'examiner.

Le 11, M. Libre-Brutus Michel, dont les prénoms indiquent approximativement l'époque de sa naissance, se présenta devant le maire pour prêter serment, en qualité de commissaire de police. Il succédait à M. Galliay, appelé à Dieppe.

Une émeute éclata à Paris le 9 avril ; elle se propagea dans plusieurs grandes villes de province. Des milliers de personnes perdirent la vie dans cette grave affaire. Dans la rue Transnonain, à Paris, des femmes, des enfants et des vieillards furent éventrés par les baïonnettes de la troupe de ligne.

Quand le calme fut revenu, on organisa des souscriptions en faveur des victimes et de leurs familles. La Chambre s'y associa par le vote d'une somme de 400.000 fr.

Les massacres d'avril avaient consterné une partie de notre population et irrité une autre. Le gouvernement perdit beaucoup de son prestige à dater de ce moment. Notre administration municipale se garda de commenter ces malheureuses journées ; ce fut sa manière de les blâmer.

A cette époque survint un différend entre le Conseil de fabrique de Saint Etienne et la ville d'une part, et M. Legrand-Duruflé, d'un côté, et M. Mathieu Quesné, d'un autre.

Cette affaire ne nous intéresse que parce que ces deux derniers, pour appuyer des droits de servitude, disaient que leur propriété respective était autrefois bornée par un chemin tendant de la rue Saint-Etienne à la côte Saint-Auct, ce qui était la vérité ; mais il y avait des siècles que cette sente, dont nous avons parlé plusieurs fois, avait été supprimée par un seigneur d'Elbeuf.

M. Quesné revendiquait, en outre, la propriété du terrain en côte situé vers l'angle sud-ouest de l'église et faisant suite à un mur qui le séparait de M. Turgis.

M. Laurents, maire, rédigea sur ces deux affaires un intéressant mémoire, conservé aux archives municipales. Deux ans plus tard, un plan de l'ancien cimetière Saint-Etienne et de ses abornements fut dressé par l'architecte de la ville.

Le 1er mai, jour de la fête du roi, on sonna les cloches, la garde nationale fut passée en revue et les autorités se rendirent à l'église Saint-Jean aux prières pour le monarque, mais il n'y eut pas de réjouissances publiques. Les 500 francs qui y avaient été affectés furent envoyés à Paris pour les veuves et orphelins des malheureux tués dans les sanglantes journées d'avril.

Des élections au Tribunal de commerce se firent le lendemain ; elles eurent pour résultat la nomination de M. Legrand Duruflé, comme président, et celles de MM. Henri Sevaistre et Nicolas Louvet, comme juge et juge suppléant.

Le 6, M. Laurents écrivit à M. Petou, député, qu'il donnerait sa démission de maire, si la Chambre ne votait pas l'emprunt de 250 mille francs projeté. La ville, dit-il, a 79.000 francs de dettes exigibles, et la population attend l'acquisition d'un champ de foire, des améliorations de voirie et autres qui nécessitent cette mesure, sans laquelle il serait impossible d'administrer la ville.

Dans une autre lettre, datée du 11, le maire dit au député, au sujet de l'acquisition d'un champ pour y tenir la foire.

« Quelle est notre situation aujourd'hui ? Nous avons, en location, une partie seulement de la prairie ; le reste va sous peu être enclos, et, d'ici quelques mois au plus tard, il nous sera impossible d'avoir ni foires ni champ de manœuvres ; c'est-à dire que sous peu, notre octroi, qui profite essentiellement des foires, va voir ses revenus décroître considérablement, et il ne nous restera aucune place autre que les rues de la ville pour revues et exercices de notre bataillon.

« Dans l'emplacement que nous demandons et dont la location va nous échapper, se tiennent nos foires ; or, elles constituent la partie la plus essentielle du bail des places, produit qui nous rapporte 18.000 francs.

« C'est là aussi qu'ont lieu les revues et exercices de la garde nationale, et quand on songe que, depuis 1830, notre cité est peut-être la seule ville manufacturière qui ait su soutenir la plus parfaite tranquillité, au milieu des calamités commerciales, on est amené à reconnaître combien il importe de protéger tout ce qui peut tendre à la conservation et à la tenue d'une garde si nécessaire au maintien de l'ordre... »

L'emprunt de 250.000 fr. avait été voté par 19 membres du conseil municipal sur 24 ; mais la minorité s'était mis en tête de le faire échouer.

Le 15 mai, le projet vint à la Chambre, et M. Petou fut chargé du rapport par la commission chargée de l'examiner. Aussitôt que M. Laurents en fut informé, il lui écrivit pour l'inviter à conclure à la nécessité de fixer l'emprunt à 250.000 fr., en lui laissant entendre que, dans le cas où la minorité du Conseil l'emporterait, 19 membres seraient disposés à démissionner, en laissant le soin aux 5 autres de former une nouvelle administration municipale.

M. Sevaistre-Turgis, soumis à la réélection, fut renommé commandant de la garde nationale à l'unanimité des officiers votants, mais il déclara, le 24 mai, ne point vouloir accepter ce poste. Le 27, M. Henri Sevaistre, frère du non-acceptant, élu chef de bataillon, refusa à son tour. Enfin, le 30 une nouvelle élection ayant reporté le nom de M. Sevaistre-Turgis, celui-ci se décida à conserver le commandement.

A la suite d'élections qui avaient eu lieu en mai dans la garde nationale, M. Laurents, maire, procéda le dimanche 1er juin à la réception du serment des officiers.

M. Melchior était alors chef de musique du bataillon ; M. Lebas, l'un des lieutenants de pompiers, en remplacement de M. Léon Pion, passé dans la compagnie de grenadiers. — Bien que la composition du corps des officiers eût subi de nombreuses modifications depuis 1831, nous ne croyons pas indispensable de les signaler en détail. Citons seulement les noms des nouveaux officiers : J.-B. Petitgrand, Joannès Moreau, Dumort-Flambart, Debroches, Decazes, Saheures, A. Porquet, Suzanne, Victor Barbier, Brisson jeune, Benoist-Boisguillaume, Boisguillaume fils, Jean-Marie Lecallier, Milliard, Paul Descoubet.

Le mois suivant, on recommença la cérémonie de reconnaissance pour de nouveaux officiers, dont voici les noms : Héron, Guilbert, Parnuit, Alph. Godet, Join Lambert, Laurent Patallier fils.

Le 6 juin, le Tribunal de commerce interdit à M. Franck le droit de reparaître dans l'enceinte du tribunal et de porter la parole comme agréé. Quelques semaines après, Franck s'en-

JACQUARD

fuit d'Elbeuf. Il eut pour successeur, le 14 août suivant, M. Jean-Séverin Lenormand, de Caudebec-lès-Elbeuf.

Pendant la nuit du 17 au 18 juin, le feu prit à l'intérieur du bateau *la Seine,* appartenant à l'entreprise Lecoq.

Un incendie dévora, le 30, environ vingt-quatre hectares de la forêt d'Elbeuf, entre Caudebec et Saint-Cyr-la-Campagne, dans les ventes dites de la Carte, la Carrière-Pelletot et la Mare-Gros-Chêne. Les dégâts furent considérables.

Le 2 juillet, le Conseil décida que la partie de la rue de la Bague, à partir des rues Poulain et de la Justice jusqu'à celle des Echelettes, prendrait à l'avenir le nom de rue du Marché.

Cette année-là, le 27 juillet tombant un dimanche, on remit le service funèbre au lendemain, qui devint ainsi la journée de deuil; le mardi devait être grand jour de fête, mais un orage épouvantable dût faire reporter les illuminations et les danses au dimanche suivant.

Joseph-Marie Jacquard, inventeur du métier qui révolutionna l'industrie textile, mourut à Oullins (Rhône), le 7 août, à l'âge de 82 ans. Il était né à Lyon, le 7 juillet 1752.

C'était en 1790 qu'il avait eu l'idée de construire un appareil supprimant le tirage des lacs, mais il ne le termina qu'en 1800. Un modèle de ce métier figura à l'Exposition de 1801.

L'application du métier Jacquard à l'industrie drapière d'Elbeuf donna naissance non seulement à des étoffes drapées exclusivement employées jusqu'alors pour vêtements d'hommes, mais encore à des tartanes, des tissus à poil, des mouchetés, etc., destinés à des manteaux, châles, écharpes et robes pour femmes.

L'ensemble de ces articles de fantaisie, dit M. Alcan, prit une large part dans les lainages foulés. Ils se composaient de draps piqués, matelassés, jaspés, cuirs-laine fins, satins, vigantines à poils, à deux faces, etc.

A la suite de l'exposition de 1834, M. Robert Flavigny, manufacturier, fut nommé chevalier de la Légion d'honneur ; la maison Robert Flavigny et fils obtint une nouvelle médaille d'or, ainsi que MM. Chefdrue et Chauvreulx et MM. Victor et Auguste Grandin.

Des médailles d'argent furent décernées à MM. Desfrêches et fils, Félix Aroux, Sevaistre-Turgis, Th. Chennevière, Charvet et Delarue. MM. Javal, Barbier et Gaudechaux frères obtinrent des médailles de bronze.

Des incendies survenus par l'inflammation spontanée de déchets et débourrages de cardes furent le motif d'un arrêté municipal pris le 26 septembre. L'année suivante, une autre ordonnance du maire soumit les sécheries chauffées par le feu à l'examen de l'architecte municipal.

Le 27, la Chambre consultative prit connaissance d'une circulaire de M. Duchâtel, ministre du commerce, annonçant qu'une loi douanière serait présentée à la prochaine session du Parlement, afin de supprimer la prohibition des produits étrangers.

La Chambre décida : 1° qu'un mémoire serait rédigé pour signaler les dangers d'un changement et classer toutes les considérations militant en faveur du maintien de l'état de choses ; 2° que ce mémoire serait établi par M. Lefort-Henry ; 3° que les fabricants et commerçants seraient convoqués pour en prendre connaissance ; 4° que ce manifeste ne serait définitivement rédigé qu'après que la Chambre aurait entendu les observations des fabricants ; 5° Que M. Victor Grandin serait ensuite chargé de soutenir les conclusions de ce mémoire ; 6° que les industriels et commerçants seraient invités à choisir un délégué pour appuyer les intérêts de l'industrie elbeuvienne, d'accord avec le représentant naturel de la Chambre consultative, dans le sein du Conseil supérieur du commerce.

Ce fut M. Lefort-Henry que les fabricants désignèrent pour se joindre à M. Victor Grandin. — Le texte du mémoire, non moins intéresssant et aussi étendu que celui précédemment envoyé à M. Thiers, est conservé sur l'un des registres de la Chambre consultative. Nous n'en relèverons que ce passage :

« Que l'on mette en parallèle deux établissements, l'un anglais, l'autre français, ayant nécessité chacun l'emploi d'un capital de 800 mille francs, pour construction, machines et moyens de travail, et utilisant chacun une teinturerie et une machine à vapeur de 20 chevaux :

« L'établissement français aura à compter pour intérêts de 800.000 fr. à 6 0/0........fr. 48.000

« Pour charbon de terre, coûtant aujourd'hui 4 fr. l'hectolitre et à raison de la difficulté de transports ne pouvant être moindre de 3 fr. ; en supposant la levée des droits, 8.000 hectol. à 3 fr.... 24.000

Total........fr. 72.000

« L'établissement anglais aura à compter pour 800.000 fr. à 3 0/0............ 24.000

Report.........	24.000
« Pour 8.000 hectol. de charbon de terre à 1 fr........................	8.000
Total........fr.	32.000

« Soit une différence de 40.000 fr. à l'avantage de l'établissement anglais... Si donc l'Anglais se contente de 20.000 fr. de bénéfices il constituera son concurrent français en 20 mille francs de perte ».

Ce mémoire fut signé de tous les fabricants et négociants d'Elbeuf, moins sept qui refusèrent leur signature et quatre absents. — L'un des refusants était M. Chefdrue, grand manufacturier, dont l'établissement, à usage de boutiques maintenant, était en face le théâtre.

M. Petou, membre de la Chambre des députés, resté malade à Bordeaux, écrivit qu'il approuvait le mémoire en toutes ses parties et partageait les sentiments qu'il exprimait.

Le dernier jour de septembre, on procéda à l'installation de M. Alex. Legrand-Duruflé comme président au Tribunal de commerce ; de M. Henri Sevaistre, comme juge, en remplacement de MM. Lefort-Henry et Osmont-Cartier, et de M. Nicolas Louvet, comme juge suppléant, en remplacement de M. Henri Sevaistre, nommés par ordonnance du roi, datée du 29 juillet précédent. Le président sortant et le nouveau président prononcèrent chacun un discours après les formalités de l'installation.

Des élections avaient eu lieu dans la compagnie de pompiers, le 24 juillet ; mais elles avaient été annulées par le jury de révision du canton. Le maire fut invité le 3 novembre, par le préfet, à convoquer les gardes nationaux pour nommer un capitaine de pompiers, en remplacement de M. Bellec, décédé au mois de juillet précédent. — Une souscription, pour élever un monument sur sa tombe, s'était élevée à 2.412 fr.

M. Léon Pion fut élu et reconnu par le bataillon de la garde nationale comme capitaine de pompiers, le 24 du même mois.

A la séance tenue le 26 novembre par la Chambre consultative, le président exposa que la requête adressée tout récemment au ministre du commerce par les fabricants et commerçants d'Elbeuf, afin d'obtenir une prorogation, jusqu'au 31 mars suivant, de la prime intégrale de 13.50 pour 100 dont jouissaient, à leur exportation, les draps, casimirs, etc., n'avait pas été admise par le ministre des finances.

L'assemblée rédigea une nouvelle supplique à ce ministre et pria MM. Victor Grandin et Lefort-Henry de la lui présenter.

Des élections municipales eurent lieu vers la première quinzaine de novembre. Les élus furent MM. Sauvage, Louvet, Randoing, Rouvin, Lecerf, Mathieu Bourdon, Prieur-Quesné, Rabasse, Sevaistre-Turgis, J. Grandin, Sallambier et Collas. MM. Grandin et Sallambier refusèrent de faire partie de la municipalité. L'installation des autres élus eut lieu le 18 décembre.

Le marché aux bestiaux, rue du Neubourg, avait été primitivement fixé au samedi, puis au jeudi ; mais sur une demande des bouchers et charcutiers, le conseil municipal, par délibération du 24 décembre, la fixa au mardi.

M. Sevaistre-Turgis ayant de nouveau donné

sa démission, M Hipp. Join-Lambert avait été élu chef de bataillon de la garde nationale le 17 décembre ; il prêta serment le 25 du même mois.

L'emprunt de 250.000 fr., la création de la place du Champ-de-Foire, celle d'un quai de débarquement, et celle de la foire aux laines donnèrent beaucoup de travail à M. Laurents en l'année 1834, à cause des difficultés qu'on lui opposa, notamment au sujet des deux premiers projets. Mais vers la fin de l'année, il trouva un aide en la personne de M. Victor Grandin, qui voulut bien se rendre auprès du du ministre chaque fois que le besoin s'en fit sentir, pour défendre les délibérations de l'assemblée municipale, qu'une minorité cherchait à anéantir.

Avec la fin de l'année, les anciennes pièces de 6 et 3 livres, 24, 12 et 6 sous, et les pièces d'or de 48 et 24 livres cessèrent d'avoir cours.

Parmi la monnaie courante, à cette époque, se trouvaient les centimes qui, le plus souvent, circulaient en rouleaux de 50 que l'on ne prenait point soin de vérifier. Or, il arriva que des faussaires imaginèrent de passer dans le commerce des rouleaux de faux centimes. Le maire dut prendre un arrêté, à ce sujet.

En 1834, Elbeuf comptait 200 fabriques, 25 teintureries, 10 dépôts de laine, 64 maisons de commission pour la draperie. La fabrication se chiffra par 60 ou 70.000 pièces de drap de 40 aunes chacune. Elle employait 25.000 ouvriers, dont 10.000 Elbeuviens. Il existait 300 machines à carder, les mulls-jennys portaient de 60 à 120 broches ; 250 laineries mécaniques, 150 tondeuses mécaniques ; 60 machines à vapeur, 2 fouleries, 15 dégraisseuses mécaniques. On employait 3 millions de kilogrammes de laine en blanc, du prix de 10 à 15 fr. le kilogr. Le prix des draps était de 15 à 25 fr. l'aune. Enfin la fabrication elbeuvienne produisait de 40 à 45.000.000 fr. de draperies par an.

Ajoutons que cinq maisons elbeuviennes offraient à la consommation des articles nouveautés pour vêtements d'été, et qu'elles obtenaient un grand succès.

On avait compté, pendant l'année, 457 naissances, 95 mariages et 376 décès.

CHAPITRE XI
(1835)

L'incident Chefdrue. — La foire aux laines. M. Lefort Henry, 23ᵉ maire d'Elbeuf. — La compagnie de pompiers. — Police secrète pour la répression des vols de fabrique. — Projet de chemin de fer de Paris en Normandie ; statistique des transports de ou pour Elbeuf ; protestation. — L'attentat de Fieschi ; adresse au roi. — Installation de la nouvelle municipalité ; discours. — Lettre a M. Thiers.

Le procès-verbal de la séance de la Chambre consultative tenue le 9 janvier 1835, va jeter quelque lumière sur une dissidence qui s'était manifestée à Elbeuf et dont M. Chefdrue, manufacturier des plus importants, était le promoteur :

« M. Chefdrue est admis et prend place auprès de M. le président.

« M. Lefort-Henry expose à la Chambre que M. Chefdrue, ici présent, était venu lui faire part qu'étant appelé prochainement dans le sein d'une commission formée pour statuer sur les renseignements apportés par M. Azevedo, il désirait entrer avec ses membres dans quelques explications au sujet de cette mission.

« M. Chefdrue déclare que, le 11 de ce mois, il se rendra à Paris, afin d'assister à la première réunion d'une commission dont il est appelé à faire partie avec MM. Jourdain, Bacot, Ch. Randoing, Legentil, Legros, L.-A. Flavigny, sous la présidence de M. Cunin-Gridaine — commission dont le but était de recevoir la communication de tous les renseignements recueillis par M. Azevedo, et d'examiner les échantillons de draps que cet agent du gouvernement a rapportés de Belgique ; et qu'ayant reçu de M. Jourdain, de Louviers, l'avis qu'il avait convoqué la Chambre consultative de sa résidence, pour s'entendre avec ses membres, il avait cru devoir provoquer cette réunion dans le même but.

« A cet exposé, la Chambre a simultanément répondu que, depuis qu'il était question de l'importation des tissus étrangers, M. Chefdrue s'était constamment et manifestement mis en opposition avec son opinion, avec l'opinion du pays ; que son refus d'adhérer aux observations adressées récemment par cette Chambre au ministre à l'occasion de l'enquête (observations qui ont reçu la sanction de tous les commerçants et industriels de la ville) est une preuve patente de la dissidence dans laquelle il a voulu rester.

« La Chambre, reportant ensuite ses pensées sur la mission de M. Azevedo, sans expérience, sans guide et sans contrôle, dans un pays étranger, intéressé si vivement à trahir la vérité ; sur les vues du gouvernement qui, ayant ordonné cette exploration, a un intérêt tout naturel de le faire sanctionner par la composition d'un jury dont plusieurs membres sont déjà disposés à entrer dans certaines combinaisons.

« Sur la gravité de ce dernier acte, qui semble le complément de l'enquête et qui peut devenir la base d'un projet désastreux ; surprise et consternée que les deux délégués sortis de son sein et dont le mandat a été rempli avec autant de discernement que de dignité, à la satisfaction de leurs concitoyens et de toutes les populations intéressées dans cette grande question, fussent éliminés de cette commission, la Chambre, affectée de l'aveuglement de M. Chefdrue qui, en lutte avec l'opinion de tous, ne veut pas même rester dans un rôle passif ; la Chambre comprenant la tendance des mesures qu'on ourdit et de l'avenir qu'on lui prépare...

« La Chambre consultative déclare qu'elle n'entend prendre aucune responsabilité dans les démarches et dires de M. Chefdrue ; que si M. Chefdrue comprenait bien les vrais intérêts de son pays, il n'aurait rien de mieux à faire que de se récuser ; que s'il persistait dans la résolution de se rendre à cette commission, vu le parti qu'on peut en tirer, vu l'imminence du danger, la Chambre se verrait obligée de protester, séance tenante, contre sa nomination ; dire que M. Chefdrue, siégeant au sein de la commission, ne représente que lui seul, qu'il y aurait trahison à présenter son opinion comme étant l'expression des vœux et de l'opinion et de la ville d'Elbeuf.

« Le langage de la Chambre a été pressant et sincère ; elle a cru devoir avertir M. Chefdrue de la publicité qu'elle donnerait à sa protestation. Sans égard pour cet avertissement, M. Chefdrue qui, pendant le cours de la discussion, avait fait connaître qu'aucune modification ne s'était opérée dans son opinion ; quoique vivement éveillé sur toute la responsabilité qui aux yeux du pays allait peser sur lui, s'il s'associait de fait aux intentions et aux actes du ministère, M. Chefdrue a déclaré, en se retirant, persister dans ses intentions de se rendre à Paris, pour siéger au sein de la commission dont il venait d'être nommé membre... »

Après le départ de M. Chefdrue, la Chambre chargea M. Victor Grandin de rédiger une protestation, qui fut lue le lendemain devant la Chambre, de nouveau réunie, et adressée, le même jour, au ministre du commerce, à M. Cunin-Gridaine et au journal *l'Impartial*.

Nous voyons dans cette protestation, que M. Chauvreulx, associé de M. Chefdrue, ne partageait pas son opinion sur les projets du ministère, et que, comme les autres fabricants d'Elbeuf, il avait signé le mémoire.

A la suite de cette protestation, le ministre du commerce adressa, le 12 janvier, une lettre à la Chambre consultative d'Elbeuf pour la rassurer : la réunion de la commission était sans conséquence. M. Chefdrue avait été invité parce qu'il se trouvait présent au ministère quand les échantillons de draps belges étaient arrivés. La réunion de la commission avait eu lieu la veille, et l'on s'était borné à examiner ces échantillons et à en apprécier la valeur.

Par ordonnance royale du 20 janvier 1835, une foire aux laines fut créée à Elbeuf, pour se tenir le dix juillet de chaque année. La première fois, elle se tint dans la rue Saint-Jean et sur le quai.

Ce même jour 20 janvier, mourut M. Adrien Nicolas-Antoine Saillant, rentier, demeurant rue Saint-Jean, né en 1747, ancien maire d'Elbeuf.

Par ordonnance royale du 29, M. Lefort-Henry fut nommé maire d'Elbeuf, en remplacement de M. Laurents, et MM. Barette-Toussaint et Mathieu-Isidore Lecerf, adjoints; mais tous trois déclinèrent l'honneur que le roi leur faisait, malgré les vives instances de M. Laurents.

Le préfet pria le maire de conserver ses fonctions et de faire réunir le conseil municipal en séance officieuse pour étudier la formation d'une nouvelle administration.

Le 3 février, MM. Ezéchiel Vauquelin et Constant Delalande furent nommés, le premier président, le second vice-président du Conseil des prud'hommes.

Au 20 mars, la compagnie de pompiers se composait de 84 hommes, y compris les quatre officiers. Ils étaient tous habillés, équipés et armés; leurs armes se composaient d'un fusil et d'un sabre. La compagnie possédait sept pompes, plus une autre petite. La ville lui allouait une somme de 1.200 fr. par an pour entretien de son matériel. Les jours de spectacle, un pompier se rendait au théâtre avec la petite pompe à main. Depuis seize ans que la compagnie était organisée, l'importance totale des sinistres ne s'était pas élevée à plus de 20.000 fr.

A partir du dimanche 22 mars, M. Rey ouvrit un cours public gratuit de lecture, d'écriture et de calcul, pour les hommes. Ce cours eût lieu chaque dimanche à midi.

Ce même jour, le préfet reçut une lettre du maire lui demandant d'ordonner une battue générale dans la forêt d'Elbeuf, où se trouvaient des loups qui exerçaient des ravages dans les propriétés riveraines. Un garde en avait vu trois au triége des Vingt-Acres. La battue eut lieu en avril.

Les fabricants ayant renouvelé leur souscription de 5.000 fr. pour l'entretien d'une police secrète destinée à découvrir les auteurs des vols de fabrique et les recéleurs, le maire pria le ministre de l'intérieur de lui renouveler également l'allocation de 1.000 fr. de l'année précédente, pendant laquelle une trentaine d'individus avaient été arrêtés et condamnés pour faits de cette nature. Le ministre lui fit parvenir la nouvelle somme qu'il sollicitait.

Dans la deuxième quinzaine d'avril, une délégation du conseil municipal composée de MM. Victor Grandin, Sevaistre-Turgis, Grémont, Louis-Robert Flavigny, Lefort-Henry et Nicolas Louvet se rendit, avec M. Petou, député, au ministère de l'intérieur pour détruire l'effet de l'avis donné par le Conseil d'Etat sur l'emprunt de 250.000 fr.

Le 9 avril, la Chambre consultative donna son opinion, par des lettres adressées aux trois ministres du Commerce, des Affaires étrangères et de l'Intérieur, sur la dette américaine de 25 millions :

« ... La France et les Etats-Unis d'Amérique sont liés par des rapports de commerce et de sympathie trop intimes pour qu'une rupture ou de simples menaces d'hostilités ne dussent pas blesser de la manière la plus sensible les affections et les intériels matériels des deux peuples.

« Une liaison si resserrée et déjà si ancienne nous fait espérer que l'esprit de justice et de paix, qui a paru animer le gouvernement dans la solution de la question américaine, consolidera entre les États Unis et notre pays des rapports qui, jusqu'à ce jour, ont été si utiles aux deux nations, et dans lesquelles la ville d'Elbeuf, en particulier, a trouvé des avantages incontestables, qui promettent dans un avenir peu éloigné de devenir encore plus importants... »

La fête du roi n'était déjà plus célébrée qu'avec tiédeur. En 1835, le jour de la Saint-Philippe, il n'y eut qu'une messe à Saint-Jean, à laquelle les autorités furent invitées. Les réjouissances publiques furent reportées au dimanche 3 mai.

En ce même temps, la Chambre consultative et notre municipalité faisaient des efforts pour obtenir la modification du tracé du chemin de fer de Paris à Rouen, qui laissait de côté les villes de Louviers et d'Elbeuf. Les registres de la Chambre consultative donnent le texte de plusieurs délibérations et d'un mémoire sur ce sujet. Nous y trouvons le tableau de ce que la ville payait chaque année au roulage :

Dans cette ville, la consommation des laines, tant de celles en suint que celles lavées, peut être évaluée à 5 millions de kilog. Sur cette quantité, 3 millions au moins proviennent de Paris ; or, le transport de ces 3 millions de kilogrammes, calculés à raison de 4 fr. les 100 kilogr. donnent....fr. 120.000

Report..........	120.000
Les indigos et autres ingrédients de teinture, les savons, les huiles, représentent environ 3 millions de kilog. La voiture du Havre à Elbeuf, en passant à Rouen, est de 6 fr. Donc, 3 millions à 6 fr. donnent...........................	180.000
On peut évaluer le transport des vins et des eaux-de-vie à.........	15.000
La réexportation d'Elbeuf s'élève à 2 millions de kilog.; sur cette quantité, au moins 1.800.000 sont dirigés sur Paris. La voiture étant pour cette ville de 7 fr. les 100 kil., nous trouvons pour cet objet......	125.000
Chaque jour, dix voyageurs de commerce arrivent à Elbeuf ; dix autres le quittent... Chaque place étant de 12 fr. (en été le prix s'élève jusqu'à 20 et 25 fr.), nous croyons faire figurer cette dépense pour....	50.000
Les recettes faites par les diligences de Rouen, le bateau à vapeur, les voitures d'eau affectées aux grains qu'attirent le marché peuvent être évaluées à.............	85.000
Dans cette catégorie ne sont point compris les charbons, les fontes, les bois, les plâtres, etc., qu'on ne peut évaluer à moins de.............	25.000
Au total......fr.	600.000

Des rixes scandaleuses ayant eu lieu au théâtre dans la soirée du 6 mai, le maire autorisa le commissaire de police à faire fermer la salle, dans le cas où elles se reproduiraient.

Le projet de loi concernant l'emprunt de 250.000 fr. fut voté, par la Chambre des députés, le samedi qui précéda le 21 mai, grâce à l'influence de M. Aroux, membre de cette Chambre. Aussitôt que la nouvelle en parvint à Elbeuf, M. Laurents écrivit à M. Barthi, premier président de la Cour des comptes et pair de France, qui s'était déjà intéressé à nos affaires locales, de prendre en main la défense du projet de loi, auquel la ville d'Elbeuf attachait tant d'importance. Avant la fin du mois suivant, la Chambre des Pairs vota l'emprunt.

Une ordonnance royale, datée du 28, nomma MM. Laurent Collas et Nicolas Louvet juges au Tribunal de commerce, en remplacement de MM. Albert Ménage et Henri Quesné ; et MM. Louis-Robert Flavigny fils et Desfrêches père, juges suppléants, en remplacement de MM. Laurent Collas et Nicolas Louvet. L'installation de ces nouveaux magistrats consulaires eut lieu le 3 juillet suivant.

Le 10 juin, en remplacement de M. Hazé, le maire nomma appariteur M. Dubosc, qui alors était âgé de 37 ans. L'année suivante, on le nomma garde-champêtre, en remplacement de M. Turquin.

Les membres sortants de la Chambre consultative par ordre d'ancienneté étaient MM. Victor Grandin et Joseph Godet. En outre, M. Join-Lambert était démissionnaire. Le 12 juillet, l'assemblée des vingt plus notables commerçants d'Elbeuf, appelée à leur donner des successeurs, renomma M. V. Grandin et désigna MM. Legrand-Duruflé, fabricant, et Pedro Turgis, teinturier, pour compléter cette Chambre.

On sait que le 28 juillet 1835, pendant une

revue passée sur les boulevards de Paris, à l'occasion de l'anniversaire de la révolution de 1830, Louis-Philippe faillit être tué par l'explosion d'une machine infernale imaginée par Fieschi, et que parmi les victimes se trouva le maréchal Mortier.

Le conseil municipal se réunit en séance extraordinaire le 30. On s'entretint de l'attentat et l'on décida d'envoyer au roi une adresse ainsi conçue :

« Sire, à la nouvelle de l'événement affreux qui vient de souiller les fêtes nationales de Juillet, les habitants d'Elbeuf se sont sentis frappés de stupeur et soulevés d'indignation. A peine échappés à l'immense danger de perdre à la fois leur roi et la vraie liberté, ils éprouvent le besoin d'exprimer à Votre Majesté, par l'organe de leur conseil municipal, toute l'horreur qu'ils ressentent pour l'exécrable forfait qui a failli leur ravir l'un et l'autre.

« La Providence, en protégeant vos jours et ceux de votre auguste famille, a de nouveau protégé la France. Vivez, Sire, pour assurer longtemps son bonheur ; vivez pour consolider nos institutions et préserver la liberté elle-même, compromise par la licence effrénée qui sème chaque jour le désordre et provoque les attentats.

« Daignez, Sire, recevoir l'assurance du profond respect et de l'inaltérable attachement de vos dévoués et fidèles Elbeuviens ! »

Le Conseil ne jugea pas à propos de nommer une délégation pour aller porter cet écrit au roi ; M. Petou, ou, à défaut, un autre député de la Seine-Inférieure, serait prié de s'en charger.

Le Tribunal de commerce et la garde nationale envoyèrent aussi une adresse à Louis-Philippe, par l'intermédiaire du préfet.

Le 5 août, un service solennel fut célébré dans les deux églises de notre ville à la mémoire de ceux qui périrent dans cet attentat célèbre. La cérémonie se termina par un *Te Deum* « pour remercier Dieu qui, en sauvant le roi et ses enfants, avait préservé la France des horreurs de l'anarchie ».

Après avoir rendu compte au préfet de cette cérémonie, M. Laurents lui dit :

« Si l'auteur de l'article paru dans la *Gazette de Normandie* du 5 de ce mois, daté d'Elbeuf 1er août 1835, eut été dans notre ville le 4, il aurait pu se convaincre que les habitants d'Elbeuf sont toujours dans les mêmes sentiments qu'en juillet 1830 et qu'ils ne renient pas leurs principes de cette époque. Je conviens avec lui que MM. les gardes nationaux étaient en très petit nombre au service funèbre du 27 juillet, ce qui doit être attribué à ce qu'ils étaient commandés pour la revue du lendemain et non à leur indifférence pour la glorieuse Révolution de 1830 ; mais ce dont je ne puis convenir avec lui, c'est qu'il y eut beaucoup d'absents à la revue du 28, car, malgré la grande chaleur, notre bataillon ne fut jamais au plus grand complet.

« J'ai donc lieu de croire que le rédacteur de *la Gazette* s'est écrit lui-même cet article ; d'ailleurs, les abonnés à la *Gazette de Normandie* sont rares dans notre ville, ce qui prouve d'une manière évidente que ses principes y sont détestés et que les Elbeuviens sont en 1835 ce qu'ils étaient en 1830, amis et défenseurs de l'ordre et de la liberté ».

Le 1er août, le Tribunal de commerce rapporta sa délibération du 3 février 1832, concernant l'exclusion de deux huissiers pour le service du Tribunal, et décida que les quatre huissiers d'Elbeuf feraient ce service à tour de rôle. — Le 28 du même mois, le Tribunal suspendit de ses fonctions M. Fontaine, agréé.

Une ordonnance royale, datée du 29 janvier précédent, avait nommé aux fonctions de maire M. Lefort-Henry, et à celles d'adjoints MM. Barette-Lanon et Isidore Lecerf, mais le retard apporté à l'autorisation de l'emprunt avaient fait suspendre les effets de l'ordonnance.

La nouvelle administration fut installée le 17 août, par M. Pierre-Augustin Laurents, maire sortant, en présence de toutes les autorités de la ville et les officiers de la garde nationale, et avec le concours de la musique.

Après un discours de M. Laurents, qui fut ensuite imprimé par M. Nicétas Périaux, à Rouen, dont un exemplaire est conservé aux archives municipales, et la prestation de serment obligatoire, M. Lefort-Henry prit la parole et s'exprima en ces termes :

« Messieurs ; appelé par la confiance du roi à remplir les fonctions de maire de la ville d'Elbeuf, j'ai longtemps hésité à me charger de ce pénible et honorable fardeau. Livré tout entier au soin de mes intérêts commerciaux, il me semblait juste d'accorder encore quelques années à ma famille, avant de me consacrer exclusivement à mon pays. Mais après l'affreux attentat du 28 juillet, j'ai senti que toute considération secondaire devait s'effacer devant un immense besoin d'ordre et d'union. Ma position était changée, mon devoir changeait aussi ; il ne m'était plus possible de persister dans un refus qui pouvait devenir une cause de trouble et de désorganisation.

« J'avais d'ailleurs sous les yeux le dévouement noble et spontané de mon digne prédécesseur, l'exemple récent de patriotisme si honorablement donné par le chef de notre milice citoyenne ; j'ai dû suivre l'impulsion généreuse qu'ils avaient imprimée et offrir au roi mon adhésion comme un hommage trop malheureusement obligé, après les dangers qui venaient de menacer ses jours et peut-être les menacent encore.

« En acceptant le titre de maire de la ville d'Elbeuf, j'envisage avec effroi l'étendue des devoirs qui me sont imposés ; cependant, Messieurs, je m'efforcerai de les comprendre tous.

« Au nombre de ces devoirs, le premier et le plus doux à remplir est de me rendre l'interprète de mes concitoyens auprès de mon honorable prédécesseur, en le remerciant au nom de la ville pour les services qui ont signalé son administration. La reconnaissance publique lui demeure éternellement acquise pour les soins multipliés qu'il a prodigués, pour son ardeur infatigable dans la répression des délits de fabrique, pour son désintéressement, son impartialité, son dévouement sans bornes. Nul plus que moi, Messieurs, n'a été mieux placé pour apprécier la pureté du zèle dont il a fourni tant de preuves ; aussi, c'est avec un plaisir infini que je lui décerne la récompense qu'il a si justement méritée, en le proclamant, dans cette séance solennelle, bon et excellent citoyen !

« Ils ont aussi mérité le titre de bons citoyens les deux collègues qui ont bien voulu s'associer à mes efforts ; sans leur concours, il m'eût été impossible de faire le bien : qu'ils reçoivent en ce jour le témoignage public de ma vive reconnaissance pour leur adhésion et la bonne amitié qu'ils m'ont vouée ! De toutes parts, je reçois des félicitations empressées sur leur bienveillante coopération ; l'éloge qui les honore est justement acquis : dans l'un, se trouve cette connaissance approfondie des lois, cette longue expérience des affaires, ce jugement droit, qui m'assurent le bienfait d'avis solides et prompts; dans l'autre, une aptitude toute spéciale pour les travaux, une probité et une rectitude d'idées qui m'annoncent un collègue secourable et dévoué ; avec de si fermes appuis, le fardeau de mes fonctions me deviendra léger.

« Je le trouverai bien plus léger encore, Messieurs les membres du conseil municipal, si je puis trouver en vous aide et sympathie. Depuis longtemps je partage vos travaux ; j'ai vu que le bien public était le but de vos constants efforts; que la justice était votre unique guide : en m'identifiant avec d'aussi nobles pensées, j'ose espérer mériter votre confiance et la conserver à toujours.

« Je la mériterai, Messieurs, par mon profond respect pour les décisions de la majorité. Dans le système constitutionnel qui nous régit, la majorité fait la loi ; je suivrai cette loi avec conscience, et comme votre président, Messieurs, doit être l'expression vivante de cette majorité aujourd'hui souveraine, je m'abstiendrai de voter, hors le cas de partage égal des suffrages, pour la représenter en toute circonstance.

« C'est ainsi, Messieurs, que je saurai maintenir vos droits en respectant vos décisions, et conserver la dignité dont je suis revêtu en ne l'exposant point à la défaveur d'une minorité fréquente.

« Mais indépendamment de votre concours pour étudier les vœux de la cité, prévoir ses besoins, dispenser ses revenus, il faut qu'une force puissante me soit en aide pour assurer l'ordre intérieur ; j'ose compter pour y parvenir sur l'immense appui de notre belle garde nationale.

« Nous devons la tranquillité dont nous jouissons depuis longtemps à sa continuelle surveillance, qui empêche les idées de désordre de naître dans les esprits. Maintenons avec soin cette action de tous les jours, qui n'est jamais plus efficace que lorsqu'elle semble inaperçue, Nous sommes loin sans doute de voir le zèle de notre milice citoyenne mis à l'épreuve pour des moments de trouble et d'émeute, mais il importe au plus haut degré d'être préparé contre de tels événements, et, pour être prêt, il faut conserver une organisation forte et puissante.

« J'attends tout sur ce point de MM. les officiers, au milieu desquels je me retrouve avec tant de plaisir aujourd'hui. S'il est possible, sans compromettre le service, de ménager leur temps si précieux dans une ville d'industrie, je m'efforcerai, de concert avec leur digne commandant, d'en trouver les meilleurs moyens ; mais avant tout, qu'aucune atteinte ne soit portée à notre institution nationale, car elle recèle en son sein le principe de liberté et d'ordre public.

« Aidé par les lumières du conseil municipal et secondé par une force publique imposante et dévouée, il m'est permis d'espérer une administration rendue facile, mais pour doter le pays de tout le bien qu'il est en droit d'attendre, je réclamerai d'autres appuis encore.

« J'ai besoin que la Chambre consultative des manufactures qui, en tout temps et cette année surtout, a veillé avec un zèle si louable aux grands intérêts qui lui sont confiés, se livre toujours avec persévérance à la recherche de tout ce qui tend à favoriser l'industrie. J'ai besoin que le Comité d'instruction publique, si rempli de l'amour du bien général, continue à exciter le goût de l'éducation qui agit si puissamment sur les mœurs ; que le clergé, dont le vénérable doyen répand tant de bienfaits, cherche encore à semer avec fruit les principes de la religion et de la morale ; que le Bureau de bienfaisance distribue avec sa sagacité accoutumée les secours aux malheureux, et que l'administration de l'Hospice veille avec sa tendre sollicitude au soin des malades. J'ai besoin que le Conseil des prud'hommes persévère dans son esprit de conciliation pour aplanir les mille difficultés qui lui sont soumises, et que le Tribunal de commerce, si distingué par sa haute sagesse, se maintienne pour statuer sur les graves contestations que fait naître le mouvement commercial. C'est par la réunion de ces éléments d'ordre et de bien-être que je pourrai avec tous assurer la prospérité du pays.

« Cette prospérité, Messieurs, est certaine : l'avenir ne peut qu'en confirmer la consolante prévision. Si des charges doivent peser encore quelque temps sur notre cité, ces charges ne seront que passagères. Ma conviction se fonde à cet égard sur la progression successive de nos revenus ; ils se sont élevés sans interruption depuis 1814, ils s'élèveront encore, Messieurs, car dans une ville où tous les esprits sont portés vers le travail, dans une ville qui, nouvelle Manchester, devient le point de ralliement de toutes les capacités commerciales, dans ce vaste bazar d'industrie nationale, où l'industrie déjà acquise se trouve retrempée chaque jour par des industries nouvelles et s'élance vers de continuels progrès, il est impossible que les ressources ne suivent pas cet immense mouvement.

« Un crime politique a failli arrêter tout à coup cet élan de prospérité ; rendons grâce à la Providence, qui, en préservant les jours du roi, a laissé survivre tant et de si justes espérances. La nouvelle de cet effroyable attentat a produit un universel effroi et excité une universelle réprobation ; effet inévitable, car, habitants d'une ville industrielle, nous sommes essentiellement amis de l'ordre. Nous respectons la diversité des opinions, parce que dans cette diversité est la vie du régime constitutionnel ; nous voyons sans crainte les dissidences sur les hommes et les moyens d'action, parce que les affections et les idées doivent être libres ; mais chez nous l'assassinat est en horreur, l'anarchie appréhendée comme notre plus grand fléau. Les événements nous trouveraient tous d'accord pour aimer et défendre nos institutions et plus unanimes que jamais pour laisser échapper de nos cœurs l'exclamation nationale de : Vive le roi ! »

Dans la session d'août, qui ouvrit quelques jours après, le Conseil réclama M. Lebaron, un des plus brillants élèves de l'Ecole normale, pour diriger l'Ecole primaire supérieure, dont la création avait été votée lors de l'examen du budget de l'année courante.

De toutes les rues qui furent ouvertes sous le règne de Louis Philippe aucune ne fut bâtie plus promptement que la rue Bourdon. En 1835, deux pensionnats y étaient déjà établis et des rentiers y avaient fait construire pour s'y retirer. De plus, cette rue était très animée ; c'est par elle que les grains arrivaient à la halle et que passaient les bois et charbons de terre débarqués sur le quai. Aussi, dans sa séance de novembre, le conseil municipal s'occupa-t-il de faire paver cette rue Bourdon, que les Elbeuviens montraient aux étrangers avec quelque gloriole.

Une ordonnance royale du 8 septembre créa la place du Champ-de-Foire. Son emplacement servait déjà, comme on le sait, à la tenue des foires, mais il appartenait à divers propriétaires. Cette place a une étendue de 3 hectares 97 ares.

M. Edmond Warnery fut adjoint à M. Murizon, architecte de la ville, par arrêté du 17 septembre.

Le lendemain, on annonça la mise en adjudication de l'emprunt de 250.000 fr. fait par la ville d'Elbeuf.

Le 20 septembre, M. Thiers, ministre de l'intérieur, reçut cette lettre que lui avait adressée M. Lefort-Henry, maire :

« Lors de votre passage à Elbeuf, le 18 novembre 1833, il vous a été présenté, en qualité de ministre du commerce, un mémoire ayant pour but de provoquer une loi pour la répression des vols de fabrique.

« Cette demande, formée par les Prud'-

hommes et appuyée par la Chambre consultative, attira votre attention, et vous eûtes la bonté de promettre votre puissante intervention pour la faire agréer.

« Cette loi se réduisait à déclarer que tout fabricant fût tenu de prouver, sur réquisitoire, l'origine de ce qu'il produirait comme manufacturier et d'ordonner la saisie de toute marchandise dont la possession légitime ne pourrait être prouvée.

« J'ose compter sur votre bienveillance pour vos anciens administrés et vous prie de bien vouloir appuyer la demande nouvelle de cette loi, que j'adresse aujourd'hui même à M. le ministre du commerce ; mais en attendant qu'il soit possible de l'obtenir, je viens aussi recourir à votre puissante protection pour une mesure non moins indispensable.

« Notre ville est limitrophe du département de l'Eure, un quart de lieue nous en sépare à peine. La juridiction des prud'hommes comprend la circonscription industrielle d'Elbeuf et s'étend dans le département de l'Eure ; mais l'action du commissaire de police s'arrête à ladite commune.

« Il serait du plus haut intérêt, pour la répression des vols de fabrique si malheureusement multipliés, que la police put étendre sa juridiction dans toute l'étendue de la circonscription industrielle. Ce moyen est le seul efficace pour extirper le mal.

« Les communes rurales qui entourent Elbeuf n'ont aucun moyen de répression ; il faut recourir aux maires, presque tous cultivateurs, et les arracher à leurs travaux pour chaque saisie à opérer. La lenteur et l'éclat de ce moyen laissent aux malfaiteurs tout le temps de faire disparaître ou dénaturer les preuves du délit. Il est impossible dans cet état de choses d'arriver à un résultat sérieux, aussi l'impunité multiplie les vols de la manière la plus audacieuse.

« Je viens vous supplier, M. le ministre, de bien vouloir mettre fin à ce scandale, en provoquant une ordonnance qui donne pouvoir au commissaire de police d'Elbeuf d'agir dans la circonscription industrielle de la fabrique et notamment dans les cantons de Bourgtheroulde, d'Amfreville-la Campagne, de Pont-de-l'Arche et d'Elbeuf même ».

Un certificat délivré, le 20 septembre, à M. Petit, officier de la Légion d'honneur, chef d'escadron au 2e régiment de dragons, est signé de M. Lefort-Henry, maire. M. Petit était né à Elbeuf ; son père tenait autrefois un bal public dans notre ville. Sa famille jouissait d'une excellente reputation, et les Elbeuviens étaient fiers de compter l'officier Petit au nombre de leurs concitoyens.

Le 16 octobre, M. Sallambier, sous lieutenant des chasseurs à cheval de la garde nationale, commandant par intérim, demanda l'autorisation de faire faire des exercices et manœuvres de cavalerie dans la prairie du champ de foire.

Le 20, la Chambre consultative d'Elbeuf décida qu'une protestation énergique serait consignée sur le registre d'enquête du chemin de fer de Paris à la mer. Cette protestation était ainsi conçue :

« Considérant que parmi les pièces déposées et destinées à être mises sous les yeux de la commission d'enquête nommée par M. le préfet, il n'en est pas une qui ne se rapporte au plan *unique* proposé par le corps royal des Ponts et Chaussées, et que cette circonstance a évidemment pour but de favoriser l'adoption du tracé soumis aux enquêtes, et lui assurer la préférence sur toutes les autres lignes qui pourraient être proposées ou étudiées.

« Considérant que cette exclusion dont sont frappées les autres directions, et notamment celle par la vallée de la Seine, aurait pour résultat nécessaire d'empêcher les nombreuses et industrieuses populations qui bordent ce fleuve de faire valoir leurs droits aux avantages dont jouissent les contrées qui sont traversées par les chemins de fer, et cela au profit d'un pays que les considérations les plus désintéressées ne présentent que comme dépourvues d'importance et ne pouvant devenir la source d'aucun avantage.

« Considérant, d'une part, qu'il y aurait absurdité à exécuter une déviation sur Rouen qui nécessiterait, assure-t-on, une dépense de près de 10 millions, tandis que la ligne directe par cette ville diminuerait, au contraire, la dépense totale et présenterait un développement moins étendu et plus facile ; considérant, d'autre part, que tant que l'impossibilité de rendre Rouen, point central entre Paris et la mer, n'est pas démontrée, il est dérisoire de ne rattacher cette ville au chemin principal qu'accidentellement et en quelque sorte par grâce, et que, conséquemment, l'arrière-projet d'un ou plusieurs embranchements sur Rouen ne peut être considéré que comme un leurre, destiné à prévenir ou calmer les justes et vives réclamations de ses habitants et de ceux des villes environnantes.

« Considérant qu'il est de notoriété publique

que des études sont commencées pour la vallée de la Seine et qu'il est rationnel d'en attendre les résultats ;

« Considérant enfin que, dans les circonstances où nous nous trouvons placés, le seul moyen qui nous soit offert de protester contre tout ce qui est fait et contre tout ce qui pourrait être fait, soit par la commission d'enquête, soit par l'administration elle-même,

« Tant au nom de la Chambre consultative des Arts et Manufactures de la ville d'Elbeuf, qui nous a délégués à cet effet, qu'en notre personnel et privé nom, nous protestons contre la préférence que semble consacrer en principe l'adoption de la ligne « d'en haut » pour l'exécution du chemin de fer de Paris à la mer, à l'exclusion de la ligne, si intéressante et si féconde en produits, de la vallée de la Seine ».

MM. Legrand-Duruflé, président du Tribunal de commerce, et Pedro Turgis furent chargés de consigner cette protestation sur le registre, ce qu'ils firent le lendemain, à Rouen.

Le 30, la Chambre refusa de délibérer sur le plan de la ligne « d'en haut », exécuté par les ingénieurs des Ponts et Chaussées, qui lui avait été envoyé par la préfecture.

Le 14 novembre, M. Lalanne, directeur du Cirque de Rouen, fut autorisé à donner des représentations au théâtre d'Elbeuf.

Vers la fin de cette même année, M. Victor Grandin, ennemi des écluses, présenta à la Chambre consultative un rapport, destiné au préfet, sur le projet d'amélioration de la navigation de la Seine. Ce rapport, curieux à à différents titres, est transcrit sur un des registres de la Chambre.

En ce même temps, la Chambre consultative adressa une nouvelle requête au ministre, afin d'obtenir une loi repressive des vols de fabrique.

Dans cette pièce, il est dit qu'on a vu échapper à la justice des agents de fraude fabricant « chaque année jusqu'à 800 coupes de drap, sans pouvoir indiquer l'achat d'une seule livre de laine depuis quatre ans ».

La preuve qu'aucun achat n'avait été fait par eux, qu'aucun teinturier n'avait teint pour leur compte, qu'aucun établissement n'avait œuvré leurs fils, n'avait pu suffire aux juges. Pour convaincre le tribunal, il aurait fallu que, conformément à la loi, un fabricant affirmât que le fil employé par ces individus fût le sien.

La Chambre demandait que chaque fabricant fût tenu, au besoin, de prouver la possession légitime des marchandises lui servant de matières premières, sous peine de confiscation des objets fabriqués.

La ville et la fabrique prenant constamment de l'extension, M. Lépine sollicita un brevet de lithographe, qu'il obtint le 25 novembre ; mais il ne vint point s'établir à Elbeuf, tout en conservant son brevet pendant six ans.

Le 24 décembre, MM. Vauquelin, président ; Constant Delalande, vice-président ; Ph. Decaux, D. Dautresme et Malteau, membres du Conseil des prud'hommes, demandèrent à être exonérés du service de la garde nationale, ce qui leur fut accordé.

Dans le courant de l'année, on avait compté 516 naissances, 84 mariages et 353 décès.

CHAPITRE XII
(ANNÉE 1836)

Salles d'asiles. — M. Alcan ; cours scientifiques gratuits. — Les Frères de la Doctrine chrétienne. — Projets de pont sur la Seine ; singulier vote du Conseil municipal ; rivalités. — Extinction de la mendicité. — L'attentat d'Alibaud ; une adresse au roi. — Les Frères de Charité. — Projet de transformation de l'hôtel de ville. — Le chemin de fer de Paris a la mer. — Les arbres et l'état du Cours. — Création de la Caisse d'épargne. — L'eau a Elbeuf ; l'Oison ; l'abbé Paranelle. — L'attentat de Meunier ; nouvelle adresse a Louis-Philippe.

Le conseil municipal avait précédemment voté la création de salles d'asile pour les enfants ; le 14 janvier 1836, il décida qu'on louerait un local à cet effet, les ressources municipales ne permettant pas de faire bâtir.

Dans une lettre que reçut, le 1er février, M. Guizot, ministre de l'instruction publique, du maire d'Elbeuf, celui-ci lui exposa ce qui suit :

« La ville d'Elbeuf se trouve dans un moment d'enfantement laborieux, car elle a créé à la fois une bibliothèque publique, une école primaire supérieure, des salles d'asile, une Caisse d'épargne, et elle s'occupe de la répression de la mendicité.

« J'ai pu me procurer jusqu'à ce jour des ressources presque suffisantes, par les revenus municipaux et la générosité de mes concitoyens ; mais un nouveau besoin se fait sentir et je ne sais comment y pourvoir.

« M. Alcan, élève de l'Ecole supérieure des arts et métiers, vient de s'établir dans notre ville.

« Désirant se faire connaître, il s'adressa à moi pour établir un cours gratuit de physique démonstrative, dans une des salles de la mairie. J'ai dû, selon mes principes, me prêter à tout ce qui tend au développement des idées, au goût des sciences positives, et, par suite, à l'amélioration des mœurs. Je lui ai accordé toutes les facilités de première organisation et suis parvenu à lui procurer quelques instruments informes.

« Ce cours, d'essai seulement, a pris une extension au-delà même de mes espérances ; il est suivi, avec grand intérêt, par la classe aisée de nos jeunes gens et, ce qui importe le plus peut-être, par les ouvriers intelligents. Mais là commencent mes embarras : on me demande une collection d'instruments, des vases, des cornues, en un mot tout ce qui est indispensable pour les démonstrations. Les ressources financières me manquent ; je ne puis même satisfaire aux frais d'expériences, et bien moins encore à l'acquisition d'un matériel convenable... »

M. Lefort-Henry concluait par une demande de subvention de 600 fr.

M. Paul Sevaistre, propriétaire d'une partie des prairies où l'on devait établir le Champ-de-foire, n'ayant point voulu traiter à l'amiable avec la ville, on dut recourir à une expropriation — c'était la première fois que ce procédé était employé à Elbeuf. La ville lui offrit alors 14.054 fr. pour un hectare 95 de cette partie de prairie, de laquelle le propriétaire exigeait 37.500 fr. Le jury décida du montant de l'indemnité à accorder à M. Paul Sevaistre, auquel il alloua 20.000 fr.

Le 5 février, le conseil des prud'hommes eut un nouveau président en la personne de M. Constant Delalande, avec M. Aug. Delarue comme vice-président.

Le doyen des habitants d'Elbeuf, M. Pierre-Martin Hayet, né en mai 1739, mourut le 28 février : c'était le père de l'ancien maire de notre ville.

Les Archives municipales conservent un cahier imprimé en mars 1836, portant pour titre « Ville d'Elbeuf. — Consigne générale pour le service des incendies ».

On y trouve également le Règlement du 12 décembre 1838, concernant la garde nationale ; ce dernier avait été imprimé à Elbeuf, chez M. Amédée Fournier.

On projetait depuis plusieurs années d'introduire les Frères de la doctrine chrétienne dans notre ville. Vers le commencement de 1836, une souscription publique fut organisée à cet effet. Au 3 mars, elle avait atteint une somme de 10.000 fr. que l'on se proposait d'employer en frais de premier établissement, mais les souscripteurs demandaient à la Ville une subvention pour le loyer de l'immeuble où les Frères seraient installés. Le conseil municipal nomma une commission pour examiner cette proposition.

MM. Houget et Teston, constructeurs de machines en Belgique, ayant l'intention de monter dans notre ville un établissement pour la confection des machines et une fonderie de fer, recut l'appui de la Chambre consultative, laquelle écrivit au ministre, le 19 mars, en faisant ressortir les avantages qui résulterait de la création de cet établissement pour la place d'Elbeuf.

Le but de MM. Houget et Teston, en demandant cet appui, était d'obtenir du ministre l'entrée en franchise de leurs modèles et du matériel nécessaire pour la création de cet établissement.

C'est dans une lettre reçue le 20 mars par M. Courant, ingénieur de la navigation de la Seine, que nous trouvons la première mention d'un projet de pont sur le fleuve, devant la ville.

M. Lefort-Henry, maire, lui demandait des renseignements sur l'existence de rochers au fond de la Seine, tant vers les deux rives qu'au milieu. Il ajoutait que plusieurs compagnies se présentaient pour mettre ce projet à exécution.

La détérioration des canaux du Nord obligea les manufacturiers à faire venir leurs charbons d'Angleterre, et comme il fallait décharger ces charbons à Rouen, le frêt pour Elbeuf se trouvait augmenté de 30 cent. par hectolitre. Des démarches furent faites pour que les houilles à destination de notre ville ne fussent point transbordées à Rouen.

La Chambre consultative fut informée, le 7 mai, par une lettre du préfet, que le projet de chemin de fer par la vallée de la Seine, de la compagnie Riant, était à l'enquête. La Chambre chargea M. Victor Grandin de présenter, dans un rapport, la supériorité des avantages de cette ligne sur tout autre tracé. Onze jours après, la Chambre adopta le travail de M. Grandin, qu'elle transcrivit sur son registre de délibérations.

Le 13, le conseil municipal arrêta les termes de son réglement, qui ne comportait pas moins de trente articles.

Le 15, le Tribunal de commerce nomma agréé M. Marie-Claude Antoine Sallambier, ancien négociant, demeurant à Elbeuf.

M. Laîné, curé de Saint-Etienne, avait fait une demande à l'administration municipale pour remplacer la confrérie de Charité de sa paroisse, qui avait déclaré cesser tout service. Le maire se mit alors en devoir de commander des vêtements pour les hommes destinés à une nouvelle organisation ; mais la Charité et le curé se ravisèrent. Cependant, comme une certaine dépense avait été faite pour le compte du trésor paroissial par le maire, celui-ci en demanda, le 4 juin, le remboursement à la fabrique.

Le même jour, on mit en adjudication les travaux d'empierrement de la rue Fouquier, nouvellement ouverte. Quelques jours auparavant, on avait adjugé les travaux de pavage à travers les propriétés Alexandre Grandin et Patallier, pour l'assainissement de la rue de la Bague, véritable cloaque.

Le 8, le maire adressa une proclamation à ses administrés ayant pour objet la répression de la mendicité. Il les engagea à ne plus donner l'aumône à leur porte, mais à adresser ce qu'ils consacraient à la bienfaisance chaque année au maire lui-même, qui se chargerait d'en faire la répartition suivant les besoins des familles pauvres.

La consigne générale pour les incendies fut cause d'un incident entre le maire et le commandant de la garde nationale ; celui-ci donna sa démission le 12. Au dire de M. Lefort-Henry, M. Join-Lambert était extrêmement susceptible et irritable ; sa résolution était de se retirer aux prochaines élections Le commandement, par intérim, fut confié à M. Henri Sevaistre.

La proposition d'un projet de pont à Elbeuf, avec route jusqu'à Port-Saint-Ouen, avait été faite à M. Lefort-Henry, maire, par l'ingénieur de la compagnie Séguin. Son intention était d'émettre six cents actions de 1.000 fr., pour couvrir les dépenses de construction du pont et de la route.

Trois jours après, M. Montier, le plus fort commanditaire de la société Bayard et Vergès, adjudicataire du pont des Andelys, très connu à Elbeuf, où son commerce de draperies l'appelait souvent, annonça au maire son intention de se présenter pour la construction d'un pont entre notre ville et Saint-Aubin.

Cette nouvelle, répandue à Elbeuf, y produisit un grand effet, parce que M. Montier était considéré comme un homme sérieux, et il y avait lieu de croire que, puisqu'il s'occupait de cette affaire, il la conduirait à bien.

La plus grande difficulté était l'obligation, pour l'adjudicataire, de faire une route de près de trois lieues comme conséquence de l'entreprise. Dans le monde des affaires, à Elbeuf, on convint d'ouvrir une souscription volontaire devant donner de 40 à 50.000 fr., somme que l'on jugeait indispensable pour qu'un adjudicataire put trouver quelque chance de succès et acquérir l'espoir d'un produit en rapport avec les dépenses.

L'ouverture de la souscription révéla bientôt des obstacles inattendus, par suite de rivalités entre les intérêts privés. Le quartier Saint-Etienne manifesta la crainte très vive de voir anéantir son commerce au profit de la rue Saint-Jean, déjà favorisée par ses marchés. Les habitants de cette dernière déclarèrent ne vouloir souscrire qui si le pont était construit dans l'axe de la rue Saint-Jean. Les propriétaires avoisinant la place du Calvaire émirent les mêmes prétentions pour leur quartier.

M. Montier, désintéressé dans cette question secondaire, poursuivit ses études pendant les débats, avec l'intention de présenter aux Elbeuviens divers plans, mais il ne put en établir plusieurs, malgré ses recherches, et celles faites par M. Polonceau et par l'ingénieur de la compagnie Séguin.

Un seul point paraissait propice à la construction du pont : ce point était dans le prolongement de la rue du Maurepas.

L'impossibilité de choisir, écartant les intéressés de la rue Saint-Jean et du quartier Saint-Etienne, ceux-ci s'opposèrent à la création de tout pont. Il n'y avait plus de favorables au projet que les propriétaires des rues du Maurepas et du Neubourg, plus un petit nombre de souscripteurs qui ne regardaient que l'intérêt général.

Il fallut recourir à de nouvelles combinaisons. On traita avec M. Montier, en lui offrant une somme de 20 000 fr. pour l'indemniser de ses dépenses de plans, d'études et risque d'insuccès, à la charge par lui de prendre l'engagement de se présenter comme adjudicataire d'un pont, avec route départementale jusqu'à Port-Saint-Ouen.

Comme il était évident que, par suite du conflit d'intérêts, le conseil municipal représenterait le même conflit, il fut fait, en dehors de l'arrangement avec M. Montier, un accord parmi les intéressés, pour prolonger les rues du Neubourg et du Maurepas jusqu'à la Seine, à l'aide de l'abandon de la plus grande partie du terrain par les propriétaires de bonne volonté, et d'une somme devant servir aux frais d'expropriation d'un très petit nombre de récalcitrants.

De cette manière, le conseil municipal n'aurait à pourvoir qu'aux remblais et encaissements des deux rues du Neubourg et du Maurepas prolongées ; en outre, M. Montier offrait de faire l'avance de ces dépenses, évaluées à 30.000 fr., remboursables en cinq années.

Cette combinaison, suivant les chefs de notre municipalité, paraissait de nature à assurer l'exécution du projet ; mais ils ne se dissimulaient pas qu'il fallait encore compter avec les intérêts privés.

De concert avec M. Landry de Saint-Aubin, maire de cette commune, M. Isidore Lecerf, adjoint, et M. Montier, M. Lefort-Henry jeta les bases du péage.

Enfin, notre admistration étudiait une autre proposition de M. Montier : celle de prolonger les quais en pierre jusqu'au pont à construire, soit sur une longueur de 800 pieds et environ 120 pieds de large. M. Montier devait faire aussi les avances nécessaires pour ces travaux, évaluées à 130.000 fr., remboursables en douze années.

Il était aussi question d'une autre combinaison, qui devait rendre la ville concessionnaire du pont, avec faculté de sous-traiter. Il devait en résulter ce qui venait d'avoir lieu pour Angers : la ville d'Elbeuf serait déclarée concessionnaire pour 99 ans et elle traiterait ensuite avec un entrepreneur pour 50 ans ; ainsi, elle jouirait de 49 années de péage, pour l'indemniser de ses sacrifices.

On sait que Louis Alibaud tira sur Louis-Philippe le 25 juin de cette année. Quand la nouvelle de cet attentat parvint à Elbeuf, « le conseil municipal, pouvant à peine contenir son indignation, se réunit spontanément, pour voter, au nom de la Ville, une adresse à Sa Majesté et lui témoigner de nouveau son inviolable attachement à sa personne et à son auguste famille ».

Le 27, le Conseil nomma une députation, composée de MM Lefort-Henry, maire, Victor-Grandin et Houllier, conseillers municipaux, qui partit le soir même pour aller porter au roi l'adresse suivante :

« Sire ; un nouvel attentat vient jeter l'alarme lorsque, troublés encore par l'effroyable catastrophe du 29 juillet, nous étions à peine rendus à l'espoir de conserver longtemps Votre Majesté pour le bonheur de la France.

« Dans ces pénibles circonstances, le conseil municipal de la ville d'Elbeuf éprouve le besoin de présenter au nom des habitants d'une ville si dévouée à Votre Majesté la seule consolation digne d'elle, en exprimant combien l'amour du pays pour votre Royale Personne augmente à chaque tentative des factions qui prêchent le régicide, et en renouvelant entre vos mains, Sire, le serment d'être à jamais fidèles à Votre Majesté et à son Auguste famille.

« Vive le Roi ! Vive la famille royale ! »

M. Lefort-Henry, à son retour de Paris, rapporta que « au milieu des tristes préoccupations où l'attentat avait plongé la famille du roi, la délégation avait reçu du monarque l'accueil le plus attendrissant. La reine, qui accompagnait son époux, n'avait pu vaincre la vive émotion qu'avait renouvelé chez elle l'arrivée de la députation de la ville d'Elbeuf, venue complimenter le roi, la première parmi les villes du royaume et immédiatement après les grands corps de l'Etat ».

Un *Te Deum* fut chanté le 5 du mois suivant, en présence de la garde nationale et des autorités, pour remercier le Ciel d'avoir protégé la vie du roi.

M. Lefort-Henry, maire, écrivit au préfet le 7 juillet :

« Je vous apprends avec une bien vive satisfaction que l'extinction de la mendicité s'est opérée avec une grande facilité. Depuis le 1er de ce mois, notre ville est entièrement débarrassée de ces hommes couverts de haillons qui obstruaient les rues.

« La mesure a été parfaitement comprise par la classe ouvrière, qui a surtout été satisfaite des soins donnés aux invalides admis dans l'établissement de refuge.

« Je dois les plus grands éloges aux membres du Bureau de bienfaisance, et notamment à MM. Victor Ménage, Guérot-Eloy et Sallambier aîné. Il est impossible de mettre un zèle plus actif, une prévoyance mieux entendue ; grâce à leur concours, tout a été si bien coordonné, que les pauvres les bénissent et que tous déclarent hautement n'avoir rien à désirer.

« Je commence à recevoir des dons particuliers ; beaucoup me sont annoncés ; j'espère couvrir promptement les premiers frais et trouver des ressources suffisantes dans l'allocation habituelle, par suite de l'ordre si heureusement établi ».

Le système consistait, pour les habitants, à ne plus rien donner aux mendiants qui se présenteraient à leur porte, et à verser au Bureau de bienfaisance une somme plus forte que celle qu'ils consacraient d'ordinaire à la charité. En outre, la ville allouerait 10.000 fr. par an au Bureau de bienfaisance.

Le lendemain 8, M. Lefort-Henry eut une déception à laquelle, de son propre aveu, il était loin de s'attendre. Le conseil municipal était réuni pour examiner le projet de pont et de route jusqu'à Port-Saint-Ouen ; dans cette séance, il se forma une majorité pour décider que la question « n'était pas même digne d'être soumise à l'examen d'une commission », ainsi que M. le maire l'avait proposé.

Au dire de M. Lefort-Henry, ce vote n'impliquait pas que la population elbeuvienne fût hostile au projet ; car, sur les 25 membres dont se composait le Conseil, 13 avaient souscrit pour le pont ; 12 seulement s'étaient prononcés contre, et encore, parmi ces derniers, il y en avait un absent depuis plusieurs jours et deux qui s'étaient abstenus.

La majorité s'était formée de tous les opposants à un projet de pont quel qu'il fut et des opposants au point fixé pour le construire.

MM. Lefort-Henry et Alexandre Poussin, membres sortants de la Chambre consultative, furent remplacés, le 14 juillet, par MM. Join-Lambert père et Laurent Collas.

Le lendemain 15, on procéda à l'installation de M. Nicolas Louvet, comme président du Tribunal de commerce, en remplacement de M. Legrand-Duruflé ; de MM. Desfresches père et Antoine Prieur-Quesné, juges, en remplacement de MM. Henri Sevaistre et Nicolas Louvet, et de MM. Sevaistre Turgis et Jean Lanseigne, juges suppléants, remplaçant MM. Desfresches et Flavigny fils aîné, qui avaient été nommés à ces fonctions, par le roi, en juin précédent.

Dans le discours d'usage, M. Legrand-Duruflé fit allusion aux perspectives qu'Elbeuf avait dans l'avenir :

« Heureux avenir, qui semble cependant n'être pas compris par quelques esprits pervers ! Brillante perspective, qui les irrite et les désespère.

« Nous sommes encore trop près du funeste et déplorable événement qui, en menaçant les jours du roi que nous avons librement choisi, a failli compromettre le repos du pays et la prospérité du commerce, pour que je cherche à en réveiller l'impression de vos âmes...

« ... Quel homme, en présence d'un pareil attentat, ne reporte immédiatement sa pensée sur les liens intimes qui unissent ses intérêts et son sort aux intérêts et au sort de l'Etat, à la conservation et à la vie du prince auquel le pays s'est confié ? Aussi, Messieurs, suis-je bien certain d'aller au devant de vos plus chers désirs en vous appelant à saisir l'occasion qui nous est offerte ici, de faire éclater publiquement avec moi votre horreur pour le crime qui vient de mettre en péril les jours du chef de l'Etat; votre joie pour la manière miraculeuse dont il a échappé au feu de son assassin et vos vœux pour la longue conservation d'une vie si précieuse pour la Patrie ».

Dans le discours que prononça le nouveau président, M. Nicolas Louvet parla des malheureuses circonstances qui, l'année précédente, avaient amené beaucoup de faillites et atteint la sécurité des affaires.

Les frères de Charité de la paroisse Saint-Etienne prièrent le maire de les exempter du service de la garde nationale, attendu que le service de la sépulture des morts, auquel ils étaient appelés à toute heure du jour, était presque incompatible avec le premier. Ils firent aussi ressortir, le 20 juillet, que la Charité de Saint Jean jouissait déjà de la faveur qu'ils réclamaient aussi pour eux. Leur lettre est signée de « Fessard, échevin, sapeur-pompier ; Lequesne aîné, prévôt, fusilier à la 1re compagnie ; Pierre Harang, Vasseur, Laurent Masselin et Decreux frères, fusiliers.

Le 22 juillet, M. Victor Grandin fut élu commandant de la garde nationale. Il prêta serment en cette qualité le 29 du même mois, ainsi que M. Thony Sallambier, élu lieutenant de la subdivision des chasseurs à cheval, et M. Edouard Petitgrand, sous lieutenant de la même compagnie.

Le recensement de la population en 1836 fit connaître qu'Elbeuf comptait 13.336 habitants.

Aux fêtes de juillet, il fut tiré un feu d'artifice qui coûta 550 fr. et l'on brûla 16 kilog. de poudre à canon.

A cette époque, on doutait encore, paraît-il, que le feu put se déclarer spontanément dans des amas de matières textiles grasses; mais cinq commencements d'incendie qui, pendant les grandes chaleurs de ce mois, se produisirent dans des ateliers différents, et deux qui se manifestèrent sur deux voitures roulant sur une route, levèrent les derniers doutes. En conséquence, notre municipalité prit des mesures pour prévenir les combustions spontanées.

Une ordonnance royale, du 6 août 1836, autorisa la création d'une compagnie elbeuvienne d'assurances mutuelles contre l'incendie, au capital de deux millions de francs. Cette société fut grandement atteinte par le sinistre du 4 août 1838.

La police secrète organisée pour la répression des vols de fabrique avait donné de bons résultats; car il n'y avait plus de recéleurs à Elbeuf. Mais les malfaiteurs s'étaient déplacés, et c'est à Boscroger, Bosnormand, la Saussaye et Saint-Cyr qu'ils avaient établi le siège de leurs opérations. Dans ces communes, ils avaient monté des chaudières à teindre ou dénaturer les matières volées, de sorte qu'en cas de perquisitions on ne put les reconnaître.

Dans ces conditions, notre administration municipale fit de nouvelles démarches auprès de l'autorité supérieure, afin que le commissaire de police d'Elbeuf eût qualité pour verbaliser dans ces communes et autres de la région industrielle elbeuvienne.

Le conseil municipal avait mis au concours

le projet de transformer et améliorer l'hôtel de ville. Le prix, de 1.000 fr., fut attribué le 12 août, à M. Delalande, architecte à Paris, mais faute de fonds le projet resta de côté.

On se borna à faire pour environ 24.000 fr. de travaux, alors que le projet d'amélioration générale se chiffrait par plusieurs centaines de mille francs, et aurait pu même aller jusqu'au million.

Le mandat de membre du Conseil général des manufactures fut renouvelé à M. Victor Grandin, le 24 du même mois.

Le 10 septembre, on mit en adjudication le nivellement du champ-de-foire et la construction d'un nouveau port de débarquement en face, sur la mise à prix de 16.422 fr. ; et le pavage des ruisseaux des Traites et Deshayes, dont le devis se chiffrait par 7.767 fr.

Dans un nouvel avis donné, le 10 novembre, par la Chambre consultative, pendant la troisième enquête sur le projet de chemin de fer de Paris à la mer, elle rappelle comment était née l'idée d'un tracé dit « d'en haut », par le pays de Bray :

« ... En 1834, des fonds furent votés par les Chambres et mis à la disposition du corps royal des Ponts et Chaussées, pour faire étudier les lignes les plus importantes et les plus productives pour l'établissement des chemins de fer.

« L'administration abandonnée à elle-même et guidée par des motifs qu'elle n'a jamais fait connaître, décida que le chemin le plus nécessaire à la France et dont il fallait s'occuper tout d'abord était celui qui aurait pour résultat de mettre le plus directement possible Paris en communication avec la mer. Depuis lors, tous ses efforts ont eu pour but de faire triompher cette fatale idée, par elle érigée en principe... »

L'avis se terminait ainsi :

« Nous protestons avec Louviers, Pont-de-l'Arche, les Andelys, Vernon, Mantes et Rouen contre tout tracé qui ne prend pas la seconde ville du royaume comme point central entre Paris et la mer... »

Le 14 novembre, mourut M. Benoist-Jean-Baptiste-François Flavigny ; il était né en 1761.

Le 15, on ouvrit une première salle d'asile pour les enfants de deux à six ans.

Le 17, M. Warnery fut nommé architecte de la ville, en remplacement de M. Murizon.

Dans ce même mois, on établit le règlement pour les droits d'attache, de chantier et autres à percevoir au quai d'Elbeuf.

A la séance municipale du 15 novembre, le maire exposa qu'à la suite d'une précédente délibération du Conseil, un seul rang d'arbres avait été laissé sur le Cours ; mais que, depuis, l'administration ayant fait remplacer par de jeunes arbres « ceux que l'intérêt, peut-être, des propriétaires riverains faisait périr, elle avait reconnu avec peine qu'il n'y prenaient aucune sève et que les vieux arbres continuaient à dépérir ».

Le Conseil, considérant qu'il n'y avait pas lieu à entretenir et conserver plus longtemps des arbres qui, loin d'être un ornement à la rue du Cours, étaient plutôt de nature à la défigurer ; que d'ailleurs les promenades de la ville devant se trouver reportées sur le champ-de-foire, embelli des terrasses plantées que l'on projetait, il existerait une compensation notoire au profit des promeneurs ; et enfin que le produit retiré de la vente des arbres pourrait être employé au pavage des deux ruisseaux de cette rue, infiniment plus utile qu'une allée d'arbres sans feuilles..., décida de faire abattre tous les arbres du Cours, dont la vente devait produire environ 3.000 fr. Cette décision fut annulée dans une séance suivante; on décida, au contraire, de remplacer les arbres morts par de nouveaux.

Pendant la même session de novembre, le Conseil adopta une proposition de M. Colvée de bâtir à ses frais des abattoirs et fondoirs publics entre les rues du Neubourg et du Bout-du-Gard. La durée du privilège était de 39 ans, après quoi ils feraient retour à la ville.

La Caisse d'épargne fut instituée par ordonnance du 23 novembre 1836 ; ses opérations commencèrent le 8 janvier de l'année suivante. Les premiers directeurs de cette caisse furent MM. Alexandre Poussin, Moreau, juge de paix, Leon Chauvreulx, Ed. Delarue, Join Lambert fils et Philippe Decaux.

Le 26 novembre, le préfet reçut cette lettre du maire d'Elbeuf :

« Les investigations de M. l'abbé Paranelle, dans les environs de notre ville, n'ont amené aucune découverte de sources voisines du sol ; mais un fait très important nous a été signalé: c'est qu'Elbeuf est dans une position tellement heureuse qu'il forme un réservoir immense recevant les eaux de toutes les vallées qui l'environnent, pouvant servir à tous les besoins de l'industrie et destiné à tarir la petite rivière d'Oison qui baigne les communes de Saint-Amand, Bec-Thomas et Caudebec, plutôt que de manquer aux exigences nouvelles qui pourraient surgir pour l'alimentation d'un nombre indéterminé de machines à vapeur.

« Cette circonstance, déjà si favorable à notre ville, est indépendante de la nappe d'eau souterraine qui fournit nos puits artésiens et assure la position la plus heureuse pour l'industrie.

« La remarque judicieuse de M. l'abbé Paranelle sur le bassin naturel qui attire toutes les eaux vers un centre commun au-dessous de la ville, se trouve confirmée par l'appauvrissement successif de la petite rivière d'Oison depuis l'établissement des machines à vapeur. Selon ce géologue, plus il s'établira à Elbeuf de machines absorbantes, plus il y aura diminution dans la rivière d'Oison ».

Le 4 décembre, mourut M. Louis Robert Bourdon ; il était né en 1771.

Un comité des dames inspectrices des salles d'asile venait d'être constitué dans notre ville ; il fut installé le 5 décembre. Ce comité était composé de Mmes Prieur-Quesné, Pierre Turgis, Lenoble-Gaultier, Desfresches, Huard-Maille, Barette Lanon, Lanseigne, Victor Grandin, Pedro Turgis, Benjamin Desaubris et Sallambier ainé.

L'entrée du Cours était dans un état pitoyable ; les eaux pluviales, arrêtées de chaque côté de la chaussée par les revers élevés, croupissaient dans un bas fond et filtraient à travers les terres dans les caves et parties basses de toutes les maisons bordant cette rue. Des plaintes très vives se faisaient entendre depuis longtemps contre cet état de choses, et elles avaient acquis une telle intensité qu'il fallut que l'administration municipale s'en occupât.

Au commencement de décembre, un procès-verbal du commissaire de police constata qu'il existait en cet endroit une nappe d'eau longue de 200 pieds et large de 12. Il y avait dans les caves voisines deux pieds et demi d'eau.

Cette situation engagea le maire à étudier, de concert avec les propriétaires, quel remède on pourrait y apporter.

Le 6 du même mois, la Chambre consultative donna son avis, demandé par le ministre, sur le commerce de la draperie avec le Levant. L'assemblée exprima que le fabricant ne pouvait être en même temps exportateur : le temps, les connaissances et les capitaux lui manqueraient pour cela, et que les intermédiaires entre le producteur et le consommateur n'étaient pas assez nombreux en France. En un mot, c'était le commerce qu'il fallait stimuler et non la fabrique, qui se tenait toujours à la hauteur des circonstances.

Le 15, on mit en adjudication 23.833 fr. de travaux à faire à l'hôtel de ville.

Le 18, la compagnie de sapeurs-pompiers, commandée par M. Léon Pion, capitaine, fit don à la ville d'une pompe à incendie, dite de Miséricorde, du prix de 4.500 fr.

Le 24, on ouvrit un registre supplémentaire d'enquête, à l'hôtel de ville, pour recevoir les observations du public concernant la création du pont suspendu.

Un quatrième attentat à la vie de Louis-Philippe fut commis le 27 décembre, jour de l'ouverture des Chambres. Le criminel était Pierre-François Meunier.

M. Lefort-Henry, quand il apprit cet événement, convoqua le conseil municipal, pour savoir s'il fallait ou ne fallait pas envoyer une nouvelle adresse au roi. Après délibération, on décida d'écrire à M. Gasparin, ministre de l'Intérieur, la lettre suivante :

« Monsieur le ministre,... un élan général nous portait à envoyer de suite une députation vers Sa Majesté pour lui exprimer toute notre horreur pour de tels forfaits et lui donner une preuve de plus de notre dévouement sans bornes ; mais en réfléchissant que des démonstrations éclatantes pourraient émouvoir trop profondément la famille royale, qui doit éprouver le plus grand besoin de calme à la suite de tant de violentes secousses.

« En nous rappelant que la reine, dont le cœur était brisé en juillet dernier, n'avait pu supporter jusqu'à la fin l'audience qui nous avait été accordée à Neuilly, nous avons préféré, Monsieur le ministre, vous supplier de vouloir bien être notre interprête auprès du roi, pour lui exposer les motifs de notre réserve respectueuse.

« C'est au nom du conseil municipal, du tribunal de commerce, des diverses autorités de tous les habitants que je viens solliciter de votre bienveillance la démarche que nous osons réclamer, pour que Sa Majesté connaisse les sentiments de convenance qui retiennent ses plus dévoués serviteurs... »

M. Gasparin répondit qu'il était préférable que la ville d'Elbeuf envoyât une adresse au roi, comme elle l'avait fait jusque-là.

Ce ne fut que le 2 du mois suivant que le Conseil se réunit de nouveau, pour la rédaction de cette adresse :

« Sire ; un attentat contre les jours de Votre Majesté vient pour la quatrième fois de jeter l'effroi dans la France et la douleur dans votre auguste famille.

« A cette affreuse nouvelle, la ville d'Elbeuf, si dévouée, ne pouvait rester silencieuse. Déjà, son premier magistrat, entouré par les habitants alarmés, s'est empressé, dès le jour même, d'écrire en leur nom au ministre de l'Intérieur, pour exprimer toute l'horreur ressentie contre de pareils forfaits. Aujourd'hui, le conseil municipal vient protester par le renouvellement de son inaltérable attachement à Votre Majesté, contre cette fureur régicide qui attaque en votre royale personne et avec une aussi horrible persévérance, le principe d'ordre et de sage liberté.

« Vive le roi ! Vive la famille royale ! »

Par une lettre envoyée à M. Gasparin le même jour, M. Lefort-Henry lui dit :

« Notre ville est peut-être la plus dévouée de toutes à la nouvelle dynastie, et ses habitants tenaient beaucoup à être les premiers à manifester les sentiments qui les animent.

« Sous ce rapport, aucunes démarches, aucuns sacrifices n'auraient arrêté l'élan des Elbeuviens ; ils n'ont cherché, en me chargeant d'écrire en leur nom, ni ce qu'il y avait de plus simple, ni ce qu'il y avait de moins onéreux. Mais leur affection vraie pour une famille qu'ils aiment à considérer comme la leur, leur fait appréhender tout éclat qui puisse réveiller la douleur de cette famille royale, une réserve respectueuse leur paraissant dans ces pénibles circonstances le plus haut témoignage d'attachement... »

On sut, depuis, que la nouvelle adresse des Elbeuviens « avait paru » être favorablement accueillie.

Un arrêté municipal divisa le port d'Elbeuf en deux parties ; l'une en face la rue Saint-

Jean, affectée aux bateaux à voile et à vapeur destinés au transport des voyageurs et des marchandises courantes; l'autre en face du Champ-de-Foire, où seraient amarrés les bateaux à vapeur, à voile et à corde, chargés de bois ou de matériaux de construction.

L'état-civil avait enregistré, dans le cours de cette année, 503 naissances, 109 mariages et 349 décès.

CHAPITRE XIII
(janvier-mai 1837)

Ouverture de la route de Bourgtheroulde. — Le projet de pont suspendu et la Chambre consultative ; curieux votes ; le projet Moutier. — Les places Lemercier et Lécallier. — La rue Louvet. - Projet de prolongement du quai. — Les projets de chemins de fer ; espérances d'une gare. — Victor Hugo a Elbeuf. — L'éclairage par le gaz ; les sociétés rivales ; l'usine de la rue du Neubourg.

La route d'Elbeuf à Bourgtheroulde était à peu près terminée, et tout de suite il s'y établit une grande circulation. Alors on réclama des travaux dans la rue de l'Hospice, dont le parcours était très dangereux pour les voitures à cause de son profond ruisseau central. D'un autre côté, les habitants des Ecameaux réclamèrent la création d'un chemin leur donnant accès sur la nouvelle route.

Le 3 février, M. Aug. Delarue fut nommé président du Conseil des prud'hommes, et M. Philippe Decaux, vice-président.

La Chambre consultative, dans sa séance du 20 février, à laquelle assistaient MM. Lefort-Henry, maire, Victor Grandin, H. Sevaistre, Pedro Turgis, Legrand-Duruflé, Join-Lambert Laurent Collas, eut à répondre à ces questions du préfet :

— Y a-t-il utilité absolue à la construction d'un pont suspendu à Elbeuf ?

Six voix répondirent négativement et une affirmativement.

— Y a-t-il simplement utilité à la construction de ce pont ?

Il se trouva quatre *non* contre trois *oui*.

— Quel est l'emplacement le plus convenable pour l'établissement d'un pont suspendu à Elbeuf ?

La majorité de la Chambre fit d'abord observer que si elle donnait son avis sur cette question, elle n'en persistait pas moins dans son opinion négative sur l'utilité même d'un pont.

Ceci entendu, l'unanimité de la Chambre, pensant qu'elle n'avait pas à approfondir la question de savoir s'il y aurait un emplacement plus convenable que celui de la rue Saint-Jean ou celui de la Prairie, se regardant seulement appelée à examiner ces deux projets, se déclara pour le projet de la rue Saint-Jean, et chargea M. V. Grandin de faire un rapport à ce sujet.

Le rapport se prononce d'abord contre le projet de MM. Moutier et Cie, consistant à établir le pont en face la Prairie, ce point étant trop excentrique, et continue ainsi :

« Le service de Saint-Aubin à Elbeuf se fait au moyen d'un bac ; ce service, pour les habitants de Saint-Aubin, s'effectue gratuitement.

Le patron de la barque se trouve indemnisé, d'une part, par les deux sols que lui donnent le petit nombre d'Elbeuviens et étrangers qui se rendent à Saint-Aubin, et, d'autre part, par une quête que, tous les ans, il est autorisé à faire dans le village. Dans cette quête, chaque famille, selon son importance et sa position, donne une certaine quantité ou de farine, ou d'œufs, ou d'argent. Tout est volontaire, et il est reçu que les indigents ne doivent rien donner.

« Maintenant, quel intérêt y aurait-il à remplacer ce bac par un pont jeté en quelque sorte en dehors des limites des deux communes?.. En ce qui concerne Saint-Aubin, le temps employé pour gagner le pont Moutier, le traverser et enfin rejoindre Elbeuf sera plus considérable que celui nécessaire pour faire avec le bac le trajet d'un bord à l'autre... Si l'on construisait ce pont, il y aurait non seulement justice, mais nécessité de laisser subsister le bac. Le supprimer, serait une spoliation arbitraire, la confiscation réelle d'une propriété remplacée par un impôt.

« La conséquence de la taxe, fixée à 5 centimes par individu, aurait pour résultat de diminuer d'un dixième le salaire de la classe ouvrière... Le premier résultat du pont Moutier serait donc de faire abandonner Saint-Aubin par la population ouvrière.

« Examinons maintenant la question par rapport à Elbeuf...

« C'est pour Elbeuf-campagne que MM. Moutier et Cie veulent établir un pont, là où se trouvent de vastes terrains comparativement acquis à peu de frais, car leur éloignement et leur nudité ne tentent personne. Il n'y a pas dix individus d'Elbeuf que leurs affaires appellent par jour à Saint-Aubin ».

Le rapport, après diverses autres considérations, passe à l'examen du projet Seguin, auquel il reproche d'enterrer les maisons du bas de la rue Saint-Jean. Il reconnaît qu'il y aurait injustice d'imposer à l'entrepreneur l'obligation de faire, à la suite du pont, une route pour gagner Rouen par Port-St-Ouen.

En résumé, le rapport, exprimant l'opinion de la majorité de la Chambre, estime que la construction d'un pont n'a d'intérêt que pour les constructeurs, mais s'ils en font un quand même, c'est à la suite de la rue Saint-Jean qu'il doit être établi.

Depuis l'année précédente, le bateau à vapeur *la Ville de Paris* faisait un service devant notre ville ; ce pyroscaphe, pour nous servir de l'expression employée par les lettrés de l'époque, prenait des voyageurs qui lui étaient amenés au moyen d'une barque. Le 1er mars 1837, le maire arrêta que le trajet du quai au bateau à vapeur et retour serait fait exclusivement par les frères Lair, qui avaient fait leurs preuves et « avaient rendu des services importants en secourant au péril de leur vie des personnes en danger imminent de se noyer ».

M. Nicolas-Félix Lefebvre, qui avait rempli de nombreuses et importantes fonctions publiques, mourut le 8 mars ; il était né en 1759.

En mars, M. Guizot, ministre de l'instruction publique, envoya des laines à la Bibliothèque d'Elbeuf. En outre, le maire chargea M. Rey, professeur, d'acheter à Paris des livres d'histoire dont il lui donna la désignation.

Vers ce temps, commencèrent des pourparlers pour l'établissement d'une place publique sur l'emplacement de l'ancien cimetière de la Porte-Rouge, agrandi d'un terrain que M. P. Lécallier cédait à la ville, ce que le Conseil vota le 3 du mois suivant. — En ce même temps encore, Mme veuve Lécallier se proposait de faire don à la ville d'un grand terrain pour y établir une autre place.

Le 22 mars, le conseil municipal prit la délibération qui suit :

« Considérant qu'il n'est pas appelé, suivant les prescriptions de la loi, à être consulté officiellement en matière de travaux publics, le Conseil déclare renoncer à la faculté qui lui est donnée par M. le préfet, d'émettre un avis officieux sur la question d'un pont suspendu ».

On mit, le 4 avril, en adjudication les travaux de pavage de la cour Padelle et de la rue Pavée.

M. Fournier, libraire à Elbeuf, avait la clientèle des philippistes, tandis que M. Renard, son confrère, avait celle des républicains et des libéraux. Précédemment, ce dernier étalait dans son magasin des gravures et pamphlets contre le gouvernement ; mais la police les lui fit retirer.

M. J.-B. Ragault entra en fonctions comme agent-voyer des cantons d'Elbeuf et de Grand-Couronne, le 6 mai.

Le 10, le Conseil autorisa l'ouverture d'une nouvelle rue dans le Maurepas, propriété de MM. Nicolas Louvet, Mathieu Bourdon père et de Mme veuve Curmer ; cette nouvelle voie prendrait le nom de rue Louvet.

Le même jour, après constatation que les latrines publiques installées rue du Vallot avaient contribué à plus de propreté dans la ville, le Conseil vota l'établissement de cinq autres « pavillons ».

Dans la même séance, le Conseil accepta l'offre gratuite que faisait à la ville la famille de feu M. Jacques Lécallier d'ouvrir trois rues de 36 pieds de largeur et une place publique de 272 pieds métriques de longueur sur 172 pieds de largeur, qui, par la suite, prirent le le nom de place Lécallier, et de rues Saint-Jacques, de l'Union et Sainte-Cécile.

Le 12, le Conseil vota le forage d'un puits artésien sur la place Saint-Louis, dont nous avons déjà parlé, et, par son moyen, la création de trois bornes-fontaines, une sur cette place, la seconde devant la mairie, place du Coq, et la dernière rue Saint-Jean, près de l'église ; il se réservait, pour un temps à venir, de créer deux autres puits artésiens et de multiplier les bornes-fontaines.

M. Victor Grandin avait proposé, mais sans succès, que le puits dont la création était décidée, fût percé en un point élevé, près de l'église Saint-Etienne, dans l'ancien cimetière, où l'on aurait établi un réservoir, afin de recueillir les eaux jaillissantes perdues et les faire circuler par une canalisation souterraine dans tous les quartiers de la ville, et de les distribuer au public au moyen de nombreuses bornes-fontaines fermant automatiquement.

Chacun des sept jets alimentés par ce puits artésien donnait de 25 à 30 litres d'eau par minute. Malgré la diminution du nombre de ces jets, le débit de ceux qui subsistent est beaucoup moins grand actuellement.

Une lettre, reçue par le préfet le 12 mai, que lui avait adressée le maire d'Elbeuf ausujet du prolongement du quai, porte ces quelques détails intéressants :

« Notre ville est appelée à pourvoir à tant de besoins que ses moyens ne peuvent suffire à les satisfaire tous. Sans l'aide du gouvernement, il me serait impossible de songer au prolongement de notre port. Cependant, rien n'est plus urgent.

« La navigation de la Seine a pris un accroissement considérable par elle-même ; c'est une première cause de plus grande activité sur notre quai, mais d'autres viennent aussi agir puissamment.

« Les charbons de terre, dont le transport était presque nul il y a quinze ans, amènent annuellement 80 bateaux qui séjournent, pour leur tour de débarquement, chacun huit ou dix jours. Tous les blés de la plaine de Neubourg, toutes les fontes de Conches, toutes les denrées du Roumois accèdent à Elbeuf.

« La nouvelle route du Bourgtheroulde, en nous mettant en communication avec la basse Normandie, donne au mouvement de notre quai une impulsion inattendue. Enfin, un double rang ne suffit plus pour recevoir la totalité des bateaux, une grande partie est contrainte à jeter l'ancre au milieu du fleuve ou à se ranger contre les îles, avec l'agrément, souvent refusé, des propriétaires ».

Une représentation théâtrale des *Malencontreux*, épisode de 1837, annoncée pour le 14 mai, causa des troubles d'une nature grave dans notre ville. Le préfet avait défendu la mise en scène de cette pièce.

On sait que deux tracés de chemin de fer entre Paris et Rouen étaient en présence ; mais aucun ne donnait satisfaction à Elbeuf ni à

Louviers ; les deux tracés se rejoignaient à Tourville-la-Rivière. Dans notre ville, on se berçait de l'espoir qu'un embranchement d'Elbeuf à Tourville ferait partie du projet définitif quel qu'il fût, les ingénieurs l'avaient même promis ; aussi s'inquiéta-t-on davantage de la question du pont. Dans une lettre reçue par M. Mallet, ingénieur en chef, le maire d'Elbeuf lui dit à la date du 17 mai :

« J'aurais un extrême désir de savoir si le pont suspendu projeté vis-à vis Elbeuf ne doit pas servir d'accès au chemin de fer, comme je le présume, et dans ce cas probable, s'il faut de toute nécessité que l'embarcadère se trouve sur la route de Saint-Aubin.

« On me fait espérer que le plancher doux d'un pont suspendu peut permettre aux wagons la traversée du fleuve, pour obtenir un embarcadère sur la rive d'Elbeuf, et conséquemment au centre de son mouvement commercial, mais je n'ose me flatter d'un résultat si important pour notre localité.

« Ne pourrait-on pas, à peu de frais, se servir des culées et des piles du pont suspendu pour établir le passage des wagons à une seule voie ?

« Voilà une question grave encore pour moi, qui vous fera peut-être sourire si elle est contre la règle de l'art, mais qui toutefois peut vous démontrer l'immense intérêt que j'attache à obtenir l'embarcadère au sein de notre ville »

La prévision d'une gare à Elbeuf grisait tous nos concitoyens, au point que le projet de pont suspendu aurait été abandonné s'il eût dû gêner la création d'un pont fixe pour l'usage exclusif du chemin de fer.

On ne pouvait pas admettre que le terminus de l'embranchement de Tourville-Elbeuf serait à Saint-Aubin, car disait on, il aurait des conséquences funestes pour notre ville.

D'après les données que M. Lefort-Henry avait recueillies, tout semblait indiquer que le transport des bestiaux de la vallée d'Auge aurait lieu par Elbeuf, les herbagers trouvant un bénéfice de 50 fr. par bœuf en faisant prendre à ces animaux la voie ferrée, à cause de la perte du poids que le voyage à pied leur faisait subir.

De cette circonstance, suivant le maire de notre ville, il paraissait hors de doute que le marché de Poissy se tiendrait à Elbeuf. Il importait donc que notre localité possédât l'embarcadère, sans quoi le marché lui échapperait pour aller à Saint-Aubin.

Le conseil municipal fut convoqué pour délibérer sur cette question de chemin de fer; l'assemblée décida d'envoyer à Paris une délégation présidée par le maire.

A son retour à Elbeuf, le 29 mai, cette députation jeta la plus grande joie dans la ville, en donnant les détails de sa mission heureusement accomplie.

La députation avait assisté, à la Chambre des députés, à une réunion où se trouvaient tous les membres de la commission du chemin de fer de Paris à Rouen, le directeur général des ponts et chaussées et le ministre du commerce. Cette assemblée avait déclaré, à l'unanimité, que la réclamation de la délégation elbeuvienne était fondée; que les concessionnaires seraient tenus, en adoptant n'importe quelle direction, d'accéder jusque dans l'intérieur de la ville même, soit à l'aide d'un embranchement direct par la rive gauche, soit sur la rive droite, par un pont spécial, en arrivant de Tourville. Cette clause avait été immédiatement insérée dans le cahier des charges.

Entre temps, le Conseil municipal avait décidé d'acheter une partie de la propriété de M. Louis Delarue, rue du Pré-Basile, pour prolonger le quai en aval, et décidé qu'une somme de 35.000 fr. serait affectée à cette acquisition. En outre, l'assemblée décida de solliciter auprès de l'autorité supérieure un subside de 15.000 fr. pour contribuer au prolongement du quai en amont, dont la dépense était évalué à 30.000 fr.

Le 2 juin, M. Louis-Vincent Thouin, étudiant en droit, demeurant à Paris, fut nommé agréé au Tribunal de commerce, en remplacement de M. Lenormand, démissionnaire.

Le 7 juillet, on procéda à l'installation de M. Sainte-Croix Desfresches père, comme président du Tribunal de commerce, en remplacement de M. Nicolas Louvet : de MM. Jean Lanseigne, Théodore Chennevière et Sevaistre-Turgis, comme juges, en remplacement de MM. Laurent Collas, Prieur-Quesné et Desfresches père ; et de MM. Benoist-Moïse Chefdrue et Augustin Delarue, comme juges suppléants, en remplacement de MM. Lanseigne et Sevaistre-Turgis, tous nommés par ordonnance du roi, datée du 6 juin précédent.

Du discours prononcé à cette occasion par M. Nicolas Louvet, nous relèverons les passages qui suivent :

« L'année dernière nous avait laissé un pénible avenir, qui s'est malheureusement réalisé. Le peu d'activité des affaires s'est augmenté et a fini par arriver à une stagnation presque complète.

« Ce triste état de choses a prouvé l'ordre et la sagesse de nos concitoyens, puisque, malgré cette grave crise commerciale, nous n'avons eu que dix-huit faillites, deux de moins que l'année dernière ; encore, dans le nombre, il y en a beaucoup de peu importantes... »

« Pendant l'année où j'ai eu l'honneur de siéger comme président, 426 causes ont été introduites ; sur ce nombre, 103 ont été dérolées et 323 jugées... »

M. Desfresches prononça aussi un discours ; en voici la conclusion :

« Si l'état difficile des affaires n'est pas sans influence sur les travaux départis à la magistrature consulaire, nous avons en ce moment l'espoir que, grâce à la sollicitude du prince qui nous gouverne, les embarras actuels disparaîtront bientôt, et que notre ville, si industrieuse, sous l'administration sage et paternelle qui la protège, verra renaître sa prospérité... »

Le 4 août, mourut M. François-Sainte-Croix Desfresches, manufacturier, président du Tribunal de commerce. Il était né à Andely, en 1769.

Le 10 septembre, Victor Hugo arriva à Elbeuf et logea « tout à côté d'une vieille maison où se tenait une boucherie ». Voici un passage de la relation de son voyage :

« La sortie de Rouen est magnifique. On longe une série de quinze à vingt énormes collines qui s'enchaînent comme des vertèbres. Tout ce chemin par eau est merveilleux.

« Il y a ici deux églises, Saint-Jean et Saint-Etienne. Dans toutes deux de beaux vitraux.

Dans Saint-Etienne, j'en ai remarqué un qui est superbe et qui porte cette inscription : « En « l'an mil cinq cent vingt et trois, Pierre Grisel « et Marion, sa femme, ont donné cette ver- « rière. Priez Dieu pour leurs âmes... » Je ne sais quel architecte stupide a mis aux vieux piliers de Saint Etienne des couronnes de marquis en guise de chapiteaux ».

En quittant notre ville, le célèbre poète se rendit à Louviers, puis à Evreux. — Né en 1802, il était donc alors âgé de 35 ans.

Vers cette époque, parut à Paris, un in-18 de trente-deux pages, intitulé : *Essais poétiques*, dont l'auteur était M. Laurent, né à Elbeuf.

Nous reprenons les intéressantes notes de M. Louis Bertin :

Quand Elbeuf eut une pépinière de bons monteurs et d'excellents ouvriers, ce fut une ère nouvelle pour tous. Acheteurs, fabricants, monteurs et ouvriers se sentirent épris d'une ardeur fiévreuse, pour la production des fantaisies. Chacun éprouvait une vive satisfaction de la difficulté vaincue, et ambitionnait de se distinguer dans la pratique des ressources que lui offraient les éléments avantageux à sa disposition. Tous ces chercheurs ingénieux apportèrent leur grain de sable, et la montagne s'éleva étonnamment.

Tout naturellement, les premières productions étaient modestes et manquaient du perfectionnement que l'avenir leur réservait, quoique possédant cependant une valeur relative, étant donné qu'elles n'avaient pas de concurrence comparative.

Le plus souvent, les dessins produisaient des rayures en long sur l'étoffe, le fond était d'une teinte unie chaîne et trame, quelquefois agrémenté par des ourdissages de fils différents, nuances vives, formant un tout bien compris, très agréable. — M. Chauvreulx passait pour être le créateur de ce genre, que l'on imita par la suite.

On produisait également beaucoup de petits effets granités, de caractères très variés, sur fonds unis parsemés de fils nuances tranchées du fond, ou ornés de filets par ourdissage. Il se faisait aussi des dessins filets façonnés, espacés plus ou moins les uns des autres, mais régulièrement, sur le fond de l'étoffe. Sur les parties de fond, entre les filets, se dessinaient des effets ombrés, obtenus par ourdissage, de nuances variées s'harmonisant agréablement avec le fond. Ces façonnés, très appréciés, eurent une vogue persistante. Des nouveautés de teintes unies ou mélangées se fabriquaient aussi en grande quantité, chaîne et trame pareilles; le tissu de ces étoffes, que l'on nommait articulé, formait de petites découpures en travers, fines et très rapprochées les unes des autres ; de bon goût dans leur simplicité, elles étaient très demandées et conséquemment d'une grande consommation.

Disons en passant que M. Charvet, dont la fabrique était rue de la Justice, là même où est actuellement « la Providence », fut le créateur de « l'articulé », tissu extrêmement solide et qui contribua beaucoup à la réputation des draperies fantaisies de notre fabrication.

On fit en long des côtes rondes à relief de différents tissus ; des petites côtes jonc fines et très accentuées ; des découpures en long et en travers formant des espèces de petits pavés; d'autres formant écaille de poisson.

On fit aussi différentes rayures plates découpées entre elles par une ciselure en creux ; la largeur de ces rayures était de un à cinq centimètres, chacune formant un dessin différent. On fit également des nouveautés fond uni, avec bandes de couleur ou de tissus différents du fond ; ces bandes étaient placées aux bords de l'étoffe près des lisières ; mises ainsi, elles étaient difficiles à réussir d'apprêt, surtout quand le tissu n'était pas semblable à celui du fond ; la largeur moyenne et habituelle de ces bandes était de deux centimètres, mais leur variante allait de un à cinq centimètres : la mode en décidait.

On faisait encore des tissus à sillons obliques, dont la ligne diagonale était plus ou moins espacée et des chevrons de diverses dimensions et de différents tissus.

Toutes ces nouveautés se fabriquaient trame et chaîne de même couleur, ou avec filets de nuances différentes obtenus par ourdissage.

Le caractère de tous ces dessins différait suivant que les étoffes étaient fabriquées avec des fils fins nombreux en chaîne et trame, ou très gros et peu nombreux.

Ce serait tenter l'impossible que de vouloir désigner les milliers de dessins qui furent fabriqués au moyen des métiers à pédales ; qu'il suffise des quelques descriptions citées, pour donner un petit aperçu de l'ensemble des caractères variés de ces dessins. Une appréciation bien exacte ne pouvant être donnée que sur nature, attendons l'occasion favorable d'une exposition rétrospective des produits de l'époque, qui la permettra.

La collection du nuançage de ces nouveautés se composait de toutes les nuances sérieuses utilisées à ce moment, tant en unies qu'en mélangées ; ces dernières étaient préférées aux unies.

Les mélanges se composaient généralement de partie de laine blanche, et partie laine foncée dans ces proportions :
Blanc : 2, 4, 6, 8, 10, 15, 20, etc.
Foncé : 98, 96, 94, 92, 90, 85, 80, etc.

Les couleurs foncées étaient : noir, bleu, vert foncé, bronze roux, bronze olive, bronze doré, cendré foncé, noisette foncée, etc.

Les teintures d'alors, quoique faites dans d'assez bonnes conditions, étaient cependant encore assez limitées dans leurs variétés de teintes ; les mélanges eux-mêmes manquaient de vivacité de coloris, occasionnant une imperfection de richesse et de beauté aux nuançages des nouveautés du jour. En un mot, le nuançage de ces nouveautés n'avait pas encore atteint, dans son ensemble, le cachet de bon goût que leur réservait plus tard le progrès sans cesse croissant de l'industrie tinctoriale ; mais si ces nuances n'atteignaient pas un complet perfectionnement, elles n'en étaient pas moins très aimées et bien accueillies de l'acheteur et du consommateur.

On faisait moins de dessins transversaux que de rayures longitudinales ; la cause en était que ces premiers nécessitaient l'emploi de plusieurs navettes, et que le battant de chaque métier, n'étant qu'à boite unique, ne permettait d'utiliser qu'une seule navette ; par conséquent, pour en employer plusieurs, il fallait les changer à la main, opération incommode, dispendieuse, occasionnant des pertes de temps à l'ouvrier.

Le battant à boîte unique du métier à tisser

entravait donc sensiblement les travaux des monteurs, pour la production de certains dessins ; cela tenait ces chercheurs à l'étroit dans leurs innovations, n'osant toucher aux façonnés en travers, produits à l'aide de plusieurs navettes.

Se servir de plusieurs navettes pour tisser les nouveautés, était cependant une impérieuse nécessité ; il fallait pour cela établir plusieurs boîtes à l'extrémité du battant, et mettre ces boîtes en mouvement dans un ordre déterminé suivant le besoin. Mais comment additionner des boîtes à la complication déjà considérable du métier à pédales ? C'était difficile et très gênant. En outre, avec le métier à pédales, on hésitait longtemps avant d'abandonner la fabrication de dessins trop connus, démodés, perdant leur valeur ; on reculait autant que possible avant de les supprimer, à cause du grand dérangement qu'occasionnait toute nouvelle transformation pour un nouveau genre.

A ce moment, Elbeuf jouissait déjà d'une suprématie universelle par la nouveauté des façonnés, la variété des dessins, la belle qualité des étoffes, et la perfection de ses beaux apprêts.

La Ruche elbeuvienne, bien disposée, était donc dans une heureuse situation ; ses abeilles pleines d'ardeur butinaient abondamment, un grand nombre du dehors s'adjoignaient à celles de la localité à plusieurs lieues à la ronde ; une remarquable harmonie régnait dans ce nombreux essaim et en résumé le miel était abondant à la ruche.

Nous terminerons ce chapitre par la fin de l'historique de la première période de l'éclairage par le gaz à Elbeuf, dans lequel nous

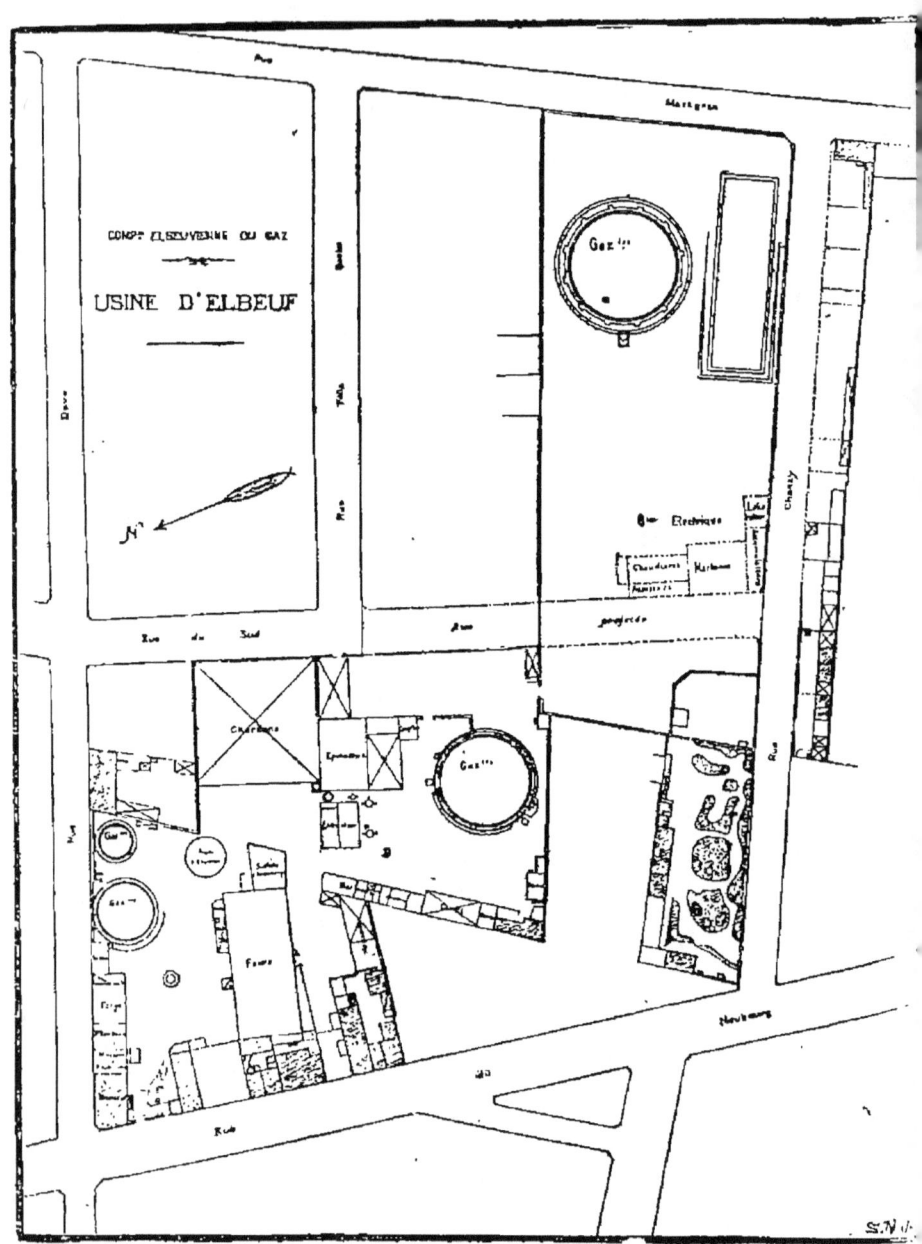

Plan actuel de l'Usine à Gaz

verrons reparaître son promoteur, M. Malteau, dont le nom se rattache également à un système de fouleuse à draps très apprécié et à d'autres inventions intéressantes.

Le 7 décembre précédent, par acte passé devant Mᵉ Vaugeois, notaire à Elbeuf, M. Sabey avait formé une société en commandite pour l'éclairage par le gaz *courant* de la ville et des manufactures d'Elbeuf, et demandait, le 19, l'autorisation de canaliser sous les voies publiques.

Le 11 janvier 1837, le baron Dupont-Delporte, préfet, autorisa M. Sabey à établir une usine rue du Neubourg.

Mais déjà, le 10 décembre 1836, M. Malteau avait, de son côté, sollicité l'autorisation d'établir des conduites souterraines rues de la Bague, Percière, La Fayette, Poulain, de la Justice, du Marché-St-Louis, des Echelettes, Saint-Jean, Robert, de Seine, du Maurepas.

Le préfet se trouva dans un certain embarras. Le 31 janvier 1837, il écrivit au maire : « Il m'a répugné d'autoriser le bouleversement des rues d'Elbeuf par deux compagnies rivales », et il demandait des renseignements sur chacune de ces deux entreprises.

Le maire, répondit, le 6 février, par un historique qu'il est inutile de rappeler. Il penchait en faveur de M. Malteau, mais considérait l'entreprise Sabey comme sérieuse. La lettre de M. Laurents n'était pas terminée, lorsqu'il apprit qu'une troisième compagnie se mettait sur les rangs ; celle-ci était représentée par M. Pauwels, de Paris : « Ne pourrait-on pas, dit le maire au préfet, accorder la préférence à la compagnie qui offrirait le gaz au meilleur marché ? »

Le 10 février, M. Sabey commençait à canaliser. M. Malteau allait en faire autant. Le maire, épouvanté aussi de l'état dans lequel allaient se trouver les rues, tenta d'accommoder les compagnies Malteau et Sabey, ce qu'approuva le préfet, par une lettre datée du 15.

Le 23 février, il y avait entente complète ; les deux compagnies s'étaient partagé la ville Elles avaient été poussées à cette décision par l'arrivée de MM. Dubochet et Pauwels, contre lesquels MM. Malteau et Sabey se coalisèrent.

Le conseil municipal, saisi officieusement du différend, nomma une commission composée de MM. Flavigny fils, Robert Flavigny et Houllier ; elle conclut à ce qu'il fut sursis à toute autorisation de canaliser.

Dans la ville plusieurs camps s'étaient formés : il y avait d'abord celui des fondeurs de suif, dont le nombre diminuait toujours, mais qui n'en étaient que plus acharnés contre ces compagnies, qu'ils auraient voulu voir s'entre-dévorer. Celui de M. Malteau était composé de notables industriels ; mais le parti Sabey avait pour lui des capitalistes influents. Quant à la société Dubochet et Pauwels, elle se disait assez forte pour lutter seule contre tout le monde et avait déjà offert d'acheter tout le matériel des deux premières, ce que celles-ci avaient repoussé avec une sorte d'indignation.

Le préfet ne prenait pas de décision, quoique favorable aux compagnies Sabey et Malteau, car il espérait encore une entente générale entre les trois compétiteurs. Elle ne se fit qu'entre les deux premières sociétés, qui fusionnèrent le 1er décembre 1837.

Le 8 de ce même mois, le préfet autorisa MM. Frédéric Fouard, Aug. Dévé, Augustin

Delarue, Th. Chennevière, Albert Ménage, Philippe Decaux, d'Elbeuf, et Evode Lange, ancien avoué, demeurant à Boisguillaume, à fonder une usine, rue du Neubourg, et à canaliser les diverses rues d'Elbeuf pour la conduite du gaz à domicile.

C'était la disparition des vieilles suifferies. Quelques-unes cependant subsistèrent jusques en ces dernières années, mais aucune nouvelle ne fut autorisée en ville. D'ailleurs, le gaz, le pétrole, la stéarine, l'électricité, ont presque partout fait disparaître la consommation de la chandelle, et les antiques « mouchettes » sont regardées maintenant comme des objets quasi antédiluviens.

CHAPITRE XIV
(juin-décembre 1837)

Élections municipales. — Mariage du duc d'Orléans ; fête a Elbeuf. — Opinion sur l'avenir de la caisse d'épargne. — Crise industrielle. — La rue Curmer. — Le duc et la duchesse d'Orléans visitent notre ville. — Coalition des fabricants de chandelles. — Appréciation du maire sur la garde nationale. — Triste condition des enfants employés dans les fabriques. — Les sécheries a vapeur. — Élections dans la garde nationale. — Ouverture de la route de Louviers.

Au commencement de juin, il fut procédé à des élections municipales. Le nombre des électeurs dépassait de beaucoup celui de 1834. Tous les conseillers furent réélus.

L'installation de MM. Barette-Lanon, Laurent Patallier fils, Colvée, Join-Lambert, Duval, Delalande, Turgis, Capplet et Chennevière eut lieu le 21 du même mois ; celle de MM. Grémont, Eugène Sevaistre et Victor Grandin le 12 du suivant, et celle de M. Joseph Flavigny quelques jours après.

A l'occasion du mariage du duc d'Orléans, avec la duchesse Hélène de Mecklembourg, M. Lefort-Henry, maire d'Elbeuf, adressa cette proclamation à ses concitoyens, le 6 juin :

« La famille royale, après tant de secousses violentes, tant d'alarmes, tant d'inquiétudes, renaît enfin à l'espérance, et peut se livrer calme à la joie pure que lui inspire le mariage de l'héritier de la couronne.

« A peine échappé aux graves dangers qui l'ont environné, le roi se hâte de profiter de cette heureuse circonstance pour offrir l'amnistie à tous ceux qui ont eu le malheur de douter de la bonté de son cœur : l'alliance du prince devient ainsi le signal de l'union universelle.

« Nous, habitants d'une ville dévouée à la dynastie de Juillet, accoutumés à voir dans la famille royale notre propre famille ; nous qui avons partagé ses peines, nous prendrons part à sa joie ; animés des mêmes sentiments, nous célébrerons aussi le bonheur privé du prince, comme un gage de réconciliation et de concorde.

« Vive le roi ! Vive la famille royale ! »

Suivait le programme de la fête, qui eut lieu le dimanche 11. Il se composait d'une revue, de coups de canon, d'un banquet, d'illuminations et de danses publiques.

Dans une lettre adressée à M. Ch. Dupin, député, à propos de l'envoi, par le gouvernement, de 300 exemplaires de son ouvrage sur les caisses d'épargne, le maire d'Elbeuf lui annonça que, le 9 juin, dans une réunion des directeurs de la Caisse d'épargne de notre ville, il avait été décidé que les chefs d'ateliers seraient invités à délivrer un ou plusieurs livrets à ceux de leurs ouvriers les plus méritants.

M. Lefort-Henry ajoutait qu'il n'était pas probable que notre Caisse d'épargne fut jamais du nombre de celles produisant le plus, parce que les ouvriers de la fabrique elbeuvienne étaient pour la plupart propriétaires ; aussi, disait-il, « c'est vers l'amélioration de leurs habitations, de leurs petits enclos, qu'ils porteront le fruit presque entier de leurs économies ». — Depuis le 1er janvier, il ne s'était présenté que 32 déposants, dont 21 ouvriers et 11 domestiques ; le montant total des dépôts était de 11.500 fr.

Le 23 juin, la Chambre consultative donna son avis sur la crise commerciale qui sévissait alors, par suite des événements dont New-York et les Etats-Unis avaient été le théâtre ; mais la compagnie estimait que ces événements n'étaient qu'une des causes de la perturbation générale. La principale de ces causes était l'excès dans la spéculation et la production.

« ... On ne s'est pas contenté d'étudier les opérations sages : des exemples heureux ont ébloui. On a voulu courir ; on a bravé toutes les chances ; on est tombé dans le désordre.

« L'industrie, quoique moins imprudente, a payé également son tribut à la manie du jour. Quelques grands établissements de filature avaient prospéré : par suite de demandes plus actives, on les a multipliés jusqu'à ce qu'ils dépassent de beaucoup les besoins. Quelques commis intelligents avaient profité de leur aptitude pour s'élever par eux-mêmes : tous ont pensé devoir réussir comme eux, et ont créé une multitude de maisons, sans force pour résister au moindre choc et entraînant l'avilissement des prix par des besoins sans cesse renaissants. Le système mécanique favorisait le travail de quelques manufacturiers qui l'employaient utilement : chacun a voulu posséder des machines, sans songer que leur entretien forçait à une production non interrompue, quels que soient les événements.

« C'est ainsi que le haut commerce, par des spéculations aventureuses ; l'industrie, par une production forcée, ont procuré une agitation fébrile, que l'on a pris pour un signe de prospérité, et qui n'était que la préparation journalière à une crise violente et inévitable.

« Un échafaudage aussi frêle devait crouler au premier coup ; les désastres de l'Amérique l'ont renversé ; mais ils n'ont fait, toutefois, que frapper un édifice déjà miné...

« ... Il est à croire que l'importance des pertes éprouvées, en jetant un salutaire effroi, ramènera à l'état normal de crédit et d'action, et que le bien-être doit être le résultat du travail de toute la vie, et non le fruit de chances hasardeuses, le plus souvent punies par la ruine... »

Le samedi 24 juin, on mit en adjudication des travaux de réparations à exécuter à l'Hôtel de Ville : 10.303 fr. à l'intérieur et 13.729 fr. à l'extérieur. M. Warnery était alors architecte municipal.

Le conseil municipal, réuni le 12 juillet, « considérant que l'attention soutenue avec laquelle le cours de M. Alcan a été suivi, par un grand nombre de jeunes gens studieux, peut donner la mesure de l'accueil qui serait fait à l'introduction d'un autre cours adopté aux besoins de la localité », arrêta qu'il serait créé à l'hôtel de ville un cours de chimie et qu'il serait pourvu aux frais annuels de cette fondation par l'imputation d'une somme de 300 fr. au budget de chaque année.

Le même jour, le Conseil adopta la proposition d'ouverture de la rue Curmer et consentit à verser à Mme veuve Curmer une somme de 1.000 fr. pour la cession qu'elle faisait du terrain.

Le 14, le maire s'associa au vœu des habitants du hameau de la Souche, des Ecameaux, et du Buquet, qui demandaient que ces territoires fussent détachés de la ville d'Elbeuf pour être rattachés à des communes plus rapprochées d'eux. Le conseil municipal appuya ce vœu, qui n'eut pas de suites.

MM. Alexandre Poussin et Albert Ménage furent nommés, le 17 du même mois, membres de la Chambre consultative, en remplacement de MM. Victor Grandin et Legrand-Duruflé, membres sortants.

Les fêtes politiques abondèrent à Elbeuf en 1837. Après la Saint-Philippe, on avait eu les fêtes du mariage du prince d'Orléans, puis la célébration des « Trois Glorieuses ». Enfin, le 1er août, une nouvelle fête fut ordonnée à l'occasion du passage par notre ville du prince héritier et de sa jeune femme.

Le 28 juillet, alors que l'on était en pleine réjouissance, le maire adressa cette proclamation à la population :

« Une faveur inespérée vient répandre la joie parmi nous... Leurs Altesses royales Monseigneur le duc et Madame la duchesse d'Orléans arriveront dans notre ville mardi 1er août.

« Quelques années se sont à peine écoulées

depuis que Sa Majesté a daigné nous honorer de sa visite, et déjà pareil honneur nous est réservé par son auguste fils.

« C'est à notre attachement sincère, à notre dévouement connu au trône de Juillet que nous devons le témoignage répété d'un si haut intérêt. Nous justifierons cette opinion flatteuse en accueillant avec effusion de cœur le prince qui sait apprécier les sentiments qui nous animent, et la jeune princesse digne à tant de titres d'entrer dans la royale et belle famille que nous sommes habitués à chérir.

« Vive le roi ! Vivent le duc et la duchesse d'Orléans ! »

A leur arrivée à Elbeuf, les deux époux furent reçus sous une tente dressée à l'entrée de la ville. M. Lefort-Henry, maire, adressa ce discours au duc :

« Monseigneur,

« Si votre intention, en parcourant nos contrées, est de présenter Madame la du chesse aux hommages des Français les plus dévoués, Elbeuf méritait l'insigne honneur de vous recevoir, car nulle ville n'est plus sincèrement attachée à votre auguste famille.

« En visitant nos manufactures, Monseigneur, vous donnez un témoignage éclatant du haut intérêt que vous portez à l'industrie. Il nous serait bien doux, en une circonstance si mémorable, d'avoir à vous entretenir de la prospérité, récompense ordinaire du travail ; mais nous avons malheureusement à déplorer les funestes effets d'une crise commerciale qui répand de toutes parts le malaise et l'inquiétude, et qui chez nous principalement fait sentir sa fatale influence.

« Cependant, Monseigneur, en nous rappelant que le roi, votre auguste père, nous a trouvés dans un état de détresse promptement oublié après son passage, nous aimons à considérer votre présence et celle de Madame la duchesse comme étant aussi le présage d'un meilleur avenir, et, pleins de confiance dans un retour prochain de bien-être, nous nous livrons sans réserve aux sentiments de joie et d'espérance qui nous animent.

« Et comment, d'ailleurs, ne serions-nous pas confiants dans l'avenir, Monseigneur, lorsque par une faveur inespérée vous nous permettez d'admirer les traits d'une princesse dont la destinée est de répandre sur ses pas le charme et le bonheur.

« Oui, Madame, telle est votre belle destinée. Vous touchez le sol français, et les dissentiments politiques s'effacent par le grand acte qui a salué votre arrivée ; vous paraissez, et la félicité vient au sein d'une royale famille trop longtemps troublée : votre union devient un signal de paix et de concorde. Aussi, les Français, si aimants, les Français qui vous savent tant de gré du libre choix que vous avez fait de leur nation, vous sont déjà dévoués comme à leur roi, vous chérissent autant que votre illustre époux ; vous en serez convaincue, Madame, par l'unanimité de nos acclamations.

« Vive le roi ! Vivent le duc et la duchesse d'Orléans ! »

Ces cris furent répétés par la foule ; puis le prince et sa femme, conduits à l'hôtel de ville, acceptèrent un petit goûter qui leur avait été préparé. De nombreuses dames elbeuviennes étaient présentes dans la grande salle pendant la réception qui suivit.

Le duc d'Orléans était alors âgé de 27 ans et sa femme de 23. Lors des fêtes de leur mariage, qui avait été célébré le 30 mai, beaucoup de personnes avaient été étouffées au Champ-de-Mars. En apprenant ces malheurs, la princesse Hélène s'était écriée : « C'est comme aux fêtes de Louis XVI ! Quel affreux présage ! » La jeune duchesse appartenait à la religion protestante ; elle mourut en 1858.

On sait que le duc d'Orléans se cassa la colonne vertébrale en voulant sauter de sa voiture dont les chevaux s'étaient emportés, et qu'il mourut le 13 juillet 1842. Il était de haut taille, blond, agréable, très affable et fort instruit. Les quelques années qu'il passa avec la duchesse Hélène furent des temps de bonheur sans mélange.

La caserne de gendarmerie était toujours place du Coq. Le préfet se plaignit au maire de notre ville, le 3 août, de l'exiguité et de l'insalubrité des logements occupés par les gendarmes et surtout de la communauté des bâtiments avec les employés de la ville, ce qui était nuisible au secret des opérations de la brigade. Bref, il demanda la construction d'une caserne.

M. Moreau, juge de paix du canton d'Elbeuf, procéda à une enquête, du 7 au 9 août, sur une demande des héritiers Louvet, tendant à leur accorder l'autorisation « d'ouvrir une rue dans leur propriété du Maurepas, pour établir un nouveau débouché entre les rues de la Barrière et des Champs ».

Le 24, le maire dénonça au conseil municipal une coalition des épiciers-chandeliers ayant pour but d'augmenter le prix de la chandelle et de restreindre les avantages que les habitants de la ville pouvaient retirer de la concurrence, désormais paralysée, et demanda au Conseil l'autorisation de poursuivre les bénéficiaires de ce monopole illégal.

L'assemblée allégua que c'était au procureur du roi à prendre l'initiative de poursuites, et que le rôle de l'administration devait se borner à prévenir les délinquants et à les engager à annuler l'engagement qu'ils avaient pris entre eux.

Les élections triennales de la garde nationale se firent à partir du 4 septembre.

Une ordonnance royale datée du 5, ayant renouvelé à MM. Lefort-Henry, Barette-Lanon et Isidore Lecerf leurs fonctions de maire et d'adjoints, on procéda à leur installation le 14 du même mois.

Le maire de notre ville adressa au préfet, le 19, un résumé de ses appréciations sur la garde nationale, qui, disait-il, était la plus forte garantie d'un gouvernement s'appuyant sur les intérêts généraux et aussi la plus forte garantie de l'ordre public et de la liberté.

« Malheureusement, elle recèle en son sein un principe de dissolution ; la loi qui l'a créée est insuffisante et vicieuse. Si l'on n'apporte un remède prompt et efficace, il y aura dislocation complète.

« Le système adopté se fonde sur un principe qui n'est que passagèrement fertile en résultats : le patriotisme. Ce principe, en des temps de trouble, sera toujours compris en France ; en état de paix, il tue l'institution.

« On se repose sur la bonne volonté des citoyens pour le costume militaire : on a raison dans les circonstances extraordinaires, parce que la nécessité de la défense excite la plus grande partie des citoyens ; on a tort dans les circonstances ordinaires, parce que l'apathie porte à s'affranchir d'une obligation qui n'est pas immédiatement indispensable. Or, on sait qu'une garde nationale non équipée est une dérision, et qu'aussitôt qu'une partie des citoyens se présente sans armes et sans costume, il y a dégoût pour les autres et prompte dissolution.

« Les élections sont une cause de découragement non moins active. Un chef nommé par vingt ou trente gardes nationaux, sur cent cinquante à deux cents appelés, ne peut se croire désigné par le vœu de ses concitoyens ; il en résulte une répugnance qui devient chaque jour plus difficile à vaincre.

« Enfin, les admissions ayant lieu successivement, soit par des jeunes gens arrivant à l'âge de vingt ans, soit par des étrangers, et ces admissions ne donnant lieu à aucun exercice obligatoire, il s'ensuit que peu à peu la garde nationale se trouve composée d'hommes n'ayant aucune habitude du maniement des armes, et, conséquemment, hors d'état de pouvoir être utilisée en cas de besoin, ce qui ajoute au découragement des officiers et doit amener bientôt l'impossibilité d'en trouver ».

Suit le remède que M. Lefort-Henry croyait utile d'apporter :

« Je me donnerais bien garde de fatiguer les citoyens par des exigences ridicules, qui tiendraient à les transformer en landwer allemande, car on échouerait par la force d'inertie.

« J'éviterais de forcer à l'adoption d'un costume militaire brillant, car on rencontrerait une foule d'individus qui argueraient de leur impossibilité à se livrer à de fortes dépenses.

« Je ne supprimerais pas le système d'élections, car si ce système n'est pas encore passé dans nos mœurs, il est au moins dans les esprits.

« Je ne contraindrais pas à des exercices généraux et fréquents, car ils exciteraient la haine contre le service et par suite inobéissance ».

M. Lefort-Henry aurait voulu que chaque citoyen fût tenu de monter tant de gardes par an et de passer tant de revues, celles-ci limitées à trois par an ; que l'uniforme, très simple, fut général ; que la moitié au moins des électeurs fussent présents à chaque élection de gradés ; que les nouveaux incorporés fissent des exercices préparatoires avant d'être admis dans les rangs.

En résumé, son système consistait à avoir une garde nationale fort bien constituée, mais peu employée. Il terminait ainsi :

« Si l'on ne se hâte de s'occuper très promptement d'amélioration, je suis convaincu qu'avant fort peu il n'y aura plus de garde nationale en France.

« Je sais qu'à Elbeuf elle n'est maintenue qu'à force de supplications auprès des chefs pour adoucir leur dégoût ; qu'elle tombe de jour en jour, malgré les efforts pour la soutenir ; et cependant, elle est indispensable dans les grands centres d'industrie, car au milieu de forçats libérés — il y en avait une soixantaine à Elbeuf — et en cas d'interruption des travaux, il y aurait impossibilité de résister au désordre... »

Une lettre du ministre du commerce, relative au travail des enfants dans les manufactures, motiva la formation d'une commission, composée de MM. Join-Lambert, Victor Grandin, Henri Sevaistre, tous de la Chambre consultative; Philippe Decaux, Dévé, Gaudchaux-Picard, A. Malteau, Drieu, Frédéric Chéron, Guérot-Eloy, Victor Barbier, membres du Conseil des prud'hommes, qui, le 20 septembre, répondit ainsi aux questions du ministre :

« Les enfants sont reçus dans les fabriques depuis l'âge de huit ans. Les enfants les plus jeunes sortent des familles les plus pauvres et souvent les plus dépravées. La raison en est simple : le père, ne pouvant suffire aux dépenses dans lesquelles l'entraînent son inconduite et le désordre, est obligé d'y suppléer en exposant ses jeunes enfants à un travail prématuré.

« Depuis l'âge de huit ans jusqu'à douze, ces enfants reçoivent, suivant leur aptitude, de 40 à 75 centimes de salaire par jour.

« L'économie pour le fabricant, par la substitution des enfants à des ouvriers adultes, est moins dans la différence de salaire que dans la facilité de se procurer des jeunes enfants. On obtient de la part des adultes des services proportionnés à leur âge ; toutefois, l'emploi de ces derniers, à l'exclusion des enfants, susciterait de l'élévation dans les salaires et des embarras pour s'en procurer un nombre suffisant.

«La durée du travail est de 15 heures par jour, sur quoi ils ont une heure et demie pour le repas.

« Nous entendons par heures de nuit ce qui excède la journée ordinaire de quinze heures. On fait des heures de nuit ou on passe des demi-nuits de temps à autre, suivant les besoins de l'établissement et l'activité des affaires. Dans les fougues de commerce, on multiplie les moyens de production autant et, on pourrait le dire, plus qu'il n'est humainement possible de faire, soit en augmentant les heures de travail, soit en passant plus fréquemment les nuits entières.

« Les enfants des deux sexes travaillent ensemble, concurremment, presque toujours sans surveillance morale.

« Le plus souvent, ces enfants n'appartiennent pas aux ouvriers occupés dans les fabriques. En général, les ouvriers ont peu d'attrait à faire entrer leurs enfants dans les ateliers où ils travaillent eux-mêmes ; la principale raison vient de ce qu'ils craignent que l'établissement où ils sont occupés ne soit arrêté, et que, par là, ils se trouvent en même temps privés de travail, eux et leurs enfants.

« L'instruction est nulle jusqu'à douze ans chez les garçons. Dans les filles, on en rencontre, en petite quantité, qui ont des notions de lecture. Leur éducation se trouve paralysée par l'assiduité et la fatigue de leurs travaux, par leur répugnance naturelle et par l'indifférence des parents. Beaucoup viennent des campagnes voisines, et la difficulté à leur égard est encore plus grande.

« L'état de moralité de ces enfants est tout ce que l'on peut voir de plus affligeant. Ils s'excitent réciproquement à la perversité ; ils reçoivent des plus grands le mauvais exemple et les impressions les plus dangereuses.

« Leur indocilité est quelquefois le sujet de corrections assez dures de la part des maîtres-ouvriers. Les mauvais traitements ne vont pas très loin, à cause de la surveillance des chefs ;

toutefois, ils sont dirigés plutôt par la crainte que par la persuasion,

« Il existe dans la fabrication des opérations où les jeunes enfants sont encore occupés : ce sont les apprêts et l'épinçage. Dans les apprêts par moteurs, les adultes de quatorze ans et au-dessus conviennent mieux, parce qu'il y faut de l'intelligence et de la force ; l'emploi des enfants s'y fait rarement. Quant à l'épinçage, il n'est point sujet au moteur ; il n'occupe que des femmes et des jeunes filles. Elles font des élèves dès l'âge de huit à dix ans ; ces ateliers sont peu assujettissants et rien ne s'oppose au soin de leur éducation et de leur santé.

« Nous rencontrons bien quelques enfants occupés, en dehors de nos établissements, à des travaux assez assidus ; quoique ce soit le petit nombre, nous devons signaler le fait, dans le désir que la réforme puisse atteindre son but, non seulement à l'égard des enfants occupés dans les fabriques, mais aussi pour tout travail qui serait un obstacle à leur éducation et au développement de leurs forces naturelles.

« Telle est la condition des jeunes enfants au sein de nos cités manufacturières. Cet exposé, toutefois, est loin de présenter la vérité sur toutes ses faces. Il faudrait signaler l'absence totale d'éducation morale, le mauvais exemple et les traitements non moins mauvais auxquels ils sont en butte chez leurs propres parents, les impressions aussi dangereuses qu'ineffaçables qu'ils reçoivent dans les ateliers par suite de la confusion des sexes et des différents âges. Il conviendrait de dire que ces enfants sont excités souvent par les plus grands et associés souvent aussi à leur dépravation, et qu'au milieu de tous ces obstacles leur avenir est faussé... »

Malgré cet affreux tableau — auquel la Chambre consultative et le Conseil des prud'hommes auraient pu ajouter la saleté repoussante de ces enfants, leurs vêtements en loques, les privations ou l'insuffisance de leur nourriture — la commission estima qu'une modification à cet état de choses porterait une grande perturbation et blesserait tous les intérêts. Cependant, elle résuma ainsi les réformes qui étaient à faire :

Ne plus recevoir les enfants dans les filatures, etc., avant l'âge de douze ans et après trois années passées à l'école.

Supprimer tous travaux de nuit excédant la journée ordinaire de quinze heures aux adultes n'ayant pas atteint leur dix-huitième année.

Ne permettre d'occuper les enfants au-dessus de douze ans que pour des travaux ne pouvant altérer leur développement, à condition encore de fréquenter les écoles quatre heures par jour.

Séparer les sexes dans les ateliers où les enfants seraient employés.

Une scène violente se produisit le 25, entre le commissaire de police et le capitaine de la *Dorade*, vapeur faisant le service d'Elbeuf à Rouen, contre lequel procès-verbal fut dressé et plainte portée pour son habitude de remettre tout de suite en route le bateau quand des voyageurs en barque venaient de monter à son bord, sans donner à la barque le temps de s'éloigner pour ne pas courir le risque d'être submergée, ainsi que le fait s'était récemment produit pour la *Ville de Paris*, autre vapeur faisant le même service.

Un arrêté municipal, daté du 11 octobre, avait pour but d'obliger les habitants à recevoir les sous portant l'effigie de Louis XV, que beaucoup refusaient d'accepter.

Un autre arrêté, du 14, concernait les sécheries à feu, « dont l'usage devenait général » mais qui causaient de fréquents incendies.

De nouvelles élections eurent lieu dans la garde nationale, le 27 septembre. Les officiers prêtèrent serment le 8 octobre. Voici comment se trouvaient alors composés les cadres :

MM. Yves-Louis Randoing, commandant du bataillon ; Emm. Barbe, porte-drapeau ; Pierre Melchior, chef de musique.

Pompiers : Léon Pion, capitaine ; Félix Lebas, lieutenant ; Déparrois, sous-lieutenant.

Compagnie de grenadiers : L.-E. Sevaistre, Cordier, capitaines ; Joannès Moreau, Quillet, lieutenants ; N. Mollet, Delanos, sous-lieutenants.

1re compagnie de chasseurs : V. Ménage, Ch. Flavigny, capitaines ; A. Godet, Dumort-Flambart, lieutenants ; L. Dumort, Massiou, sous-lieutenants.

2e compagnie de chasseurs : Isidore Sèbe, Debroche, capitaines ; Lanseigne, Decazes, lieutenants ; Berthelot, Barbe, s.-lieutenants.

3e compagnie de chasseurs : Suzanne, X..., capitaines ; Sainte-Croix-Desfresches, Armand Durécu, lieutenants ; X..., Portal, sous-lieutenants.

Compagnie de voltigeurs : Loslier, Frédéric Brisson, capitaines ; D. Benoist, X..., lieunants ; Jean-Marie Lécallier, Louis Pointel, sous-lieutenants.

Compagnie de fusiliers : Ch. Thouin, Alph. Milliard, capitaines ; P. Descoubet, X..., lieutenants ; Godefroy, Lecointre, sous-lieutenants.

Subdivision des chasseurs à cheval : Thony Sallambier, lieutenant ; Edouard Petitgrand, sous-lieutenant.

Le 13 octobre, la ville de Constantine (Algérie) tomba au pouvoir des Français, après des combats et un siège très sanglants. Un de nos concitoyens, M. Lemercier, colonel, fut tué pendant le siége, laissant une veuve et un enfant venant de naître. Dix ans après, la ville s'intéressa au jeune Lemercier, qui obtint une bourse dans un collège de l'Etat.

La route d'Elbeuf à Louviers fut en partie ouverte à cette époque. La section de la Vallée à Louviers date de 1837 et celle d'Elbeuf à la Vallée de l'année suivante.

Le 3 novembre, mourut M. Jean-François Fournier, officier de gendarmerie retraité, chevalier de la Légion d'honneur. — A cette date, Mme Genisty était directrice de la poste aux lettres.

Un arrêt rendu par la Cour de cassation jeta le trouble dans l'esprit du maire de notre ville, au sujet de la discipline dans la garde nationale.

La Cour avait décidé, dans une affaire marquis d'Anglade, qu'un garde de service pouvait quitter le poste le soir pour s'aller coucher, sauf à subir une heure de faction le lendemain, à son retour.

Beaucoup de gardes nationaux d'Elbeuf déclarèrent, dès lors, qu'ils entendaient jouir des mêmes bénéfices que le marquis. M. Lefort-Henry en informa le préfet, le 25 décembre.

Le 12, la Chambre consultative répondit à

diverses questions, posées par le ministre, sur l'exportation des sucres, la révision de la loi sur les brevets d'invention, la suppression du colportage et celle des ventes à l'ancan.

Dans le courant de l'année, on avait enregistré 509 naissances, 87 mariages et 356 décès.

CHAPITRE XV
(1838)

Les noms des rues. — Un nouveau journal. — Société pour l'emploi des déchets de fabrique. — Situation de la draperie. — Question du chemin de fer; deux projets; députation d'Elbeuviens vers le roi. — Incident au conseil municipal. — La route d'Oissel. — Les nouveaux curés. — Incendie de l'établissement C. Randoing. — La rue Céleste. — La ville achète le théâtre. — Naissance du comte de Paris. — Les premiers trottoirs. — Les rues de Paris et du Glayeul. — L'incendie Javal.

Le budget primitif municipal de l'année 1838 fut établi par une prévision de 184.863 fr. de recettes et 184.303 fr. de dépenses. — Celui de l'Hospice par 41.653 fr. de recettes et 41.605 francs de dépenses. — Celui du Bureau de bienfaisance par 23.850 fr. de recettes et 23.800 francs de dépenses.

M. Jean-Mathieu Delarue mourut le 20 janvier ; il était né en 1767.

En janvier, le froid fut extrêmement rigoureux. La Seine gela complètement. Le maire fit défense de marcher sur la glace qui couvrait le fleuve, et, le 18, annonça que des chauffoirs publics seraient ouverts, de sept heures du matin jusqu'à sept heures du soir, dans les salles de bal des sieurs Luce, rue du Neubourg; Grin, rue du Bassin, et Fromage, rue de Rouen. Les dimanches et lundis, ces chauffoirs fermaient à quatre heures, afin de ne pas nuire à l'industrie.

Une enquête fut ouverte, le 17 février, sur une demande de MM. Houget, Teston et Cie, tendant à obtenir l'autorisation d'établir une fonderie de cuivre et de fer rue de la Bague, dans un établissement qui porte encore aujourd'hui le nom de la Fonderie, bien qu'on n'y fonde plus depuis longtemps.

Le 20, M. Philippe Decaux devint président du Conseil des prud'hommes, avec M. Dévé fils, nommé vice-président.

Une ordonnance royale, du 15 mars, autorisa les héritiers Louvet à ouvrir la rue de ce nom, sur une largeur de huit mètres. — Peu de temps après, en juin, une vaste construction élevée, par M. Colvée, dans cette rue s'écroula un ouvrier fut tué et plusieurs autres blessés.

Dans sa séance du 27 mars, le Conseil municipal commença une discussion, qui dura plusieurs jours, sur le plan général de la ville et la largeur à donner à chacune des rues existantes, qui étaient alors les suivantes :

Petite voirie : Rues Saint-Jean, de la Prairie, Bourdon. de Seine, de la Porte-Rouge, Robert, Percière, Lafayette, de la Bague, des Trois-Cornets, Fouquier, du Bout-du-Gard (partiellement), Patallier, Pavée, de la Forêt, Saint-Amand, de Caudebec, Petite rue du Cours, de l'Epinette, du Port (limitrophe avec

Caudebec), des Traites, Deshayes, des Champs, du Pré-Basile, de la Rigole, du Moulin-Saint-Jean, du Bassin, du Nord, Notre-Dame, de la Brigaudière (fermée maintenant) des Rouvalets, Saint Auct, du Thuit-Anger, sente de l'Hospice, rues des Echelettes, Saint-Louis, du Centre, du Marché, de la Justice, Traversière, du Vallot, Tournante, Hervieux, aux Bœufs, Saint-Louis et le Port.

Il s'occupa aussi des rues projetées suivantes : de la rue de l'Hospice à la Seine, de la rue du Maurepas jusqu'à la Seine, de la rue Robert jusqu'à la Seine, d'une rue de jonction entre les rues Notre-Dame et de l'Hospice prolongée, d'une autre à ouvrir entre l'encoignure nord-est de la place Lécallier et de la rue Patallier.

Le mardi 22, mourut M. Charles-Bruno-Bonaventure Romelot, curé de Saint-Jean depuis trente-six ans, décédé et âgé de 83 ans. M. Rationville était alors vicaire de cette paroisse. Quelques semaines après, M. Lainé, curé de Saint-Etienne, fut nommé à la cure de Saint-Jean.

A cette époque, M. le docteur Godquin professait des cours de physique et d'électricité qui étaient régulièrement suivis.

Le premier numéro de l'ancien *Industriel elbeuvien* parut le 1er avril. Ce journal, fondé par M. Amédée Fournier, imprimeur rue de la Justice, parut d'abord le dimanche seulement ; plus tard, il devint bi-hebdomadaire. MM. Mathieu Bourdon, Henri Tabouelle et Léon Kurzer en étaient les rédacteurs. Dès les premiers mois de sa naissance, *l'Industriel* entra en polémique avec *le Journal d'Elbeuf et de Louviers*, à propos du projet de chemin

Année 1838

de fer. Ce premier *Industriel elbeuvien* cessa de paraître en 1851.

Le 24, la municipalité décida que les agents de police auraient un uniforme.

On travaillait toujours au nivellement du Champ-de-foire, mais il n'était pas encore en état de recevoir la foire de la Passion en 1838, qui se tint, comme précédemment, à la jonction et le long des rues du Neubourg, de Caudebec et du Cours.

Le Cercle des commerçants date du 26 mars 1838. Il fut autorisé par le maire le 2 avril. Ses membres étaient au nombre de 120, et ses réunions avaient lieu dans une maison appartenaient à M. Henry Quesné, rue Royale. Il portait le titre, au début, de « Cercle commercial ».

La Compagnie elbeuvienne d'éclairage par le gaz fut autorisée par ordonnance du roi le 25 avril 1838. La durée de la Société était de 99 ans. Suivent les noms des actionnaires et le nombre d'actions que prit chacun d'eux :

De Rouen : MM. Evode Lange 25, Desmarest 24, Hautot 12, Massard 6, Delisle 4, Hébert père 4, Hébert fils 1, Delarocque 3.

D'Elbeuf : MM. Th. Chennevière 15, Delarue frères 11, Augustin Devé fils 10, Albert Ménage 8, Félix Aroux 8, Ph. Decaux 8, Dévé père 5, Hippolyte Delarue 5, François Delamare 5, Victor Quesné 5, les fils Gauchaux-Picard 4, Constant Fouard père 4, J.-P. Charvet 4, François Delaporte 4, Quesnay-Dévé 3, H. Justin 3, Eloy Guerot 3, Morel Beer 3, H. Guibert 1, Brutus Javal 4, Lefebvre fils 2, Alph. Sauvage 2, Théophile Lambert 2, Déparrois 1, Bigot-Renaux 1, Lemonnier-Chennevière 1, Victor Desmar 1, Bourdon fils 1,

Félix Gariel 5, Lesseré-Grémont 3, Chefdrue et Chauvreulx 3, Camille Randoing 6, Petou 2.

On afficha, le 26 avril, un avis au public portant que des travaux de nivellement allaient être exécutés dans l'ancien cimetière Saint-Jean, destiné à être réuni au terrain de M. Pierre Lécallier pour en faire une place publique. En juillet, on mit en adjudication les travaux de nivellement de ces deux terrains ; le devis se chiffrait par 4.916 fr.

En avril-mai, la Chambre consultative, de concert avec le Conseil des prud'hommes, s'occupa d'un projet concernant l'emploi, à Elbeuf même, des bouts et déchets de fabrique.

Une Société libre de bienfaisance, ayant pour but de procurer de l'ouvrage aux ouvriers âgés, d'accroître la dotation du Bureau de secours pour les pauvres et de prévenir les abus de fabrique, serait créée.

Les fabricants, s'ils ne les employaient eux-mêmes, devraient vendre leurs déchets à la Société de bienfaisance, qui les ferait ouvrer.

Le capital de la Société, fondée pour trente ans, serait fixé à 50.000 fr., par 500 actions de 100 fr., remboursables par voie de tirage au sort au nombre de 25 fr. par an.

L'excédent de tous les frais de création et d'exploitation serait versé au Bureau de secours pour les pauvres, et après trente ans, les 50.000 fr. du capital iraient par moitié à ce bureau et pour l'autre moitié aux actionnaires.

Une négociant de notre ville apprécia ainsi la situation des affaires à Elbeuf, à la date du 6 mai :

« La nouveauté, que l'on condamne régulièrement à mort tous les trois mois, est encore pleine d'avenir. Des commandes nombreuses sont adressées du dehors ; l'article aura un grand débit cet hiver. Peut-être offrira-t-il des bénéfices moins grands, parce qu'un plus grand nombre de fabricants l'exploitent actuellement...

« Nous sommes étonnés que des essais en flanelles pour gilets de santé, en mousseline de laine, casimirs, mérinos, escot ne soient pas tentés. Est-ce que par hasard, nos filateurs ne seraient pas à la hauteur de ceux de Reims, de Sedan ?

« Elbeuf tend à monopoliser tous les articles de lainages : les maisons qui prendraient l'initiative pour l'un de ces produits auraient de grandes chances de réussite. L'acheteur, dont les moments sont comptés et qui ne voyage que lorsqu'il y a urgence, aimerait à tout rencontrer sous sa main et à n'être pas obligé de partager ses opérations entre différents points fort distants les uns des autres. C'est un but auquel il faut arriver ; il ne dépasse pas les forces de notre localité... »

Ce même jour, qui était un dimanche, on célébra la fête du roi ; le nouveau journal *l'Industriel* rendit compte en termes dithyrambiques de la revue de la garde nationale, qui avait eu lieu sur le Champ-de-foire.

« Ces soldats citoyens, dans une tenue superbe, s'avançant avec ordre à travers l'herbe touffue d'une vaste plaine ; les sons d'une musique suave s'élevant dans un air tranquille, et acquérant une plus grande pureté par le voisinage du fleuve qui coule majestueux au bord de cette plaine ; les magnificences de la terre, que le zéphire s'était empressé la veille de rajeunir et de couvrir de fleurs et de rameaux d'azur et d'or ; un paysage aussi immense que gracieux s'animant subitement de reflets d'armes étincelantes, d'évolutions et de symphonies guerrières, tout cela était, pour les spectateurs nombreux, une source de sensations que la parole s'efforcerait vainement de colorer... »

M. Victor Grandin, étant à Paris le 18 mai, apprit des nouvelles d'une telle importance, qu'il revint immédiatement à Elbeuf pour les communiquer au conseil municipal, afin de provoquer une démarche auprès de l'autorité supérieure et prévenir la présentation aux Chambres d'un projet de loi, contraire à l'avenir de notre ville, relatif au tracé du chemin de fer par la vallée de la Seine.

Le Conseil s'assembla le lendemain ; devant lui, M. Victor Grandin expliqua comment une recette extraordinaire sur le chemin de fer de Paris à Saint-Germain dans la journée du dimanche précédent, avait éveillé l'attention d'une compagnie de banquiers spéculateurs sur ce genre d'entreprise, comment ils en avaient conçu l'idée de se réunir pour concerter un plan de chemin de fer de Paris à la mer, et comment encore, ne pouvant se substituer à la compagnie Riant, en ce qui concernait la ligne par la vallée, ils s'étaient prononcés pour la ligne par les plateaux, qui déjà avait été l'objet d'études sérieuses, et se proposaient de s'en rendre adjudicataires.

Suivant M. Grandin, l'organisation d'une pareille compagnie, disposant déjà de plus de 80 millions garantis par la coalition d'un petit nombre de capitalistes opulents, était bien accueillie par les ministres et les Ponts et Chaussées.

Leur proposition ne courait aucun risque d'être entravée par M. Rostchild, qui paraissait se contenter de la promesse qui lui avait été faite de lui laisser continuer le chemin de fer de Paris à Saint-Germain jusqu'à Poissy, pour communiquer avec un service de bateaux à vapeur jusqu'à Rouen. Il ne paraissait pas douteux à M. Grandin qu'en l'absence d'aucune réclamation des localités intéressées, que la ligne des plateaux fut adoptée par le ministre des Travaux publics, qui lui donnerait la forme d'un projet de loi pouvant être présenté à la Chambre des députés quelques jours après, car le Conseil des ministres était convoqué pour le lendemain 20 mai.

La ville de Rouen, ayant été instruite de ces faits, s'était empressée de formuler une adresse au roi. M. Grandin demanda au conseil municipal d'Elbeuf d'en faire autant, séance tenante.

Après une courte discussion, le Conseil nomma une députation composée de MM. Lefort-Henry, Victor Grandin, Mathieu Bourdon, Th. Chennevière, Houllier et Rouvin, pour porter au roi l'adresse dont la teneur suit :

« Sire ; la ville d'Elbeuf, qui vous est si dévouée et à laquelle votre auguste et bienveillante protection n'a jamais failli, vient respectueusement déposer aux pieds du trône de Votre Majesté ses craintes et ses espérances.

« Sire, une grande question s'agite en ce moment ; bientôt, aujourd'hui peut-être, le gouvernement de Votre Majesté va se prononcer entre les diverses compagnies qui se présentent pour soumissionner le chemin de fer de Paris à la mer.

« Les immenses avantages que présente la vallée de la Seine, sous le rapport de l'exécution et de l'exploitation, seront-ils appréciés ? La ligne par les plateaux, malgré ses défectuosités et son peu d'avenir, ne lui sera-t-elle pas préférée ? Telle, Sire, est la cause de notre anxiété.

« Que le tracé indiqué par la nature elle-même soit suivi ; que Rouen, seconde ville du royaume, soit liée à Paris par une ligne principale et directe, et devienne ainsi le point central du grand mouvement qui s'organise, aucun intérêt ne souffrira, et l'avenir d'Elbeuf comme celui de nombreuses populations qui bordent la Seine est assuré.

« Que la ligne des plateaux soit au contraire préférée, aucune localité importante n'y gagnera, beaucoup y perdront et Elbeuf, en particulier, sera totalement sacrifié.

« En vain prétendrait-on nous rassurer par la promesse d'embranchements destinés à desservir notre ville : nous sommes loin de mettre en doute la bonne foi de ceux qui pensent nous satisfaire ainsi, mais nous devons craindre qu'à l'époque éloignée où les embranchements pourraient être entrepris, la génération qui nous suivra ne se trouve point liée par une détermination irrationnelle.

« Ne devons-nous pas craindre aussi que, dans un temps plus reculé, on ne nous oppose, comme déjà on tente de le faire aujourd'hui, les avantages que nous procure la navigation à la vapeur, comme si cette navigation n'était pas forcément suspendue pendant six mois de l'année, impossible pendant les nuits et pendant les jours brumeux, exposée enfin à des accidents d'autant plus nombreux et d'autant plus graves que le service serait plus accéléré.

« Si les habitants d'Elbeuf qui, les premiers, ont salué l'avènement de Votre Majesté au trône, placent toute leur confiance dans votre sagesse et dans votre sollicitude pour eux, ils osent espérer que vous daignerez prendre sous votre sauvegarde leurs intérêts, et qu'ainsi ils ne seront pas dépouillés des avantages auxquels la position de leur ville, son importance et son industrie leur donnent droit de prétendre ».

Le 26, le Conseil s'assembla de nouveau. Le maire rendit compte à ses collègues du voyage de la délégation municipale.

La première démarche de la commission avait eu lieu vers M. Riant. Elle était ensuite allée trouver le roi, accompagnée de M. Sevaistre, député.

Louis-Philippe lui avait répondu que, constitutionnellement, il ne pouvait agir spécialement dans l'intérêt de la ville d'Elbeuf, plutôt que dans celui de tout autre localité, mais qu'il se montrerait toujours favorable à sa prospérité.

La commission s'était ensuite transportée chez les ministres. Elle n'avait pu rencontrer, le dimanche, que M. Barthe, qui s'était fait donner par elle tous les renseignements relatifs à la question des chemins de fer, après quoi il avait assuré à la délégation qu'il se livrerait à un examen sérieux et qu'il ferait valoir au Conseil des ministres les intérêts d'Elbeuf. Ce conseil de cabinet avait eu lieu le soir de ce même jour dimanche.

Le lendemain matin, les délégués allèrent chez plusieurs ministres, pour connaître ce qui s'était passé au Conseil ; ils avaient acquis la conviction que le projet par les plateaux semblait prévaloir, mais qu'on avait cherché à mettre à couvert les intérêts de Rouen et d'Elbeuf par un double embranchement par Charleval.

Le maire termina son rapport verbal en disant qu'il était convaincu que les intentions de la Compagnie par les plateaux ne se prononçaient, avant l'arrivée de la délégation elbeuvienne, que d'une manière fort équivoque au sujet des embranchements sur notre ville, et que la démarche qui venait d'être faite n'avait pas été sans influer sur la situation.

M. Victor Grandin ne se montra pas si optimiste ; il déclara nettement que les démarches de la délégation avaient complètement échoué, et, pour le démontrer, passa un examen complet de l'historique de la question.

Le 22 mai, on avait mis en adjudication les travaux de terrassement pour la suppression des rampes existant sur le Cours entre le Calvaire et les rues du Cimetière (Constantine) et Saint-Amand. Le devis s'élevait à 6.541 fr.
— En ce même temps, on dépensa plus de 5.000 fr. pour niveler la place Lécallier et la rue Curmer.

M. Sevaistre, député, ayant annoncé au maire de notre ville que le gouvernement avait présenté à la Chambre un projet de chemin de fer par les plateaux, M. Lefort-Henry en informa le conseil municipal le 29.

Le maire exposa qu'il avait prié le député d'appuyer une modification de la loi consistant à faire dévier la ligne principale à partir de Charleval, pour lui faire suivre la vallée d'Andelle et franchir ensuite le col de Tourville-la-Rivière et de là gagner Rouen. Il est à noter que M. Sevaistre était favorable au tracé par les plateaux.

Dans cette séance, une discussion intéressante s'engagea entre M. Victor Grandin et le maire.

En résumé, le Conseil décida qu'une nouvelle délégation serait nommée pour agir sur la commission de la Chambre des députés chargée d'examiner le projet de chemin de fer, et, à cet effet, MM. Victor Grandin, Th. Chennevière et Mathieu Bourdon furent immédiatement choisis pour faire partie de cette députation.

Un incident se produisit à l'ouverture de la séance municipale du 12 juin.

M. Victor Grandin réclama la parole pour inviter le maire à expliquer comment il avait pu publier et signer, comme maire d'Elbeuf, une lettre qui avait paru dans les journaux de la ville, du département et de Paris, laquelle lettre paraissait avoir donné lieu à des inductions contraires aux différents votes, suffisamment explicites, du Conseil, sur la question du chemin de fer.

« S'il est vrai, ajouta M. Grandin, que la deuxième députation du Conseil n'a recueilli de sa mission aucun résultat favorable à la ligne que l'on a suivie jusqu'alors, il n'existait aucune raison plausible d'aller déclarer publiquement que l'intérêt d'une compagnie qui est identique avec celui de notre ville quant à la question du tracé, a cessé d'être ainsi compris par M. le maire, qui ne peut être que l'organe des sentiments exprimés par le Conseil, et c'était ainsi mettre le Conseil en contradiction avec lui-même, quand sa dernière résolution n'a point encore éprouvé de correctif et que, d'ailleurs, il n'a point encore été statué définitivement par les Chambres sur l'admission du tracé que la ville d'Elbeuf a constamment combattu ».

M. Lefort-Henry répondit en se livrant à une analyse justificative de sa lettre, qu'il avait signée comme maire d'Elbeuf, parce que, dit-il, ses fonctions lui en donnaient le droit et la faculté. Il se défendit d'avoir voulu dénaturer une délibération qui témoignait des sympathies du Conseil pour le tracé par la vallée et fit remarquer qu'il avait même débuté par une sorte de profession de foi à cet égard ; mais il n'avait pas cru qu'on dût laisser passer sans réfutation cet argument, mis en avant par les souscripteurs de la compagnie Riant, que l'embranchement sur Elbeuf imposerait aux adjudicataires du tracé par les plateaux une perte annuelle de 900.000 fr.

Dans cette même séance, le Conseil discuta sur le projet de route d'Elbeuf à Rouen, par le bas des roches d'Orival et Oissel.

M. Houllier rappela que ce projet n'était qu'une forme d'opposition au projet d'un pont sur la Seine et d'une route jusqu'à Rouen, par la presqu'île de Saint-Aubin. Une commission fut nommée pour étudier cette affaire.

Ce même jour, le Conseil vota une somme de 30.000 fr. pour le prolongement du quai, à condition que l'Etat fournirait pareille somme pour ce travail.

Une enquête de la durée d'un mois fut ouverte, le 1ᵉʳ juillet, sur le plan général de la ville, déposé à la mairie.

Le dimanche 8 juillet, le curé de Saint-Jean mit en possession de la succursale de Saint-

Le Théâtre Municipal (état actuel)

Etienne M. Edouard Beuzelin, nommé desservant de cette paroisse le 2 du même mois. Etaient présents à cette cérémonie MM. les adjoints au maire, Beuzelin, curé de la Madeleine de Paris ; Lainé, curé d'Elbeuf ; P. Turgis, J. L. Grandin, Constant Grandin, Join-Lambert, Constant Duruflé, Lenoble-Gaultier, Sallambier, C.-D. Thouin, Capplet, Devitry et plusieurs autres.

Le 14, le sieur Martin fut autorisé à ouvrir des bains en face le quai. Chaque baigneur payait 30 centimes, plus 10 centimes pour location d'un caleçon.

La Chambre consultative, ayant perdu MM. Sevaistre et Pedro Turgis dont le mandat était arrivé à expiration, et M Join-Lambert étant démissionnaire, reçut dans son sein, le 18 du même mois, M. Pedro Turgis, réélu, MM. V. Grandin et Sevaistre-Turgis.

Le 23, mourut M. Louis-Henri Delarue, né en 1755.

Le 26, le théâtre, qui avait coûté plus de 130.000 fr., fut mis en vente et adjugé à M. Prieur-Quesné, moyennant 31.000 fr.

La dernière des trois journées de fêtes de Juillet ayant été pluvieuse, le tir du feu d'artifice eut lieu le lendemain. — Ce même jour 30 juillet, M. Pierre-François Lainé fut installé en qualité de curé doyen de Saint Jean, fonctions auxquelles il avait été nommé par le prince de Croï, archevêque de Rouen. L'acte d'installation est signé de MM. Surgis, vicaire général ; A. Duval, président du conseil de fabrique ; Lucas, trésorier ; Huet ; Barette-Lanon, adjoint; Lefebvre-Mansel, Portal père, Ratiéville, Claudé, N. Delamare, Poteau, secrétaire ; Alex. Poussin, Buisson-Lécallier,

Constant Delalande, Bigot-Buron, Boisguillaume ; F.-M. Quesnel et Monville, vicaires de Saint-Jean ; Guernier et Buisson, vicaires de Saint-Etienne ; A.-G. Lefebvre ; Morel, desservant d'Orival ; Forbras, curé de Caudebec ; Rée, desservant de Freneuse, et P. Féré.

Le 4 août, un peu avant trois heures du matin, le feu se déclara dans l'établissement Camille Randoing, rue de la Bague. Le sinistre menaçant de prendre des proportions immenses, M. Lefort-Henry, maire, envoya un exprès à Rouen pour réclamer des secours ; mais le vent ayant subitement changé de direction, un autre exprès partit pour les contremander.

La générale et le tocsin sonné aux églises d'Elbeuf et à celles des communes voisines, amenèrent une foule considérable. Les seaux à incendie de Caudebec furent apportés. Vers cinq heures, on était maître du feu.

Les pertes furent évaluées à 300.000 fr. pour M. Randoing, assuré à l'*Elbeuvienne* pour 281.000 fr. et à la *Royale* pour 90.000 fr. Les pertes éprouvées par M. Th. Chennevière, locataire de M. Randoing, s'élevèrent à 100.000 francs ; il avait une assurance à la *Royale* pour 60.000 fr.

Les dégâts chez les voisins furent estimés à 15.000 fr.

Cet incendie avait été aperçu de Rouen, et les pompiers de cette ville accoururent avec une partie de leur matériel ; mais arrivés à Quevilly, ils apprirent que l'on s'était rendu maître du feu.

On chercha les causes de ce sinistre, le plus considérable qu'il y ait eu à Elbeuf jusqu'à cette époque. Ne trouvant mieux, on accusa le gaz d'avoir contribué à son extension ; plus tard, il fut démontré qu'il n'y était pour rien, et qu'une installation au gaz était moins dangereuse que la présence d'un tonneau d'huile ou de déchets.

Sur la demande du baron Dupont-Delporte, préfet, le duc et la duchesse d'Orléans envoyèrent un secours de 1.000 fr. aux ouvriers de notre ville, privés de travail par cet incendie. Louis Philippe envoya 600 fr. et la reine 400 fr. pour le même objet.

Ce ne fut pas une petite question que celle de la plantation d'arbres sur les terrasses du Champ de-foire. Les uns réclamaient des marronniers, d'autres des tilleuls ou des ormes, quelques-uns même des peupliers.

Trois votes successifs au conseil municipal ne donnèrent aucun résultat ; un quatrième donna 4 voix aux tilleuls, 6 aux marronniers et 6 pour une plantation mixte d'ormes et de peupliers. La question n'était donc pas encore vidée ; mais le maire, qui s'était abstenu de dire son avis dans les scrutins précédents, la trancha en se prononçant en faveur des marronniers.

Dans cette séance, qui se tint le 8 août, on ne put guère se dispenser de parler du sinistre du 4.

Le maire cita plusieurs villes qui, dans un but d'ordre et de sécurité, avaient formé des escouades de « patrouilles grises », faisant un service nocturne dans toutes leurs rues. Le maire conclut à la création d'un semblable service à Elbeuf ; cette proposition fut renvoyée à une commission, et, quelques jours après, il fut arrêté qu'une patrouille de nuit, composée de six hommes, serait établie ; on vota à cet effet, pour les mois restant à courir de l'année 1838, une somme de 1.200 fr.

Le 10, on procéda à l'installation de M. Nicolas Louvet, comme président du Tribunal de commerce, en remplacement de M. Desfresches père, décédé ; de M. Chefdrue fils aîné, comme juge, en remplacement de M. Sevaistre-Turgis ; et de MM. Pierre Portal aîné et Constant Grandin, comme juges suppléants, pour remplacer MM. Augustin Delarue et Chefdrue fils aîné, tous nommés par le roi, le 6 juillet précédent.

Dans l'année précédente, 431 causes avaient été introduites, sur lesquelles 320 jugées et 91 dérôlées. Le tribunal avait prononcé 19 faillites.

M. Lanseigne, dans un discours qu'il prononça à l'occasion de l'installation des nouveaux magistrats, dit que les éléments de prospérité que possédait l'industrie elbeuvienne allaient s'accroître par « la loi sur les chemins de fer, l'événement le plus important de l'année ».

Le 10 également, le Conseil municipal décida que les abattoirs proposés par M. Colvée seraient construits au bord de la Seine, en aval de la ville.

Ce même jour, Mlle Céleste Louvet fut autorisée à ouvrir une rue entre celles du Vallot et de la Justice : ce fut la rue Céleste.

Le 23, le Conseil donna le nom de place Lemercier à celle située sur l'ancien cimetière et les terrains Pierre Lécallier, en l'honneur du brave et savant colonel Lemercier, mort sous les drapeaux à Alger.

La place du Champ-de-foire faillit ne pas

être plantée en marronniers, cette essence manquant chez les pépiniéristes de Rouen ; mais la majorité du Conseil tint bon et décida que l'on en ferait venir de Paris.

Au concours qui avait eu lieu entre les élèves de tous les collèges royaux de province, l'un des quatre prix de rhétorique avait été enlevé par M. Emmanuel Revelle, d'Elbeuf : le conseil municipal, au nom de la ville, lui offrit un ouvrage pour marquer la satisfaction que les Elbeuviens éprouvaient de ce succès.

Le 25 août, le conseil municipal se montra unanime pour acheter la salle de théâtre, au prix de 50.000 fr., à la charge par M. Prieur, vendeur, de dépenser 6.000 fr. pour des réparations reconnues nécessaires.

Deux jours après, l'assemblée municipale fut convoquée extraordinairement, par suite de la communication officielle faite au maire de la naissance de « Son Altesse royale le comte de Paris », ce qui ne pouvait manquer de donner prétexte à une nouvelle adresse à Louis-Philippe, auquel le Conseil écrivit :

« Sire, la nouvelle de la naissance de S. A. R. le comte de Paris a été saluée dans notre ville par d'unanimes acclamations.

« Nous avons compris toute la puissance morale d'un événement aussi heureux ; nous l'acceptons en Français éminemment attachés à la dynastie du Juillet, comme un nouveau gage de sécurité et d'avenir.

« Dans cette circonstance, les graves intérêts du Pays ne nous préoccupent pas seuls ; pleins du souvenir récent des bienfaits de votre Royale famille, tout ce qui contribue à son bonheur privé attire également nos vives affections.

« Qu'il nous soit donc permis, Sire, dans notre patriotisme, de présenter au prince nos respectueux hommages pour un événement qui consolide son trône, et, dans notre reconnaissance, d'adresser les plus sincères félicitations à l'auguste chef d'une famille au comble de ses vœux par une naissance si ardemment désirée ».

Chacun sait que le comte de Paris, petit-fils de Louis-Philippe, était né du duc et de la duchesse d'Orléans. On le nomma Louis-Philippe-Albert d'Orléans.

Envoyer des félicitations au roi à l'occasion de cette naissance n'était chose difficile ; mais quand le maire demanda au conseil municipal s'il fallait voter des fonds pour des réjouissances publiques, l'assemblée s'aperçut qu'il n'y en avait aucuns de disponibles. On s'en rapporta donc à la population pour faire d'elle-même toutes les « démonstrations de joie et de bonheur que causait à la France cet événement ».

Les autorités se contentèrent d'assister en grande tenue ou tenue officielle au *Te Deum* que l'on chanta le 2 du mois suivant en l'église Saint-Jean. Le soir, on illumina la façade de la mairie. En ville, les façades d'un certain nombre d'habitations étaient aussi garnies de lampions.

Le grand enclos dit de la Brigaudière, dans lequel devait être ouverte une rue de 8 mètres que l'on ferma plus tard, fut mis en vente le 3 septembre.

Le 19, mourut M. Jacques-Louis-Prosper Grandin ; il était né en 1766.

Le 20 septembre, le conseil municipal autorisa le maire à défendre dans une action que

M. Louis-Robert Flavigny père intentait à la ville au sujet des eaux de la Rigole et du moulin Saint-Jean. Une transaction entre les parties fut signée le 16 février de l'année suivante.

Le préfet autorisa, le 21, la compagnie du gaz à placer un paratonnerre sur l'un de ses deux gazomètres et un second au point culminant des fourneaux de son usine.

Le 29 de ce même mois, l'opération du conditionnement des laines appela de nouveau l'attention de la Chambre consultative, devant laquelle il en avait été déjà question. Chaque membre fut invité à se livrer à des essais de lavage et de séchage sur diverses laines blanches, afin d'apprécier quelle pouvait être l'humidité à accorder à toute laine lavée, sans avoir égard à son dégraissage plus ou moins parfait. Le conditionnement était déjà appliqué à Lyon, pour les soies.

A partir du 3 octobre, les Elbeuviens eurent la faculté de pouvoir construire des trottoirs devant leurs propriétés. Le conseil municipal fit établir le premier devant la maison de ville, afin de servir de modèle aux propriétaires qui seraient disposés à en orner le devant de leurs immeubles.

Ce même jour, il fut question, pour la première fois au Conseil, de faire éclairer une partie de la ville par le gaz ; mais les actionnaires de la compagnie du gaz ayant refusé de donner leur adhésion au projet, celui-ci n'eût pas de suites pour le moment.

M. Pierre-Augustin Laurents, élu chef de bataillon de la garde nationale, le 1er octobre, en remplacement de M. Randoing, démissionnaire, prêta serment le 14 du même mois.

L'adjudant-major était alors M. Lair, et M. Lesaas remplissait les fonctions de chirurgien aide-major. L'année suivante, M. P. Lejeune fut élu sous-chef de la musique.

Dans sa séance du 16 novembre, le conseil municipal examina une proposition de M. Jean-Marie Lécallier, d'ouvrir une rue dans sa propriété, pour faire le prolongement vers la Seine de la rue du Neubourg.

Peu de temps, le Conseil donna son approbation au projet et en même temps décida de prolonger la rue de l'Hospice jusqu'à la Seine ; cette dernière devait recevoir le nom de rue de Bordeaux.

Un autre incendie éclata, le 20 novembre, dans l'établissement de M. Javal. M. Dupont, sapeur-pompier, perdit la vie par suite des blessures qu'il y avait reçues. Un contre-maître de l'établissement, blessé également pendant ce sinistre, mourut un mois après.

A cette même époque, on fonda un comité pour la recherche de gisements de houille dans la Seine-Inférieure. Un grand nombre d'Elbeuviens s'inscrivirent pour chacun 100 fr.

Le 10 décembre, la Chambre consultative écrivit à M. Martin (du Nord), ministre des travaux publics et du commerce, pour lui rappeler les nombreux incendies de 1837 et 1838, qui avaient détruit un grand nombre d'établissements industriels dont les planchers étaient en bois, et lui demander que des mesures de sécurité fussent prises à l'avenir.

Il y avait eu, dans le courant de l'année, 498 naissances, 103 mariages et 476 décès.

CHAPITRE XVI
(1839)

Projet de nouvelles rues. — Inondation. — M. V. Grandin élu député et conseiller général. — Le Buquet, la Souche et les Ecameaux. — Le succès d'Elbeuf a l'Exposition de 1839. — L'oléine. — Translation du calvaire au cimetière Saint-Jean. — Liste des fabricants. — Le coke. — Le pont suspendu ; le projet Séguin ; un « referendum ». — Nouvelle crise industrielle ; travaux publics.

Le 7 janvier 1839, le conseil municipal fixa définitivement la largeur que devraient avoir les rues existantes et celles que l'on se proposait d'ouvrir.

Il décida que celle prolongeant la rue du Neubourg recevrait le nom de rue de Paris.

Une autre dite de grande jonction devant partir de la rue de l'Hospice pour aller déboucher en face du territoire de Caudebec, serait divisée en quatre sections. La première, s'arrêtant à la rue de la Justice, prendrait le nom de rue de Normandie. La seconde, s'étendant entre celles de la Justice et Tournante serait dénommée rue de Caen. La troisième, entre les rues Tournante et du Neubourg, serait appelée rue d'Evreux. Enfin la quatrième section recevrait le nom de rue de Chartres.

Le prolongement de la rue du Maurepas jusqu'à la Seine s'appellerait rue du Havre.

Le prolongement de la rue Robert jusqu'à la Seine serait nommé rue de Saint-Aubin.

La rue latérale à l'église Saint-Jean, entre celle de ce nom et la rue de Seine, prendrait la dénomination de rue de l'Eglise.

Celle faisant suite à la rue Hervieux et devant aboutir au milieu de la place Lécallier porterait le nom de rue de Lyon.

Une autre, qui devait partir de la rue Notre-Dame pour gagner celle de Bordeaux (actuellement du Glayeul) prendrait le nom de rue du Commerce.

Enfin, les quatre voies entourant la place Lécallier se nommeraient St-Jacques, Sainte-Cécile, des Marchands et de l'Union.

On sait que partie de ces projets ne fut pas exécutée, bien que le Conseil eût décidé que chaque année une somme de 10.000 fr. y serait consacrée.

Les chaussées ouest et est du Champ-de-foire étaient alors plantées de marronniers. Dans la séance municipale du 26 janvier, on demanda au maire pourquoi il ne faisait pas planter le côté sud.

M. Lefort-Henry répondit qu'il avait cru devoir faire ajourner ce travail, parce que les études des ingénieurs du chemin de fer étaient continuées dans le quartier et qu'il n'était pas impossible que la ligne passât par là.

Le Conseil entier manifesta son incrédulité,

et, de toutes parts, on invita le maire à faire achever la plantation.

Dans cette même séance, on discuta longuement sur l'ouverture des rues de Paris et de Bordeaux (du Glàyeul). La discusssion fut reprise dans la suivante, après quoi le Conseil déclara ces projets comme étant d'utilité publique. Il décida de consacrer 70.000 fr. à la rue de Bordeaux et 30.000 fr. à celle de Paris.

Un grand bal concert donné, à l'hôtel de ville le 2 février, au profit des pauvres, eut un succès énorme. Il produisit une somme nette de 1.650 fr.

Dans le courant de ce mois, la Seine déborda au point d'interrompre, pendant plusieurs jours, l'éclairage par le gaz, les eaux s'étant introduites dans le puits creusé pour contenir les canaux par lesquels le gaz s'entroduisait dans le gazomètre.

En ce même mois de février, on supprima le cours de physique professé par M. Alcan et celui de chimie que faisait gratuitement le docteur Godquin. M. Lebaron, directeur de l'Ecole primaire supérieure, s'engagea envers la ville à les reprendre pour ses élèves et à donner une séance publique un jour par semaine, moyennant une faible rétribution et la cession du matériel que la municipalité avait acheté pour les cours précédents.

Pendant très longtemps, les affaires du port avaient souffert à cause de l'ensablement qui s'était produit contre le quai. Enfin, on s'était décidé à faire un dragage par marché à forfait; mais l'entrepreneur, qui avait opéré consciencieusement, se trouvait en perte. Le Conseil tint compte des difficultés qu'il avait rencontrées et lui vota un supplément de 500 fr.

Le même jour, le 16 février, il fixa à 300 fr. le traitement du chef de musique de la garde nationale.

On mit à l'enquête l'ouverture de la rue Céleste, à partir du 27 février 1839.

A cette époque, le puits artésien de la place Saint-Louis était à peu près terminé. Le Conseil était si satisfait du travail de M. Mulot qu'il lui vota une gratification de 1.500 fr.; il alloua également 200 fr. à ses aides.

Il y eut moins d'accord pour les arbres de la rue du Cours : Des conseillers voulaient les abattre tout à fait, d'autres étaient partisans de cette mesure, mais ils réclamaient la plantation de nouveaux arbres ; d'autres encore voulaient que les propriétaires riverains fussent seuls juges pour abattre ou laisser les arbres devant leur propriété respective ; enfin, une autre partie demandait l'abattage d'un sujet sur trois. Bref, il y eut tant de divergences dans les idées que l'on se décida à laisser le Cours en l'état où il se trouvait.

Le 2 mars, la compagnie Rouvin mit en marche le vapeur l'*Elbeuvien* qui, dès cette époque, fit, deux fois par jour, un service régulier entre notre ville et Rouen.

Le lendemain dimanche 3, on procéda au dépouillement du scrutin pour la nomination d'un député dans la 4ᵉ circonscription de Rouen. Sur 1.090 électeurs inscrits, 944 avaient pris part au vote. M. Victor Grandin fut élu.

Des listes de souscription furent ouvertes dans notre ville, le 22 mars, pour venir en aide aux nombreuses victimes d'un tremblement de terre à la Martinique.

Considérant « que le mouvement du quai

d'Elbeuf s'accroissait chaque jour et qu'il y avait nécessité, en attendant son prolongement prochain, de prévenir les dangers et les inconvénients de l'encombrement », le maire ordonna, le 25, que les bateaux se tiendraient à l'ancre en rivière, vers l'île Bertin, jusqu'à ce qu'une place fût libre pour leur déchargement. Il fixa aussi l'emplacement que devaient occuper les bateaux à vapeur de la compagnie Lanne, Bocquet et Cie, et ceux de la compagnie Rouvin.

Le 26, mourut M. Jean-Pierre Lécallier ; il était né à Martot en 1761.

Le 27 du même mois, M. Gaudchaux-Picard fut nommé président des Prud'hommes et M. Victor Barbier, vice-président.

Le 9 avril, on mit en adjudication la construction d'un pont sur le Puchot, rue du Pré-Bazile; la dépense prévue était fixée à la somme de 5.700 fr.

Le 15, le conseil municipal donna son approbation au tracé, qui venait d'être soumis à l'enquête, de la dernière section de la route d'Elbeuf à Louviers. — Quelque temps après, il admit que notre ville entrât dans la dépense pour 6.900 fr., ainsi que le demandait le préfet.

Il s'entretint aussi de l'éclairage, par 40 becs de gaz, de la salle de spectacle. Le traité fut passé le mois suivant.

Le 16, on adjugea des travaux de pavage à effectuer impasse de la Fontaine du Sud et rue du Thuit-Anger, sur la mise à prix de 4.700 fr.

Ce même jour, un avis du maire annonça que, le surlendemain, on commencerait l'ouverture de tranchées rues St-Louis, du Marché, du Centre, Royale, St-Jean et de l'Hospice, pour la pose de conduites d'eau aux fontaines publiques.

Le 9 mai, mourut M. Jean Georges-Bernard Debeaulieu, né à Bec Thomas, le 8 février 1759. C'était un descendant des anciens marquis et barons de Bec Thomas, les de Beaulieu, ruinés au commencement du xviiie siècle.

A la séance municipale du 18 mai, il fut donné lecture d'une lettre du maire de Saint Pierre de-Lierroult (Eure) disant que par suite de sa proposition à l'évêque d'Evreux de fonder une succursale dans sa commune, il y avait nécessité d'accorder en échange au diocèse d'Evreux, les hameaux de la Souche et des Ecameaux.

Le maire observa que cette demande lui paraissait mal introduite et que le Conseil ne pouvait voter sur cette proposition ; mais toute l'assemblée fut d'accord pour agir en faveur de la séparation des deux hameaux et leur réunion au département de l'Eure.

Par la même occasion, elle invita le maire à demander la séparation du Buquet et sa réunion à la commune de la Londe.

Ce même jour, le Conseil décida l'établissement d'un capitaine de port à Elbeuf, avec traitement de 900 fr.

L'assemblée vota pour 6.000 fr. de réparations à l'église Saint Etienne et décida de demander un secours à l'Etat, pour ne pas laisser tomber cet édifice en ruines.

Le 24 mai, M. Félix Moret, ancien négociant d'Elbeuf, fut nommé agréé auprès du Tribunal de commerce, en remplacement de M. Henique, démissionnaire.

La discussion sur le prolongement de la rue

de l'Hospice jusqu'au quai fut reprise à la séance municipale du 27. On décida que la nouvelle rue dévierait de quelques mètres vers l'Est, à son extrémité sur le quai ; que le nom de Bordeaux ne lui serait pas conservé, mais que la partie de cette voie située entre les rues Royale et de la Rigole prendrait le nom de rue du Port.

Le 8 juin, le Conseil vota une somme de 24.000 fr. pour l'agrandissement de l'Hospice.

M. Cléront, nommé second commissaire de police à Elbeuf, par ordonnance royale du 26 juin, prêta serment devant le maire de notre ville, le 5 juillet.

Le 8, le conseil municipal admit une proposition de M. Piquenart de construire à ses frais des baraques en bois sur la place Lemercier, pour lesquelles il payerait à la ville un loyer de 200 fr. par an. Dès ce jour, la vente en gros des fruits et légumes, et celles des rouenneries se fit sur cette place.

Les trottoirs se multipliant rue de la Barrière, le Conseil se décida à en faire aussi construire un devant le théâtre. Il vota également l'établissement de deux candélabres à l'extérieur, et 1.600 fr. pour l'ornementation de la façade de cet édifice, à l'intérieur duquel d'importants travaux d'embellissement avaient été exécutés :

Voici quelques notes sur les produits exposés à Paris, en 1839, par plusieurs fabricants de notre ville.

M. Th. Chennevière montrait des articles tout nouveaux pour pantalons et paletots d'hiver faits au métier Jacquard, que cet industriel avait importés à Elbeuf, et des étoffes pour robes, des tartans, des châles et des écharpes chinées. Son exposition produisit une profonde impression.

M. Durécu exposait une mousseline cachemire, des manteaux brodés en soie, des zéphirs, des satins matelassés pour paletots, des « granits » et un satin damassé pour robes de chambre.

MM. Chefdrue et Chauvreulx attiraient l'attention par leurs draps extra-fins, des étoffes pour pantalons, dont une était une imitation en laine de tissus caoutchouc et qui passait pour avoir présenté de très grandes difficultés de fabrication, et des satins gris d'un grain extrêmement fin.

M. Lemonnier-Chennevière avait envoyé à Paris quarante demi-pièces variées : étoffes pour manteaux de dames, brodées en soie, genres pour pantalons, alpagas, pilots et draps double-broche bleus.

M. Fouré se recommandait par ses draps extra-fins, des bleu-de-roi, des verts-russe et des ourika du prix de 40 à 45 fr. le mètre, d'une exécution admirable.

M. Javal exposait de bons draps ordinaires de 25 à 30 fr. le mètre, aussi beaux que ceux vendus au prix de 40 francs quelques années auparavant.

M. Barbier passait pour avoir des draps pouvant être rangés parmi les mieux traités de toute l'Exposition ; ils étaient notamment tondus d'une façon remarquable. Ses beardkins, tissus à longs poils introduits par lui en France, étaient plus beaux que les similaires anglais.

MM. Desfresches et fils exhibaient des tissus forts, solides, serrés, dont les teintes, devenues en quelque sorte officielles, étaient adoptées par l'armée.

M. Defrémicourt s'était contenté d'exposer des draps de sa fabrication courante, type du « bon Elbeuf ».

M. Robert Flavigny avait agi de même ; mais on remarquait aussi dans son exposition de jolies étoffes jaspées.

M. Aroux eut une assez mauvaise presse ; on reprochait à ses nouveautés pour dames de pécher sous le rapport du goût.

M. Charvet fut plus heureux : chacun reconnut que ses tissus étaient irréprochables.

M. Victor Grandin exposait des draps fort bien traités et des nouveautés ; mais, disait-on, ces dernières « ne justifient en rien le mystère dont cet industriel entoure ses travaux ». En effet, les ateliers de l'exposant n'étaient pas facilement ouverts aux étrangers, toujours très envieux de connaître les moyens de fabrication employés par cette maison.

MM. Delarue frères maintenaient leur supériorité incontestable pour la fabrication des draps de billards ; ils en exposaient de splendides, notamment un, coté 58 fr. le mètre.

En résumé, l'Exposition de 1839 porta à un degré sans précédent la réputation de la fabrique elbeuvienne. Les membres du jury furent tellement frappés de la beauté de ses produits, que, dès leur première visite, ils en firent la remarque avec enthousiasme. L'étonnement des industriels concurrents fut plus grand encore : ils ne comprenaient pas comment, depuis 1834, date de la dernière exposition, on avait pu opérer tant d'innovations dans la production lainière de notre ville.

La distribution des récompenses aux exposants eut lieu le 28 juillet. Voici celles qui furent attribuées aux industriels d'Elbeuf :

Croix d'honneur : M. Chefdrue.

Rappels de médailles d'or : MM. Chefdrue et Léon Chauvreulx, Louis-Robert Flavigny, Charles Robert Flavigny, Victor Grandin.

Médaille d'or : M. Th. Chennevière.

Rappels de médailles d'argent : MM. Félix Aroux, Charvet, Augustin Delarue frères, Desfresches et fils.

Médailles d'argent : MM. Barbier, Dumor-Masson, Charles Fouré et Cie, Félix Gariel.

Rappel de médaille de bronze : M. B. Javal

Médailles de bronze, MM. Rastier fils, Armand Durécu, Morel-Beer, Gaudchaux-Picard, Morel-Couprie et Cie.

En outre, M. Alcan, ingénieur, obtint une médaille d'argent pour son nouveau procédé de graissage de laines et de dégraissage des draps.

Une des plus notables améliorations apportées à la fabrication des tissus de laine fut la substitution de l'acide oléïque (oléine) à l'huile d'olive pour le graissage des laines au cardage, et le dégraissage au carbonate de soude. Les inventeurs étaient M. Alcan, notre concitoyen, et le chimiste Péligot Ce double procédé, qui simplifiait le travail et amenait une économie notable dans la fabrication des draps et autres lainages, fut l'objet d'un rapport très favorable rédigé par le jury de l'Exposition.

M. Louis-Robert Flavigny père ayant remis sa démission de conseiller général, les électeurs furent convoqués le 1er août pour lui donner un successeur. Leur nombre étant de 303, il avait été décidé qu'il serait formé deux sections ; mais à une nouvelle lecture de la liste électorale on s'aperçut que cinq étaient morts ; alors le préfet rapporta son premier arrêté et l'on ne forma qu'un bureau.

Le dépouillement du scrutin donna ces résultats : MM. Victor Grandin, 160 voix ; Lecerf, 63 ; Petou, 4 ; Pierre Turgis 3 ; Randoing, Sevaistre et Flavigny, chacun une. En conséquence, M. Victor Grandin, déjà membre de la Chambre des députés, fut déclaré membre du Conseil général.

Le 6, M. Huard-Maille entra à la Chambre consultative, en remplacement de M. Mathieu Sevaistre aîné, démissionnaire.

Depuis longtemps, le clergé d'Elbeuf visait le transfert de la croix et du dôme de la place du Calvaire au cimetière Saint Jean ; une souscription faite dans ce but avait produit 695 fr. Le 14 août, le conseil municipal vota de son côté 890 fr. pour compléter la somme de 1.585 fr. nécessaire à la translation. Mais à cette date, le travail était déjà très avancé, à cause du zèle de l'entrepreneur qui en était chargé et du désir exprimé par l'autorité ecclésiastique.

L'ouverture de nouvelles rues était la toquade de l'époque ; chaque propriétaire rêvait d'en percer dans ses biens. Il y en eut plusieurs d'ouvertes qui furent fermées depuis, notamment dans le quartier des Trois-Cornets.

Petit à petit la ville s'embellissait et s'assainissait ; on dépensait beaucoup pour le pavage, les trottoirs, la réfection des ruisseaux et l'élargissement des rues. C'est de ce temps que datent aussi les deux candélabres éclairés par le gaz, placés devant l'ancien hôtel de ville, les deux du portail de l'église Saint-Jean et plusieurs autres sur le quai.

La section moyenne de la plus forte ravine de 1839 avait environ trois mètres.

Par ordonnance royale du 27 août, une société de bienfaisance pour l'emploi des déchets de fabrique fut enfin fondée à Elbeuf. Les deux tiers de ses bénéfices étaient destinés au bureau de charité, qui reçut de ce chef une somme de 4.000 fr. pour la première année d'exercice.

Une autre ordonnance du roi, du 8 septembre, nomma MM. Portal aîné et C. Grandin juges au tribunal de commerce, en remplacement de MM. Lanseigne et Chennevière ; et M. Paul Sevaistre, juge suppléant, pour remplacer M. Portal. Leur installation et celle de M. Lambert fils aîné, nommé également juge suppléant, eut lieu en octobre suivant.

Vers la fin de septembre, la Chambre consultative écrivit à M. Cunin-Gridaine, ministre de l'agriculture et du commerce, pour réclamer contre l'insuffisance des primes données à la sortie des tissus. Elle désirait que les primes d'exportation fussent fixées à 12 fr. 50 pour 100 au lieu de 9.50. — En outre, la Chambre sollicitait un traité de commerce avec l'Espagne.

Conformément à une délibération du conseil municipal, à partir du 1er octobre, les marchands de rouenneries, habits, souliers, ferrailles, et les marchands de légumes et de fruits en gros s'établirent sur la place Lemercier, alors complètement nivelée.

Par suite de l'ouverture de ce nouveau marché, on ne toléra dans la rue Saint-Jean que les regrattiers et les fleuristes. La place Saint-Louis fut affectée à la vente des volailles, gibiers, beurre, fromages, œufs, etc. ; on y plaça également le marché aux fruits, articles de mercerie et boucherie de campagne qui se tenait rue Poulain. La place Lécallier fut réservée pour la tenue de la foire de la Passion. Enfin, la place du Bassin reçut tous les marchands qui voulurent s'y établir ; on n'y payait aucun droit.

Le lendemain 2, on mit en adjudication des travaux de pavage dans la rue du Maurepas, sur une mise à prix de 3.546 fr.

Au 9 octobre, il y avait neuf réfugiés politiques étrangers en résidence à Elbeuf : un officier italien, cinq officiers polonais, un sous-officier polonais et deux soldats de cette même nation. Ils étaient employés comme commis ou ouvriers dans les fabriques de notre ville, mais ne gagnaient pas suffisamment pour vivre ; le gouvernement leur continua les subsides qu'ils recevaient depuis plusieurs années.

En octobre, M. Lebourg succéda à M. Noirfalise comme imprimeur typographe, lithographe et libraire ; mais, en janvier 1842, ce dernier reprit l'établissement.

Le jeudi 12, le théâtre, restauré et devenu municipal, rouvrit ses portes. Il pouvait contenir 800 spectateurs, dont partie debout. Il avait coûté à la ville 40.000 fr. d'achat et 20.000 fr. de réparations.

M. le docteur Mathieu-Augustin Henry, ancien maire provisoire, médecin en chef de l'hospice, mourut vers le 15, à l'âge de quatre-vingts ans. Pendant sa jeunesse, il avait quitté la France pour suivre La Fayette en Amérique, où les Anglais l'avaient fait prisonnier et conduit en Angleterre. Il était chevalier de la Légion d'honneur et jouissait de la plus grande popularité. Une des rues d'Elbeuf porte son nom.

A cette époque, une véritable lutte existait entre le bateau l'*Elbeuvien*, de la compagnie

Rouvin, et la *Dorade n° 3*, de la compagnie Garray, pour le transport des voyageurs entre notre ville de Rouen. La victoire resta au premier, plus solide et plus confortable.

C'est aussi de ce même temps que, dans notre ville, on commença à se servir de coke pour le chauffage domestique ; on le vendait 18 fr. la voiture de 7 hectolitres et demi.

Dans sa réunion du 27, le conseil municipal discuta le rapport qui lui était présenté, au nom de la commission, sur la création du pont suspendu.

M. Laurents manifesta ses regrets que l'on eût donné la préférence au projet de MM. Séguin et non à celui de M. Moutier, ce dernier donnant naissance à une nouvelle route vers Rouen par la presqu'île de Saint-Aubin.

M. Victor Grandin compara les droits respectifs des deux quartiers qui se disputaient l'emplacement du pont, et combattit sa construction au bout de la rue de Paris, qui n'était encore que projetée. Dans son discours, il fit allusion au maire, qui s'était prononcé contre la route d'Oissel, parce qu'elle semblait favorable au vieil Elbeuf, qui cependant entrait encore pour les neuf dixièmes dans les intérêts généraux de la ville.

M. Lefort Henry céda la présidence à l'un de ses adjoints et répondit que ce n'était pas pour paralyser le projet de pont, comme l'insinuait M. Grandin, qu'il ne s'était pas montré favorable à la route d'Oissel, mais parce que le concours que l'on demandait à la ville dépassait les avantages qu'elle pouvait espérer retirer de cette route.

MM. Duval, Th. Chennevière, Patallier et Lecerf prirent part à la discussion générale, puis le maire mit aux voix la question suivante :

« Le pont est-il d'utilité publique ? » — 16 membres du Conseil répondirent *non* et 5 *oui*.

On mit ensuite aux voix l'article de la commission ainsi conçu : « Son utilité locale, pour les communes de la presqu'île et notamment pour celle de Saint Aubin est évidente ; elle est moindre pour la ville d'Elbeuf ». — 21 membres approuvèrent cette rédaction.

On mit encore aux voix cet autre article :

« En appréciant cette utilité à sa juste valeur, la commune doit être exempte de toute dépense ou indemnité qui serait la conséquence immédiate ou future de la construction d'un pont.

« Si même, à l'avenir, l'intérêt de cette entreprise exigeait la confection d'une route de Saint-Aubin au Port-Saint Ouen, le Conseil, jugeant les besoins de communication entre Elbeuf et Rouen satisfaits, se refuse, dès à présent, à jamais engager à cet égard la commune dans aucune contribution ».

Cet article fut adopté, le deuxième paragraphe par 19 voix contre 5.

Enfin, on passa à cet autre : « Le Conseil prend acte de la déclaration de M. le préfet, annonçant que la direction des Ponts et Chaussées a donné une préférence définitive au projet des sieurs Seguin ». — Adopté par 18 suffrages contre 5.

Les électeurs communaux étaient alors au nombre de 235 ; sur ce nombre 210 étaient venus donner leur opinion sur le projet de pont suspendu. 196 avaient donné un avis favorable, et 14 une manière de voir contraire au projet de l'enquête. Les 196 s'étaient en grande majorité prononcés en faveur de la création du pont au bout de la rue Saint-Jean.

Notre industrie drapière traversa une nouvelle crise, qui avait commencé avec l'automne ; tous les jours, on renvoyait, faute de travail à leur donner, de nombreux ouvriers. Il fallut songer à créer de nouveaux ateliers de charité, quoique l'on sût qu'ils fussent contraires à une économie bien entendue.

Un moment, notre municipalité avait cru pouvoir les employer aux travaux de la route d'Elbeuf à Louviers ; mais, outre que les formalités à remplir pour en suivre tout de suite le tracé ne permettaient pas d'y occuper tous les bras en chômage, il avait semblé aux autorités des travaux publics préférables d'y appeler les ouvriers sans ouvrage habitant Caudebec, les travaux s'exécutant d'ailleurs sur le territoire de cette commune.

Dans cet état, le conseil municipal fut convoqué le 3 décembre pour délibérer immédiatement, la sollicitude de l'administration ayant été particulièrement éveillée à l'aspect de la misère qui s'était placée sous ses yeux pendant les trois ou quatre jours précédents.

On mit plusieurs projets en avant : 1º S'acquitter par prestation en nature de la contribution que la ville d'Elbeuf devait pour la route d'Oissel ; 2º Elargir le chemin de halage, en empiétant sur le fleuve ; 3º Travailler aux rues projetées en y portant des remblais ; mais le temps manquait pour remplir les formalités qui devaient précéder ces divers travaux.

L'assemblée commença par voter une somme de 15.000 fr., imputable aux trois années suivantes.

Elle arrêta ensuite que l'on ferait des tra

vaux à la rue du Port, entre Elbeuf et Caudebec ; puis que l'on travaillerait à la rue des Ecameaux, pour la rendre viable. Enfin, on tirerait des cailloux dans la forêt pour les porter dans celles des rues de la ville qui en avaient besoin.

Le prix du salaire journalier fut fixé à 1 fr. pour les hommes mariés et à 75 centimes pour les célibataires.

Le 8, M. Joseph Flavigny fut réélu membre du Conseil d'arrondissement par 60 voix, contre 4 données à M. Mathieu-Isidore Lecerf.

Le 22 novembre, mourut M. Jean Bellec, capitaine des pompiers. Il était né près de Nantes, ce qui lui avait valu, à Elbeuf, le sobriquet de Nantais ; il était âgé de 77 ans.

Le 24 novembre, la Chambre consultative écrivit à M. Dufaure, ministre des travaux publics, pour hâter la solution du chemin de fer de Paris à Rouen par Elbeuf.

En 1839, on compta 555 naissances, 93 mariages et 392 décès.

CHAPITRE XVII
(janvier-juin 1840)

Les rues Lefort et Henry. — Travaux de charité. — Les bateaux a vapeur d'Elbeuf a Rouen ; concurrence extraordinaire. — Elections municipales. — Le chemin de fer de Paris-Rouen ; projet d'embranchement sur Elbeuf ; incident au Conseil municipal. — Le pont suspendu. — La question de la rue du Glayeul, autres incidents. — Souvenirs d'une « caisse roulante » de la garde nationale. — Amusante méprise.

L'année administrative 1840 s'ouvrit par une proposition, faite au conseil municipal, par M. Lefort-Henry, maire, de percer deux rues dans ses propriétés, sans subvention de la ville. Le Conseil adopta cette proposition dans sa séance du 8 janvier. Ces deux nouvelles voies publiques furent les rues Lefort et Henry.

M. Hécan, avocat à Rouen, fut nommé agréé au Tribunal de commerce d'Elbeuf, le 31 janvier, en remplacement de M. Moret, démissionnaire.

Vers les premiers jours de février, la Seine déborda ; par suite de l'inondation, la ville fut de nouveau privée de la lumière du gaz.

M. Pierre-Alexandre Adam mourut le 22, à l'âge de 54 ans.

En ce même temps, les Bouthors avaient installé un cirque entre la place Lécallier et la rue du Neubourg. On y faisait, chaque soir, dans une pantomime, un grand massacre de Bédouins, qui n'était pas sans faire quelque tort aux représentations données au Théâtre, alors dirigé par M. Bonis.

Le gouvernement avait envoyé, en janvier, 3.000 fr. pour les ouvriers d'Elbeuf ; mais la misère ayant augmenté depuis, et le travail dans les fabriques n'ayant pas repris, il fallut que la ville vînt au secours d'une foule de malheureux.

Dans la séance municipale du 5 mars, le maire remontra au Conseil municipal qu'il y avait nécessité d'employer les bras inactifs, parce qu'il était dangereux pour l'ordre public de laisser des gens oisifs dans une ville manufacturière. Il constata que le travail des manufactures avait diminué de moitié et ajouta qu'il n'y avait pas apparence qu'une reprise se manifestât avant plusieurs mois.

D'un autre côté, il déclara que malgré la surveillance de M. Barette-Lanon, adjoint, la besogne faite dans les ateliers de charité ne valait pas le sixième de l'argent que l'on y employait ; mais il ne fallait pas s'arrêter à cette considération : le point capital était de maintenir l'ordre.

M. Flavigny donna son approbation aux paroles du maire ; mais il recommanda à l'administration d'examiner, quand la fabrique aurait repris son courant de prospérité, s'il ne serait pas possible de faire une retenue sur le salaire des ouvriers, pendant les jours heureux, pour établir un fonds de caisse dont on se servirait dans les moments de crise industrielle, afin de secourir les gens inoccupés, sans grever encore la ville de charges inattendues qui détournaient de leurs destinations réelles les ressources municipales.

En somme, le Conseil arrêta qu'il ferait un second emprunt de 15.000 fr., dont 5.000 seraient remis au Bureau de bienfaisance et le reste employé pour la continuation des ateliers de charité.

Ce nouvel emprunt était d'autant plus indispensable que, d'après le maire, « une certaine fermentation se manifestait au sein de la classe ouvrière et qu'il y avait lieu d'employer les bras inactifs si l'on voulait prévenir le trouble et les désordres dont les symptômes se révélaient déjà par une infinité d'incidents qui en étaient les précurseurs ».

Le 25, mourut M. Jean-Modeste Frémont ; il était né en 1772.

Le 28 du même mois, on agita au conseil municipal la question d'une nouvelle délimitation avec la commune de Caudebec et l'adjonction au territoire d'Elbeuf des îles de l'Epinette, Bertin et Le Comte, qui appartenaient à Caudebec, sauf une légère portion de cette dernière, comprise dans la commune de Saint-Aubin.

Ce même jour, le Conseil protesta contre un arrêté préfectoral qui imposait d'office la ville d'Elbeuf à une somme de 2.500 fr. pour participation dans les frais de construction de la route d'Oissel, dont, disait-on, la ville n'avait aucun besoin, ses relations avec Rouen étant assurées par la route de Couronne et les deux services de bateaux à vapeur. A l'unanimité, le Conseil résolut à se pourvoir devant le Conseil d'Etat.

Le 5 avril, le *Journal d'Elbeuf et de Louviers* cessa de paraître. Trois semaines après, il fit sa réapparition sous le titre *Gazette d'Elbeuf*.

Le samedi 11, à une heure du matin, le feu se déclara dans un vaste établissement appartenant à la cohérie Jean-Baptiste Delaunay et occupé par M. Victor Delaunay.

Les quatre étages de cette fabrique ne furent bientôt qu'un immense brasier. Le lendemain, le maire ordonna d'éteindre le foyer qui persistait et de démolir les murs qui menaçaient ruine.

M. Alfred-Emond Quillet, manufacturier, lieutenant de grenadiers de la garde nationale, mourut en cette même semaine. Il n'était âgé que de 29 ans et fut très regretté.

En mai, il fut question de la création d'une compagnie de volontaires pris dans la garde nationale pour le service des incendies.

A cette époque, des commandes étant survenues, une grande partie des ouvriers de la fabrique étaient retournés à leur travail habituel, et les ateliers de charité prirent fin ; mais la ville affecta néanmoins 7.000 fr. pour la mise en état de la rue du Port, que l'on considérait alors comme devant faire partie de la promenade des Elbeuviens par le Cours et le chemin de halage.

Dans une fouille faite rue Bourdon, on trouva, en mai, des ossements humains, et l'on se souvint, paraît-il, que le parcours de cette rue était autrefois occupé par un cimetière protestant, abandonné après la révocation de l'Edit de Nantes.

Par suite de la démission de MM. Barette-Lanon, adjoint, et Join-Lambert, les électeurs eurent à nommer seize membres du conseil municipal aux élections triennales de 1840.

Les nouveaux élus, installés le 11 juin, par M. Lefort-Henry, maire, chevalier de la Légion d'honneur, étaient MM. Mathieu Bourdon fils, Félix Gariel, Isidore Lecerf, Henri Tabouelle, Louis-Robert Flavigny fils, P.-A. Laurents, Charles-Louis Houllier, Prieur-Quesné, Nic. Louvet, Alexandre Bréard, François Rouvin, Alphonse Sauvage, Bernard Join-Lambert fils, Pierre-Adolphe Huard-Maille, Henri Quesné fils, Paul Sevaistre.

Un intéressant incident marqua la suite de cette séance; il nous fera connaître l'état où en étaient alors les questions du pont suspendu et du chemin de fer.

Chacun sait, dit le maire, que, dans ces derniers temps, le tracé du chemin de fer par les plateaux, adopté primitivement, a fini par s'effacer devant celui par la vallée de la Seine. Or, lorsqu'il a été dernièrement question de celui-ci, et dans la crainte qu'un changement de direction n'amenât une perturbation dans les points accessoires concédés à la ligne abandonnée, j'ai cru qu'il était de mon devoir de me rendre à Paris, à l'approche de la discussion sur un sujet aussi intéressant, et de veiller à ce que dans la présentation du projet de chemin de fer aux Chambres, les vœux formellement exprimés antérieurement par la ville d'Elbeuf ne fussent point mis à l'écart.

M. Lefort-Henry ajouta : Mes premières démarches à Paris, tant auprès de M. Grandin, député et membre de la commission du chemin de fer, qu'auprès du directeur général des Ponts et Chaussées et du ministre des Travaux publics, me firent apercevoir que j'avais eu raison de me hâter d'agir dans les intérêts d'Elbeuf, car le tracé de la vallée, qui toujours et dans toutes les études, devait s'étendre jusqu'à Criquebeuf, pour se diriger, en traversant la Seine, au col de Tourville et de là à Rouen, venait de subir une modification dans cette partie de son parcours, et l'entreprise de ce tracé, pour se rattacher au mouvement de la vallée d'Andelle, paraissait résolue à ne plus suivre la rive gauche du fleuve jusqu'à Criquebeuf, mais à se reporter, au-dessous des Damps, sur la rive droite, pour atteindre le col de Tourville en s'écartant tout à fait de Criquebeuf.

Dans cette occurence, l'embranchement à proposer sur Elbeuf ne devait plus s'opérer que de l'autre côté du col de Tourville, faisant face à Oissel, en se dessinant sur le versant occidental des côtes de la presqu'île jusqu'à Saint-Aubin, et s'arrêter dans cette commune, attendu que les entrepreneurs de l'embranchement d'Elbeuf croiraient qu'il leur serait profitable de faire leur débarcadère à la tête d'un pont soumissionné par MM. Séguin et qui se trouvait près d'être sanctionné par ordonnance royale.

Le maire dit encore que, impressionné par des considérations d'avenir et par l'idée de voir l'embranchement d'Elbeuf servir de tête à une grande ligne de chemin de fer sur la basse Normandie, il avait cru voir dans l'ordonnancement immédiat du pont Séguin un obstacle, sinon à l'embranchement, du moins à la possibilité d'avoir la gare dans Elbeuf, et, partant, un grand préjudice pour la cité. En conséquence, et sans cesser de solliciter le retour au tracé par Criquebeuf, il avait réclamé un sursis, non à l'examen par le Conseil d'Etat des pièces relatives au pont, mais à l'ordonnancement de ce pont.

M. Lefort-Henry affirmait avoir pris cette mesure dans des vues louables. Il en avait donné avis à l'un des principaux souscripteurs du pont, mais cette marque de franchise de sa part, ayant été interprêtée de manière à mettre en suspicion ses bonnes intentions, c'était un sujet pour lui de connaître l'opinion du Conseil sur sa conduite.

Le maire réclama donc, avec insistance, que le Conseil « lui donnât solennellement un témoignage d'adhésion à la pureté des vues » qui l'avaient animé, attendu qu'il lui importait de ne pas laisser dénaturer l'esprit de ses actes. Pour preuve du déplaisir qu'il éprouvait des commentaires qui s'étaient produits, il cita les termes d'une pétition circulant à Elbeuf, rédigée en vue de le faire déconsidérer. Il conclut en réclamant un vote du Conseil qui le mît à l'abri des attaques dont il se disait être l'objet et fût un argument sans réplique aux insinuations diverses dont il avait trop souvent été victime.

M. Mathieu Bourdon -- le principal souscripteur du pont visé — répondit que si le maire se croyait l'objet d'une accusation, il avait tort d'en lancer une à son tour contre qui n'en méritait pas. Personne n'avait paru blâmer ses intentions, mais il était permis d'établir une distinction entre elles et les faits.

M. Patallier s'étonna que le maire eût porté la question sur ce terrain. Depuis quatre ans, dit-il, on poursuit un projet de pont partant de la rue Saint-Jean pour communiquer avec Saint-Aubin : après mille obstacles, ce projet va recevoir la sanction royale, et voilà qu'au moment du succès, son ordonnancement est arrêté par la complication du chemin de fer. Ces deux questions, que l'on veut rendre connexes, sont entièrement isolées et plus tard on pourra le prouver. Ce qu'il faut démontrer, c'est que M. le maire, ayant consulté son Conseil en 1837, devait avoir recours à ses avis en 1840 ; or, comme il n'en a rien fait, il est incontestable qu'il n'a point agi comme maire, et que l'on a pu supposer que le débat ne s'agitait plus qu'entre particuliers divisés de tendance, les uns voulant faire prévaloir leur intérêt, les autres poursuivant un but analogue.

L'orateur continua : « Au reste, qu'a-t-on fait à la suite de la communication de M. le maire ? Ceux qui l'avaient reçue avaient à s'expliquer sur son contenu avec les partisans du pont Séguin ; ils les ont réunis à l'hôtel de ville, avec l'agrément de l'adjoint, suppléant au maire, M. Lecerf. Par acclamation, il a été décidé que l'on protesterait contre tout sursis à la question du pont, et M. le maire en a de suite reçu l'avis, avec indication des motifs. L'assemblée ayant nommé une commission pour rédiger la protestation dans un esprit formellement indiqué, les termes y ont été appropriés, l'expression n'y a d'autre portée que d'opposer un intérêt à un autre intérêt »
On avait voulu démontrer qu'il y avait erreur dans le fait du maire, mais ses intentions n'a-

vaient subi aucune incrimination. Puisque l'on était convenu de s'expliquer devant le conseil municipal, il eut été désirable que le débat fût moins irritant

La discussion se continua, longuement. Enfin, le maire proposa un ordre du jour, appuyé par cinq membres ; mais comme la majorité paraissait vouloir s'abstenir de le voter, il en fut présenté un autre, celui-ci :

« Sous toutes réserves de la question relative au pont de la rue Saint-Jean, le Conseil déclare que le maire, dans ses démarches pour le chemin de fer, a été guidé uniquement par des vues d'intérêt général et reconnaît, de plus, qu'il s'est en tous points conformé à la délibération du 24 mai 1837, prise à l'unanimité », qui fut voté par 23 voix contre 3. Le maintien ou la levée du sursis restait donc en délibération.

Alors, le maire exposa que le retour au tracé par Criquebeuf était probable, mais qu'il fallait se garder de laisser ordonnancer le pont, pour ne pas donner l'idée aux entrepreneurs de l'embranchement de l'arrêter à Saint-Aubin. On avait, il est vrai, promis de circonscrire, le cas échéant, Saint-Aubin dans la commune d'Elbeuf, mais en l'absence du débarcadère sur notre territoire, les propriétés de la rive gauche seraient sacrifiées à celle de la rive droite.

M. Patallier, après des observations de plusieurs de ses collègues, répondit qu'il avait peu de confiance dans la création d'un embranchement sur Elbeuf, le parcours n'étant pas assez étendu.

D'autres se montrèrent plus optimistes et, généralement, on croyait dans le Conseil au tracé par Criquebeuf.

Enfin, le Conseil, par 16 voix contre 7, statuant sur l'opportunité du sursis apporté par le maire, à l'égard du projet des frères Séguin « considérant que le pont qu'ils ont soumissionné est entièrement distinct de tout objet relatif à l'embranchement d'Elbeuf au chemin de fer de Paris à Rouen ; qu'il n'y porte aucun entrave ni préjudice ; qu'il ne saurait amener pour Elbeuf la privation du débarcadère à la possession duquel ses droits seront toujours respectés ; mais qu'en conséquence du long espace de temps qui s'est écoulé depuis que le projet des frères Séguin a été mis à l'étude, et des vœux exprimés par la pluralité des habitants d'Elbeuf et de la presqu'île, il devient nécessaire de hâter l'établissement de cette communication, reconnue suffisamment utile aux deux rives, et de débarrasser sa mise à exécution de tous obstacles nuisibles à une réalisation finale.

« Par ces motifs, est d'avis d'informer à bref délai M. le ministre de l'Intérieur, par un extrait de la présente délibération, qu'il n'y a lieu à avoir égard à la demande qu'a faite M. le maire d'ajourner la décision du pont Séguin jusqu'au moment où la direction d'un embranchement d'Elbeuf au chemin de fer aura été résolue ».

Il fut ensuite décidé qu'une députation du Conseil se rendrait à Paris pour solliciter le retour au tracé par Criquebeuf. MM. Pau, Sevaistre, Huard-Maille et Tabouelle furent désignés à cet effet, mais les deux derniers se récusèrent.

Dans la séance suivante, qui fut tenue le 18 du même mois de juin, le maire donna lecture d'une lettre qu'il avait adressée, le 12, à M.

de Rémusat, ministre de l'Intérieur, pour l'informer que le Conseil n'avait point approuvé l'ajournement demandé sur la question du pont suspendu.

A part peut-être la rue Poulain, au siècle précédent, il n'y a pas de rue à Elbeuf qui ait plus fait dire de paroles et noircir de papier que la rue du Glayeul. Le Conseil s'en occupa encore, et ce ne fut pas la dernière fois, dans sa séance du 19.

Par suite d'une opposition de MM. Flavigny, propriétaires des moulins de Saint-Etienne et Saint-Jean, à la construction d'une pile dans le bassin de la Rigole pour établir le pont principal de la rue du Glayeul, le Conseil s'arrêta à la construction d'un tablier en bois.

Les membres discutaient encore pour ou contre, quand un incident fut tout à coup soulevé par M. Tabouelle.

Parmi les pièces, renvoyées par le préfet, concernant la rue du Glayeul projetée, se trouvait un avis de M. Lefort-Henry. M. Tabouelle invita le maire à mettre cet avis sous les yeux du Conseil.

M. Lefort-Henry s'y refusa, en déclarant toutefois qu'il n'avait fait qu'appuyer la délibération du prolongement de la rue de l'Hospice à la Seine, sauf un point relatif aux saillies. M. Tabouelle contesta au maire le droit d'exprimer son avis sur la question, qui avait été résolue. Il n'existait aucune disposition de loi qui l'y autorisât ; et comme M. Isidore Lecerf venait de réclamer le rappel à l'objet en délibération, M. Tabouelle établit comment l'incident s'y rattachait.

« Ce que l'on a fait, dit-il, n'est pas légal, et il est assez grave de n'avoir pas respecté le vœu de la majorité pour venir dire ensuite que c'est en vertu de la loi ».

Le maire soutint qu'il n'était pas sorti de la légalité, et donna lecture de l'article 4 de l'ordonnance royale du 23 août 1835, ainsi conçu :

« Si le registre d'enquête contient des déclarations contraires à l'adoption du projet, ou si l'avis du commissaire lui est opposé, le conseil municipal sera appelé à les examiner et émettra son avis par une délibération motivée, dont le procès-verbal sera joint aux pièces. Dans tous les cas, le maire adressera immédiatement les pièces au sous-préfet et celui-ci au préfet, avec son avis motivé ».

Le maire et M. Tabouelle interprêtèrent cette disposition d'une façon différente. Plusieurs membres prirent ensuite la parole, dans cet incident, qui devint assez aigre, puis cessa de lui-même.

Mais à la séance suivante, qui eut lieu le 26 du même mois, le maire annonça qu'il allait donner des explications sur le point qui avait fait l'objet d'un vif débat à la précédente et dont il avait rendu compte au préfet, en lui demandant son opinion sur ce différent.

Somme toute, dit M. Lefort-Henry, « le préfet a pensé que c'était affaire de convenance pour le maire à savoir s'il laisserait au dossier ou retirerait son avis, le Conseil n'ayant point, au reste, le droit de délibérer sur la suppression de cette pièce et pouvant seulement exprimer son opinion sur toutes choses.

Je maintiendrai l'avis, ajouta-t-il, parce que m'étant dispensé de voter là où ma voix prépondérante changeait complètement le vote et que, restant convaincu que la majorité qui s'est prononcée n'a pu être, par cette considération, l'expression du Conseil, je dois démontrer tout l'inconvénient des saillies dans la rue de l'Hospice prolongée, pour m'opposer à l'adoption d'une mesure fatale à l'avenir de cette rue et contraire à l'intérêt bien entendu du principal riverain.

La discussion fut longue. Enfin, M. Tabouelle demanda le vote sur cette proposition :

« Le Conseil, vu sa délibération relative au prolongement de la rue de l'Hospice et les conséquences qui en découlent, considérant que le maire devait se borner à en transmettre le texte à l'autorité supérieure, et qu'aucun article de loi ne lui donne qualité pour y joindre un avis motivé ; que d'ailleurs il n'est produit au préalable aucune demande au préfet dans ce but ; par ces motifs, est d'avis que l'avis du maire soit disjoint du dossier ».

On discuta de nouveau M Victor Grandin, qui était venu à la séance pour informer le Conseil de l'état où en était la question du chemin de fer, essaya de trancher le différend et satisfaire tout le monde, mais sans y parvenir. Bref, le maire refusa nettement de mettre aux voix la proposition de M. Tabouelle.

Nous retrouvons un numéro du *Petit Rouennais* d'avril 1882, dans lequel M. David Dautresme parlait des impressions et souvenirs qu'il avait conservés de la garde nationale de cette époque. Nous reproduisons textuellement :

« Un grand bonheur pour moi, dans mon enfance, c'était de voir passer la revue de la garde nationale. Mon père demeurait rue Royale, et de la fenêtre de sa chambre, j'assistais à toute la cérémonie. Dès six heures du matin, j'étais réveillé par le bruit sonore des tambours de chaque compagnie qui battaient le rappel et parcouraient les rues de notre vieille cité. A huit heures, les gardes nationaux commençaient à se rendre à leurs places respectives et je les regardais venir avec une curiosité enfantine. Puis les compagnies arrivaient et s'alignaient dans la rue de la Barrière, du côté faisant face à l'ancien Hôtel de Ville. Elles occupaient l'espace compris entre la rue Saint-Jean et la rue Robert. En tête, les trois sapeurs avec leurs longs tabliers de cuir blanc, la hache sur l'épaule, leurs gants à larges revers et leurs gros et hauts bonnets à poil qui couvraient une grande partie de leurs visages.

« Ils nous semblaient superbes ces sapeurs-là, et pour les contempler et les admirer, nous ouvrions des yeux grands comme des portes cochères. Je me rappelle Suchetet, le beau-père de Montreuil, l'ex-maire de Saint-Aubin, et Pannier, le père d'une très belle fille, mariée je ne sais où et à je ne sais qui, devenue sans doute aujourd'hui une aïeule respectable. Après, s'avançaient « nos beaux pompiers de la chanson » tous plus brillants, plus luisants les uns que les autres, en tête desquels marchait majestueusement le capitaine Léon Pion, le père des pompiers bien avant Janvier de la Motte...

« Voici maintenant les grenadiers, capitaine E. Sevaistre; le 1er chasseurs, capitaine Victor Ménage ; le 2e chasseurs, capitaine Isidore Sèbe ; le 3e chasseurs capitaine Suzanne ; les voltigeurs, capitaine Loslier Thimus, et enfin les fusiliers, capitaines Ch. Thouin et Milliard. Mais le plus beau de tout, c'était la cavalerie ou plutôt ce que nous nommions la garde nationale à cheval. Si vous aviez vu le lieutenant Thony Sallambier, le fondateur de la maison Sallambier, Aubé et Cie, galopant, allant d'une rue à l'autre, donnant des ordres à Chennevière, à Lesseré, à Hémery « la clé des cœurs », vous eussiez été ébaudis et émerveillés autant que nous de la tenue et de l'air martial de nos bons bourgeois d'autrefois Les aristos, les richards et les amateurs de sport faisaient seuls partie de ce corps d'élite, car ces messieurs auraient dédaigné de coudoyer dans les rangs leurs fournisseurs et les petits boutiquiers.

« Fi donc, y pensez vous ? monter la garde avec son épicier ou son coiffeur ; qu'auraient dit ces dames ? Lorsque toutes les compagnies, depuis les sapeurs jusqu'aux gardes nationaux à cheval, étaient rangées le long de la rue de la Barrière, la musique se faisait entendre « sous l'habile direction », comme disent aujourd'hui les reporters, du célèbre Melchior, un professeur de musique comme il n'y en a plus. Il enseignait tout à la fois la composition, le piano, le violon, le cor anglais, le violoncelle, la harpe et la contre-basse. Melchior fut le prédécesseur et l'ami de Lejeune, et je vous assure qu'il ne conduisait pas plus mal que le chef de notre musique municipale actuelle...

« Il était enragé priseur et pendant la saison des roses, il se donnait le chic de renifler son tabac en poudre dans une magnifique rose à cent feuilles. Un vrai type ce père Melchior, que bien peu de nos Elbeuviens du temps présent ont connu. Un autre original oublié, c'était Fromont, la grosse caisse, le frère de Fromont, teinturier place du Bassin.

A chaque coup qu'il frappait sur la peau d'âne, il tirait la langue comme pour mieux marquer la mesure. Brave homme, au fond, ce pauvre Fromont. Dumanoir tenait le pavillon chinois, et il y montrait parfois un talent de premier ordre. Tassel, le beau-père de Jules Doublet..., et Lejeune, le bras droit du chef de musique, s'escrimaient à qui mieux mieux de la clarinette. J'avais, moi, bambin, l'honneur d'appartenir à la musique en qualité « de caisse roulante », et j'ai conservé comme souvenir le petit pupitre en cuivre qui s'adaptait sur le rebord du tambour. Barbe, le porte-drapeau, sortait des rangs, et, accompagné de la musique, il allait prendre à l'Hôtel de Ville le drapeau du bataillon. Alors, les tambours battaient, le bataillon se mettait en marche; précédé et suivi de tous les gamins de la ville, il se rendait sur le Champ-de Foire, un peu moins beau peut-être en ce temps-là, mais certainement plus pittoresque. Môssieu le Maire Lefort-Henry, MM. Isidore Lecerf et Barette-Lasnon, adjoints, et Louis Lair, adjudant-major, parcouraient les rangs comme de vrais princes et daignaient complimenter le chef de bataillon Laurents — le futur beau-père d'Ed. Guérot — sur la bonne tenue de ses troupes, je veux dire de ses gardes nationaux. Tout le monde était content et nous rentrions chez nous, heureux et fiers d'avoir montré à nos femmes et à nos petiots nos beaux uniformes.

« Quel bon temps c'était et quel malheur que la République ait supprimé la Garde Nationale! »

On s'amusa beaucoup, pendant la dernière quinzaine de juin 1840, d'un incident qui, un instant, avait jeté l'émoi dans notre ville et à Caudebec, et se termina par un immense éclat de rire.

Dans la soirée du 15, tous les regards de notre population se tournèrent vers le Nord-Est, éclairé d'une immense lueur provenant de flammes s'élevant très haut ; il n'y avait aucun doute à ce sujet.

Aussitôt, le maire réquisitionna un vapeur amarré au quai et y fit monter le commandant et les officiers de la garde nationale, la compagnie de pompiers, les autorités municipales et autant de personnes que le bateau pouvait porter.

Le vapeur descendit la Seine. Arrivé devant Cléon, on apprit qu'il ne s'agissait que d'un grand feu de joie, allumé par les habitants de cette localité, pour manifester leur satisfaction de l'érection de la chapelle communale en édifice paroissial, donnant droit à un curé.

Mais comme la gouaillerie ne pouvait perdre ses droits en cette circonstance, et qu'il fallait amuser les acheteurs venus pour opérer leurs approvisionnements en articles d'hiver, on fit circuler en ville, le lendemain et les jours suivants, un dessin représentant la garde nationale armée de fusils et de seringues, et les pompiers d'Elbeuf avec leur matériel, courant pour éteindre la lune, dont le disque levant se montrait presque entièrement et assez pour laisser voir un pied de nez que l'astre des nuits faisait aux volontaires.

Aux fêtes de la Saint-Jean, on dansa sous des couronnes de feuillages accompagnées de lunes reproduisant le geste populaire dont nous venons de parler.

La question du pont, qui divisait les plus

vieilles amitiés pour des motifs d'intérêts, donna naissance à ce quatrain, qui fut publié dans un journal de la ville vers le milieu de l'année :

> Pour satisfaire à tous les vœux émis,
> Trois, quatre ponts pourraient suffire à peine ;
> Et ce pendant tout chacun se démène,
> Tous s'agitent et deviennent ennemis.

CHAPITRE XVIII
(JUILLET-NOVEMBRE 1840)

La première conférence. — Le chemin de fer et les intérêts d'Elbeuf; le projet par Criquebeuf; nouveaux et vifs incidents au Conseil municipal; démission de M. Lefort-Henry. — M. Mathieu Bourdon 24e maire (provisoire) d'Elbeuf. — Prix de revient d'un drap a cette époque. — L'exploitation du théatre. — Attentat de Darmès; adresse au roi. — Casernement et passage de troupes.

La première « conférence » méritant véritablement cette dénomination remonte au mardi 7 juillet 1840; elle fut faite par M. Bolot, professeur de belles-lettres, qui, plus tard, se fixa temporairement dans notre ville, où il fit des cours. Cette conférence avait été précédée du sonnet suivant qu'un Elbeuvien adressait à l'orateur :

> Vous ne voyez ici qu'un sol industriel
> Où peu sont curieux d'art, de littérature ;
> Le vers y fit toujours assez triste figure,
> Eut-on pour l'exprimer le talent de Rachel.

> Apollon en ces lieux n'obtint jamais d'autel ;
> L'encens que l'on y brûle appartient à Mercure.
> Qui s'y montre sensible et rend avec usure
> Des faveurs dont le prix est surtout substantiel.
>
> Il se peut toutefois qu'en cela je m'abuse :
> Faites briller, Bolot, l'éclat de votre muse,
> Et soudain peut changer le goût de bien des gens.
>
> Usez, pour charmer, du don qu'elle a de plaire ;
> Que n'obtiendrez-vous pas de sa grâce légère ?...
> C'est le moyen d'avoir nos applaudissements.

Le 9 juillet, M. Paul Sevaistre entra à la Chambre consultative, en remplacement de M. Pedro Turgis, sortant comme étant en fin de mandat.

Le 14, le sieur Vallée succéda dans les fonctions de garde-champêtre au sieur Dubosc, démissionnaire.

Fatalement, la question de la rue du Glayeul devait revenir agiter le Conseil municipal, qui fut convoqué, le 15, sur une demande de onze de ses membres, MM. Houllier, Victor Grandin, Robert Flavigny, Huard-Maille, Bréard, Henri Quesné, Tabouelle, Patallier, Mathieu Bourdon, Duval et Constant Delalande.

Cette demande de réunion avait été faite au préfet, le 27 juin, pour délibérer sur la proposition de M. Tabouelle. Le préfet pensait que l'avis du maire ne pouvait être disjoint du dossier.

Sur la proposition de M. Victor Grandin, on renvoya toutes les pièces concernant la rue du Glayeul à l'ancienne commission, qui avait fait un rapport sur le prolongement de la rue de l'Hospice.

Et pour faire diversion, M. Lefort-Henry proposa de compléter la commission qui devait aller à Paris défendre les intérêts d'Elbeuf dans la question du chemin de fer.

M. Victor Grandin répondit qu'il n'y avait pas urgence, bien que les Chambres eussent adopté le projet, mais que celui-ci avait encore besoin de la sanction royale.

M. Paul Sevaistre fut loin de partager cet avis. MM. Lecerf et Patallier prirent part à la discussion, qui se termina par la nomination d'une commission de cinq membres : M. V. Grandin, R. Flavigny, Tabouelle, E. Sevaistre et Duval.

Le 21 juillet, on adjugea la construction de ruisseaux rue Saint-Amand, sur une mise à prix de 3.884 fr.

MM. Seguin frères ayant proposé des modifications au projet de pont, dont une ordonnance royale avait décreté la mise en adjudication, le conseil municipal fut convoqué de nouveau et s'assembla le 25 du même mois.

Le Conseil admit, entre autres choses, que le pont ne se composât, par la suppression d'un bras de Seine, que de deux parties, une de 140 mètres, l'autre de 40 mètres L'assemblée approuva les modifications proposées par MM. Séguin.

Dans cette même séance, le Conseil décida de faire imprimer le rapport de la commission spéciale sur les conséquences du chemin de fer relativement à l'embranchement sur Elbeuf, afin de le faire distribuer aux électeurs communaux.

A la session municipale qui ouvrit le 3 août, M. Tabouelle demanda à être entendu dans quelques explications ayant trait à une polémique qui s'était établie dans les journaux de la ville et autres publications.

Un débat s'engagea entre MM. Tabouelle, Lefort-Henry, Flavigny et Paul Sevaistre ; il n'eut d'autre effet que de laisser cette polémique dans le cercle où elle s'était produite et de ramener le Conseil à la principale question du moment.

Le maire donna communication d'une lettre qu'il avait adressée aux administrateurs de la Compagnie de chemin de fer, lesquels avaient repondu que le tracé définitif n'était pas encore arrêté et qu'on ne pouvait préciser si la ligne traverserait le fleuve à Criquebeuf ; cependant, les administrateurs assuraient qu'ils feraient tous leurs efforts pour donner satisfaction à la ville d'Elbeuf.

On mit ensuite sous les yeux de l'assemblée une pétition, signée de 336 électeurs communaux, invitant le Conseil municipal à n'avoir pas égard aux conclusions de sa commission d'examen d'un emplacement approprié au débarcadère d'un embranchement de chemin de fer. Les pétitionnaires s'alarmaient du choix de la presqu'île de Saint-Aubin pour ce débarcadère, et sollicitaient le Conseil de persister dans son opinion que cette gare devait se trouver dans Elbeuf afin de donner pleine satisfaction aux intérêts locaux.

M. Lefort-Henry parla de la hauteur démesurée de 33 pieds, à laquelle un rapport de la commission municipale prétendait vouloir élever l'embranchement à son arrivée à Criquebeuf. Il ajouta qu'il tenait du ministre des travaux publics et du directeur des ponts et chaussées que le tracé par Criquebeuf était celui qui serait définitivement adopté, « si même la ville d'Elbeuf l'eût voulu, dit-il, il en eût été fait mention dans la loi même ».

Le maire parla de la ville d'Evreux, qui, de son côté, sollicitait l'embranchement sur la basse Normandie, et dit qu'il fallait prendre les devants.

Quant à l'emplacement de la gare, on pouvait l'attribuer soit aux abords de la rue du Neubourg, soit au voisinage de la Brigaudière, mais jamais à Saint-Aubin ; cette commune elle-même n'osait pas la réclamer.

M. V. Grandin exprima sa surprise d'avoir appris que M. Lefort-Henry fût allé voir le ministre et le directeur des ponts et chaussées à son insu, et sans en avoir reçu mandat du Conseil. C'était en qualité de maire d'Elbeuf, bien qu'il eût déjà résigné cette fonction, qu'il avait fait ces démarches.

L'orateur justifia le dire du rapport touchant l'élévation de 34 pieds à l'arrivée de l'embranchement à Criquebeuf. Un entretien qu'il avait eu avec l'ingénieur Mourlon l'avait convaincu que cette élévation n'était point exagérée. Il expliqua que l'embranchement du côté de Tourville pourrait éviter les bas fonds et comment il deviendrait facile de le rattacher à la grande ligne.

Elbeuf, dit-il, par rapport à la basse Normandie, pouvait avoir la préférence sur Evreux quand il était question du tracé par les plateaux, mais le tracé par la vallée étant adopté, c'est Evreux qui préjudicierait Elbeuf en recueillant l'embranchement sur la basse Normandie. L'orateur n'avait guère plus de confiance dans un embranchement sur Honfleur ; dans tous les cas, il se ferait probablement par Saint-Aubin et le vallon d'Orival.

« C'est égarer la population que de lui laisser ignorer que si l'on ne pense plus au Conseil en 1840, comme en 1837 et 1838, c'est que, dans une sphère plus élevée, les choses en se

L'ancien Port Saint-Gilles, à Saint-Aubin (état actuel)

modifiant ont provoqué le changement nécessaire qui se fait remarquer. A-t-on pu dire aux 336 pétitionnaires, en recueillant leurs signatures avec la rapidité que l'on a mise à le faire qu'un tracé était légalement arrêté et les motifs qui l'avaient déterminé ?.. Assurément, si on leur a laissé ignorer une partie des pièces du dossier, on peut dire que tous ceux qui ont donné leur adhésion à la pétition n'ont pas été suffisamment éclairés..., donc ils n'ont pu savoir ce qu'ils signaient ».

M. Th Chennevière répondit qu'il fallait d'abord être fixé sur le point de savoir s'il pouvait être tenté une démarche dans l'intérêt d'Elbeuf ; ce point acquis, on passerait à la discussion des faits. S'il restait encore quelque chance à tenter, il fallait le faire. Les choses avaient changé depuis le 11 juin, où tout le monde était d'accord : c'est que quelques-uns étaient sans doute venus en aide à la question du pont ; « c'est par jalousie contre les nouveaux quartiers que l'on veut en éloigner le débarcadère, au risque d'enrichir Saint-Aubin aux dépens d'Elbeuf ».

Il serait trop long de reproduire en entier cette interminable discussion à laquelle prirent part également MM. Patallier, Capplet, Colvée, Laurents, Nicolas Louvet, Robert Flavigny, Sevaistre, Duval-Dantan et Tabouelie.

Enfin, on mit aux voix l'ajournement de la question jusqu'au moment où la Compagnie s'occuperait du tracé définitif ; il fut adopté par 23 voix sur 27 votants.

Une proposition de M. Sevaistre concluant à ce que le but de la pétition fût atteint et qu'une nouvelle commission fût nommée pour négocier avec les administrateurs du chemin de fer, afin de revenir au tracé par Criquebeuf avec gare dans Elbeuf, fut mise aux voix, et rejetée par 14 voix contre 10 et 3 abstentions. M. Grandin fut un de ceux qui s'abstinrent.

Le surlendemain 5 août, M. Lecerf, adjoint, présida. Un incident se produisit à propos du procès-verbal de la séance du 3. Dans le cours d'un débat animé, le reproche de partialité dans la rédaction du dit procès-verbal fut adressé par M. Sauvage. Des paroles vives furent échangées ; une confusion voisine du tumulte se manifesta dans l'assemblée ; on parla d'oppression de la minorité et les esprits se montrèrent vivement agités.

M. Paul Sevaistre demanda l'adjonction de quelques lignes au procès-verbal. M. Victor Grandin s'y opposa, avec la majorité de ses collègues. Des demandes de rectification présentées par M. Lefort-Henry ne furent pas plus admises. M. M. Bourdon, secrétaire, dit que, puisqu'une partie de l'assemblée le taxait de partialité, contrairement à son sentiment intime, il donnait sa démission.

On procéda à son remplacement. Sur 21 votants, M. Henri Quesné obtint 12 voix, mais il refusa les fonctions de secrétaire. Un nouveau scrutin donna 12 voix à M. Patallier, qui accepta.

Dans cette séance, on discuta sur un rapport concernant la rue du Glayeul, qui fut adopté par 16 voix contre 5.

Le 8, nouvelle séance, également présidée par M. Lecerf, dans laquelle on décida que la pétition des 336 serait remise à la commission du chemin de fer, qui devrait y répondre.

M. Capplet offrit à la commune d'acheter une échelle à incendie, dont il proposait de payer la moitié. Si la Ville n'avait pas de fonds disponibles ou si le Conseil considérait la dépense trop importante, il offrirait alors à la ville une casaque incombustible pour les feux de cave. Le Conseil nomma une commission spéciale pour examiner les propositions de M. Capplet.

Une première adjudication des travaux du pont suspendu, faite le 7 août, demeurée sans résultat, à cause d'incidents dont l'appréciation fut renvoyée plus tard par le conseil de préfecture au gouvernement.

Dans la réunion municipale du 13 août, présidée par M. Lefort-Henry, celui-ci demanda si le Conseil voulait recevoir de lui quelques renseignements qu'il avait obtenus à Paris. Après discussion, on passa au scrutin : 10 voix se prononcèrent *pour* et 10 *contre*, mais comme celle du président était prépondérante et qu'il avait voté *pour*, M. Lefort-Henry entra dans des explications.

Les membres d'une commission nommée par la majorité des électeurs municipaux étaient allés à Paris, où le directeur général des ponts et chaussées leur avait dit qu'il ne voyait pas d'obstacles à ce que l'on modifiât le tracé du chemin de fer et qu'on le fît passer par Criquebeuf, afin de donner satisfaction à notre ville.

Les administrateurs du chemin de fer avaient aussi donné l'assurance à la délégation elbeuvienne que la compagnie avait tout droit d'apporter cette modification ; que des dépenses excessives pourraient seules la détourner du tracé par Criquebeuf, que les administrateurs regardaient comme la plus avantageuse, et qu'ils étaient décidés à l'adopter, même avec des frais plus considérables que ceux nécessités par le tracé Le Manoir-Les Damps.

M. Mourlon avait affirmé que la traverse de Criquebeuf à Elbeuf ne coûterait pas un centime de plus que celle de Tourville à Saint-Aubin, le pont étant laissé en dehors de tout calcul. D'après cet ingénieur, les remblais de 30 pieds signalés ne s'appliquaient pas à la ligne principale.

M. Polonceau avait adopté le tracé par Criquebeuf, parce qu'il ne connaissait pas de position plus heureuse pour un chemin de fer.

L'administration de la compagnie avait déclaré que l'embranchement par Criquebeuf, qui ne coûterait pas plus d'un million, pouvait lui procurer autant et même plus d'avantages qu'un embranchement par Evreux, auquel cependant la compagnie ne renonçait pas, mais qu'elle ne ferait qu'après celui de Criquebeuf.

Le tableau des conditions et usages de place fut arrêté par la Chambre consultative le 18 de ce même mois, et transcrit sur son registre de délibérations.

Le 23, mourut M. Robert Flavigny père, à l'âge de 64 ans. Le défunt avait été membre du Conseil municipal, adjoint au maire, membre de la Chambre consultative, du Conseil d'arrondissement et du Conseil général. Il était chevalier de la Légion d'honneur.

M. Lefort-Henry et M. Lecerf ayant donné leur démission de maire et d'adjoint, M. Mathieu Bourdon, premier inscrit au tableau du conseil municipal, fut chargé de remplir par intérim les fonctions de maire d'Elbeuf, à partir du 30 août à midi.

Un détachement de 297 hommes du 35e de

ligne partit de Rouen le 5 septembre, pour s'établir à Elbeuf et y rester jusqu'à nouvel ordre.

Le conseil municipal s'assembla le 7, sous la présidence de M. Mathieu Bourdon fils, faisant fonctions de maire. On nomma une commission pour étudier les moyens de donner un casernement à la troupe.

Le surlendemain, il accepta une proposition faite à la ville par M. Vincent Gamas, de loger ces soldats moyennant 75 centimes par jour et pour deux hommes.

Par arrêté préfectoral en date du 10, MM. Charles Houllier et Auguste Duval-Dantan furent désignés pour remplir provisoirement les fonctions d'adjoints au maire provisoire d'Elbeuf.

Il était alors fortement question à Elbeuf d'une importante fourniture de draps militaires, promise par le ministre à M. Victor Grandin, pour les manufacturiers de notre ville. Nous trouvons à ce sujet le prix de revient d'un drap de 43 mètres de longueur; nous le transcrivons à titre de curiosité :

Séchage à chaud de 43 kil. de laine..fr.	4 »»
Triage, à 10 cent. le kil.	4 30
Cardage, à 40 cent. le kil.	17 20
Huile au 75, 9 kil. à 1 fr. 70	13 50
43 kil. de laine donneront 105 livres de fil à 0 fr. 20	21 »»
Bobinage et ourdissage	3 »»
Lisières et chefs	8 »»
Lame et collage	4 50
Tissage : 56 liv. trame à 40 centimes	22 40
Dégraissage, foulage et savon	11 »»
Epincetage, écru et apprêt	8 »»
Lainage, deux eaux à 4 fr.	8 »»
Séchage aux rames à chaud	8 »»

Tondage, cinq coupes à 1 fr............	5 »»
Frais généraux, loyer, patente, etc.....	20 10
Ensemble....	165 »»
50 kil. laine à 5 fr.................	250 »»
Teinture à 2 fr: 50 le kil.............	125 »»
Total........	540 »»

Avec de la laine à 5 fr. 50 le kilog, le prix de revient se trouvait porté à 565 fr. ; avec de la laine à 6 fr., à 590 fr , et, avec de la laine à 6 50, à 615 fr. Soit, suivant le cas : 12 fr. 55, 13 fr. 13, 13 fr. 72 ou 14 fr. 30 le mètre.

Le Conseil décida, le 3 octobre, qu'à l'avenir toutes les pièces relatives au budget municipal seraient imprimées.

M Louis Delarue, en vendant à la ville la fontaine Saint-Georges, située rue de la Rigole, s'était chargé de son entretien et des réparations, et même à en paver les abords. A la suite d'une représentation qui lui fut faite par la Ville, M. Delarue s'exécuta volontiers.

Le 9, le Conseil décida qu'un marché serait établi sur la place Lemercier.

Ce même jour, il fut procédé à l'installation de M. Pierre-Nicolas-Désiré Lefort-Henry, nommé président du Tribunal de commerce par ordonnance royale du 31 août précédent, en remplacement de M. Nicolas Louvet ; et de M. Victor Quesné-Prieur, nommé juge suppléant.

Après avoir exploité le théâtre d'Elbeuf pendant deux années, M. Ricquier, directeur, s'engagea envers l'administration municipale, le 10 octobre, s'il obtenait le privilège pour les années 1841 et 1842, même 1843, 1° à renoncer aux redevances payées par les spec-

Place Lemercier (état actuel)

tacles de curiosités et autres ; 2º à soumettre sa troupe à l'épreuve des débuts ; 3º à exploiter le théâtre au moins six mois par an, à raison de 200 fr. de loyer par mois ; 4º à payer le droit des pauvres. La troupe de M. Riquier se composait de dix-huit artistes.

En 1842, il demanda la gratuité de la salle A cette époque, le prix des places était ainsi fixé : premières de parquet 2 fr. 50, secondes 1 fr. 25, parterre-debout 1 fr., troisièmes 0 60.
— Le théâtre comptait 900 places. La moyenne du produit des représentations était de 300 fr. ; le directeur payait 25 fr. de loyer par représentation ; ses frais s'élevaient à 120 fr.

M. Darré remplaça M. Warnery, comme architecte municipal, à dater du 12 octobre 1840.

Le 15, M. Galtayries remplaça comme commissaire de police M. Cléroux, révoqué.

Le 16, un nommé Marius Darmès avait tiré sur le roi, presqu'à bout portant, un coup de carabine, au moment où il passait avec Madame Adélaïde sur le quai des Tuileries. L'arme, bourrée jusqu'à la gueule, ayant éclaté, la charge atteignit deux personnes de la suite de Louis-Philippe, tandis que l'assassin tombait lui même grièvement blessé.

M. Bourdon, maire provisoire, convoqua extraordinairement le conseil municipal le 18 ; séance tenante, on rédigea cette adresse, qui fut remise à M. Victor Grandin, député de l'arrondissement et conseiller municipal, pour être déposée entre les mains du monarque :

« Sire ; En apprenant le nouvel attentat dirigé contre les jours de Votre Majesté, la ville d'Elbeuf, douloureusement émue, s'est indignée de retrouver sans cesse le glaive du régicide suspendu sur votre auguste tête.

« Mais la Providence veillait sur vous, Sire ; cette fois encore, elle protégeait la France dans votre personne vénérée ; elle préservait à vos côtés votre illustre compagne et votre sœur chérie.

« En présence des graves circonstances qui rendent plus que jamais indispensable au bonheur de la Nation votre existence précieuse, le crime odieux des Alibaud devait-il se reproduire ? Votre Majesté devait-elle être exposée de nouveau à la rage implacable des assassins, sans qu'un pareil forfait jetât l'alarme et la consternation parmi tant de Français sincèrement dévoués de cœur et de sympathie à Votre Majesté comme à sa noble dynastie ?

« Sire, la ville d'Elbeuf, spontanément frappée de stupeur, se relève pour exprimer énergiquement l'horreur que lui font éprouver ces affreuses tentatives ; elle s'afflige de les voir survivre à votre ineffable clémence, mais elle n'en est que plus empressée à déposer aux pieds de Votre Majesté les sentiments redoublés de respect et d'amour dont elle est pénétrée pour la royauté de Juillet, et dont elle sera toujours fière d'entourer le meilleur et le plus généreux des princes ».

A cette rédaction n'assistèrent que treize membres du Conseil : MM. Mathieu Bourdon, Laurent Patallier fils, Louis-Eugène Sevaistre, H. Tabouelle, Auguste Duval, Houllier, Laurents, Grémont, Lecerf, Lefort-Henry, François Rouvin, Flavigny et Colvée.

Dans sa séance du 28 octobre, le Conseil décida que le nom de M. Lefort serait porté par l'une des rues dont il avait donné le terrain à la ville. Quant à l'autre, contrairement aux arguments de M. Lecerf, dix voix contre huit la déclarèrent improprement désignée sous le nom de rue de l'Eglise, et, sur la proposition de M. Bourdon, maire par intérim, pour rappeler la mémoire vénérée du dernier médecin en chef de l'hospice, le Conseil, à une forte majorité, décida qu'elle serait nommée rue Henry ».

Ce même jour, le maire fit part au Conseil des désagréments sans nombre et de la nature la plus pénible que lui causait le casernement des troupes d'infanterie. Depuis que les logeurs publics avaient réduit leurs prix au-dessous de celui de la souscription municipale pour le casernement, les réclamations les plus déraisonnables venaient harceler l'administration. L'engagement contracté pour trois mois avec le sieur Gamas touchait à sa fin et l'administration déclara ne pas renouveler un marché qui était pour elle une source de tracasseries fatigantes.

M. Paul Sevaistre, élu commandant de la garde nationale le 10 novembre, prêta serment le 22 du même mois, en même temps que de nouveaux officiers, dont nous relevons quelques noms : Pierre Lejeune, nommé chef de la musique ; Romain Leroy, Héron, Aribaut, Alph. Osmont, Faucheux, Hébert, Bunel, Delousteau, Noyon, Vernier, Doutté, Lebret, Paul Collard, Baillemont.

Le Conseil municipal étant en séance, le 23, le maire lui exposa que le Comité d'intruction primaire désirait lui faire une communication. Un rapport avait été préparé par son secrétaire, M. Edouard Delarue, qui était prêt à le lire, si le Conseil consentait à l'entendre. On fit introduire M. Delarue qui lut son rapport.

Il concluait à admettre une donation faite par divers, montant en capital à la somme de 28.000 fr., à la condition expresse de fonder à Elbeuf une école des Frères de la doctrine chrétienne ; d'employer cette somme à l'achat d'un terrain et à la construction d'une école, pour laquelle la ville prendrait l'engagement de fournir le traitement à trois frères. Enfin, maintenir en concurrence ou supprimer l'école d'enseignement mutuel, suivant la volonté du Conseil. On renvoya cette proposition à une commission, composée de MM. Robert Flavigny, Grémont et Chennevière, qui devait faire un rapport.

Dans sa séance tenue le 25 du même mois, le conseil municipal adopta un réglement pour le bureau de pesage et de mesurage qu'il venait de rétablir, à partir du 1er janvier de l'année suivante.

On présenta à l'assemblée une pétition du conseil de fabrique de Saint-Jean, demandant à la commune la réparation et la reconstruction de pyramides et de statues à la tour de cette église, pour prévenir la conséquence de la chute des parties restantes, minées par le temps. Cette pétition était accompagnée d'un devis s'élevant à 6.240 fr.

A propos du budget de l'année suivante, que l'on discuta dans cette séance, M. Laurents demanda la parole sur l'article concernant la garde nationale.

Au moment, dit-il, où l'élection allait conférer à un autre qu'à lui les fonctions de chef de bataillon, il se serait abstenu de préparer le budget de la garde nationale ; mais il y avait urgence et l'administration le réclamait Il avait vu avec peine la commission proposer une réduction de 500 fr. sur le traitement de l'adjudant-major. Il ajouta :

« Le service de cet officier est de tous les jours, de tous les instants. Il arrive trop souvent que l'inexactitude des chefs de poste à se rendre, à heure fixe, à la garde montante, détermine le départ des gardes nationaux. La présence de l'adjudant-major devient indispensable pour remédier à ces infractions à la discipline. L'extension de son service justifie assez la nécessité de lui allouer un traitement de 1.500 fr. ». L'orateur réclama également le maintien des 300 fr. alloués au tambour major.

M. Paul Sevaistre, récemment élu chef de bataillon par les officiers, appuya ces réclamations et déclara consi térer tout vote dans la diminution du traitement de l'adjudant-major comme une tentative de désorganisation de la garde nationale.

Le Conseil vota les 1.500 fr. de l'adjudant-major, les 300 fr. du tambour major et fixa le budget de la garde nationale à 5.100 fr.

Le 28, un très vif incident se produisit entre MM. Patallier et Lecerf. Celui-ci se retira, suivi de MM. Lefort-Henry, Louvet, Chennevière, Sauvage, Colvée, Gariel et Laurents ; mais devant la déclaration de M. Patallier qu'il n'avait pas entendu blesser la personne de M. Lecerf, et qu'il lui suffirait de savoir que celui-ci désavouât un propos qui lui était imputé pour ne pas persister à soutenir devant le Conseil la conviction qu'il s'était faite, MM. Bourdon et Flavigny allèrent prier M. Lecerf d'oublier l'incident.

Au commencement de l'automne, un détachement de 36 hommes destinés aux bataillons de chasseurs à pied de Saint-Omer avait séjourné à Elbeuf.

Pendant la nuit du 15 au 16 novembre, 4 détachements comprenant 4 officiers et 363 hommes des 47e et 56e de ligne et 16e léger, couchèrent dans notre ville, et se dirigèrent ensuite également sur Saint-Omer.

Le 25 du même mois, un autre détachement de 436 sous-officiers et soldats du 43e de ligne séjourna à Elbeuf.

Une ordonnance royale du 29 arrêta les alignements et le plan général de la ville d'Elbeuf.

Le même jour, mourut à l'hospice un pauvre journalier, François-Thomas-Dominique-Charles-Firmin Le Velain du Bosnoir, né au manoir de Menneval près Bernay, en 1772. Il était fils du seigneur du Bosnoir et de François-Elisabeth de Vivefoy. Les Le Velain avaient été anoblis en 1606. Plusieurs de leurs descendants, ouvriers, habitent Caudebec-lès-Elbeuf.

CHAPITRE XIX
(décembre 1840)

Retour des cendres de Napoléon ; la « Dorade », qui les porte, passe devant Elbeuf ; cérémonie solennelle ; foule immense. — Construction d'un mur de quai. — Les vitraux de l'église Saint-Etienne ; leur description par M. Deville ; reproduction des légendes. — Statistique de l'industrie lainière d'Elbeuf.

On organisa des comités de souscription, le 3 décembre, pour venir en aide aux inondés de quatorze départements du Midi. A cette occasion, M. Mathieu Bourdon, maire provisoire, fit un chaleureux appel à notre population, qui y répondit par un apport de 11.274 francs.

On connut à Elbeuf, le 2 décembre, par un rapport du prince de Joinville au ministre de la marine, l'arrivée à Cherbourg des restes de Napoléon, qui seraient transportés du Havre à Paris par la Seine, et conséquemment passeraient devant Elbeuf. Une commission composée de MM. Colvée, Laurents, Prieur-Quesné, Nicolas Louvet et Bréard, fut nommée par le conseil municipal, pour examiner ce qu'il conviendrait de faire lors du passage du cortège. Le Conseil vota un crédit de 400 fr. pour dresser une estrade sur le quai.

Quelques jours après, on sut que les cendres de l'empereur passeraient le 10 décembre. M. Mathieu-Bourdon a laissé un procès-verbal de cette translation que nous allons reproduire presque en entier :

« On savait depuis longtemps qu'un grand acte de réparation nationale se préparait. Le roi des Français, S. M. Louis-Philippe, avait conçu l'heureuse pensée de rendre à la terre de France les restes mortels du grand homme qui porta si haut la gloire du nom Français.

« Un fils de France, le prince de Joinville, désigné par son auguste père pour aller chercher à travers les mers un dépôt précieux, était attendu avec anxiété du lointain rivage où l'avait conduit sa pieuse mission.

« On apprit enfin qu'il était de retour en rade de Cherbourg. On lut avec bonheur les procès-verbaux d'exhumation publiés à son arrivée. On s'émut avec attendrissement à la nouvelle d'une identité qui ne laissait pas au doute le moindre sujet de se manifester. On se réjouit jusqu'à l'enthousiasme de savoir que le corps de l'illustre empereur s'était conservé d'une manière inespérée, et de toutes parts on se disposa à rendre aux précieuses reliques les plus grands honneurs qui soient dûs aux têtes couronnées, après leur mort.

« La ville de Paris, cette immense capitale de la France, était nécessairement appelée à représenter le pays entier dans cette occasion solennelle ; mais avant de diriger le convoi impérial sur l'antique Lutèce, destinée à recevoir le dernier tombeau de Napoléon, un itinéraire obligé lui devait être tracé.

« Les restes de l'empereur transbordés, dans le port de Cherbourg, de la frégate la *Belle Poule* qui les avait possédés depuis la terre d'exil, sur le pyroscaphe la *Normandie*, devaient passer de l'Océan dans la Seine et s'offrir, sur tout le littoral de ce grand fleuve, aux hommages empressés des populations, pénétrées d'admiration pour la mémoire d'un héros la gloire de la France.

« Le 9 décembre, à quatre heures du soir, le bateau la *Normandie* cédait à un autre bateau, la *Dorade n° 3*, l'insigne honneur de porter jusqu'à Paris le cercueil du grand homme. C'est au Val-de-la-Haye, près de Rouen, que s'opérait cette mutation au point intermédiaire de navigation entre la haute et basse Seine, par suite de la spécialité respective des deux pyroscaphes, dont l'un, la *Dorade*, était plutôt construit pour naviguer en amont du fleuve ; et le 10 décembre, ce dernier bateau à vapeur, chargé du sarcophage impérial, précédé et suivi d'une nombreuse flotille, arrivait dès le matin à Rouen, où devait l'arrêter quelques heures une fête à la fois funèbre et triomphale, une fête pour laquelle d'immenses préparatifs avaient été faits la veille et pendant la nuit, une fête dont le recueillement et l'enthousiasme devaient être assurément le principal et le plus bel ornement.

« Des intructions réitérées de M. le préfet avaient informé, quelques jours à l'avance, l'administration municipale d'Elbeuf que le convoi funéraire se dirigerait dans la journée du 10 par Elbeuf sur le Pont-de-l'Arche, où il stationnerait dans la nuit du 10 au 11 décembre...

« Un arrêté préfectoral, à la date du 6 décembre, prescrivait les dispositions les plus sages pour interdire sur le fleuve, durant le passage, toute navigation étrangère au convoi et pour empêcher toutes démonstrations individuelles, comme étant contraires aux sentiments distinctifs de l'acte religieux qui allait s'accomplir, enfin pour prévenir tous accidents malheureux résultant d'une confusion répressible dans le mouvement des populations désireuses de participer à la plus attendrissante des cérémonies...

« Un ordre du jour de M. le chef de bataillon de la garde nationale, M. Paul Sevaistre, s'adressait aux officiers, sous-officiers et soldats composant cette garde, dans les termes suivants :

« Gardes nationaux ; les restes de l'Empe-
« reur vont passer devant les murs de notre
« ville. Le bataillon d'Elbeuf prendra les ar-
« mes. Montrons-nous dignes de rendre les
« honneurs à l'homme qui consacra sa vie à
« l'élévation et à la gloire du nom français.
« — Paul SEVAISTRE, commandant ».

« Un projet de cérémonial soumis par le maire à l'appréciation du conseil municipal avait eu pour objet d'imprimer au passage des cendres un caractère qui fût en rapport avec cette circonstance mémorable...

« La ville d'Elbeuf, qui se rappelait comme toute la France ce qui rendit impérissable à jamais la mémoire du héros ; la ville d'Elbeuf se souvenait, en outre, de la visite qu'avait faite à ses fabriques Bonaparte premier consul, le 12 brumaire an XI ; elle se souvenait qu'à cette époque, il avait comparé notre cité à une ruche laborieuse et que la ruche était devenue, depuis, le signe caractéristique des armes de notre ville, pour rappeler et localiser une expression heureuse du grand homme, dans sa juste et véritable application.

« Elle se souvenait encore qu'empereur et roi, Napoléon encouragea les arts, l'industrie, le commerce, alors qu'il s'immortalisait par des victoires et par la conception de ce code sublime, fruit de son vaste génie. Il n'était donc pas douteux que la population elbeuvienne suppléerait par ses émotions, sa tenue, son attendrissement à l'impuissance où se trouvait le conseil municipal de déployer, dans un délai insuffisant, tous apprêts désirables à l'occasion d'un événement presqu'incroyable : le retour des cendres de l'empereur Napoléon, après un exil de vingt-cinq années.

« A midi, toutes les maisons de la ville étaient pavoisées de drapeaux garnis d'un crêpe. De toutes parts, au rappel des tambours, les gardes nationaux se portaient, malgré la rigueur d'un froid excessif, sur la place d'armes de leur compagnie respective.

« Invités tous pour un service facultatif, c'était à qui se ferait remarquer par le plus grand empressement et la plus belle tenue, et bientôt toute notre garde civique se trouva réunie et rangée en bataille sur la place de l'Hôtel-de-Ville.

« A la droite, se placèrent presque simultanément les vieux soldats de l'empire de la résidence, revêtus pour la plupart des divers uniformes qu'ils avaient promenés dans presque toutes les capitales de l'Europe ; puis quelques vétérans de la République, d'autres encore ayant servi dans les armées françaises à des époques plus récentes, parmi lesquels sur le sol meurtrier d'Afrique, où, comme leurs plus heureux devanciers, ils avaient acquis leur part de gloire. A la gauche, on voyait figurer un fort détachement du 35e de ligne 3e bataillon, cantonné pour le moment en cette ville ; les officiers de toutes armes ayant tous en signe de deuil le crêpe au bras, à l'épée ou au sabre.

« Les anciens militaires avaient leur drapeau ; l'un de leurs camarades, M. Renault-Dantan, avait été choisi par eux pour le porter, et sur ce drapeau, ils avaient fait inscrire les mots : « Soldats de l'Empire ». Ils étaient commandés par M. Argenton, vieux capitaine retraité, dont la carrière militaire, commençant à la bataille de Mantoue, avait eu pour terme le désastre de Moscou.

« Dans la garde nationale, le drapeau allait être confié à M. Laurents, ancien chef de bataillon, ancien maire d'Elbeuf. A cet officier, reconnu le jour même par le commandant M. Paul Sevaistre, en qualité de porte-drapeau, il était réservé de débuter dans ce poste d'honneur pour en remplir l'attribut envié : celui d'incliner le drapeau devant les restes mortels de l'empereur Napoléon...

« ... Au moment où s'effectue le passage du cortège devant l'église paroissiale de Saint-Jean. M. le curé d'Elbeuf, en habits sacerdotaux, les clergés de Saint-Jean et de Saint-Etienne entrent en ligne, précédant dès lors les autorités, croix et bannières en tête.

« Arrivés sur le quai, les autorités et le clergé vont occuper une estrade presque improvisée pour les recevoir. Cette estrade est disposée avec simplicité et élégance. A l'arrivée, on voit, dans sa partie centrale, un mât surmonté d'un drapeau tricolore ; deux bannières sont latéralement en avant ; l'une a pour inscription « 2 novembre 1802 » ; on lit, écrits sur l'autre, ces mots : « 10 décembre 1840 ». .

« Les anciens militaires ayant itérativement demandé à se rapprocher des autorités et à céder la droite à la garde nationale, plus nombreuse ce jour-là qu'elle n'avait été dans aucune cérémonie publique, cette faveur lui est aussitôt accordée, attendu que la place d'honneur appartenant aux soldats de l'Empire en cette occurrence, il leur est facultatif de choisir où ils pensent la trouver.

« En ce moment, après deux heures d'attente sur les bords du fleuve, une vigie, placée par le maire dans la tour de l'église Saint-Jean, signale l'arrivée impatiemment souhaitée du convoi.

« Aussitôt les cloches de sonner un glas funèbre, l'artillerie, placée sur la rive opposée, de tonner ; une foule immense est échelonnée sur la rive jusqu'à la limite du territoire communal. Toutes les populations des bourgs et villages environnants sont venus la grossir. Tous les travaux ont cessé depuis longtemps dans les ateliers industriels, et la classe ouvrière, si nombreuse à Elbeuf, s'est portée en habits de fête sur tous les points du littoral ; elle s'y presse et s'y groupe de tous côtés. C'est un admirable coup d'œil à voir cette masse onduleuse, dans une attente religieuse, toutefois, à considérer toutes les fenêtres et jusques aux toits garnis de spectateurs...

« Cependant la flotille a continué sa course,

qu'elle ralentit à l'approche de notre quai, et l'on voit bientôt apparaître, à la suite de deux bateaux à vapeur dont l'un est le *Zampa* et l'autre l'*Elbeuvien n° 2*, le catafalque impérial sur la *Dorade n° 3*.

« A l'aspect des restes du grand homme, tout le cortège se découvre et chacun peut distinctement admirer et voir son cercueil recouvert du manteau impérial et entouré de trophées ; car le convoi passe lentement pour donner libre cours à nos émotions, pour nous permettre de payer d'abord une tribut d'hommages respectueux à la dépouille mortelle de Napoléon, puis d'envoyer un salut de gratitude au prince de Joinville, aux généraux Bertrand et Gourgaud, à l'état-major, comme enfin aux marins de la *Belle Poule*, répartis tous sur plusieurs pyroscaphes.

« Mais avant tout la religion a convié ses ministres à prendre la part principale dans cette grave cérémonie. Le prêtre officiant va prononcer l'absoute. Pendant que le clergé entonne un chant funéraire, la musique joue des airs funèbres, les tambours battent aux champs et les cloches continuent à sonner, la troupe présente les armes et les officiers saluent ainsi que les drapeaux.

« Alors que s'accomplit ce pieux et dernier devoir, le cortège municipal et tous les spectateurs, confondus dans une seule et même pensée de deuil et de recueillement, restent silencieux ; la foule se tient dans l'ordre le plus parfait...

« Tout à coup, une salve d'artillerie annonce que la flotille s'éloigne, emportant avec elle le sarcophage pour aller provoquer en amont du fleuve d'autres populations impatientes. Les émotions, l'attendrissement, sont à leur comble, et les passagers des bateaux, qui nous ont successivement passés en revue, ont pu apprécier et se convaincre combien sont ineffaçables les traces laissées, dans l'esprit des habitants d'Elbeuf, par le souvenir du plus illustre capitaine des temps modernes.

« A trois heures, le cortège municipal, le clergé, la troupe, quittent les bords du fleuve, chacun rendant grâces au roi des Français d'avoir ramené sur le sol français des reliques à jamais précieuses... »

Ce procès-verbal, tout entier de l'écriture de M. Mathieu Bourdon, est signé de ses deux adjoints M. Houllier et Duval, de M. Lefort-Henry, président du Tribunal de commerce, et de M. Paul Sevaistre, chef de bataillon de la garde nationale d'Elbeuf.

Le surlendemain, le maire adressa ses félicitations à la population pour son excellente tenue, son recueillement et la « piété au-dessus de tout éloge » qu'elle avait montrés pendant cette cérémonie, dont on conserva longtemps le souvenir à Elbeuf, car il servit à dater l'année 1840 et particulièrement son hiver.

Des affiches apposées en ville annoncèrent la mise en adjudication, le 16 décembre, des travaux pour la construction d'un mur de quai sur une longueur de 53 mètres. La dépense était évaluée à 54.000 fr.; dans cette somme, l'Etat devait entrer pour moitié. Ces travaux, la décroissance des produits de l'octroi, et différentes dettes antérieures contractées par la ville, obligèrent à faire un emprunt de 150.000 francs, pour l'amortissement duquel le Conseil vota dix centimes additionnels.

Le dimanche 20 décembre, il se produisit

un tumulte au théâtre qui porta le maire de prendre un arrêté, suivi de menaces de faire fermer cet établissement si ces désordres se renouvelaient.

Le froid devint très rigoureux. La Seine gela complètement. Le maire défendit de marcher sur la glace, et, dans le même temps, fit un appel à la population pour venir en aide aux malheureux.

A la suite de la dissolution de la *Société elbeuvienne* concurrente de la compagnie François Rouvin, on mit en adjudication le 26 décembre, le matériel de la Société, qui comprenait notamment la *Ville d'Elbeuf* et la *Ville-de-Rouen*, bateaux à vapeur ; la *Mélanie*, la *Ville-de-Mantes*, le *Saint-Pierre*, la *Petite-Désirée* dite galiote, le *Désiré* et l'*Actif*, bateaux couverts pour la plupart, mais qui n'étaient employés que remorqués par des chevaux.

Le 28 décembre, 48 soldats du 3e hussards, se rendant de Chartres à Dunkerque, couchèrent à Elbeuf.

Le bâtiment compris entre l'hospice et l'hôpital primitif où est la chapelle fut commencé en 1840 et terminé en 1841, ce qui permit d'augmenter le nombre des salles destinées aux malades.

Un arrêté municipal fixa à 30 centimes par mois la somme que les élèves de l'Ecole mutuelle devraient payer pour dépenses de papier, plumes, encre, livres, etc.

En 1840, M. Deville, conservateur du Musée d'antiquités de Rouen, écrivit, sur la demande de M. Mathieu Bourdon, une notice concernant les vitraux de l'église Saint-Etienne ; nous la reproduirons, en la rectifiant sur quelques points toutefois, et en y ajoutant certains détails :

L'église Saint-Etienne d'Elbeuf, monument incomplet et inachevé du xvie siècle, malgré l'ornementation extérieure de son chevet, les nervures et les pendentifs de la voûte du chœur, malgré l'élégance et la beauté de ses orgues, ne mériterait sans doute qu'une attention secondaire, si le nombre et la beauté de ses vitraux peints ne la recommandait d'une manière spéciale à l'intérêt des amis des arts et à la sollicitude du gouvernement.

Ces vitraux appartiennent tous à la brillante époque du xvie siècle. Ils garnissent complètement les dix-sept fenêtres du chœur de l'église, la seule portion de l'édifice qui ait quelque mérite sous le rapport architectural. Il serait difficile de voir un assemblage plus éblouissant. Nous allons les passer rapidement en revue.

BAS CÔTÉ SEPTENTRIONAL. — *Première fenêtre à main gauche.* — Cette fenêtre qui est à trois jours ou travées, représente, en six tableaux, l'histoire de la Vierge (figure de demi nature). On y remarque, entre autres sujets. le Mariage de la Vierge, l'Annonciation, la Fuite en Egypte.

Ce vitrail, qui se distingue par la grâce du dessin, porte le monogramme R. L., qui doit appartenir à Richard Le Vieil, peintre sur verre normand du xvie siècle, ancêtre de Guillaume Le Vieil, l'auteur du célèbre ouvrage de l'*Art de la peinture sur verre*. Ce dernier mourut en 1731.

Deuxième fenêtre, à trois jours ou travées. — Vie de saint Jean-Baptiste, en six tableaux ; les plus intéressants sont : la Prédication dans le désert ; le Baptême de Jésus-Christ ; Hérodias ; la Décollation. Date de 1509.

Dans le bas du vitrail sont représentés, agenouillés, les donateurs, mari, femme et leurs enfants. Au bas, à droite, on voit le Christ et les principaux instruments de la Passion.

Troisième fenêtre, à trois jours. — Arbre de Jessé ou Généalogie de la Vierge.

Les donateurs du vitrail y figurent, ainsi que leurs quatre enfants. On y lit cette inscription : *L'en mil cinq cens vingt et trois, Pierres Grisel et Marion sa femme ont donné cette verrière. Priez Dieu pour leurs âmes.*

MÊME CÔTÉ, CHAPELLE DE LA VIERGE. — *Quatrième fenêtre*, à deux jours. — Quatre tableaux. La Crêche, l'Adoration des rois ; la Présentation au temple ; la Circoncision.

Cinquième fenêtre, à deux jours. — Trois tableaux. Sainte Anne faisant lire la Vierge ; Mort de la Vierge ; Jésus et le Père éternel.

Sixième fenêtre, à deux jours. — Quatre tableaux. La Vierge et l'enfant Jésus ; la Vierge, Jésus et saint Jean enfants ; la Vierge et les anges ; l'Assomption.

Ces trois vitraux de la chapelle de la Vierge sont dus au même artiste et se font remarquer par la naïveté du faire. Ils portent des inscriptions explicatives, plus ou moins bien conservées.

SANCTUAIRE. — Le sanctuaire est éclairé par deux rangs de vastes fenêtres, à trois travées chacune.

Septième fenêtre, à trois jours, à main gauche du maître autel. — Cette fenêtre renferme six tableaux, relatifs à l'histoire du chef de saint Jean-Baptiste. Elle doit avoir été commandée par la corporation des potiers de la ville, à en juger par le sujet principal, où l'on voit, au milieu de pots renversés, un large pot brisé, placé sur un autel, d'où sort le chef de saint Jean. Cette singulière composition est admirablement exécutée. On y lit les inscriptions qui suivent :

Come Hérode fist enterrer le chef de saint Jehan-Baptiste en l'enclos de sa maison. — Come par le commandement de Hérodias le corps fust enleve pour le jeter à la voirie ; cette femme craignoit qu'il fist retour à son chef. — Come au temps de l'empereur Julien l'apostat le corps de saint Jehan fust jetté au feu, ses os dispersés et enfin recueillis par des religieuses de Jérusalem...

Ces inscriptions se rapportent aux trois tableaux supérieurs ; celles de la série inférieure sont cachées par des décorations du chœur.

Huitième fenêtre, à deux jours, au dessus du maître autel. — Dans les trois panneaux supérieurs sont représentés le martyre de saint Etienne, patron de l'église ; sa Conduite au supplice, sa Lapidation, son Ensevelissement.

Dans les trois panneaux inférieurs, que cache le maître autel, on croit reconnaître des traits de la vie de saint Pierre.

La couleur de tout ce grand vitrail est éblouissante.

Neuvième fenêtre, à main droite du maître autel. — L'Invention de la vraie Croix, en trois tableaux : 1er, *Comment Codroe perdit la bataille et s'enfuit dedans le Tigre et les siens se firent baptiser ;* 2e, *Comment sainte Hélène fit fouyr à l'endroit que Judas lui avoit montre et trouva le fust de la vraye croix de notre Seigneur ;* 3e, *Comment après les croix trouvées pour congnoistre la sainte Croix on mys ung mort sus ladicte croix, lequel ressuscita.* Composition et style remarquables.

Dixième fenêtre, à trois jours, fenêtre supérieure, à main gauche, du maître autel. — Les sujets représentés dans ce vitrail paraissent se rapporter à la vie de saint Jean Baptiste, et se lier à ceux du vitrail inférieur (n° 7), auquel il est superposé. Il rappelle, en outre, le même style. Et, en effet, on y lit les inscriptions suivantes :

Come lesdicts religieux enveloppèrent le chef de sainct Jehan au sortir de terre et voulurent retourner en leur païs. — *Come sainct Jehan aparut à ung potier, fust qu'il prist son chef que lesdicts religieux portaient enclos en une cane de terre lui faisant bât.* — *Come sainct Jehan, avec deux personnages venant chanter, par une lueur aparut à sainct ... religieux, lequel faisait recherche à une fosse et leur dit :* Est ecce ac.

Onzième fenêtre, à trois jours. — Sujet religieux qui se lie probablement, comme dans l'exemple de la fenêtre précédente, au sujet du vitrail inférieur (n° 8). Nous avons dit que ce dernier était consacré au patron de l'église.

Ces six fenêtres, haut et bas, du Sanctuaire, rivalisent entre elles par l'éclat des couleurs ; quelques-unes sont d'un fort beau dessin.

Douzième fenêtre, à trois jours, supérieure, à main droite, du maître autel. — Le Calvaire; le Christ en croix, entre le bon et le mauvais larrons ; au pied, les Saintes femmes.

Ce sujet, souvent répété, dit M. Deville, n'a pas été confié ici à un peintre verrier d'un grand talent ; l'exécution en est assez médiocre. — Nous avons examiné ce tableau : il ne nous paraît point inférieur aux autres.

Bas côté méridional, ancienne chapelle Saint-Roch. — *Treizième fenêtre*, à deux jours. — Vie de saint Pierre, en quatre tableaux, avec les inscriptions suivantes : *Saint Pierre plorant à la fosse, J.-C. s'apparut à lui ; Comme saint Pierre sortoit de Rome, rencontra J.-C. ; Comme saint Pierre prêchant en Antioche en garit plusieurs ; Comme saint Pierre fut crucifié, la teste en bas.*

Ce vitrail, du plus beau dessin, a été exécuté en 1540, comme l'indique l'inscription suivante : *L'an de grâce mil cinq cent quarante Levavasseur et sa femme ont donné cette verrière. Priez Dieu pour eulx et pour tous leurs parents vivants et trépassés.*

Quatorzième fenêtre, à deux jours. — Quatre tableaux ayant trait à la vie de saint Nicolas : *Comme saint Nicolas jetta III bourses aux pucelles ; Comme saint Nicolas préserva troys chevaliers de mort* Les deux autres légendes devaient avoir trait à l'aventure des trois clercs, à celle des trois enfants ; car saint Nicolas, comme on le voit, ne procédait jamais que par trois. — Inscription : « Mᵉ Robert, curé d'ici, a donné cette verrière. Priés Dieu pour lui ».

Quinzième fenêtre, à deux jours. — Quatre tableaux ; trois d'entre eux ont trait à la vie de saint Roch ; le quatrième, qui ne devait pas appartenir, quoique sortant du même pinceau, à ce vitrail, représente les Couches de la Vierge. — On y lit : *Come saint Roch en naissant apporta une croix à son côté. — Comme saint Roch garit un cardinal de Plaisance.*

Au bas, sont deux ouvriers tisseurs occupés au même métier ; un troisième fait tourner un ourdissoir. On sait que saint Roch est patron des tisseurs ; cette vitre lui aura été dédiée par la corporation.

Nota. — L'un des personnages ourdit à la cheville et non au moulinet. On lit dans un angle de ce vitrail : *De ceste paroisse les tisserands ont donné ceste image (?) povr VI sols 1 denier et troys...* (Voir notre gravure, tome II, p. 138).

Suite du bas côté méridional. — *Seizième fenêtre*, à trois jours. — Vie et martyre de saint Sébastien, en six tableaux : Inscriptions seules complètes et lisibles :

Come saint Sébastien se vint présenter en armes. — *Come saint Sébastien prisonnier garit Zoé la muette.* — *Comme saint Sébastien rompit l'idole de Janus.*

Dix septième fenêtre, à trois jours. — Trait miraculeux de saint Eustache, attribué à tort à saint Hubert, patron des chasseurs.

Ce vitrail, d'un facture large et fort originale, sans être d'un dessin très pur, est en fort mauvais état, dit M. Deville, par suite de restaurations nombreuses. — Ce tableau a sans doute été habilement retouché depuis, car c'est maintenant un des plus remarquables de l'église.

Sur un cartouche déroulé dans le bas on lit : *L'an mil cinq cents LVII Louis Doucet, gentilhomme de la vénerie du roy à la bende des chiens, et Jeanne Menar sa femme ont donné cette verrière: pries Dieu pour eulx.*

M. Deville terminait sa notice en donnant quelques excellents conseils pour la conservation de ces dix-sept verrières.

Un tableau statistique présenté par la Chambre consultative au préfet est ainsi conçu :

Elbeuf compte 180 fabricants, Caudebec 26.

Ils produisent (Caudebec pour un vingtième) 83.200 pièces de 50 mètres, soit 4.160.000 m., dont 54.080 pièces de draps et 29.120 pièces de nouveautés.

Ces 83.200 pièces consomment en moyenne chacune 36 kilog. de laine, soit 2.995.200 kil., représentant en suint 11.520.000 kilog. Ces 2.915.200 kilogrammes, lavées à fond, au prix moyen de 8 fr. 25, forment une somme de 24.710.400 fr.

La teinture des 83.200 pièces, au prix moyen de 45 fr., s'élève à la somme totale de 3 millions 740.000 fr., et la main-d'œuvre, au prix moyen de 200 fr. par pièce, forme un chiffre de 16.640.000 fr.

Les prix de la laine (24.710.000 fr.), de la teinture (3.744.000 fr.) et de la main-d'œuvre (16.640.000 fr.), s'additionnent par 45 millions 094.000 fr. — Le prix de chaque pièce est de 542 fr.; celui de chaque mètre 10 fr. 84.

Cette production occupe 17.600 ouvriers ; les hommes (par jour 2 francs l'un dans l'autre) comptent pour 8.000 ; les femmes (1 fr. par jour) pour 6.400 ; les enfants des deux sexes (0.75 par jour) 3.200. De ce nombre, 10.933 ouvriers sont employés dans la ville et 6.667 à l'extérieur.

Il existe 57 machines à vapeur, de la force réelle de 671 chevaux ; 2 moulins à eau, 2 manèges à 2 chevaux ; 24 décatissages à vapeur. — A Caudebec, (Saint-Pierre actuellement), il y a deux pompes à feu et deux moulins à eau.

Les laines employées par la fabrique d'Elbeuf sont généralement des métis fines de France ; en outre, elle consomme beaucoup de laines fines et extra-fines d'Allemagne, ainsi que les meilleures sortes d'Espagne. Les lieux de production pour la laine employée à Elbeuf sont : la Brie, la Beauce, la Picardie, ensuite l'Allemagne et l'Espagne.

Les débouchés des produits d'Elbeuf sont la France principalement, la Suisse, l'Italie, l'Espagne, le Mexique, les Amériques, l'Afrique.

On avait enregistré pendant l'année 489 naissances, 96 mariages et 442 décès.

CHAPITRE XX
(Janvier 1841)

Le froid arrête les travaux de la fabrique. — Les Frères de la doctrine chrétienne; les enseignements congréganiste et laïque devant le conseil municipal; intéressante discussion; l'introduction des Frères est votée. — Pièces de théatre interdites. — Crainte de création d'un troisième journal. — La police secrète pour la répression des vols de fabrique; la Société pour l'emploi des déchets.

Quand s'ouvrit l'année 1841, la Seine était complètement couverte par les glaces. Le maire prit un arrêté pour interdire la traversée du fleuve, mais une infinité de gens n'en tinrent point compte.

Beaucoup de fabricants, soumissionnaires de draps de troupe, arrêtés dans leur fabrication par les fortes gelées, survenues dès le 13 décembre précédent, allèrent trouver M. Mathieu Bourdon, maire provisoire, pour lui faire part de la crainte qu'ils avaient de ne pouvoir livrer leurs fournitures dans le délai fixé, et le prier, tant dans leur intérêt que dans celui de leurs ouvriers, de réunir la Chambre consultative pour que celle-ci sollicitât du ministre de la guerre une prolongation d'un mois.

M. Bourdon convoqua la Chambre le 5 janvier. L'assemblée rédigea séance tenante une pétition au ministre, et chargea M. Victor Grandin de la lui présenter.

Le Conseil municipal vota, le 4 janvier, un crédit de 861 fr. pour l'établissement à l'hôtel de ville d'une bibliothèque publique, ainsi que la demande en avait été faite quelques années auparavant par M. Nicolas Louvet.

Ce même jour, le Conseil discuta sur l'introduction des Frères de la doctrine chrétienne à Elbeuf, en faveur de laquelle une souscription de 28.103 fr. avait été faite.

M. Louis-Joseph Flavigny repoussa les Frères comme instituteurs communaux.

« Le rapporteur du Comité a puisé, dit-il, les motifs de leur admission à deux sources dont on peut suspecter la pureté : une notice des Frères et une partie d'un discours prononcé par M. Rendu dans une distribution de prix. Les Frères ne pouvaient dire du mal d'eux-mêmes; l'inspecteur de l'Université leur devait cette monnaie courante dont on n'est pas avare à une époque solennelle.

« Déjà, sous la Restauration, des tentatives inutiles ont eu lieu pour l'introduction des Frères. En 1836, la majorité du Comité les écartait : l'entrée dans son sein de deux nouveaux membres, qui, par un hasard que quelques-uns appelleront heureux, sont fils de signataires de la pétition en faveur des Frères, a modifié l'opinion du Comité. Quant à moi, membre de ce Comité et faisant aujourd'hui partie de la minorité, je repousse le projet de tout mon pouvoir.

« Il y a danger à confier les enfants aux leçons d'une corporation religieuse ; accepter cet établissement, c'est vouloir la ruine des écoles communales et des écoles privées.

« Cet ordre religieux est une société d'hommes qui ne meurent pas, se succédant incessamment. Ils ont un système fixe et invariable qui, dans aucune circonstance, n'admet aucune modification. Ils ne reconnaissent qu'un souverain, à Rome, et n'obéissent qu'à lui. L'autorité civile qui les protège en France, qui les paie, n'est que secondaire à leurs yeux, et leur obéissance aux lois est toujours subordonnée aux instructions qu'ils reçoivent.

« Ces religieux ne sont pas Français par le cœur ; ils ne respectent nos institutions politiques que malgré eux : leur confier l'instruction des enfants, c'est risquer de faire germer dans de jeunes têtes des principes que l'amour du Pays désavouerait ».

M. Flavigny continua ainsi :

« Quand on veut faire des citoyens, il faut les faire élever et instruire par des laïques, par des pères de famille, aimant le Pays et profondément attachés à ses institutions.

« L'établissement des Frères causera un tort immense à l'Ecole mutuelle et aux écoles privées. Les instituteurs de ces écoles ne seront pas trouvés capables de donner aux élèves une bonne instruction religieuse, tandis qu'on ne mettra pas en doute le talent des Frères. Quelle terrible concurrence à l'époque où les enfants voudront remplir pour la première fois un des devoirs augustes de la religion ! Quel puissant motif pour déterminer le choix des parents et même pour faire violence à leur volonté !

« C'est à tort qu'on a, dans la pétition, mis en avant cette assertion qu'il y a une lacune dans les moyens d'instruction pour les garçons. L'école communale existe depuis aussi longtemps que celle pour les filles.

« On a, au contraire, fait un éloge pompeux de cette dernière, probablement parce qu'elle est dirigée par des religieuses. Que le Conseil se fasse rendre un compte scrupuleux du travail des élèves communales chez les Dames, et du travail des garçons à l'Ecole mutuelle : les résultats, d'un côté comme de l'autre, sont comparativement les mêmes, presque nuls.

« Ce fâcheux résultat ne doit pas être attribué aux maîtres, mais aux élèves, peu assidus, qui ne fréquentent l'école que lorsque les parents ne peuvent les occuper d'une manière lucrative pour la famille.

« Notre position financière étant connue de tous, il eût été plus délicat de ne pas tenter le Conseil par l'acceptation de donations qui, en définitive, seront la cause de nouvelles et assez fortes dépenses.

« En résumé, s'il y a incapacité ou négligence dans le directeur actuel de l'Ecole mutuelle, il faut en choisir un autre. Si la méthode simultanée est meilleure que le mode d'enseignement mutuel, il faut lui donner la préférence ; mais jamais il ne faut confier l'éducation des enfants qu'à des laïques ou à des pères de famille ».

M. Lefort-Henry, maire démissionnaire, zélé partisan des Frères, répondit :

« On paraît redouter de confier l'instruction des enfants aux Frères, parce qu'on les regarde comme des instructeurs religieux ; mais si la religion est la base de l'instruction qu'ils répandent dans les classes pauvres de la société, ils satisfont par là au vœu de la loi, ce qui ne nuit en aucune manière à la solidité de leur enseignement. Ce ne sont point non plus des hommes politiques tels qu'on a voulu les peindre. Leur corporation existe à Rome, il est vrai, mais elle existe encore dans beaucoup d'autres contrées de l'Europe. En France, leurs statuts ont été soumis à l'Université, qui les a modifiés et acceptés.

« Sous l'empire de la loi de 1833, qui laisse la plus grande latitude à l'instruction primaire, n'est-il pas juste d'offrir aux parents, même d'enfants pauvres, le libre choix d'une école qui peut être selon le vœu de leur cœur ?

« Un sentiment de crainte, celui de voir l'école des Frères absorber les autres institutions, a tenu un moment ma décision en suspens ; mais la réflexion n'a bientôt démontré que cette crainte était chimérique. Que demandent les donateurs des 28.000 fr. ? Que propose la commission ? De fonder une école qui sera tenue par trois frères, dont deux professeurs et le troisième servant. Cette école pourra recevoir deux cents élèves.

« L'école communale des filles reçoit environ quatre cents élèves et pourrait suffire à six cents. Le nombre des garçons à instruire n'est pas moindre que celui des filles ; deux cents sont inscrits à l'Ecole mutuelle, c'est donc quatre cents enfants mâles à l'instruction desquels il faut pourvoir. Ainsi, en agissant avec prudence, l'introduction des Frères ne doit causer aucun préjudice aux écoles publiques et privées existant actuellement. Il peut même arriver qu'un plus grand nombre d'enfants à instruire fasse sentir la nécessité d'augmenter le nombre des frères. Mais il ne faut pas s'écarter des règles de la prudence, et l'administration municipale seule doit délivrer des billets d'admission dans l'école des Frères.

« On ne peut nier que l'immoralité n'ait fait des progrès effrayants dans la population ouvrière. C'est un mal funeste pour la Société, mal dont il faut arrêter les ravages.

« Que si, comme on l'a dit, les Frères se présentent sous le patronage du clergé et sont favorisés par lui, on doit s'en applaudir ; car les efforts réunis des uns et des autres auront à détruire les vices qui infestent la partie la plus nombreuse et la plus malade de la Société ».

M. Laurents répliqua en ces termes :

« On vient de parler d'immoralité : la démoralisation part d'en-haut et non d'en-bas. Malheureusement, dans une ville de fabrique comme la nôtre, les moyens de séduction sont faciles et de tous les instants. Tous les germes du vice n'ont pas été développés par les ouvriers.

« Si, trop souvent, l'exemple du libertinage ne leur était offert par ceux mêmes auxquels ils sont obligés d'obéir ; s'ils n'avaient sous les yeux que des hommes d'une conduite irréprochable, ils deviendraient eux-mêmes bons et honnêtes. Toute cause de scandale aurait bientôt disparu.

« L'exemple est donné au peuple par les grands. Sous la monarchie de Louis XIV et de Louis XV, il a eu les suites les plus funestes ; les événements et l'histoire sont d'accord pour le prouver. Aujourd'hui, la réunion des vertus les plus pures se trouve sur le trône et dans ce qui l'entoure. Le roi, comme père de famille, offre le modèle d'une probité telle que ses plus cruels ennemis n'ont osé l'attaquer sous ce rapport. Cet exemple, déjà suivi à la cour, doit pénétrer jusque dans les derniers rangs du peuple.

« Nous en profiterons ici lorsque les pères de famille auront le courage de refuser leur porte à des jeunes hommes qui ne rougissent pas de porter la honte sous le toit de l'ouvrier et de l'artisan.

« Compter exclusivement sur l'instruction des Frères pour ramener la population pauvres à des sentiments de religion, de morale, c'est étrangement s'abuser. Les Frères, d'ailleurs, dont on a exalté l'humilité, ne sont pas ce qu'on pense. Quant à moi, je les regarde comme aussi doubles que leur habit, et ils en portent deux. La position financière de la ville ne permet pas d'ailleurs d'accepter un si funeste présent ».

M. Lefort-Henry reprit la parole pour dire que l'opinion de M. Laurents était peut-être incisive, mais qu'elle était exprimée par un homme de conscience et dont il respectait les convictions.

« Cependant, on pourrait tirer de ce qu'il a dit, ajouta M. Lefort, l'induction que, dans notre ville, le vice a établi son empire dans les premières classes de la Société. Jamais, au contraire, à aucune époque, les vertus domestiques n'ont été plus vénérées dans les familles.

« C'est une erreur de croire que le peuple réforme ses mœurs uniquement parce que de bons exemples lui sont offerts. Il n'existe peut-être pas de ville en France où l'ivrognerie soit plus qu'à Elbeuf répandue dans la classe ouvrière, et cependant l'ivrognerie n'existe pas dans les rangs élevés de la société ».

M. Louis-Eugène Sevaistre déclara que, depuis longtemps, ses sympathies étaient acquises aux Frères. Jamais l'Ecole mutuelle n'avait obtenu son approbation ; l'éducation religieuse ne lui a jamais paru enseignée avec zèle et persévérance dans cette maison, et c'est pourtant la base, dit-il, la seule base solide de toute éducation. Personne plus que des religieux n'est apte à la donner.

« L'influence religieuse n'est à craindre que lorsqu'elle s'étend sur le temporel ; ici, rien de semblable à redouter.

« Qu'est-il résulté de la remise de l'instruction des jeunes filles entre les mains des religieuses d'Ernemont ? Un bien immense pour cette partie de la population. Et cependant cette mesure avait aussi provoqué des craintes.

« Les libertés de l'Eglise gallicane, les fruits acquis de nos révolutions, nos mœurs, nos idées d'indépendance, la position et le bon esprit du clergé français, les lumières de notre époque : tout concourt à nous mettre en garde contre les vaines frayeurs d'une domination ecclésiastique.

« L'influence provisoire des richesses : les Frères ont fait vœu de pauvreté ; ainsi, ils ne peuvent prétendre à l'autorité que par l'excellence de leur méthode d'instruction.

« Lors même qu'elle dépasserait ces bornes, elle serait sans danger pour des enfants de 8 à 12 ans qui, deux ou trois ans après sortent des mains des Frères, entrant dans l'âge où les principes de religion ne s'effacent que trop sous le frottement des passions.

« Il ne faut pas, dans une ville où règne le libertinage, écarter la main tutélaire de la Religion apportant un remède à des maux si cruels.

« L'espèce humaine dégénère dans les pays manufacturiers où les enfants sont livrés à un travail excessif. Limiter la durée de leur travaux est le but d'une loi récemment votée par les Chambres ; mais le but ne sera pas atteint si la religion et la morale ne secondent les généreux efforts du gouvernement.

« Cette loi nouvelle sur le travail des enfants rend l'Ecole mutuelle insuffisante aux besoins de leur instruction. Il devient indispensable de fonder une nouvelle école ; il est sage d'établir entre l'enseignement mutuel et l'école des Frères une noble émulation qui profite à l'instruction primaire.

« L'économie milite encore en faveur des Frères ; car en les rejetant, il faudrait encore ouvrir aux enfants une seconde école communale, pourvoir aux frais de son loyer, de son entretien, du traitement de son directeur ; en acceptant les Frères, la ville reçoit une maison, produit des donations, et n'a plus à fournir que le traitement des professeurs ».

M. Patallier prit alors la parole et s'attacha à réfuter toutes les parties du rapport présenté au Conseil par le secrétaire du Comité d'instruction primaire et les dires de plusieurs de ses collègues :

« Il ne fait pas de doute, dit-il, qu'en 1836, la proposition d'admettre les Frères n'eût été repoussée par le Comité et par le conseil municipal. Aujourd'hui, il faudrait encore la rejeter, et sous le rapport moral et sous le rapport financier.

« On invite le Conseil à bannir « toute idée « d'étroite politique, à se dépouiller de tout « esprit de parti, dans une question reconnue « d'intérêt commun ».

« Quel esprit animait donc les donateurs et les souscripteurs ? Etait-ce un sentiment d'affection pour nos institutions constitutionnelles ? N'ont-ils pas suivi plutôt l'impulsion d'un sentiment contraire ? »

Se livrant à l'examen des deux méthodes, mutuelle et simultanée, M. Patallier démontra que, comme toutes les choses humaines, l'une et l'autre méthodes avaient des avantages et des inconvénients. Il continua ainsi :

« Pénétré de cette vérité, le Comité avait dit au directeur de l'Enseignement : « Nous ne « sommes pas tellement exclusifs que nous « vous imposions la méthode mutuelle d'une « manière absolue : empruntez à toutes les « méthodes ce qu'elles ont de meilleur et faites-« nous de bons élèves ! » Les Frères eux-mêmes se servent de la méthode mutuelle ».

Passant aux garanties offertes par les maîtres, M. Patallier remontra que les religieux savaient peu apprécier la faiblesse des enfants et nourrir pour cet âge si délicat des sentiments d'affection tendre, qui ne trouvent de place que dans le cœur du père de famille. « Un des donateurs, appartenant à cette corporation religieuse, a laissé à Elbeuf un réputation peu rassurante sur leur douceur et leur mansuétude.

« Le rapporteur du Comité a trouvé dans la gratuité absolue de l'enseignement donné par les Frères une garantie immense ; je pense, au contraire, avec le législateur, qu'on profite d'autant mieux d'une chose qu'on lui fait quelque sacrifice ; que ce léger sacrifice attache l'enfant à l'école, excite la vigilance des parents et les relève à leurs propres yeux.

« Il ne faut pas oublier que les Frères reçoivent tous les enfants appartenant soit à des parents pauvres, soit à des parents aisés. A ceux qui peuvent payer, ils ne veulent pas même demander une rétribution au profit de la commune, qui fait les frais de l'établissement. De là l'origine de leurs débats avec la ville de Rouen, où ils ne sont plus soutenus que par des souscriptions particulières.

« Cette infraction à la loi amène une concurrence funeste pour les écoles privées : c'est le commencement d'un monopole.

« Le rapporteur du Comité est allé au-devant des objections contre les Frères, plutôt pour faire leur éloge que pour combattre ces objections. Il en a énuméré trois : la prétendue illégalité des Frères, la non publicité de leurs statuts, l'insoumission des Frères aux lois et aux magistrats.

« Les deux premières objections sont peu sérieuses. Les Frères sont dans la légalité s'ils se présentent dans les conditions déterminées par la loi du 28 juin 1833, montrant d'une main leur brevet de capacité, de l'autre leur certificat de moralité.

« Leurs statuts, leur discipline sont affaire de conscience, qui ne regarde qu'eux. Le gouvernement, pour sa sûreté personnelle, a dû reconnaître qu'ils ne contiennent rien de dangereux pour l'Etat.

« La troisième objection est plus grave. On a dit : « Les Frères réunissent le double carac-

« tère de religieux et d'instituteurs ; comme
« religieux, ils sont soumis à l'ordinaire, c'est-
« à dire à l'évêque ».

« Tous les évêques ont-ils toujours fait preuve de nationalité ? Ont-ils toujours respecté les libertés de l'Eglise gallicane ?

« Je vois le danger de confier l'instruction primaire à une corporation religieuse qui a tant d'affinités avec le clergé. M. Guizot, ministre de l'instruction publique, disait, en présentant le projet de loi sur l'instruction primaire :

« Supposons un gouvernement qui, pour éta-
« blir la salutaire influence de la religion dans
« l'instruction du peuple, irait, comme l'a tenté
« la Restauration dans ses plus mauvais jours,
« jusqu'à remettre l'éducation du peuple au
« clergé seul : cette coupable condescendance
« enlèverait à l'instruction primaire les en-
« fants de toutes les familles qui repoussent,
« avec raison, la domination ecclésiastique ».

Abordant ensuite la question sous le rapport financier, l'orateur fit remarquer que l'instruction primaire, depuis la salle d'asile jusqu'à l'école primaire supérieure, coûtait à la commune 14.000 fr. par an, et établit par des chiffres que l'entretien d'une école des Frères coûterait 3.000 fr. chaque année. « Si, pour chaque chapitre du budget on réclamait une augmentation proportionnelle, les établissements charitables de l'hospice et du bureau de bienfaisance pourraient énumérer aussi leurs besoins : les ressources de la commune, déjà insuffisantes, s'annihileraient en face de semblables prétentions.

« La loi veut, dit-il, que l'instruction gratuite soit donnée aux enfants pauvres ; elle a prévu le cas où les communes manqueraient pour cet objet ; en conséquence, elle a créé un impôt de trois centimes sur les contributions directes.

« Le budget de la ville a largement acquitté à l'avance cette dette sacrée, car l'allocation accordée à l'instruction primaire équivaut à plus de neuf centimes sur les quatre contributions directes.

« On a insisté sur la nécessité de consolider la base de l'édifice social, « ébranlé par tant
« de révolutions. Une bonne éducation pri-
« maire, que les Frères seuls sont aptes à don-
« ner au peuple, peut conduire à cette œuvre
« de régénération, dont le besoin se fait sur-
« tout sentir parmi une population entassée
« dans des ateliers devenus des foyers de cor-
« ruption physique et morale ».

« Oh! je comprends, dit en terminant M. Patallier. Vous tremblez devant les catastrophes que traînent à leur suite les révolutions. Vous voulez en détourner les terribles menaces ; vous appelez la religion à votre aide. Alors, prêchez d'exemple : Soyez vraiment et sincèrement religieux et le peuple le deviendra lui-même !

« Autrement, vous flatterez-vous que quelques bons principes, puisés aux écoles chrétiennes, ne seront pas promptement étouffés, dans l'âge des passions, lorsque le peuple, en levant les yeux au-dessus de lui, reconnaîtra trop souvent les mêmes vices à peine dissimulés sous des dehors plus brillants !

« Qu'on me réponde de bonne foi : Depuis 22 ans que les jeunes filles ont pu puiser dans la respectable maison des dames religieuses d'Ernemont les principes les plus solides de vertu et de morale chrétienne, le nombre des courtisanes a-t-il diminué à Elbeuf ?

« Je vote contre l'acceptation des donations et contre l'admission des Frères des écoles chrétiennes ! »

Nous voudrions pouvoir reproduire la suite de cette intéressante, mais très longue discussion, dont on parla beaucoup à Elbeuf, bien que le public d'alors ne la connût point dans ses détails ; mais il nous faut abréger.

M. Victor Grandin parla en faveur des Frères. Il déclara cependant que, sous la Restauration, il eût voté contre leur introduction, le gouvernement d'alors voulant se faire une arme du clergé.

« Quelques personnes, dit-il, paraissent se préoccuper de l'idée qui dominait en 1824 : la crainte du parti prêtre. Aujourd'hui, rien de semblable à redouter, le gouvernement s'attachant à confier le siège des évêchés à des hommes éprouvés par leur fidélité aux libertés de l'Eglise gallicane ». Il fit valoir la donation de 28.000 fr.

M. Henri Quesné déclara ne pas voir la nécessité d'admettre les Frères comme instituteurs communaux. Les écoles existantes suffisaient malheureusement aux besoins, personne ne demandant les places gratuites qui étaient réservées aux enfants dans les établissements d'enseignement primaire.

M. Robert Flavigny fut favorable aux Frères.

M. Patallier reprit la parole.

M. Tabouelle soutint que les moyens d'instruction à Elbeuf étaient insuffisants ; sur 75 enfants fréquentant le catéchisme, 3 seulement savaient lire.

M. Laurents lui répondit que la catégorie

d'enfants qu'il citait était précisément celle où tous étaient notés comme complètement dépourvus d'instruction.

MM. Lefort-Henri admit que la ville n'était pas dépourvue de moyens d'instruction, mais parmi les causes qui empêchaient les écoles de prospérer « on était forcé d'admettre une sorte d'hostilité du clergé. La rivalité entre laïques et congréganistes devrait avoir un bon résultat ».

M. Prieur-Quesné invoqua la mauvaise situation des finances municipales pour repousser les Frères.

M. Grémont parla aussi en leur faveur.

Enfin, après avoir voté des amendements, l'introduction des Frères et l'acceptation de la donation furent votées par 17 voix contre 6.

Le compagnie de navigation entre Elbeuf et Rouen, composée de MM. Boquié, Lanne, Lemarié, Beau et Cie, venait de disparaître, laissant la place presque nette à MM. Rouvin et Cie, qui, le 14 janvier, demandèrent de faire accoster les bateaux devant les marches du quai, très restreint alors par la construction du pont et celle d'un mur de ce quai.

Conformément à une circulaire ministérielle, le préfet interdit à M. Ricquier, directeur du théâtre d'Elbeuf, la représentation des pièces suivantes : *le Moine, l'Incendiaire, le Camarade de lit, l'Auberge des Adrets, le Pacte de famine, la Mort de Figaro, Napoléon à Schœnbrunn* et *Robert Macaire.*

Le maire d'Elbeuf écrivit au préfet, le 23 janvier :

« ... Vous me demandez mon avis sur la transmission au sieur Levasseur du brevet d'imprimeur qui est la propriété du sieur

Lépine... J'exprime le désir que l'avantage accordé au sieur Levasseur ne soit pas pour lui l'occasion de fonder aussi un journal hebdomadaire. Nous en possédons déjà deux, et, dans une petite ville, ces feuilles se rendent malheureusement les organes d'une foule de haines et de passions, qui seraient à l'état de sommeil sans le secours de la publicité... »
M. Jean-Simon Levasseur reçut aussi un brevet de lithographe le 12 du mois suivant, en remplacement de M. Lépine.

Les 129 hommes de la troupe de ligne en garnison dans notre ville partirent les 27 et 29 janvier 1841 pour Gaillon et Rouen. — Le 28, 42 hussards passèrent par Elbeuf.

Vers ce temps, la Chambre consultative prit le parti de parfaire le traitement du commissaire de police par un versement de 1.000 fr. chaque année, afin de le conserver à Elbeuf, où il avait rendu de grands services pour prévenir les vols de fabrique. A cette occasion, on fit l'historique de la police spéciale chargée de dénoncer les voleurs et les recéleurs, et celle des débuts de la Société de bienfaisance pour l'emploi des déchets :

« L'organisation d'une police secrète, pour la répression des vols de fabrique, fut certainement une des œuvres les plus méritoires de l'administration de M. Laurents. Cet administrateur s'est acquis tant de titres à la reconnaissance du pays que, lorsqu'il s'agit d'en rappeler les principaux au souvenir de ses anciens administrés, on éprouve un embarras sérieux : celui du choix. Depuis plus de sept ans, l'industrie locale doit à M. Laurents un service de répression qui a fait presque généralement cesser les déprédations si nombreuses dont la fabrique d'Elbeuf avait tant à se plaindre.

« L'administration de M. Lefort a fait fructifier les combinaisons de son prédécesseur. Elle a rencontré, dans le concours de M. le commissaire de police, l'aide nécessaire pour annihiler en quelque sorte les vols audacieux qui tarissaient la prospérité elbeuvienne jusque dans sa source.

« Cependant, si l'on s'endormait sur les succès obtenus, si l'on discontinuait à surveiller la fraude, qui se montrait jadis à front découvert, on verrait de nouveau apparaître l'état de choses déplorable dont on n'a point dû oublier encore les tristes effets. Tous ces fils dérobés à la fabrique n'étaient pas seulement un amoindrissement notable à ses bénéfices, ils contribuaient encore à faire germer une concurrence désastreuse, par la facilité qu'éprouvaient des recéleurs clandestins d'établir des produits destinés à rivaliser avec ceux de la fabrique même.

« Sur l'inspiration de M. Lefort et comme une sorte de complément du service de répression, une société, ayant pour objet l'achat et l'emploi des déchets de fabrique, devait coopérer puissamment à l'extinction de cette lèpre que M. Laurents avait entrepris de faire disparaître complètement ; mais il fallait que, de toutes parts, on s'empressât de saisir la pensée créatrice de cette nouvelle institution, et qu'elle se fortifiât d'un accord parfait entre tous les intéressés, pour qu'elle eût le monopole des déchets et qu'il n'existât plus à ces matières d'autre débouché servant de prétexte aux industries illicites.

« Ce but a-t-il été bien compris, généralement ? L'appât d'un avantage fictivement plus apparent, en séduisant inconsidérément les personnes les plus engagées dans la question, n'est-il pas venu contrarier souvent les prévisions d'une entreprise toute favorable non seulement à l'industrie, mais encore à l'amélioration du budget de bienfaisance, spécialement destiné à recueillir l'excédent des profits ?

« C'est un point que nous craindrions de trop éclaircir ; c'est pourtant un point d'intérêt et qui, résolu en sens inverse des supputations admises, devenait un obstacle sérieux aux progrès de la société des déchets.

« Si l'on voulait apprécier toutes les parties de la création de cet utile établissement, on verrait facilement qu'elle eut lieu pour aplanir toutes les difficultés allant contre la vigilance des agents de la police secrète, et qu'en fermant, par l'effet de son privilège, toutes les voies de recel aux vols de fabrique, elle les frappait d'interdiction complète, ou les laissait livrés plus efficacement aux investigations de la police, avant que les coupables eussent pu dénaturer les marchandises, ou les transporter au dehors d'Elbeuf... »

CHAPITRE XXI
(FÉVRIER-MAI 1841)

Portrait de Louis-Philippe par un artiste Elbeuvien. — Machine a ramer. — M. Bourdon est nommé maire ; son installation, discours, fête — L'église Saint-Jean ; historique — Adjudication du pont suspendu. — Les Elbeuviens ne veulent pas de garnison. — Ordre de préséance dans les cérémonies publiques. — Création de Pompes funèbres ; nouvelle discussion philosophique au Conseil municipal ; le tarif.

Le 3 février 1841, M. Mathieu Bourdon informa le conseil municipal du désir exprimé par M. Emmanuel-Auguste Massé, peintre d'histoire, né à Elbeuf, le 29 septembre 1818, de voir l'administration de son pays natal demander au ministre de l'intérieur une copie d'un portrait de Louis-Philippe, peint par M. Winter-Alter, copie qui lui avait été commandée par le ministre et qui était alors en cours d'exécution.

Le Conseil, à l'unanimité, pria le maire de

demander cette copie, « la ville entière serait heureuse d'obtenir un ouvrage dû au pinceau d'un de ses enfants et qui, chaque jour, lui reproduirait les traits vénérés du chef de la dynastie de Juillet, du roi constitutionnel dont elle avait été la première à saluer l'avènement au trône et auquel elle était toujours profondément dévouée ». — Le ministre promit que le tableau serait donné à la ville d'Elbeuf.

A cette époque, la route de Rouen à Oissel était à peu près terminée, et les travaux de la partie y faisant suite, d'Oissel à Elbeuf par le bas des roches d'Orival, avaient été mis en adjudication. La ville d'Elbeuf forma un recours au ministre contre un arrêté l'obligeant à participer pour 4.000 fr. dans la construction de cette route.

En ce même temps, les fabriques paroissiales de Saint-Jean et de Saint-Etienne, d'accord pour créer un service de pompes funèbres, en informèrent la municipalité.

Le Conseil approuva une demande de subvention faite au ministre par la fabrique de Saint-Jean, pour restaurer la tour de l'église et assurer la conservation des vitraux.

Le 5 février, on procéda à l'installation de de M. Paul Sevaistre, nommé juge au Tribunal de commerce par ordonnance royale du 31 août précédent, en remplacement de M. Moïse Chefdrue fils aîné; et à celle de M. Victor Barbier, nommé juge suppléant, par ordonnance du 26 novembre précédent, en remplacement de M. Sauvage, non acceptant.

Le lundi 8, à cinq heures du matin, cinq hommes furent attaqués par un loup, au bas du vallon des Ecameaux, c'est-à-dire aux portes de notre ville.

Vers ce même temps, on monta, dans l'établissement Alphonse Delarue, la première machine à ramer, dit M. Alcan ; elle n'occupait qu'un espace de 2 mètres cubes 50.

Une souscription ouverte à Elbeuf au profit des inondés de plusieurs parties de la France, produisit la somme de 11.194 fr , qui fut remise à M. Victor Grandin, député.

En mars, une pétition signée de plus de cent habitants, fut déposée à la mairie. Elle réclamait l'ouverture d'une rue longeant l'hospice, entre la rue de ce nom et celle des Echelettes. Il s'agissait de la future rue Petou.

M. Valentin Cousin offrit à la ville d'ouvrir dans sa prairie une rue pour faire suite à la rue Henry projetée et aboutissant au Champ-de-foire.

Une pétition demanda la suppression des latrines posées près la place du Calvaire à l'entrée de la promenade du Cours.

Le 14, le roi étant aux Tuileries, nomma M. Mathieu Bourdon maire d'Elbeuf, et MM. Auguste Duval-Dantan et Charles-Louis Houllier adjoints.

Une enquête fut ouverte le 17 mars, au sujet de la suppression des francs bords du Puchot, sur la profondeur des maisons à établir sur les rives de ce cours d'eau dans la rue projetée en prolongement de la rue de l'Hospice (rue du Glayeul).

Le 20, le conseil municipal adopta, par 12 voix contre 6, la proposition des conseils de fabrique de transporter les morts sur des chars. Il y avait d'ailleurs nécessité, car les confrères de charité avaient quitté leur service.

Dans la discussion, M. Laurents, opposant,

estima que les conseils de fabrique avaient le droit d'initiative et pouvaient proposer le transport par chars ; mais il était persuadé que le conseil municipal avait aussi le droit de substituer un autre mode. Il ne voyait dans toute la pompe proposée que l'occasion de flatter la vanité des hommes à un moment suprême où toute distinction devait cesser. Si on s'était borné à un char simple d'ornements, pour le transport commun, son approbation n'aurait pas été douteuse ; mais il ne voyait, dans la mesure soumise au Conseil, qu'un moyen de fiscalité au profit des fabriques paroissiales.

Cette année-là, pour appuyer une demande adressée au ministre, dans le but d'obtenir les fonds nécessaires à la réparation des vitraux de l'église Saint-Jean, on rédigea la notice suivante — erronée en différents points de détail et que nous avons en partie rectifiée — qui fut jointe au dossier.

« Bâtie sur l'emplacement d'une autre église, qui elle-même avait succédé à une plus ancienne encore, l'église paroissiale de Saint-Jean d'Elbeuf est environnée sur les côtés et derrière le chœur par un terrain libre et clos, qui fut autrefois le cimetière de la paroisse ; on cessa d'y inhumer en 1781, par ordre de l'autorité supérieure. A l'ouest, s'élève le portail de l'église.

« Les archives de la fabrique constatent que la construction de ce monument remonte partiellement à quatre époques. La première église à laquelle on suppose une existence, mais sans que cette supposition paraisse appuyée d'aucune autorité, fut démolie en 1460, « comme « caduque et trop petite ». Elle fut bientôt remplacée, grâce surtout aux libéralités de Guillaume-le-Roux, seigneur du Bourgtheroulde et vicomte d'Elbeuf, et de Marie d'Harcourt, veuve d'Antoine de Lorraine, qui « affectionnait sa résidence d'Elbeuf ».

« Le nouveau temple fut dédié, le 21 septembre 1466, à saint Jean-Baptiste. Il comprenait alors, outre le chœur et la nef, la chapelle collatérale de la Vierge, et s'étendait dans sa longueur, vers l'ouest, jusques et compris le lieu occupé aujourd'hui par la chapelle des fonts baptismaux, bâtie en 1773

« Un demi-siècle après, 1516 à 1520, Guillaume d'Harcourt, vicomte d'Elbeuf, de même que Guillaume surnommé le Roux, contribua puissamment à l'édification de la chapelle collatérale de Saint-Nicolas, qui fut élevée parallèlement à celle de la Vierge, et avec une similitude telle, qu'on peut lui attribuer une même ancienneté d'origine. Par cette addition, non seulement on agrandit l'église, mais en même temps on la rendit régulière.

« La construction de la tour, qui fut commencée en 1651, semble avoir été faite en vue d'un nouvel agrandissement, qui cependant n'eut lieu que plus d'un siècle après. On en posa les fondements à quelque distance en avant de l'ancien portail, et dans l'alignement de la chapelle collatérale de Saint-Nicolas, au bas-côté méridional. Dès 1656, elle fut en état de recevoir des cloches ; mais les ouvrages extérieurs et les sculptures ne furent définitivement achevés qu'en 1666. Cette partie remarquable du monument resta ainsi isolée jusqu'en 1776. Trois ans auparavant, le déversement de plus en plus inquiétant des murs et des piliers de toute la partie occidentale de l'église avait fait reconnaître la triste nécessité d'opérer, jusqu'aux deux parties latérales, la démolition d'un édifice qui datait de plus de trois siècles, mais on avait acquis du moins l'heureuse certitude de pouvoir conserver, comme étant parfaitement d'aplomb, le chœur et les chapelles, qui aujourd'hui, après bientôt quatre siècles d'existence, sont en bon état et promettent de subsister encore un temps incommensurable.

« Longtemps avant cette démolition, que réclamait la sûreté des fidèles, on avait songé à la reconstruction de l'église, reconstruction d'autant plus nécessaire que le nombre des paroissiens augmentait en raison de la prospérité de l'industrie locale. Cette reconstruction fut commencée en 1773. On put se convaincre alors, par les diverses lignes de fondements anciens que découvraient les travailleurs, que là, conformément aux archives que nous invoquons et aux traditions qui se sont perpétuées, que sur ce sol, voué à la piété des générations, avaient antérieurement et successivement existé deux temples qui, après avoir subsisté pendant plusieurs siècles, avaient enfin éprouvé le sort de toute construction humaine, si solide et si imposante qu'elle soit.

« L'agrandissement projeté en 1651, lors de la construction de la tour, reçut alors son exécution. La longueur du nouveau vaisseau, dont l'achèvement date de 1776, fut portée à 46 mètres environ, au moyen du prolongement exécuté sur tout l'espace libre précédemment, de l'ancienne église au grand portail actuel, qui, dans l'attente de ce prolongement, avait été construit quelques années auparavant sur l'alignement du côté occidental de la tour.

Cette tour est recouverte à sa base par l'une des extensions assez développées de ce portail, qui est d'une hauteur remarquable et couronné d'un fronton dont les proportions concordent parfaitement avec toutes les dimensions de cette partie du monument. L'entrée principale du temple est bien ouverte et cintrée dans son couronnement ; deux autres l'accompagnent, et de larges degrés s'étendent en avant sur toute la façade.

« A droite du portail s'élève la tour qui surmonte l'édifice et domine la ville entière. Dans sa hauteur, qui est de 32 m. 50 c. y compris la lanterne, elle présente quatre étages presque égaux, ornés de sculptures sur les angles et autour des ogives formées sur les faces. Le quatrième étage offre à sa base une galerie défendue par une balustrade sculptée à jour, et huit belles pyramides qui, s'élevant de ce point avec leurs corbeaux, sont couronnées de statues auxquelles quatre autres se réunissent pour représenter les douze apôtres. On remarque avec regret que deux des pyramides, l'une au S. E., l'autre au N. O., ont été démolies jusqu'à leurs piédestaux en 1832.

« Deux grandes croisées à plein cintre et huit à ogives éclairent le vaisseau sur les bas côtés, dans les chapelles et au fond du sanctuaire ; d'autres croisées, de dimensions moyennes, règnent au pourtour de la nef et du chœur. Celles à ogives, au nombre de douze, appartiennent toutes aux restes précieux de 1466.

« L'étendue de cette antique portion du monument est de 14 m. en longueur, sur 20 de largeur, y compris l'épaisseur des murs. Son ornementation extérieure consiste dans le travail délicat d'un chevet et dans les sculptures peu nombreuses, mais fort belles, que présentent surtout les angles.

« Des contreforts, placés le long des bas côtés qu'ils consolident et au-dessus desquels ils saillissent, assurent en même temps l'équilibre de la partie supérieure de la nef, au moyen de chesnaux établis en forme d'arcades. A l'intérieur, quatorze piliers, de proportions assez belles, règnent sur deux rangs, du portail au sanctuaire, liés entre eux par des arcades en ogive. La voute principale, qui a près de 13 mètres de hauteur, est, comme les deux autres, à plein cintre, avec moulures dans la construction moderne, et à nervures antiques dans le chœur et les chapelles.

« De très beaux vitraux peints, aussi anciens que les chapelles et les travées qu'ils garnissent avec éclat, ont eu pour principaux donateurs, au commencement du XVIe siècle, Guillaume-le-Roux, « preux et magnanime » de la famille d'Harcourt, et cette famille. On fait remonter à l'époque même de la fondation de l'église (1466) un de ces vitraux, qui fut offert par le corps des drapiers de la ville; il porte pour emblème, dans le couronnement, une force à tondre les draps.

« Ces objets fragiles et curieux, auxquels leur rareté ajoute encore de l'intérêt, sont en général dans un état de conservation qui atteste les soins que leur a valus pendant plus de trois siècles l'admiration qu'ils excitent.

« Toutefois, on remarque dans cette belle collection des brisures, rares à la vérité, mais inhabilement réparées; quelques pièces mal replacées, d'autres qu'il faudrait rassurer. Au dehors, des treillages en fil de fer, trop faibles et trop usés, s'échappant même de leurs enca-

Le Pont Suspendu (état actuel)

drements en bois, ne sauraient plus garantir ces précieux vitraux contre les accidents qu'ils peuvent éprouver. Il serait donc fort important, pour leur assurer une conservation durable, de remplacer soigneusement les pièces brisées, de remettre en plomb celles qui tendent à se détacher, et enfin de garnir solidement les travées à l'extérieur ».

Le 26, on mit en adjudication, à la préfecture, la construction du pont suspendu ; l'adjudicataire fut M. Charles Levavasseur. Le travail fut confié à MM. Séguin frères : c'était le soixante-quinzième pont qu'ils entreprenaient depuis le commencement de leur association.

La population de notre ville était très hostile au maintien d'une garnison, et des démarches nombreuses avaient été faites pour qu'elle fût retirée. Le 19 avril, le maire provisoire informa ses collègues du Conseil que le général commandant la division lui avait écrit qu'il ne pouvait renoncer à l'occupation d'Elbeuf, et que lors du départ du bataillon qui y avait son cantonnement, il y enverrait un détachement du contingent de 1840.

L'installation des nouveaux maire et adjoints, MM. Bourdon, Duval et Houllier, eut lieu le 1er mai. M. Louis-Joseph Flavigny, membre du conseil d'arrondissement et du conseil municipal, y prononca ce discours :

« Messieurs ; une double solennité nous réunit : nous célébrons aujourd'hui pour l'onzième fois la fête du roi Louis-Philippe ; à cet anniversaire se joint le baptême de son petit-fils le comte de Paris.

« Faisons des vœux, Messieurs, pour la conservation de Sa Majesté et des membres de sa famille. Le nombre des princes qui la composent est une garantie pour nous de la perpétuité de la dynastie à laquelle nous sommes si sincèrement attachés.

« Le second but de notre réunion, Messieurs, est l'installation de l'administration municipale de notre ville.

« L'ancienne administration qui nous régissait a cru devoir se retirer en septembre dernier. C'est pendant sa durée que les plus grands efforts ont été faits tant pour l'amélioration de ce qui existait que pour la création de places, de rues et de quartiers nouveaux. Remercions cette administration des soins qu'elle a donnés à l'exécution des travaux importants et nécessaires que le Conseil avait votés.

« Messieurs, je suis chargé par M. le préfet de la flatteuse mission d'installer le maire de la ville d'Elbeuf. Je vais procéder à cette solennité, et je pense être l'interprète de notre population en félicitant M. Mathieu Bourdon fils de la courageuse résolution qu'il a prise, de concert avec MM. ses adjoints, d'accepter définitivement des fonctions qu'il remplissait provisoirement depuis huit mois, à la satisfaction de tous.

« Vive le roi ! »

Dans le cours de la cérémonie, le nouveau maire parla en ces termes à l'assemblée :

« Messieurs ; une ordonnance royale, déjà promulguée, vous a annoncé la fin d'un intérim qui durait depuis six mois et plus. C'est aux membres de l'administration provisoire que le roi a daigné confier l'administration définitive de la ville d'Elbeuf. Aujourd'hui, nous nous constituons, et nous remercions notre estimable collègue, M. Flavigny, d'avoir bien voulu procéder à notre installation.

« Les fonctions de maire sont honorables, mais pénibles. Si, dans un Conseil où nous sommes fiers de siéger, dans un Conseil où brillent tant d'hommes distingués, ce ne sont pas les plus dignes, ce sont du moins des hommes courageux qui se sont dévoués à les accepter ; vous nous rendrez, Messieurs, cette justice.

« Notre tâche est grande ; cependant, il nous est permis d'invoquer un passé de huit mois : vous avez la mesure de notre zèle. Aucun service n'est demeuré en souffrance, dans une position qui n'était pas exempte d'embarras ; un service financier, réglant le présent et l'avenir, assurant les moyens d'administrer la cité, a été préparé par nous et soumis à votre sanction. L'active coopération que vous nous avez prêtée dans cette difficile occurrence, nous la réclamerons toujours et nous espérons l'obtenir, parce qu'à l'avenir, comme alors, nous n'aurons en vue que le bien du pays.

« Dans une ville où tout était, pour ainsi dire, à créer, la nécessité, plus forte que notre volonté, nous avait conduits à grever l'avenir en recourant aux emprunts ; mais le souvenir récent des circonstances qui ont précédé la présentation aux Chambres d'un projet de loi concernant notre dernier emprunt, nous a fait connaître sous quelle réserve d'examen, de précautions, de garanties et de formalités de toute nature, le gouvernement autorise les villes à s'adresser aux prêteurs ; et, désormais, instruits par l'expérience du passé, nous nous attacherons, de concert avec vous, à ramener les choses dans un état plus conforme aux principes rigoureux de l'économie administrative.

« Quoi qu'il en soit ainsi, Messieurs, nous serons forcés sans doute de frapper d'ajournement la plupart des améliorations que réclamerait encore la cité, à la suite des importants travaux exécutés ou mis à l'étude par la sollicitude éclairée de nos prédécesseurs.

« Ainsi l'exige impérieusement notre position financière et telles sont les conséquences que nous en recueillerons dès notre début.

« Si néanmoins, au milieu de ces difficultés que nous ne saurions nous dissimuler, le temps vient y apporter d'heureuses modifications ; si notre bon vouloir, dont on nous tiendra peut être quelque compte, parvient à les amoindrir, nous aurons à nous féliciter et, dans tous les cas assurément, quel que soit l'avenir de notre gestion, de ne point avoir prolongé cette situation d'intérim qui ne garantit ni l'unité de vues, ni la continuité d'action si désirables dans l'administration communale ; notre acceptation est d'ailleurs un acte de déférence pour l'honneur que nous a fait le corps électoral en nous plaçant au Conseil : elle ne nous aveugle point sur l'importance de nos obligations.

« Pourvoir à tous les services publics commis à notre direction, assurer leur exécution, sans perdre de vue cette belle institution de la garde nationale, dont nous comprendrons l'importance dans un grand centre industriel ; concilier les intérêts privés avec l'intérêt général, n'omettre aucun de ces nombreux détails d'administration qui veulent un si long emploi de temps et de veilles, une application si soutenue, voilà notre devoir. En nous l'imposant, nous avons réalisé une pensée de dévouement ; vous apprécierez, Messieurs, les motifs d'une conduite dont nous ne voulons pas nous faire un mérite, et nous aimons a croire que les conseils et le concours de tous les bons citoyens nous soutiendront dans cette entreprise laborieuse.

« D'un point de vue plus élevé, nous avions compris aussi que, dans une ville comme la nôtre, nous ne devions pas laisser vacantes les fonctions de cette organisation municipale, qui fait la force de la France et de son gouvernement constitutionnel ; contribuer au maintien des institutions sans lesquelles il n'existerait plus de garanties ni pour la liberté ni pour l'ordre public, c'est faire acte de civisme.

« Cet acte de civisme, nous le revendiquons tout entier, avec la volonté ferme de ne jamais laisser compromettre le caractère dont nous allons être revêtus ; nous le revendiquons encore pour répondre à la confiance de l'auguste monarque que nous nous apprêtons à fêter, en ce jour doublement solennel, par les manifestations de respect et d'amour dont il donne chaque année le signal, et par la célébration toute spéciale d'un petit-fils du roi, S. A. R. Monseigneur le comte de Paris.

« C'est en ce jour surtout, Messieurs, que les populations voudront à l'envi faire entendre ces cris chéris de toute la France :

« Vive le roi ! Vive la famille royale ! »

La fête publique se borna à une messe, à laquelle les autorités assistèrent, à des décharges d'artillerie et à des illuminations. Le lendemain, on passa en revue le bataillon de garde nationale et l'on dansa sur la place du Champ-de-foire.

M. Gaudchaux-Picard, qui avait rempli les fonctions de président du Conseil des prud'hommes pour l'année 1839, fut nommé de nouveau à ce siège, le 6 mai 1841.

Le 10, le ministre de l'intérieur approuva l'adjudication, passée au profit de M. Levavasseur, des travaux et de l'entreprise du pont suspendu, dans le prolongement de la rue Saint-Jean.

Le 11, le maire proposa au Conseil la nomination d'un maître de cérémonies pour assurer l'exécution d'une délibération prise le 15 mai de l'année précédente, concernant l'ordre de préséance dans les cérémonies publiques.

Le Conseil, après une discussion où l'on produisit les inconvénients de cette création, décida que l'ordre des cortèges serait affiché dans la salle des délibérations, espérant que cet avertissement suffirait pour indiquer à chacun son rang.

Le 14, le Conseil délibéra sur la création de Pompes funèbres et les tarifs à appliquer. Il fut d'abord établi que, si les fabriques avaient le droit de régler tout ce qui concernait les cérémonies funèbres à l'intérieur des églises, leurs tarifs devaient être soumis à l'approbation de l'administration municipale, et qu'à celle-ci appartenait le droit de déterminer l'ordre extérieur des pompes funèbres et d'en dresser les tarifs.

M. Capplet annonça avoir eu une conférence avec les membres de la confrérie de Saint-Etienne, qui avaient pris l'engagement formel de réorganiser leur association, si la ville renonçait à employer des chars.

M. Duval ajouta que la confrérie de Saint

Jean s'efforçait aussi de se reconstituer sur des bases solides ; mais il ne pouvait affirmer que cette bonne volonté fût couronnée de succès.

M. Lecerf répondit que, par un vote antérieur, le Conseil avait décidé l'emploi des chars.

M. Patallier présenta des observations sur le luxe qu'on s'apprêtait à déployer dans un moment solennel, où tout devrait, au contraire, détourner les hommes des gonflements de l'orgueil et les ramener à des idées d'humilité

« Quel contraste ! dit-il ; des panaches pour un peu de poussière ! Des tentures de velours parsemées d'or pour parer un cadavre !

« Croit-on les chars indispensables à la décence ? au recueillement religieux des cortèges funèbres ? Qu'on se contente d'un char simple et le même pour tous ; car la mort a marqué le moment où les hommes commencent véritablement d'être égaux ».

M. Tabouelle, rapporteur, répondit que les distinctions dans les inhumations étaient la suite naturelle de celles qui avaient existé pendant la vie, que l'usage les avait ainsi admis de génération en génération. Il ne fallait pas perdre de vue que s'il y avait augmentation sur le prix des enterrements de première classe, il y avait une diminution notable sur les suivantes, notamment sur la sixième et dernière. « N'y a-t-il pas encore un sentiment de philanthropie dans cette disposition, qui met à contribution la vanité du riche pour alléger la dépense du pauvre ? »

On arrêta le tarif des droits de fabrique, qui, pour les adultes, furent fixés aux prix de 110 fr., 76 fr., 22 fr., 9 fr. et 2 fr. — Le tarif des pompes funèbres fut établi aux prix suivants, également pour les adultes : 215 fr., 170 fr., 76 fr., 43 fr., 22 fr. 50 et 8 fr. Ce double tarif fut voté par 11 voix contre 4.

Une ordonnance du roi, datée du 27 mai, autorisa l'acceptation de la rue donnée par Mlle Céleste Louvet. Le Conseil décida, plus tard, que la nouvelle voie serait nommée rue Céleste.

CHAPITRE XXII
(juin-décembre 1841)

Statistique cantonale. — Terrible orage ; la ravine, projets. — Adresse au roi ; crainte d'un traité avec la Belgique. — Les rues éclairées au gaz. — Attentat contre les fils de Louis-Philippe ; nouvelle adresse. — Le daguerréotype. — L'industrie elbeuvienne. — Joie et déconvenue. — La place Bonaparte. — Les rues Oursel. — La ligne sur la basse Normandie. — L'école primaire Fririon. — Machines a laver la laine.

La Société d'Emulation de Rouen, dans sa séance du 7 juin, décerna des médailles à trois de nos concitoyens :

A M. Alcan, pour sa machine à ramer les draps ; à M. le docteur Nicole, pour un lit mécanique fort ingénieux, et à M. Léon Pion, pour une échelle à incendie et un gazomètre nouveau.

La séance municipale du 18 juin fut encore très animée. MM. Séguin frères, constructeurs du pont suspendu, adjugé, comme on le sait, à

M. Charles Levavasseur, avait fait la proposition de substituer une large chaussée aux rues basses; mais, si sa demande était admise, quatre maisons devaient se trouver enterrées.

M. Villars, ingénieur du pont, fut introduit dans la salle des délibérations, pour donner des explications. Après son départ, la discussion s'engagea.

La proposition du maire de nommer une commission fut votée par 10 voix contre 7; mais sept membres, MM. Gariel, Lecerf, Lefort, Colvée, Laurents, Louvet et Grémont, refusèrent d'en faire partie. Par un nouveau vote auquel prirent part onze votants seulement, MM. Tabouelle, Robert Flavigny et Constant Delalande furent nommés pour cette commission.

Un conflit existait, depuis quelque temps déjà, entre M. Barette, ancien adjoint, et M. Warnery, ancien architecte, au sujet d'une malfaçon de pavage de ruisseaux rue de Paris. Le conseil municipal, après avoir étudié l'affaire, décida que M. Warnery devait être rendu responsable et qu'il y avait lieu de lui faire une retenue de 560 fr.

La municipalité ayant reconnu que les recettes de l'octroi étaient réduites par la fraude se faisant par Caudebec, des propriétés ayant ouverture sur les deux communes, réclama, le 23 juin, que la partie urbaine de Caudebec fût tout entière soumise au régime de l'octroi de notre ville.

Le 24, la Chambre consultative délibéra sur l'utilité de transformer cette institution en Chambre de commerce.

Le 25, la loi autorisant la ville d'Elbeuf à emprunter 235.000 fr. fut promulguée.

Le 28, le maire demanda de nouveau, par lettre, au préfet, l'éloignement des troupes cantonnées à Elbeuf, en exprimant l'intention du conseil municipal de faire les sacrifices propres à procurer à notre ville le bénéfice d'une garnison régulière.

Le 16 du mois suivant, en raison de l'impossibilité de loger des troupes, le général commandant la division fit partir les trois compagnies qui y tenaient garnison et les envoya à Evreux.

Au 1er juillet 1841, le canton d'Elbeuf comptait 452 hectares 68 ares de prairies et luzernes et 109 hectares de pâturages autres.

Il s'y trouvait 919 vaches, 92 veaux, 4 béliers, 705 moutons, 242 brebis, 1 bouc, 116 chèvres, 1 chevreau.

On y abattait, année moyenne, 1.058 bœufs du prix moyen de 310 fr.; 1.767 vaches, valant environ 196 fr. l'une; 2.158 veaux à 36 fr. 50; 4.480 moutons et brebis à 25 fr. et 18 fr. 50; 30 agneaux à 23 fr.; au total, 8.493 têtes de bétail.

Le prix moyen de la viande était pour le bœuf 1 fr. 10 le kilog, la vache 1 fr. 08, le veau 1 fr. 08 et le mouton, 2 fr. pour l'agneau.

On comptait à cette même date, dans tout le canton, 279 porcs; il s'en abattait annuellement 1.552, dont le poids moyen était de 92 kil. 500. Le prix moyen de la chair de porc, pour le consommateur, était de 1 fr. 14 le kil.

Le recensement de la population, qui venait d'être opéré, donna comme résultat 14.646 habitants à Elbeuf, soit une augmentation de 1.280 depuis 1836. La garnison figurait sur l'état pour 195 hommes, l'Hospice et la Maison de bienfaisance comptait 29 hommes mariés, 21 veufs, 11 filles, 26 femmes mariées et 15 veuves ; en tout 102. — La partie rurale de la commune, c'est-à-dire la Souche, les Ecameaux et le Buquet, comptait 217 habitants.

Le 2 juillet, M. Jean-Baptiste-Eugène Fauconnet, clerc d'avoué à Rouen, fut nommé agréé au Tribunal de commerce d'Elbeuf, en remplacement de M. Thoin, démissionnaire.

Le 3, on procéda à l'adjudication des travaux des ponts d'Oissel-Tourville et de celui du Manoir. M. Colvée, d'Elbeuf, eut l'entreprise des deux premiers.

Le 6, MM. Lefort-Henry et Constant Grandin furent nommés membres de la Chambre consultative, en remplacement de MM. Victor Grandin et Huard-Maille, sortants par rang d'ancienneté.

Le 18 juillet, à la suite d'un grand orage, le torrent de la ravine couvrit les rues de l'Hospice, Royale et Saint-Jean pendant près de quatorze heures, avec une violence presque comparable à celle de 1814. Toutes les communications furent subitement interceptées entre une partie de la ville et l'autre ; le service de la malle-poste dut être interrompu. On dépensa 600 fr. pour enlever les pierres et terres déposées dans les rues d'Elbeuf par les eaux.

Dans une pièce datée de l'année suivante et rappelant cette ravine, nous lisons :

« Il y a huit mois environ, la malle-poste du Havre et la diligence de Tours furent obligées de suivre une route presque impraticable, de gravir une côte abrupte pour éviter ce torrent qui opposait à leur passage sa barrière insurmontable. Et ne frémit-on pas au souvenir de cette pesante voiture chargée de mobilier d'un régiment de carabiniers, entraînée en 1814 jusque dans la rivière; de cette diligence, dont les voyageurs eurent à peine le temps de sortir, entrant précipitamment par les fenêtres d'une maison hospitalière, au moment où le flot emportait leur voiture et cinq chevaux, dont les efforts furent brisés par le torrent! »

D'autres notes portent que trois ou quatre maison en construction, à Elbeuf, avaient été démolies par les eaux.

A Caudebec, des arbres avaient été déracinés et des murs abattus. La campagne offrait le spectacle d'une immense nappe d'eau, qui laissa une épaisse couche de limon. Dans l'Eure, les récoltes avaient extrêmement souffert.

A la séance municipale qui suivit, on parla de cet événement. Le maire proposa d'en saisir le Conseil général et l'administration des ponts et chaussées, afin de trouver un moyen de prévenir le retour de ces inondations, qui se reproduisaient plusieurs fois chaque année.

M. Lefort dit qu'un projet de tunnel sous la côte avait été étudié par M. Dornay, ingénieur de l'arrondissement, dont la dépense s'élèverait à 192.000 fr.

M. Houllier répondit que MM. Dornay, Seguin et Villars estimaient à 500.000 fr. les frais de ce tunnel.

M. Duval se prononça en faveur d'un série de barrages dans la forêt, qui retiendraient les eaux sauvages et permettraient leur lent écoulement, sans beaucoup de dépense.

Une commission, composée de MM. Robert Flavigny, Lefort et Duval, fut chargée d'étudier le sujet.

Il était grandement question, depuis quelque temps, de la suppression des droits de douane entre la France et la Belgique. Les industriels de notre ville s'unirent et nommèrent une commission, composée de MM. Bourdon, maire, Lefort-Henry, Victor Barbier, Alexandre Poussin, Eugène Sevaistre, Gaudchaux et Benoist-Boisguillaume, représentant les divers corps constitués de la ville, pour aller trouver le roi à Eu, où ils lui remirent, le 9 août, une adresse signée pour 240 manufacturiers et commerçants d'Elbeuf.

Voici le texte de cette adresse :

« Sire,

« L'annonce d'un prochain traité de commerce avec la Belgique a jeté la consternation dans la ville d'Elbeuf.

La destruction des barrières qui protègent notre industrie contre l'invasion des produits belges, menace de ruiner le travail national et d'anéantir nos manufactures.

« Nous savions, Sire, que vous deviez bientôt visiter nos contrées ; nous avons attendu ce moment pour venir déposer à vos pieds nos craintes et nos espérances.

« Déjà, en 1831, nos doléances furent entendues par Votre Majesté ; grâce à sa haute sagesse, le péril qui nous menace fut écarté.

« Sire, les circonstances doivent aujourd'hui nous inquiéter plus encore qu'à cette dernière époque. Il s'agissait alors de la réunion complète de la Belgique à la France. Une augmentation de territoire, une force militaire plus imposante pouvaient, jusqu'à un certain point apparaître comme une sorte de compensation, aujourd'hui, cette compensation ne nous est même pas offerte, et, pour prix des sacrifices qu'on exige de nous, nous cherchons en vain un avantage pour la France.

« Composer les charges qui pèsent sur ce pays, la richesse métallurgique et houillère de son sol, le bas prix de sa main-d'œuvre, la masse de ses produits manufacturés, le peu d'importance de sa consommation et la nature des objets qu'elle consomme.

« Mettre tout cela en parallèle avec nos impôts, le prix de notre main-d'œuvre nécessairement élevé pour être en rapport avec le prix des objets de consommation, les prix de nos laines, de nos charbons, de nos fers, qui eux aussi ont besoin de protection, si l'on veut qu'ils continuent à se produire en France.

« Ce serait, Sire, sortir de la respectueuse réserve que nous devons observer en présence de Votre Majesté. Il nous aura suffi de faire appel à votre royale sollicitude pour être certains que nos intérêts, les intérêts des ouvriers français que nous représentons, ne seront pas compromis et sacrifiés à des considérations qui ne sauraient être déterminantes pour la France, dans le rang élevé qu'elle occupe parmi les nations.

« Sire, la ville d'Elbeuf a, la première, salué votre avènement au trône ; elle y vit un gage de prospérité et de sécurité pour tous les intérêts : elle n'aura point à établir de douloureuse comparaison entre l'avenir qu'elle attendait et celui dont elle s'alarme. Elle place ses espérances, l'existence et le bien-être de ses nombreux ouvriers sous la sauvegarde de la justice et de l'amour de Votre Majesté... »

Louis-Philippe accueillit la députation avec bienveillance, l'assura de toute sa sollicitude pour les intérêts de notre ville, et ajouta qu'il était probable que rien de nouveau ne surgirait. En tous cas, il ne resterait jamais étranger à l'avenir et à la prospérité d'un centre tel qu'Elbeuf.

On discuta sur l'éclairage de la ville par le gaz, dans la séance du 20 août. Le maire, M. Bourdon, directeur de la Compagnie d'éclairage par le gaz, céda la présidence à M. Duval-Dantan.

Le Conseil autorisa l'administration municipale à traiter avec la Compagnie pour l'éclairage des rues, moyennant 2 centimes par bec et par heure. La Compagnie ferait les avances des tuyaux de conduite, dont la valeur était estimée à 10.478 fr., somme qui serait remboursée par la ville, avec les intérêts, en six années.

Le 23, M. Fourquemin, directeur de l'école d'enseignement mutuel, donna sa démission. Neuf candidats se présentèrent pour lui succéder. Trois avaient particulièrement des mérites, que leurs protecteurs firent valoir : MM. Fririon, Follope et Baudet.

Le Conseil décida d'accorder 1.000 fr. par an à l'école des dames d'Ernemont de la rue de Paris et d'y reporter l'excédent de 300 élèves communales de l'école de ces mêmes religieuses de la rue Saint-Etienne.

MM. Delaunay et Massé, artistes peintres, avaient fait la proposition de peindre, dans la grande salle de l'hôtel de ville, divers tableaux à des prix très réduits. Le Conseil n'admit pas cette proposition, à cause de la position gênée des finances municipales.

La confiance dans la création d'un embranchement de chemin de fer sur Elbeuf diminuant chaque jour, M. Houllier proposa au conseil municipal de faire des démarches pour obtenir une station à Tourville-la-Rivière.

M. Colvée demanda que cette station fût créée à Oissel ; mais, comme il n'avait pas perdu tout espoir quant à l'embranchement, il proposa de nouvelles démarches à ce sujet. Cette dernière proposition fut adoptée, par 7 voix seulement.

Dans la session d'août du Conseil général, M. Victor Grandin, député et conseiller municipal, qui en faisait partie, invita le préfet à s'occuper des désastres périodiques causés par la ravine.

Le 4 septembre, le Conseil décida de placer des cartouches à chaque angle des rues pour y inscrire leur nom. Il décida également que la rue nouvellement ouverte par M. Victor Grandin au triège de la Brigaudière prendrait le nom de Victor-Grandin.

Une ordonnance royale, en date du 8 de ce même mois, nomma MM. Victor Barbier et Constant Delalande juges au tribunal de commerce, en remplacement de MM. Portal aîné et Constant Grandin ; et MM. Victor Quesné-Prieur et Hyacinthe Lizé, juges suppléants, ce dernier pour remplacer M. Victor Barbier Ils furent installés le 10 décembre suivant.

Le 13 septembre, le duc d'Aumale et ses frères, les ducs d'Orléans et de Nemours, faillirent être victimes d'un guet-apens, près la barrière du Trône à Paris. Un nommé Quenisset dit Pappard tira sur le groupe un coup de pistolet qui n'atteignit personne. A cette occasion, le conseil municipal d'Elbeuf envoya l'adresse suivante au roi :

« Sire, le 17e léger venait de se couvrir de gloire en Afrique ; son colonel, l'un de vos fils, le ramenait en France, au milieu des populations accourues sur le passage de ces braves pour prodiguer à l'armée, qu'ils représentent si noblement, de nombreux témoignages d'effusion et d'amour.

« Le prince n'avait plus qu'un court espace à franchir pour recevoir, à la tête de son régiment, vos éloges, vos félicitations, ce prix mérité de tant de fatigues et de travaux, lorsqu'une balle meurtrière a failli tout-à-coup atteindre la France et l'armée dans la personne de l'un de ces jeunes princes, si dignes de porter votre nom et de répondre comme tels à l'appel généreux de la Patrie.

« Sire, le crime semblait s'être lassé d'attenter à vos jours, miraculeusement préservés tant de fois par la divine Providence ; mais sa haine insatiable vient, en changeant de but, de succomber encore dans ses odieuses tentatives.

« La ville d'Elbeuf ne saurait trop flétrir d'aussi lâches attentats. Elle n'a que des termes insuffisants, Sire, pour exprimer à Votre Majesté l'horreur qu'elle en éprouve. Elle se réjouit toutefois de leur complète impuissance, sans cesser de faire des vœux pour que l'on s'attache enfin à en prévenir le retour, par la répression la plus sévère des doctrines anarchiques qui les enfantent.

« Tels sont, Sire, les sentiments dont nous sommes pénétrés et que nous confondons dans notre cœur avec ceux d'affection inaltérable et de respect profond que nous portons à Votre Majesté, comme à son auguste famille ».

Par ordonnance royale du 20 septembre, la juridiction du commissaire de police d'Elbeuf fut étendue aux communes de Crestot, Pasquier, Boscroger, Saint-Ouen-de-la-Londe, Saint-Didier, Surville, Quatremare, Tourville-la-Campagne, Bec-Thomas, Fouqueville, Bosnormand, Saint-Martin la-Corneille, Thuit-Anger et Thuit-Signol.

Fin septembre, on commença la construction de la rampe d'accès au pont suspendu et ce le de l'aqueduc qui se trouve dessous. Ces travaux gênèrent considérablement le mouvement du quai, très actif alors.

A cette époque, on commençait à faire de la daguerréotypie à Elbeuf. Le sujet devait rester dix minutes exposé à la lumière solaire. En octobre, M. Andrieux, qui habitait notre ville depuis quelque temps, parvint à réduire la durée de la pose à trois minutes et même à soustraire le patient aux rayons du soleil.

Le dimanche 10 octobre, le feu prit au bateau à vapeur l'*Elbeuvien n° 2*, dans le trajet de 10 heures du matin, d'Elbeuf à Rouen, après qu'il eût dépassé Ossel. Une panique se déclara parmi les nombreux passagers, et peu s'en fallut qu'un grave accident se produisît. Les pertes matérielles ne s'élevèrent qu'à environ 1.500 fr.

M. Lefort-Henry, ayant été chargé par la Chambre consultative d'un travail sur l'industrie et le commerce, demandé par le ministre, il en donna lecture à la compagnie le 29 octobre.

Nous y trouvons que les laines étrangères, malgré le droit de 22 0/0 à l'entrée, étaient en progression d'emploi ; ces laines venaient surtout d'Allemagne et étaient très estimées, toujours de plus en plus fines, tandis que celles de France dégénéraient.

Les charbons anglais, précédemment inconnus, avaient pris une place importante dans la consommation, et l'on prévoyait qu'ils alimenteraient seuls nos manufactures.

L'exportation des draps s'était développée par de nouveaux débouchés, notamment dans l'Amérique du Sud, où une maison d'Elbeuf avait fondé un comptoir. On attendait aussi un plus grand nombre d'affaires avec le Mexique.

Le travail était abondant et paraissait assuré pour longtemps. La draperie d'Elbeuf, depuis qu'elle recevait les apprêts lustrés anglais, avait une réputation de supériorité marquée.

Ce rapport, très étendu, traite aussi de l'action des capitaux en France et à l'étranger, de la législation et d'affaires diverses. La Chambre le fit transcrire sur son registre de délibérations, en deux copies, dont l'une est modifiée.

On trouve également sur ce registre, à la même date, le plan d'un appareil à extraire la matière colorante des bois de teinture, déposé par MM. Join-Lambert et Turgis.

Fin octobre, les habitants des rues de l'Hospice, Royale et Saint-Jean eurent une bien grande joie :

Une découverte presque miraculeuse, disait-on, qui doit avoir les plus heureux résultats pour notre ville, a éveillé l'attention de l'administration municipale. Voici ce qui est arrivé :

« Le sieur Fromont traita, il y a quelque temps, avec le sieur Fossard dit Lefort, pour niveler un terrain en côte, situé devant la grille de M. Malfilâtre.

« L'opération étant en voie d'exécution, et une partie se trouvant un peu au-dessus du niveau du pavage, la ravine de mercredi dernier 27 octobre fit irruption dans ce terrain.

« Quelle ne fut pas alors la surprise des ouvriers et de leur chef en voyant une masse d'eau considérable s'absorber et disparaître comme dans un gouffre ou dans un canal fait à grands frais. »

L'autorité, avertie trop tard, n'avait pu vérifier les faits qui lui étaient signalés ; mais le samedi suivant une seconde ravine se produisit, et pendant les trois ou quatre heures qu'elle dura, ses eaux furent entièrement absorbées par l'ouverture.

De là, on conclut à la facilité de supprimer les ravines, conclusion que l'avenir devait bientôt démentir.

Jusque-là, les deux compagnies rivales de bateaux à vapeur faisaient partir leurs navires d'Elbeuf et de Rouen aux mêmes heures, se disputant ainsi la clientèle jusqu'au dernier moment, ce qui parfois n'était pas sans danger pour les voyageurs. — A partir de novembre, un arrêté préfectoral régla les heures des six départs journaliers d'Elbeuf et les six de Rouen, au grand contentement du public.

Dans la séance municipale du 3 novembre, le maire donna connaissance d'une ordonnance royale, datée du 17 octobre, relative au prolongement de la rue de l'Hospice jusqu'à la Seine. L'article de cette ordonnance portait mention de la cession gratuite faite par M. Louis-Henri Delarue d'un terrain, mesurant 60 mètres sur 46 m. 66, destiné à la formation d'une place publique pour recevoir la halle au blé, dans la traversée de la nouvelle rue.

Le Conseil, tout en acceptant la place, fit ressortir qu'il y aurait impossibilité à y transférer la halle au blé, car elle ne pourrait contenir toutes les voitures arrivant à ce marché. Le maire proposa de faire des réserves quant à l'affectation de cette place, ce qui fut adopté par l'assemblée.

Ce même jour, le Conseil, « considérant que les conseils de fabrique ont fixé à 1.800 fr. la somme par eux exigée de l'entrepreneur des pompes funèbres ; que dans la condition d'adjudication de cette entreprise, ils n'ont pas réclamé le bénéfice d'une augmentation de cette indemnité... », décida que l'entreprise pour le transport des morts au moyen de chars serait mise en adjudication pour six années, et que l'adjudicataire serait tenu de payer chaque année 1.200 fr. à la fabrique de Saint-Jean et 600 fr. à celle de Saint-Etienne.

Le maire informa le Conseil que l'on venait de découvrir une absorption naturelle des ravines avant leur entrée dans Elbeuf. Les essais tentés, dit-il, ont parfaitement réussi ; mais rien n'assurait qu'il en serait de même devant le torrent impétueux des eaux. Néanmoins, il avait informé le préfet de la découverte, le département y étant intéressé pour la conservation de ses trois routes.

Le 6, le Conseil discuta sur la place publique donnée par M. Louis Delarue, pour laquelle celui ci avait offert un supplément de terrain, si cela était nécessaire à la halle au blé.

Le maire n'était pas partisan d'accepter cette donation avec conditions. M. Lefort-Henry la combattit absolument. M. Sevaistre l'appuyait, au contraire, très fortement. M. Laurens était de l'avis du maire ; il craignait que, dans l'avenir, elle devint trop petite pour la halle et que la Ville se trouvât néanmoins obligée d'y maintenir le marché. M. Tabouelle proposa le rejet de la condition. Après discussion, le Conseil adopta cet ordre du jour, par onze voix contre une :

« Attendu que dans sa délibération du 15 avril 1840, le Conseil a accepté de M. Henri Quesné, répondant pour le prolongement de la rue de l'Hospice, une place publique fournie par M. Delarue ; attendu que le Conseil est resté étranger aux actes postérieurs à la délibération précitée, passe à l'ordre du jour ».

Le Conseil autorisa le maire, dans la séance suivante, à faire les démarches nécessaires pour faire supprimer de l'ordonnance royale du 17 octobre, les mots « destinée à une halle au blé ». Puis, M. Victor Grandin proposa une mesure destinée à satisfaire tout le monde : M. Delarue renoncerait à l'obligation pour la ville de faire tenir la halle sur la place, et l'administration municipale consentirait à ce transfert qui, en fait, aurait lieu. Dix membres se prononcèrent en faveur de cette proposition et huit contre. — M. Delarue refusa cet arrangement.

Le 13, le Conseil autorisa Mme Oursel a ouvrir deux rues de huit mètres aboutissant à celle des Trois-Cornets, sous condition que, lors de l'ouverture de la rue de grande jonction, prévue sur le plan général, cette dame ou ayants-droit céderait gratuitement à la ville tout le terrain traversé par cette dernière rue.

L'insalubrité de l'école des sœurs de Saint-Etienne faisait l'objet, depuis longtemps, de l'inquiétude de l'administration, qui en entretint le Conseil, lequel adopta une proposition de M. Chennevière, consistant à faire publier par les journaux que la ville désirait vendre ou échanger cet immeuble contre un autre.

Dans cette même séance, on parla du projet de chemin de fer sur la basse Normandie.

M. Victor Grandin dit que M. Polonçeau avait fait faire des études. Deux directions se présentaient pour une ligne par Elbeuf : l'une par le vallon du Nouveau-Monde à Orival, l'autre par le val de la Saussaye. La première avait été abandonnée à cause d'un obstacle insurmontable, la seconde semblait disposée par la nature pour la création d'un chemin de fer.

En tous cas, plusieurs motifs pouvaient déterminer la direction de la voie par Elbeuf plutôt que par Evreux, dont il avait été question.

Le point de rencontre était fixé à Lisieux ; or, de cette ville à Evreux le parcours devait être de huit kilomètres plus long que de Lisieux à Elbeuf. Les rapports de Caen et de toute la basse Normandie, moins fréquents avec Paris qu'avec Rouen, devaient faire sentir le besoin de se rapprocher le plus possible de cette dernière ville ; la direction par Elbeuf était donc préférable.

Il y avait urgence de s'occuper de cette question, car il existait un projet de grande station à Oissel, d'où le chemin de fer se dirigerait immédiatement sur Caen par la forêt de Rouvray pour gagner les plateaux du Roumois.

M. Grandin proposa la nomination d'une commission pour s'enquérir, auprès des compagnies disposées à entreprendre le chemin de fer de Caen, de la direction qu'elles comptaient lui donner, et leur démontrer les avantages d'une station à Elbeuf.

Cette proposition, acceptée à l'unanimité, donna lieu à la nomination de MM. Victor Grandin, Lefort-Henry, Henri Quesné, Laurent Patallier et Théodore Chennevière, pour faire partie de la commission.

A cette époque, le souterrain de Tourville-la-Rivière, pour le passage de la ligne du chemin de fer de Paris à Rouen, était à peu près terminé, et l'on venait de poser les premières assises du pont d'Oissel-Tourville.

On mit en adjudication, le 16, les travaux de construction de ruisseaux pavés, rues de la Bague, Louvet, des Trois-Cornets, Pavée, Colvée, des Champs, de la Prairie, du Bassin, de la Porte-Rouge, Constantine, du Neubourg, des Traites et Saint-Jacques, sur une mise à prix de 18.938 fr.

On attendait, presque avec impatience, une nouvelle ravine, afin de pouvoir sérieusement juger du pouvoir d'absorption des fissures mises à jour rue du Bourgtheroulde. La ravine désirée se manifesta, même assez fortement, le vendredi 19 novembre.

Chacun acquit la certitude que les eaux sauvages s'engouffraient complètement dans le sol, et, conséquemment, que les rues de l'Hospice, Royale et Saint-Jean ne les voyaient plus ; mais il se produisit un fait auquel personne ne s'attendait.

L'eau, après avoir traversé le canal souterrain dans lequel elle disparaissait, se remontra dans les caves des propriétés situées rue de l'Hospice ; dans quelques-unes même, elle s'éleva jusqu'à une hauteur de quatre pieds.

Cette déconvenue remplit de tristesse les habitants du quartier, qui espéraient être enfin débarrassés du fléau.

On ouvrit, en novembre, une école primaire dirigée par M. Fririon, ancien instituteur à Caudebec et successeur à Elbeuf de M. Fourquemin, avec des cours du soir pour les adultes. Le 25, le maire adressa une proclamation à ses concitoyens pour les engager à faire profiter leurs enfants de cette institution. Il la fit suivre de cet appel aux manufacturiers :

« Chefs d'ateliers ! Usez de votre influence sur vos ouvriers, pour leur faire comprendre l'avantage de l'instruction primaire. Travaillez avec nous au développement de leur intelligence. L'intelligence des ouvriers fait la prospérité de l'industrie, comme la bravoure des soldats fait la gloire des armées ! »

A la séance suivante, tenue le 27, M. Tabouelle lut son rapport sur la substitution d'une chaussée pleine aux rues latérales à la rampe d'accès du pont suspendu.

M. Laurents ne doutait pas que le soumissionnaire du pont fût obligé de substituer une chaussée bombée à des rues basses, dans l'intérêt même de son entreprise. Le ruisseau, en se divisant pour se rendre dans les rues basses, formerait une sorte d'Y qui rendrait l'abord du pont inaccessible.

M. Tabouelle répondit que M. Levavasseur ne faisait aucune demande ; les réclamations venaient non seulement des voisins du pont, mais de tous les habitants de la ville, qui préféraient une chaussée. Il vallait mieux voter tout de suite une dépense de 10.000 fr., que d'être forcé à en dépenser 40.000 plus tard.

Après discussion, le Conseil passa à l'ordre du jour, sans prendre de résolution autre que celle-ci :

« Une demande sera adressée à l'autorité

supérieure pour obtenir, de l'adjudicataire du pont, la prompte suppression des appentis et trottoirs qui entravent la circulation dans les rues basses le long de la rampe d'accession ».

Le 2 décembre, M. Mathieu Bourdon, maire, invita ses administrés à souscrire pour l'érection du monument que l'on désirait élever au Val-de-la-Haye « seul point du département où avait stationné le cercueil de l'empereur ».

MM. Victor Grandin et Jacques-Ambroise Marquant furent autorisés, le 22 décembre, à placer des conduits souterrains dans le parcours de la rue Saint-Auct, à l'effet de rechercher de l'eau fontainière sous la côte, s'obligeant, en cas de réussite, à abandonner gratuitement à la ville 48 mètres cubes d'eau par jour, à la sortie desdits conduits.

Le souterrain à pratiquer devait commencer le long du mur du cimetière Saint-Etienne, sous la banque en terre sur laquelle ce mur était bâti. Mais, le mois suivant, M. V. Grandin, ayant déclaré qu'il était complètement étranger à cette entreprise, le maire retira l'autorisation donnée.

Pendant l'année 1841, le Tribunal de commerce avait eu à juger vingt affaires introduites l'année précédente et 369 nouvelles. En justice de paix, il s'était présenté 230 affaires. Le Conseil des prud'hommes en avait inscrit 574, dont 422 avaient été conciliées et 110 retirées avant que le Conseil ait eu à statuer.

C'est de cette époque que datent les premières machines à laver la laine.

L'année précédente, MM. Mellet frères et Foulquier, de Lodève, s'étaient fait breveter pour des perfectionnements apportés à la machine à laver de M. Armingaud, de Pons (Hérault), qui constituait véritablement le premier appareil de ce genre, si l'on exclut celui de M. Missa, de Reims. La laveuse à moulinet et à mouvement circulaire continu, de MM. Blaquière frères et Ralp, de Montpellier, fut brevetée en 1841.

A partir de l'année suivante, M. Léon Pion, d'Elbeuf, prit différents brevets pour des machines de ce genre. Il avait d'abord commencé par exécuter un appareil à bâtons mus automatiquement, pour imiter servilement l'action de la main de l'homme, puis il simplifia son système.

En l'année 1841, on compta 531 naissances, 110 mariages et 413 décès.

CHAPITRE XXIII
(janvier-juin 1842)

La Société des ouvriers tisserands. — Entreprise souterraine. — Les rues Guérot et Bridoux. — Quadruple noyade. — Manœuvre financière. — L'avant-dernière mare. — Les rues de la Halle et des Débardeurs. — Les sections électorales. — Le chemin de fer ; la gare de Tourville ; incidents au conseil municipal. — Les armes d'Elbeuf. — Délimitation entre Elbeuf et Caudebec.

Le mercredi 12 janvier 1842, vers six heures du matin, un violent incendie éclata dans les ateliers de MM. Demontfleury et Deschamps, constructeurs et apprêteurs rue Notre-Dame. Les pertes furent évaluées à une vingtaine de mille francs. Un moment on avait craint que le feu se communiquât à l'établissement Victor Grandin,

Le lendemain, M. Paul Sevaistre, qui avait donné sa démission, fut réélu chef de bataillon de la garde nationale.

La bibliothèque municipale ne comptait encore, à cette époque, que 400 volumes environ. Le maire pria, le 23 janvier, ses concitoyens de l'augmenter d'importance par des dons volontaires.

Ce même jour, les ouvriers tisserands d'Elbeuf qui s'étaient réunis en société de secours mutuels, sous le patronage de saint Roch, furent avisés qu'ils étaient autorisés à se constituer.

Un arrêté préfectoral, du 25 de ce mois, imposa d'office 5 centimes additionnels sur les contribuables d'Elbeuf pour le service vicinal, au sujet de la route d'Elbeuf à Oissel. La ville décida de se pourvoir contre cet arrêté.

Le 27, MM. Théodore Chennevière et Marquant demandèrent l'autorisation d'ouvrir des tranchées pour conduire des eaux venant de la propriété de M. Théodore Chennevière, « mais encore à découvrir ». L'autorisation fut accordée. — Il s'agissait de creuser horizontalement la côte du Vallot pour aller gagner une nappe d'eau que l'on supposait exister entre deux couches du sous-sol. On pratiqua une galerie très longue sous cette côte, mais on ne rencontra pas d'eau.

Un arrêté en date du même jour nomma les membres de la commission d'inspection du travail des enfants dans les manufactures, en exécution de la loi du 22 mars de l'année précédente. Cette commission se composait de MM. Mathieu Bourdon, maire ; Lainé, curé ; Joseph Flavigny, Charles Flavigny, Edouard Turgis, Laurent Patallier, Capplet, Nicolas Louvet, V. Cousin, docteur Lesaas, Bréard, Henri Quesné et Lefort-Henry.

Le 28, la Chambre consultative dénonça au gouvernement un discours prononcé par Blanqui, qui avait fait l'objet d'un article du *Mémorial de Rouen*.

Vers cette époque, dix-sept individus comparurent devant la cour d'assises de la Seine-Inférieure, sous la prévention de vols de laines et fils au préjudice de la fabrique. Les débats durèrent trois jours. Neuf prévenus furent acquittés et les autres condamnés à des peines variant entre un an de prison et dix ans de réclusion. Deux, avant de subir leur peine, furent attachés, le jeudi 14 mai suivant, à un carcan élevé sur la place du Coq et exposées pendant plusieurs heures à la vue du public.

Le 12 février, le conseil municipal vota 2.500 fr. pour la création d'une nouvelle salle de huit lits à l'hospice.

Vers ce temps, MM. Guérot-Eloy et Colvée firent don à la ville d'une rue qu'ils se proposaient d'ouvrir entre les rues du Neubourg et du Bout-du-Gard. Par suite, le chemin de Saint-Cyr, traversant diagonalement cette voie qui prit le nom de rue Guérot, se trouva supprimé.

Le 19, il fut décidé que le pont à construire sur la Rigole, pour la rue du Glayeul, serait en fer.

Ce même jour, le Conseil accepta l'offre faite à la ville d'une rue à ouvrir entre les rues du Neubourg et des Trois-Cornets, dans la propriété de M. Bridoux.

L'assemblée municipale décida la construction de trois ponts roulants, qui permettraient de franchir les rues de l'Hospice, Royale et Saint-Jean pendant les ravines.

Les nouveautés en matière de draperie semblaient si ingénieuses et étaient si nombreuses que beaucoup croyaient à une révolution générale dans l'industrie. Il y avait environ un an que l'on faisait grand bruit autour d'une nouvelle découverte qui, prétendait on, devait supprimer complètement le filage et le tissage des étoffes de laine ; il s'agissait d'un procédé de teutrage extraordinairement curieux dont on disait merveille, bien que personne n'eût été à même de juger du nouveau produit. Or, on apprit en mars, à Elbeuf, que la nouvelle invention ne reposait sur rien de sérieux et qu'elle n'avait été lancée que pour monter une affaire de Bourse, dans laquelle, du reste, plusieurs personnes perdirent des sommes assez rondes.

Les Elbeuviens étaient passablement fiers de la place Lécallier, qui venait d'être plantée d'arbres et sablée dans toute son étendue. Sur des remontrances qui furent faites à la municipalité, le maire arrêta que, pour ne pas endommager cette place, le marché aux bestiaux qui s'y tenait le jour de la foire de la Passion, serait désormais transféré sur le Champ-de-foire, et que la place Lécallier ne conserverait que les jeux, spectacles, etc.

Mais des réclamations se manifestèrent de la part des commerçants du quartier. Alors M. Bourdon soumit la question au Conseil, le 11 mars, qui approuva son arrêté.

Le même jour, MM. V. Grandin et Bréard demandèrent la fermeture de la rue de la Brigaudière, dont ils étaient seuls riverains et dans laquelle on déposait constamment des immondices.

M. Paul Sevaistre s'éleva contre cette proposition, mais le Conseil l'accepta. Alors, M. Paul Sevaistre protesta contre le vote.

Si l'on se reporte à la planche montrant un

essai de restitution du sol occupé actuellement par la partie agglomérée de la ville d'Elbeuf et à ce que nous disions dans notre premier volume, et même dans les suivants, au sujet des marécages qui couvraient autrefois tout le territoire occupé par les quartiers neufs de notre ville, on ne sera peut-être pas étonné que des restes de cet état de choses se soient conservés presque jusqu'à nos jours.

Nous avons cité, comme l'un des derniers étangs du sol elbeuvien, la mare aux Lépreux, qui se trouvait sur l'emplacement occupé par l'usine à gaz et la rue Dévé. Or, en 1842, une autre mare se voyait entre la place du Calvaire et la Seine ; mais comme la rue de Paris, alors en construction, la traversait, on la combla. Le conseil municipal, dans sa séance du 15 mars, évalua à 800 fr. le coût de ce travail. Enfin, une troisième mare subsista pendant quelques années encore, à l'Est de la Cerisaie ; nous en reparlerons plus tard.

M. Houssemaine avait offert à la ville d'ouvrir, dans sa propriété, moyennant indemnité, une rue partant de celle Saint-Jean pour aller rejoindre la place donnée par M. Louis Delarue (place Bonaparte). Le Conseil délibéra sur cette proposition, ce même jour.

M. Th. Chennevière s'opposa au projet, sur lequel M. Henri Quesné avait fait un rapport favorable : « C'est, dit-il, une spéculation particulière, toute profitable au particulier qui l'entreprend. La nécessité présentée dans le rapport d'ouvrir des accès faciles au quai, désormais masqué et coupé par le pont, prouve seulement que les prédictions de ceux qui étaient opposés à l'emplacement de ce pont se sont malheureusement réalisées.

M. Colvée appuya les dires de M. Chennevière ; suivant lui, la somme de 10.000 fr. demandée excédait de beaucoup les avantages qui résulteraient de cette ouverture.

M. Henri Quesné répondit que le caractère de M. Houssemaine lui était bien connu ; que si on n'ouvrait pas cette rue, il ferait bâtir en façade sur la rue Saint Jean Il ajouta que l'on ne s'attachait pas assez au préjudice immense que causerait à la commune l'éloignement des cultivateurs de notre halle au blé, que la force des choses ne permettait plus de tenir dans la rue Saint-Jean, près du quai, comme par le passé. Au contraire, l'importance de cette halle devait s'accroître si on lui offrait une station voisine du fleuve, des abords faciles et nombreux pour l'embarquement des blés, car le nombre des grandes routes convergeant vers Elbeuf s'accroissait de jour en jour.

M. Louvet établit, par des chiffres, que la propriété de M. Houssemaine, qui ne valait que 60.000 fr. à peine, aurait une valeur de 124.000 fr. après l'ouverture de cette rue et d'une autre petite perpendiculaire à la Seine.

M. Houllier combattit cette assertion et M. Tabouelle également.

La discussion dura encore quelque temps ; puis, par 15 boules blanches contre 7 noires, le projet fut adopté. Il se résumait à ceci :

« Les propositions de MM. Louis Delarue et Houssemaine sont adoptées, conformément à leur double engagement du 15 mars 1842. Le Conseil vote une somme de 10.000 fr. pour être payée à M. Houssemaine en 7 annuités ».

Le Conseil eut à s'occuper, ce même jour, de la modification de la circonscription électorale communale.

Par suite du recensement fait en 1841, la population de la ville étant de 14.646 habitants, le nombre des électeurs censi.aires devait être, pour 1842, de 688 ; mais ce recensement n'était pas encore approuvé par ordonnance du roi : la liste électorale avait été établie sur celui de 1836, c'est pourquoi le nombre des électeurs n'y figurait que pour 636.

Le maire proposa et le Conseil adopta de rectifier les dénominations de quelques sections.

La section A, du Sud, comprendrait les rues Royale, Poulain, du Marché, Saint Louis, du Centre, de la Justice, Hervieux, des Echelettes, du Vallot, Céleste et Traversière ; elle aurait 135 électeurs.

Le section B, de l'Hôtel de Ville, comprendrait les rues de la Barrière 1re section, moins une rive de la rue Saint-Jean à l'impasse Dubuc, Lafayette, de la Bague, Maurepas, Louvet, Colvée, Percière, Patallier et Robert, avec 140 électeurs.

La section C, de l'Est, serait composée de la rue de la Barrière 2e section, passage Lemercier, rues de Caudebec, du Cours, du Neubourg, Fouquier, des Trois-Cornets, de la Forêt, Tournante. Pavée, Sainte Cécile, des Commerçants, de l'Union, Saint-Jacques, des Traites, Deshayes, Saint-Amand, Petite-rue-du Cours, du Port, Curmer, Lefort, Henry, de Paris, des Champs, Romelot, Constantine, du Bout-du Gard et place Lemercier, avec 141 électeurs.

La section D, du Nord, serait formée des rues Saint-Jean, de Seine, Bourdon, de la Prairie, du Moulin-Saint-Jean, de la Porte-Rouge, du Havre, du Pré-Basile, des Bains, du Glayeul

2ᵉ section entre la Rigole et le Port, de la Rigole, de la fraction de la rue de la Barrière entre la rue Saint-Jean et le passage Dubuc, du passage Padel, du chemin de halage et du quai, avec 134 électeurs.

La section E, de l'Ouest, comprendrait les rues de Rouen, Saint-Etienne, de l'Hospice, du Thuit-Anger, Bertaut, des Rouvalets, St-Auct, Victor-Grandin, Notre-Dame, de la Rochelle, du Glayeul 2ᵉ section entre la Rigole et le Bout-du-Couvent, du Bassin, du Nord, des Ecameaux, du Buquet, et des hameaux des Ecameaux, du Buquet et de la Souche, avec 136 électeurs.

A partir du 14 avril, on fit une enquête sur l'ouverture de plusieurs rues ouvertes, sans avoir obtenu l'autorisation municipale, par Mᵐᵉ Oursel dans sa propriété de la rue des Trois-Cornets.

Le samedi 1ᵉʳ mai, on célébra, comme chaque année, la fête du roi, et en plus le baptême du comte de Paris. Le lendemain, on passa la garde nationale en revue, on illumina et des orchestres furent montés sur le Champ de-foire.

Le lendemain, il y eut séance au conseil municipal. M. Lefort Henry exposa que, jusque-là, aucun dissentiment ne s'était produit dans la commission municipale dite du chemin de fer.

Au nombre des résolutions prises par cette commission était celle de s'adresser à la Compagnie du chemin de fer. M. Lefort avait été chargé de la correspondance, que le maire signait ensuite. La Compagnie ajournait la construction d'un embranchement jusqu'à l'achèvement de la ligne principale ; mais elle offrait une station. Alors, le maire, sans consulter la commission, avait désigné Tourville.

M. Lefort combattit cette initiative qui, suivant lui, compromettait les intérêts généraux.

« Un embranchement sur Elbeuf, dit-il, c'est la réalisation de nos espérances ; c'est attirer à nous le mouvement de toutes les villes environnantes...

« Sans embranchement, plus de voyageurs des villes voisines, plus de bestiaux de basse Normandie, plus de marché rival de celui de Poissy, plus d'acheteurs de la classe moyenne; tout avantage disparaît, toute espérance s'évanouit. Il reste tout au plus la futile satisfaction de se transporter plus vite à Paris. Il n'existe donc qu'un intérêt : celui de se relier au chemin de fer par un embranchement.

« Or, désigner une station, c'est abandonner la basse Normandie ; c'est laisser croire qu'une station suffit à nos besoins ; c'est nous enlever à jamais l'espoir d'un embranchement ! »

M. Lefort parla longtemps encore et conclut à ce que le maire fut invité à retirer sa proposition de station à Tourville.

Le maire considéra cette attaque comme injuste. Il n'y avait point eu rupture entre lui et la commission. Deux ou trois réunions avaient eu lieu, dans lesquelles on s'était montré unanime pour établir quelques rapports entre les villes de Caen, Honfleur et la nôtre. Le maire d'Honfleur était même venu à Elbeuf pour conférer dans un intérêt commun, et la commission avait écrit à la compagnie.

La réponse se divisait en deux parties :

1° La question de l'embranchement ne pourrait être abordée que lorsque la ligne principale serait exécutée ; si cependant il se présentait une société particulière pour un embranchement partant d'Elbeuf, la compagnie ferait tout ce qui dépendrait d'elle pour assurer la réussite du projet.

2° La compagnie dirait au maire : « Nous allons fixer l'emplacement de nos stations. Vous nous obligerez beaucoup en nous transmettant à cet égard quelque renseignement sur le point de notre ligne où votre ville désirerait voir établir la station que ses intérêts réclament ».

« Or, continua M. Bourdon, ma faute, puisqu'on l'a ainsi qualifiée, je la reconnais encore parce qu'en conscience j'ai cru agir dans l'intérêt bien entendu du pays. J'ai cru qu'il était utile d'obtenir, sans bourse délier, une route qui le mettrait en communication avec le chemin de fer et à peu de distance du Port-Saint-Ouen, avec la route royale de Paris à Rouen. J'ai cru faire une chose utile au pays et je le crois encore ; car, en attendant un embranchement direct sur Elbeuf et cette tête de chemin de fer de la basse Normandie, que je crains bien n'être encore pour longtemps que des brillantes illusions, je faisais jouir immédiatement le pays d'un avantage réel.

« Du reste, je ne demande pas mieux que de me tromper à cet égard, car je ne repousse ni l'embranchement, ni le chemin de basse Normandie : je les appelle de tous mes vœux. Mais, loin de croire, comme M. Lefort, que l'absence d'un embranchement empêchera le mouvement des voyageurs vers nous, écartera nos marchandises de la direction du chemin de fer par la station de Tourville, je pense, au contraire, que les populations voisines, que nos marchandises afflueront à la station indiquée et détermineront une circulation qui fera connaître l'importance d'un embranchement créé sur notre ville.

« Pourquoi une station vaudrait-elle mieux pour nous à Oissel qu'à Tourville ? Le raisonnement que M. Lefort applique à la station de Tourville peut être infligé à celle d'Oissel.

« A défaut d'embranchement, que nous attendrons probablement encore pendant de longues années, sachons nous contenter d'une station presqu'à nos portes. Faisons des démarches auprès du gouvernement, je le veux bien ; mais gardons-nous de lui demander une garantie d'intérêt pour une compagnie qui n'existe même pas encore : une pareille demande n'attirerait pas même son attention ».

La suite de la discussion fut ajournée à la prochaine séance. M. Lefort y dit, entre autres choses :

« Il ne faut pas perdre de vue que notre position est meilleure qu'il y a un mois. Le rejet, à la Chambre, d'un projet de chemin de fer de Paris à Nantes, ayant sa tête au chemin de fer de Versailles, ne laisse plus aux villes et aux populations du Calvados l'espoir de se rattacher à cette ligne. Caen et Honfleur, qui, pendant un mois ou deux, n'ont accueilli notre alliance que d'une manière assez faible, vont se rapprocher de nous, renouer des rapports plus fréquents et unir leurs efforts aux nôtres. En attendant l'embranchement désiré par eux et par nous, leur direction naturelle les conduit à la station d'Oissel, que nous devons accepter, sans toutefois la souhaiter ».

D'autres orateurs prirent la parole, puis M. Paul Sevaistre blâma le maire, comme il avait blâmé M. Lefort, son prédécesseur, d'avoir donné un avis sur une question aussi importante, sans préalablement avoir consulté son conseil municipal. Abordant ensuite la question au fond, il dit :

« Ce n'est pas de stations qu'il faut s'occuper, c'est d'éclairer notre population sur ses intérêts ; c'est de provoquer des souscriptions pour faire l'embranchement sur la ligne principale ; autrement, nous ne comprenons ni la gravité, ni l'importance de notre mandat, nous ne sommes pas dignes d'être les élus du pays, les tuteurs de la commune ».

M. Tabouelle appuya le projet de souscription pour des études.

M. Lefort repoussa la proposition de faire ces études, la nature du terrain ne présentant pas de difficultés. M. Villars, ingénieur du pont suspendu, lui avait dit : « Un embranchement d'Elbeuf à Tourville coûterait une somme de 600.000 fr., et 150.000 fr. de plus si l'on veut amener le débarcadère dans les îles situées entre Saint-Aubin et Elbeuf ». Ainsi, dit-il, là n'est pas la difficulté ; c'est une compagnie qu'il faut déterminer à entreprendre cet embranchement, soit en obtenant un prêt du gouvernement, soit une garantie d'intérêt, soit par nos propres ressources ».

Le maire avait proposé un ordre du jour approuvant ses démarches et l'avis qu'il avait donné.

M. Chennevière proposa celui-ci :

« Les démarches faites par la commission pour obtenir un embranchement seront continuées.

« La question des stations ne sera agitée au conseil municipal qu'alors qu'il aura été re-

Armes de la Ville d'Elbeuf

Année 1842

connu qu'il y a impossibilité d'obtenir cet embranchement.

« Il sera donné à la compagnie connaissance de la délibération du Conseil, afin qu'elle ne se prévale pas de l'indication donnée par le maire, comme d'un abandon de notre intention positive de poursuivre par tous les moyens possibles un embranchement sur Elbeuf ».

Cet ordre du jour, amendement de celui du maire, fut repoussé par 11 voix contre 10, et celui de maire adopté par le même nombre de voix.

Dans la séance du 9, M. Mathieu Bourdon, maire, proposa d'adopter pour la ville un écusson sur lequel serait figurée une ruche habitée « avec une devise qui rappellerait les paroles mémorables du premier consul, lors de sa visite de nos manufactures le 3 novembre 1802 ». Après un léger débat, cette proposition fut adoptée par dix voix contre une. — On sait que les paroles attribuées à Bonaparte : « Elbeuf est une ruche, tout le monde y travaille » ne sont que pure légende.

M. Bourdon informa le Conseil que M. Emmanuel Massé lui avait écrit, le 26 avril précédent, que le portrait du prince royal, par M. Ingres, était terminé et que lui, M. Massé, heureux d'avoir reproduit le portrait du roi que possédait la ville d'Elbeuf, serait très désireux d'obtenir la commande d'une copie de ce portrait du prince.

En conséquence, M. Bourdon proposa au Conseil de prendre une délibération, afin d'obtenir d'abord pour M. Massé l'ordre d'une copie du portrait désiré, et ensuite pour notre ville, où ce jeune peintre était né, la copie qu'il serait chargé de faire. — L'assemblée adopta à l'unanimité. — Peu de temps après, satisfaction fut donnée à M. Massé et au Conseil.

On ouvrit une enquête, le 22 mai, sur l'ouverture, par M. Houssemaine, de deux rues nouvelles ; l'une partant de la place Bonaparte pour aboutir rue Saint-Jean, l'autre partant de cette rue projetée pour gagner le quai ; c'est-à-dire les rues de la Halle et des Débardeurs.

Le 29, M. Laurent Patallier fils fut nommé bibliothécaire de la bibliothèque publique de notre ville, créée par le conseil municipal le 4 janvier 1841.

Le 14 juin, la dissolution de la Société François Rouvin et Cie ayant été prononcée, on mit en vente le matériel de cette compagnie, comprenant notamment : l'*Elbeuvien n° 1*, paquebot en fer de 150 tonneaux, avec machine de 60 chevaux ; l'*Elbeuvien n° 2* (ex-*Zampa*), bateau en fer, avec machine de 70 chevaux ; l'*Elbeuvien n° 3* (ex-*Montereau*), en fer, machine de 25 chevaux ; le *Louviers* et le *Neubourg*, chalands en bois de 80 tonneaux.

Dans sa séance du 20 juin, le conseil municipal décida de donner le nom de Bonaparte à la place offerte par M. Louis Delarue.

Ce même jour, le Conseil autorisa les Frères de la doctrine chrétienne à acquérir, moyennant 25.000 fr., une propriété appartenant à Mme Hardy, sise rue de la Justice, pour y établir une école.

Les mardi 21 et jours suivants, le juge de paix procéda à une enquête pour une nouvelle délimitation entre les communes d'Elbeuf et de Caudebec, vers la rue du Bout-du-Gard et la sente de la Vignette, et pour la réunion à la ville d'Elbeuf des trois îles la Motte, de la

Bastide et Le Comte, dépendant de Caudebec de toute antiquité.

Voici ce qu'écrivit M. Mathieu Bourdon, en juin 1842, à propos du pont suspendu, qui relie notre ville avec la presqu'île de Saint-Aubin, et alors en construction.

« Lorsqu'il s'est agi de cette nouvelle communication, trois partis bien distincts se sont prononcés dans notre cité : le premier pour la repousser ; le second et le dernier pour l'accepter, mais en restant divisés sur la question d'emplacement que devait occuper la tête du pont.

« Il n'a pas fallu moins de cinq ou six années, sinon pour mettre d'accord toutes les opinions, du moins pour trancher entièrement le dernier point, le seul qui fût resté litigieux, celui de l'emplacement.

« De part et d'autre, les intérêts privés se sont chaleureusement débattus, l'irritation s'en est mêlée ; mais enfin, l'avis de la majorité des habitants a fait pencher la balance en faveur de l'emplacement de la rue Saint-Jean, comme n'étant pas précisément celui où le pont se serait le mieux développé, mais bien comme devant être celui qu'indiquaient l'intérêt le plus général et les droits acquis, c'est-à-dire l'endroit le plus central.

« Le pont fut mis en adjudication, sans aucun résultat toutefois. On sollicita quelques changements au cahier des charges visé dans l'ordonnance royale du 24 juin 1840, et, par suite, intervint, le 21 février 1841, une autre ordonnance royale approbative des modifications proposées et d'un tarif de péage sagement combiné. Ce fut quelques mois après qu'un entrepreneur se rendit adjudicataire de ce pont si impatiemment attendu, moyennant une concession de quarante-neuf années ».

Les travaux du pont étaient constamment visités par de nombreux curieux, qui parfois même gênaient les ouvriers ; mais la plupart de nos concitoyens se contentaient d'aller sur le quai, chaque dimanche, pour constater l'avancement de l'opération, menée activement, d'ailleurs. On supposait alors que le pont pourrait être livré au public vers la Toussaint.

CHAPITRE XXIV
(JUILLET-DÉCEMBRE 1842)

Mort du duc d'Orléans ; adresse ; proclamation ; service funèbre ; M. Massé, artiste peintre elbeuvien. — L'Association normande tient ses assises dans notre ville. — Ouverture du Cirque, rue Lefort. — Projet de traité avec la Belgique ; deux délégations successives vont trouver le roi ; nouvelle adresse a Louis-Philippe. — L'Histoire d'Elbeuf, par M. A. Guilmette ; protestations. — La rue Patallier. — Statistique.

M. Victor Grandin fut réélu député le 10 juillet 1842.

Vers ce temps, la ville gagna un procès que M. Paul Sevaistre lui avait intenté devant le Tribunal civil de Rouen.

Le mercredi 13, le duc d'Orléans, héritier du trône, allait prendre congé du roi, pour se rendre à Saint-Omer. A peu de distance de Neuilly, les chevaux de sa voiture s'emportèrent ; le prince sauta sur la route, se blessa grièvement ; six heures après, il était mort.

— Ferdinand-Philippe-Louis-Charles-Henri-Joseph d'Orléans était né à Palerme, le 3 septembre 1810 ; il n'avait donc pas encore 32 ans.

La nouvelle de cette mort parvint à Elbeuf par lettres particulières, le matin du 14 ; les journaux de Rouen la confirmèrent, et une lettre du préfet l'annonça officiellement.

Aussitôt M. Bourdon assembla le conseil municipal, auquel il communiqua une proclamation aux habitants qu'il se proposait de publier, puis le projet d'une adresse au roi, ainsi conçue :

« Sire ; nous venons mêler respectueusement nos larmes à vos larmes : quelles paroles de consolation pourrions-nous, dans l'amertume de nos regrets, offrir à notre Roi, à un Père malheureux ?

« Sire, l'aîné de vos fils, votre fils bien-aimé n'est plus ! Le coup terrible qui déchire votre cœur a frappé chaque famille française dans ses affections les plus chères, car le duc d'Orléans était le fils bien-aimé de la France.

« En lui reposaient nos espérances ; nous nous disions : au règne si sage du Père succédera le sage règne du Fils, et voilà que la mort, l'impitoyable mort, brise notre avenir de bonheur !

« La Providence, qui étreint d'une épreuve si douloureuse le cœur d'un père, d'une mère, d'une épouse infortunés, y versera sans doute le baume de la consolation et de la résignation, et fera grandir votre force d'âme au niveau de votre malheur et du nôtre.

« L'un de vos aïeux sentit aussi s'appesantir sur lui une main dont les décrets sont impénétrables : comme lui vous reporterez, longtemps encore, vos regards consolés sur vos petits fils, sur les enfants d'un prince trop tôt enlevé à notre amour.

« Vos soins, vos leçons, votre exemple, feront revivre en eux ce prince tant regretté, et, malgré les angoisses de notre douleur, nous espérons encore que Dieu protège la France.

« Vos fidèles et dévoués serviteurs : les MEMBRES DU CONSEIL MUNICIPAL de la ville d'Elbeuf ».

Le maire, fit afficher et publier à son de caisse la proclamation qui suit :

« Habitants d'Elbeuf !

« Une catastrophe horrible vient de plonger tout à coup dans le deuil le plus profond la famille royale, et de répandre à la fois la stupeur et la consternation sur toute la France : Son Altesse royale Monseigneur le duc d'Orléans est mort hier, à la suite d'une chute provoquée par l'événement le plus funeste et le plus inattendu.

« Ainsi se sont brisées irrévocablement les destinées récemment si brillantes de l'héritier présomptif de la couronne !

« Ainsi se sont éteintes, dans une déplorable fatalité, les espérances de tout un peuple, au milieu de son admiration unanime pour le caractère chevaleresque d'un prince qui, jeune encore, avait conquis toutes les affections par des gages ineffables de sagesse et de bravoure ! Il n'est personne qui puisse, avec les ressources impuissantes du langage, rendre les pénibles impressions que va produire partout une telle calamité publique !

« Habitants d'Elbeuf ! vous, dont le dévouement à la famille royale s'est manifesté tant de fois ; vous, qui gardez un précieux souvenir de la visite que le prince que nous pleurons nous a faite en 1837, vous manifesterez spontanément, j'en suis convaincu, la profonde affliction que commande dans tous les cœurs français la fin prématurée d'un prince aussi chéri qu'il méritait de l'être ! »

En signe de deuil, les établissements de MM. Beaumier, de Montfleury et Deschamps, Isidore Decaux, Brisson, Aug. Polo, Victor Grandin, Couprie, Morel-Beer et plusieurs autres, furent fermés toute la journée du lendemain vendredi 15.

Le 21, on célébra un service funèbre à la mémoire du prince, dans l'église Saint-Jean. En ville, dès le matin, de nombreux drapeaux crêpés de noir avaient été arborés, et, pendant la cérémonie religieuse, les portes des maisons, boutiques et ateliers furent fermées. La municipalité, les autorités de tous ordres et la garde nationale se rendirent en cortège à l'office, auquel assista une affluence considérable.

La mort tragique du duc d'Orléans, très aimé dans notre ville, inspira plusieurs écrivains locaux. M. Nicolas-Amand Hurel, ancien instituteur, conseiller municipal au Theillement, père de l'inventeur de la *Stéphanie*, composa aussi une élégie populaire, qu'imprima M. Fournier, d'Elbeuf.

M. Emmanuel Massé, peintre, né à Elbeuf le 29 septembre 1818, dont nous avons déjà parlé, demeurait à Paris. Plusieurs tabeaux, notamment un *Jésus-Christ et saint Pierre marchant sur la mer*, l'avaient mis en relief. Aussi le maire d'Elbeuf lui avait-il commandé un *Portrait de Louis Philippe*, qui fut exécuté avec beaucoup de talent. Il s'en suivit, également pour la mairie de notre ville, la commande d'un portrait du duc d'Orléans, que, nous l'avons dit, devait peindre l'artiste elbeuvien.

Par une sigulière coïncidence, le 13 juillet 1842, ayant reçu un rendez-vous chez M. Asseline, secrétaire de la princesse royale, afin de prendre des arrangements en vue de ce portrait, de concert avec le grand artiste Ingres, M. Massé s'y rendit. En arrivant, M. Asseline lui fit dire que le duc d'Orléans venait d'être blessé ; mais ce ne fut que le lendemain que notre concitoyen apprit la mort du duc.

Notons parmi les autres œuvres de M. Massé : *La Tentation*, 1859. — *Un zouave de la garde*. — *Départ des troupes pour l'armée d'Italie*, 1861. — *Le marquis de la Ferté*, 1864. — *Les funérailles d'un Drapeau*, 1874. — *Dieu et Patrie*, 1875. — *Portrait de M. Schneider*, 1877. — *Portrait de l'auteur*. — *Paysanne valaque*, 1879. — *Promenade des pupilles de la marine royale à Brest* (inachevé).

M. Massé mourut le 3 septembre 1881. Il était propriétaire d'une partie de l'immeuble où est actuellement la caserne, rue de la Justice.

Nous emprunterons au procès verbal d'une visite faite à Elbeuf, le 21 juillet, par l'Association normande, les intéressants détails suivants ; ils vont nous apprendre ce qu'étaient notre ville et son industrie, il y a un demi-siècle.

Disons d'abord que les vingt-huit membres de l'Association normande arrivèrent dans notre ville, par le bateau à vapeur. Ils furent reçus par M. Mathieu Bourdon, maire, qui les conduisit chez M. Armand Durécu, où une brillante installation avait été préparée dans la cour de son établissement de la rue Saint-

Jean. Au milieu de cette cour, un métier Jacquard fabriquait une étoffe soie et coton, représentant les armes de la ville de Rouen.

Après le déjeuner, l'Association visita l'église Saint-Etienne, dont les magnifiques vitraux attirèrent son attention, puis se rendit à l'établissement de M. Victor Grandin, député d'Elbeuf, et ensuite chez M. Henri Quesné, pour voir le puits artésien, où l'eau, qui avait jailli, d'abord, à sept mètres au-dessus du sol, ne s'élevait alors qu'à un mètre, par suite du percement, dans le voisinage, d'autres puits du même genre. Celui de M. Charles Flavigny avait atteint une profondeur de 200 mètres, mais ne donnait pas encore d'eau, quoiqu'il ne fût qu'à cent mètres environ de celui de M. Quesné, beaucoup moins profond.

Après avoir examiné les magnifiques produits de la maison T. Chennevière, cet industriel fit visiter aux membres de l'Association normande sa galerie souterraine, dont nous avons parlé et qu'il faisait alors percer par M. Marquant pour amener de l'eau dans son établissement.

M. Mathieu Bourdon soumit un précis sur la statistique générale d'Elbeuf.

Afin de démontrer la marche ascendante de notre cité, le maire présenta le tableau de la population sédentaire depuis le commencement du siècle :

En 1803, il y avait 5.521 habitants ; en 1810, 6.270, en 1812, 6.745 ; en 1815, 6.525 ; en 1817, 7.875 ; en 1819, 8.266 ; en 1821, 9.100 ; en 1825, 10.100 ; en 1828, 10.200 ; en 1830, 10.256 ; en 1836, 13.366 ; et en 1841, 14.646 habitants.

En 1842, Elbeuf comptait 1.047 patentés,

dont 172 manufacturiers ; 46 machines à vapeur, 21 appareils à vapeur pour le décatissage, 16 teintureries, une société en commandite pour la vente des laines, etc.

Les recettes du budget prévues pour 1842, s'élevèrent à 232 802 fr.

La police coûtait, frais de bureau et d'habillement compris, 7.300 fr. par an ; la perception des taxes d'octroi 16.500 fr. On dépensait chaque année, pour le pavage des rues de 3.000 à 3.500 fr., et environ 26.000 fr. pour le service de l'hospice et 14 000 fr. pour l'instruction publique.

La halle au blé recevait, chaque samedi, environ 300 voitures portant 842 hectolitres de grain, marché moyen. Quelque temps après, on la fit tenir sur la place Bonaparte, que l'on venait d'ouvrir, et dans les rues offertes par M. Houssemaine.

En 1841, le marché passé par la ville pour l'éclairage de ses rues étant arrivé à son terme, elle s'entendit avec la Compagnie du gaz ; cet éclairage coûta, au début, environ 12.000 fr. par an.

Le matériel de la compagnie de pompiers comprenait alors neuf pompes à chariot et quatre pompes portatives. L'une des pompes, dite « de miséricorde », élevait l'eau à une hauteur de 30 mètres et la jetait à raison de 1.400 litres par minute

Elbeuf était alors mis en communication avec les villes voisines par 5 bateaux à vapeur pour Rouen, et sept voitures pour Louviers, le Neubourg, Bourgtheroulde et Rouen. Le service de la poste aux lettres exigeait quinze chevaux.

Un service funèbre fut également célébré à

Saint-Jean, le 28, en l'honneur des victimes de juillet 1830, mais avec moins de solennité que les années précédentes, et, les jours suivants, on ne fit aucune fête publique.

Vers ce même temps, la maire prit des arrêtés pour la police du port, de plus en plus fréquenté, et celle du théâtre, très en faveur auprès de notre population.

La salle de la rue de la Barrière pouvait alors contenir 700 places, dont 120 de premières, 40 d'orchestre, 120 de secondes, 120 de troisièmes et 300 de parterre debout. Les représentations commençaient à 7 heures. Chaque artiste faisait ses débuts dans trois pièces.

Le 29 juillet, le maire prit un autre arrêté concernant le cirque de la rue Lefort, que venait de faire bâtir M. Piquenard, à destination de manège et de théâtre à pantomimes.

La compagnie Rouvin n'existait plus alors. Par suite des travaux du pont et du quai, le maire arrêta que les bateaux d'Oissel, d'Orival et autres occuperaient le devant des grandes et petites marches, que les bateaux de charbon amarreraient au quai du Pré-Bazile.

Le 27 août, MM. Victor Grandin, Louis-Robert Flavigny et Théodore Chennevière furent nommés membres de la Chambre consultative, en remplacement de MM. Alexandre Poussin et Laurent Collas, sortants, et de M. Lefort-Henry, démissionnaire.

Mme Oursel ne s'étant pas conformée à l'arrêté qui fixait à huit mètres la largeur de deux rues ouvertes par elle dans le quartier des Trois-Cornets, fut contrainte à les fermer.

En ce même temps, le Conseil adopta une proposition de M. Colvée d'ouvrir une rue qui, de celle du Neubourg, tendrait, à travers la commune de Caudebec, sur une longueur de près de deux kilomètres, à la route de Louviers. — On sait que cette rue ne fut point construite.

Jusque-là, les charcutiers et le public brulaient les porcs sur la place du Port, au bas de la rue Saint-Jean, et sur la place Lécallier. Mais à cause du pont, d'un côté, et des jeunes arbres plantés sur la place Lécallier, il fut ordonné, le 31 août, que le seul endroit où cette opération pourrait être faite désormais serait le petit triangle dont la base était une section de la rue des Champs, à l'entrée du Champ-de-foire et dont un côté était alors planté de peupliers. En cas d'inondation de la Seine, car ce terrain était en contre bas, le maire désignerait un emplacement provisoire,

Le 4 septembre, les électeurs nommèrent M. Victor Grandin membre du Conseil général de la Seine-Inférieure, en remplacement de M. Robert Flavigny, décédé. Il conserva ce poste jusqu'en 1848.

Le 11, mourut à Elbeuf, au château dit de Saint-Cyr, M. Fouquier-Long, chevalier de la Légion d'honneur, ancien membre du Conseil général et ancien député ; le défunt était âgé de soixante-deux ans ; sa mort avait été causée par une chute qu'il avait faite quelque temps auparavant, à Rouen, dans une trappe qui s'était ouverte sous ses pas.

Le consistoire de l'Eglise réformée de Rouen demanda, par pétition, la création d'une place de pasteur pour les protestants d'Elbeuf et lieux circonvoisins. Le préfet fit prendre des informations dans notre ville, afin de connaître le nombre des protestants de notre région, et demanda l'avis du maire, le 12 septembre.

Le mardi 23, notre population fut mise en émoi par la nouvelle que six des ouvriers employés à la construction du pont d'Oissel venaient de se noyer, en traversant la Seine en barque. On sait que l'entrepreneur de ce pont était un de nos concitoyens.

Le dernier réglement municipal pour le passage Saint-Gilles porte la date du 14 septembre 1842. Il était interdit de charger les bateaux outre mesure ; le chargement serait jugé complet lorsque leur bord serait à 22 centimètres du niveau de l'eau. Il y aurait un intervalle d'une demi heure entre chaque départ, sauf le soir pour le transport des ouvriers, où deux bateaux pourraient partir simultanément. Chaque bateau ne devait stationner plus de cinq minutes sur les deux rives. Le transport serait suspendu pendant le passage des bateaux à vapeur et jusqu'à la fin du remous.

Le 20, on adjugea les travaux de construction de ruisseaux rues du Nord, Hervieux, du Vallot, Tournante, Saint-Jacques, Ste Cécile, de la Forêt, de Constantine, place Lemercier, rues des Champs, de la Porte-Rouge, de la Bague, de la Justice, Bertaut, Victor-Grandin, Saint-Auct et des Traites. Le devis s'élevait à 23.744 fr.

Le prolongement de la rue de l'Hospice jusqu'à la Seine avait, comme on le sait, causé quelques difficultés avec des propriétaires ; mais, à cette époque, elles étaient définitivement aplanies, et rien ne s'opposait plus à l'ouverture de cette rue, qui porta au début les noms de Sevaistre ou du Glayeul.

M. Dubouchet fut autorisé, le 15 octobre, à

réunir un spectacle de curiosités à son café situé rue des Echelettes. L'entrée était remboursée en consommations.

Le roi, étant à Saint-Cloud, le dimanche 30, reçut une nouvelle délégation de notre ville, qui venait lui exposer une fois de plus ses craintes de la conclusion d'un traité de commerce avec la Belgique « alliance dangereuse pour l'industrie française, dirent les délégués, car ce petit royaume produit au-delà de toute proportion avec sa population ».

Louis-Philippe répondit que les intérêts industriels ne pouvaient peser seuls dans la balance de la décision ; qu'il était à craindre que des motifs d'un ordre supérieur vinssent la faire pencher du côté opposé aux désirs de la fabrique d'Elbeuf. Cependant, ajouta-t-il en terminant, « si vos plaintes ne sont pas isolées, si elles ont un écho dans les autres parties de la France, elles seront prises en grande considération, car je suis le protecteur de l'industrie, et elle peut compter sur ma sollicitude comme sur l'appui de mon gouvernement ».

Cette réponse n'était pas de nature à rassurer pleinement la députation elbeuvienne, qui, jalouse d'ailleurs de justifier la confiance que ses mandants avaient mis en elle, avait à cœur de rapporter plus que des paroles d'espoir.

La délégation se rendit donc, successivement, chez tous les ministres, et fut assez heureuse d'en convertir quelques-uns à la défense de intérêts d'Elbeuf.

Une souscription ouverte, à Elbeuf, au profit des inondés d'Yport, Etretat et Fécamp, produisit 2.285 fr.

Vers ce même temps, l'administration décida que les deux voies nouvelles, dans les terrains Houssemaine, prendraient le nom de rue des Débardeurs et de rue de la Halle.

La question d'un traité de commerce avec la Belgique devenant de plus en plus menaçante, tous les manufacturiers, commerçants et propriétaires furent convoqués par M. Mathieu Bourdon, à l'effet : 1º d'entendre la lecture d'une nouvelle adresse au roi ; 2º d'élire une députation pour aller la présenter ; 3º de voter des fonds pour couvrir les frais.

MM. Lefort-Henry, Math. Bourdon et Alex. Poussin furent désignés par la Chambre consultative pour établir le sens à donner à l'adresse, qui fut rédigée par M. Lefort. En voici la teneur :

« Sire, les manufacturiers et habitants de la ville d'Elbeuf, si dévoués à Votre Majesté, se trouvent, avec un regret profond, obligés de reproduire leurs sujets de crainte et de trouble, lorsqu'ils seraient heureux de n'avoir à renouveler que l'expression de leur inaltérable attachement.

« Il y a à peine un an, Sire, qu'ils vous exposaient les inquiétudes que faisait naître la question d'un traité avec la Belgique, et voilà que cette question vient encore jeter, pour la quatrième fois depuis 1830, l'alarme au sein des populations manufacturières.

« Sire, les industriels ne peuvent en douter aujourd'hui, ils sont menacés d'être sacrifiés aux idées politiques, car il n'y a qu'un pareil motif qui puisse mettre tant de fois en balance si on livrera notre marché national de 35 millions à un peuple essentiellement producteur, réunissant au plus 4 millions d'individus.

« Cette combinaison, si contraire à tous principes d'économie politique, a pour prétexte le besoin de favoriser quelques branches de notre commerce, qui perdraient vingt fois plus par la ruine de l'industrie française, qu'elles ne gagneraient par un léger surcroit de demandes de l'étranger. Elle a pour but vrai de procurer des débouchés nouveaux à une nation qui, poussée hors de toutes bornes par la fièvre de spéculation qui l'a saisie depuis quelques années, cherche à verser aujourd'hui le trop-plein qui la fatigue, soit en Allemagne, soit en France.

« Eh quoi ! Sire, les industriels français auront éprouvé le choc de toutes les commotions politiques, engagé leur fortune dans d'innombrables usines, supporté sans se plaindre le fardeau d'énormes contributions, et, en présence de tant de sacrifices, ils se verraient immolés aux instances d'un peuple voisin, parce que ce peuple, après avoir commis la faute de surexciter son industrie manufacturière en temps inopportun, ne consent pas, comme nous l'avons fait, à se restreindre dans des limites raisonnables. Ah ! Sire, une telle pensée ne peut être celle de Votre Majesté ; nous en appelons avec confiance à sa haute sagesse.

« Vous ne permettrez pas que le travail national, base de toute richesse, puisse être compromis pour favoriser une nation étrangère, habituée à tout hasarder et pouvant tout à coup décupler ses moyens de production. Vous ne voudrez pas que les nombreux ouvriers employés par l'industrie française, bientôt aigris par la misère, se trouvent poussés au désordre par le désespoir de leur position ; vous exigerez, avant tout, le maintien de la paix intérieure.

« Sire, il est un moment où les inquiétudes

qui provoquent le découragement deviennent une calamité : ce moment est arrivé. Dans cette position accablante, nous venons supplier Votre Majesté de nous rendre la sécurité et la vie, en prenant une résolution irrévocable sur la question d'un traité qui jette la consternation dans nos ateliers.

« L'union douanière prussienne vient de repousser l'alliance dangereuse de la Belgique, parce qu'elle produit au-delà de toute proportion avec sa population ; nous avons la confiance que le gouvernement de Votre Majesté suivra cet exemple de prudence. Il s'agit, d'ailleurs, d'opter entre les nationaux et l'étranger : nos intérêts ne seront donc pas sacrifiés... »

Les fabricants et commerçants se réunirent le 22, dans la grande salle de la mairie. M. Bourdon fit l'exposé de la situation et annonça que Roubaix, Lille, Louviers et d'autres villes industrielles pétitionnaient contre le traité projeté. Après une double lecture de l'adresse au roi, l'assemblée déclara, à l'unanimité, y donner son adhésion.

On résolut de s'imposer à 5 centimes par franc des contributions pour former la somme de 1.500 fr. nécessaire à la délégation pour ses frais de voyage et autres.

L'assemblée confia à la Chambre consultative le soin de désigner les neuf membres de la délégation, nommée séance tenante et composée de MM. Mathieu Bourdon, Victor Grandin, Lefort-Henry, Legrand-Duruflé, Pierre Turgis, Théodore Chennevière, Robert Flavigny, Camille Randoing et Henri Quesné.

Le 24, la Chambre consultative nomma MM. Laurent Patallier, Paul Sevaistre et Collas-Hazet, membres adjoints de la délégation.

Ce même jour, la Chambre adressa une lettre aux représentants de l'industrie, dans les villes et localités menacées par le projet de traité avec la Belgique, afin de les inviter à une action commune. Ces localités furent : les Andelys, Lisieux, Orbec, Vire, Mouy, Beauvais, Condé-sur Noireau, Vimoutiers, Bernay, Evreux, Saint-Lô, Alençon, Déville, Darnétal, Caudebec-lès-Elbeuf, Bapeaume, Malaunay, Pavilly, Maromme, Castres, Carcassonne, Bondeville, Lille, Louviers, Roubaix, Saint-Quentin, Abbeville, Amiens, Limoux, Chalabre, Mazamet, Bédarieux, St-Chinian et Lodève.

Il fut procédé, le 4 novembre, à l'installation des magistrats consulaires nommés par ordonnance du roi, en date du 20 septembre précédent, dont les noms suivent :

M. Constant Grandin, président du Tribunal de commerce, pour succéder à M. Lefort-Henry ; M. Charles-Hyacinthe Lizé, juge, en remplacement de M. Paul Sevaistre; plus, de MM. Alexandre Poussin et Charles Flavigny, juges suppléants, successeurs de MM. Lizé et Quesné-Prieur.

M. Lefort-Henry, dans le discours qu'il prononça en cette séance, déclara qu'il se retirait pour toujours des fonctions publiques, qu'il occupait depuis vingt-cinq années. Il continua ainsi :

« Le temps est arrivé où, à moins de circonstances graves comme celle qui préoccupe si vivement notre ville aujourd'hui, je dois chercher un repos acheté par un si long exercice.

« Cette circonstance grave dont je vous entretiens, Messieurs, c'est la désolante perspective d'un traité d'union avec la Belgique, traité qui aurait pour conséquence malheureuse de faire enregistrer dans cette enceinte de trop nombreuses preuves de désastres commerciaux... »

En 1842, parut la deuxième édition de l'*Histoire de la ville et des environs d'Elbeuf depuis les temps les plus reculés jusqu'à nos jours* (in-8º de 684 pages avec deux planches, une inscription de l'église Saint-Étienne et parfois un plan d'Elbeuf), dont l'auteur était M. Aug. Guilmeth ou plutôt Guillemette, né à Brionne. M. Frère mentionne qu'une première édition avait été publiée en 1839-41, sans date ni nom d'imprimeur et même sans titre, avec une planche représentant un vitrail de l'église Saint-Etienne : les fabricants d'Elbeuf au xve et xvie siècles. Comme complément à cet ouvrage, ajoute M. Frère, il y faut joindre : les *Lettres* de M. Aug. Guilmeth à MM. Ed. Delarue et Mathieu Bourdon fils, maire d'Elbeuf, au sujet de quelques passages de l'histoire de cette ville.

La publication de cet ouvrage, que M. Parfait Maille appela le roman d'Elbeuf, souleva des incidents.

M. Edouard Delarue fit publier ce qui suit par l'*Industriel elbeuvien* :

« Les dernières livraisons de l'*Histoire d'Elbeuf*, qui viennent d'être distribuées, soulèvent la réprobation unanime.

« Je ne me ferai point ici le redresseur des torts généraux, le vengeur des outrages qu'elle adresse à la masse entière d'une population qui a, grâce à Dieu, de plus nobles et de plus sûrs appréciateurs que M. Guilmeth. Mon seul but aujourd'hui est de signaler à vos lecteurs la note que l'on lit au pied des pages 650 et 651.

« Il y est dit que M. P. Delarue, après avoir posé dans sa maison une pierre mémorative de la visite du premier Consul en 1802, *brisa bientôt à grands coups de marteau, en 1815, le monument de sa gratitude*, et le remplaça, dit-on, par un buste de Louis XVIII, etc., avec des développements tendant à prouver qu'il y avait, de sa part, *cynisme d'apostasie, ingratitude*, etc.

« Pour établir la fausseté de ce récit, je ne peux mieux faire que de publier la lettre suivante qui vient de m'être adressée :

« A Monsieur Edouard Delarue,

« La maison dans laquelle la pierre mémo-
« rative de la visite faite par le premier consul
« en 1802 avait été posée, est devenue et est
« restée ma propriété depuis 1808. M. Prosper
« Delarue, votre respectable père, d'ailleurs
« absent alors pour service public, ne pouvait
« donc, en 1815, briser un monument qui était
« chez moi. Ce n'est donc pas lui, c'est moi
« qui l'ai fait enlever, parce que telle était ma
« volonté dont je ne dois compte à personne.

« Je vous autorise à donner à cette lettre la
« publicité que vous voudrez, pour éclairer
« l'opinion publique qui, du reste, doit être
« déjà édifiée sur la véracité et la probité his-
« torique de l'ouvrage.

« J'ai l'honneur, etc. — TASSEL ».

Dans la séance du 18 novembre, M. Patallier demanda à développer les motifs d'une proposition qu'il avait faite au Conseil. Nous citons textuellement le procès-verbal :

« Une « Histoire d'Elbeuf » qui, grâce au patronage d'honorables citoyens a réuni un très grand nombre de souscripteurs, devient aujourd'hui un sujet de scandale, par les diatribes honteuses que son auteur y a répandues à profusion.

« Pour cet homme, rien n'est sacré : il attaque M. Prosper Delarue, ancien maire, qui a laissé les souvenirs les plus honorables. Il cherche à déverser la déconsidération sur le maire actuel. Il peint sous les couleurs les plus hideuses le caractère des Elbeuviens. Son livre est une insulte jetée à la face d'un pays qui, s'il faut l'en croire, n'a ni mœurs ni foi, ni probité, ni aucune des vertus qui distinguaient les ancêtres de ses habitants.

« Non content de vouloir salir les hommes, il a la bassesse d'injurier les femmes.

« Le mépris, voilà ce que mérite l'auteur d'un factum aussi odieux.

« Mais si le chef de l'administration dans l'intérêt de la dignité des fonctions de maire, si des citoyens outragés dans la mémoire de leurs parents, défèrent aux tribunaux l'appréciation de la conduite de l'auteur de la prétendue « Histoire d'Elbeuf », M. Patallier invite le Conseil à s'associer moralement aux poursuites dirigées contre cet homme, et, par un vote énergique, à témoigner à la fois du dégoût qu'inspire la lecture de son libelle et le désir de voir cette œuvre de dépravation frappée de la sévérité des lois,

« Le Conseil, à l'unanimité, son président s'étant abstenu, adopte la proposition qui lui est faite ».

Suivent les signatures de MM. Bourdon, comme président la séance, Duval, Houllier, Patallier fils, Lecerf, Louis-Robert Flavigny, François Rouvin, Nicolas Louvet, Laurents, Bréard et Sauvage. — A la séance suivante, sur la demande de M. Victor Grandin, les membres non présents à la précédente : MM. Joseph Flavigny, Constant Delalande et Th. Chennevière, déclarèrent se réunir avec empressement à ce vote de leurs collègues.

Le maire donna lecture d'une lettre de M. Edouard Delarue, ainsi conçue et dont l'insertion au registre des délibérations du Conseil fut ordonnée :

« Monsieur le maire,

« Je viens vous prier, au nom de ma famille et au mien, de bien vouloir offrir à Messieurs les membres du conseil municipal en général et spécialement à l'auteur de la proposition, l'expression de notre profonde reconnaissance pour l'hommage rendu à la mémoire de notre père, dans la séance du 18 de ce mois.

« Ainsi, l'homme de bien, qui consacra à son pays ses soins et ses efforts, est assuré de trouver même, après lui, de généreux défenseurs.

« Ainsi, le pamphlétaire apprend à ses dépens que la calomnie ne trouve point ici d'approbations. Elle restera, avec la honte, au compte de qui elle est l'ignoble industrie.

« J'ai l'honneur, etc. — Edouard DELARUE.

« Elbeuf, 21 novembre 1842 ».

Dans la même séance, pour éviter l'appel que se proposait de faire M. Paul Sevaistre, on adopta après une longue discussion, par 9 boules blanches contre 7 noires, une transaction qu'il avait proposée par l'intermédiaire de M. Édouard Delarue, et qui se résumait ainsi : établir un chemin en arrière de la ligne de marronniers du côté Est du Champ-de foire moyennant un abandon gratuit de trois mètres de terrain par M. Sevaistre, qu'il remblaierait et chargerait à ses frais, et au moyen d'une autre bande de terrain appartenant à notre ville.

Le 20, le cirque de la rue Lefort, fondé par M. Picquenard, ouvrit pour la première fois ses portes au public. Plus de 1.600 personnes assistèrent à son inauguration par la troupe équestre Lustre.

Depuis l'ouverture des places Bonaparte et Lécallier, des fabricants y faisaient étendre leur laine pour les sécher. Le maire interdit cette pratique, le 25 novembre.

Le nombre des électeurs du canton d'Elbeuf, dont les listes sont conservées aux archives municipales, s'élevait alors à 419.

Le 4 décembre, M. Victor Grandin, député, fut réélu membre du Conseil général, par 152 suffrages, contre 9 donnés à M. Lecerf, notaire honoraire ; 6 à M. Lefort-Henry ; 3 à M. Paul Sevaistre et 4 à divers.

Le 9, M. Hyppolite-Jean-Baptiste Thibaud, âgé de 43 ans, bachelier en droit, demeurant à Dieppe, fut nommé agréé au Tribunal de commerce d'Elbeuf, en remplacement de M. Sallambier, démissionnaire.

Les travaux de construction de ruisseaux pavés rues du Glayeul, Houssemaine, de Paris et du Havre, furent adjugés le 20 décembre, sur une mise à prix de 58.729 francs.

Le 25, le conseil municipal accepta l'offre de MM. Grandin de l'Eprevier, Antoine Lecerf et Alexandre Malteau de prolonger la rue Patallier jusqu'à la rue Tournante.

M. Roux donnait, depuis assez longtemps déjà, des leçons de gymnastique aux pompiers, lesquels répondaient parfaitement au zèle et au talent de leur professeur et faisaient des exercices « merveilleux ». Le Conseil vota des remerciements à M. Roux « dont les enseignements désintéressés avaient si bien dirigé le bon vouloir de notre belle compagnie de pompiers ».

Le 24, la Chambre consultative entendit la lecture d'une lettre de MM. Alcan et Peligot, sur les avantages de l'emploi de l'oléine pour l'ensimage des laines, et fit transcrire cette lettre sur son registre de délibérations.

Le 27, on mit en adjudication le service des pompes funèbres, pour neuf années, à dater du 1er janvier 1843.

En 1842, le nombre des voyageurs d'Elbeuf à Rouen s'éleva à..................	167.448
De Rouen à Elbeuf, à...........	164.045
Le nombre des voyageurs s'étant rendus pendant l'année par voie de terre, d'une ville à l'autre, fut estimé à.......................	25.607
Enfin, on évalua le nombre des voyageurs ayant échappé à tout contrôle dans le parcours par voie fluviale, d'un point à l'autre, à....	42.900
Au total......	400.000

En 1841, cet effectif, d'après les mêmes bases d'appréciation, ne s'était élevé qu'à 350.000.

Le transport des marchandises d'Elbeuf à Rouen, par le fleuve, s'éleva, en 1842, à	8.800	tonnes
Et de Rouen à Elbeuf, à....	5.900	—
Par voie de terre..........	1.000	—
Par voie fluviale, mais ayant échappé à tout contrôle, environ.....................	1.300	—
Total...	17.000	tonnes

Le nombre des voyageurs d'Elbeuf à Paris
et *vice versâ*, en 1842, fut de....... 12.000
  Par voie fluviale, de............ 2.000
                    Total..... 14.000

En la même année, l'octroi d'Elbeuf produi-sit 154.825 francs ; il n'avait encore jamais atteint ce chiffre.

CHAPITRE XXV
(Janvier-juin 1843)

Projet de caisse de retraite pour les employés municipaux. — Inauguration du pont suspendu. — Réparation aux deux églises. — Inauguration du chemin de fer ; murmures contre la légende des armes d'Elbeuf ; la garde nationale d'Elbeuf se rend a Rouen. — Au théatre. — Les bains en Seine. — Etudes pour la suppression des ravines. — Un troisième journal. — Nouveaux conseillers municipaux.

A partir du 1er janvier 1843, une caisse de retraite en faveur des fonctionnaires et employés rétribués par la caisse municipale fut instituée, au moyen de retenues sur leurs appointements.

On considérait comme ayant droit à cette caisse : les employés de la mairie ; les secrétaires de l'Hospice, des Prud'hommes et de la Chambre consultative ; les receveurs de la Ville, de l'Hospice et du Bureau de bienfaisance ; le médecin, le chirurgien, le chapelain et la directrice de l'Hospice ; le chef de l'Ecole primaire supérieure, l'instituteur communal, l'architecte de la Ville, la directrice des salles d'asile, le commissaire et les agents de police, le garde champêtre, le préposé aux droits d'attache, le concierge et portier de la mairie, le tambour de ville, le cantonnier, le contrôleur et les employés de l'octroi. — En 1845, on ajourna indéfiniment la création de cette caisse de retraite.

L'ensemble du budget de 1843 fut fixé à 245.612 fr. en recettes et à 245.293 fr. en dépenses.

Les allocations communales pour l'instruction publique, en 1843, furent ainsi réparties : Loyer de locaux pour la salle d'asile et l'école mutuelle, 2.305 fr; asile communal, 2.850 fr.; école mutuelle, 2 750 fr.; école congréganiste de filles, 2.000 fr.; école des Frères, 2.550 fr.; école primaire supérieure, 1.500 fr.; encouragements aux adultes, 200 fr.; distribution de prix, 650 fr.; au total, 14.805 fr.

L'inauguration du pont suspendu fut un grand événement pour toute la contrée. M. Mathieu Bourdon a laissé de cette cérémonie un compte-rendu que nous allons reproduire dans ses principales parties :

« Ce jourd'hui, 5 janvier 1843, a eu lieu l'inauguration du pont suspendu destiné à établir une communication directe entre Elbeuf et la presqu'île de Saint-Aubin, et construit par MM. Seguin frères, de Paris, qui avaient confié la conduite de cet important travail à l'un de leurs employés M. Villars.

« Il avait été concédé suivant procès verbal d'adjudication à M. Ch. Levavasseur, député, pour l'exploiter pendant quarante-neuf ans, à partir de l'achèvement des travaux... Il avait été éprouvé pendant les journées des 2, 3 et 4 janvier...

« Ce pont, ouvrage aérien, d'où l'on peut juger le déploiement de la ville d'Elbeuf et qui va devenir le corollaire des nombreux établissements de la cité, a paru présenter des garanties telles que M. le préfet a cru devoir se rendre sur les lieux pour procéder immédiatement à l'inauguration de cette belle voie de communication.

« A deux heures du soir, ce magistrat accompagné de MM. Doyat, ingénieur en chef des ponts et chaussées ; Adamoli, ingénieur d'arrondissement, etc. Les autorités se composaient de MM. V. Grandin et C. Levavasseur, députés, de M. Petou, ancien député et ancien maire d'Elbeuf, de M. Leroy, sous-préfet de Pont-Audemer et ancien maire d'Elbeuf, de M. Lefebvre-Duruflé, membre du conseil général de l'Eure, etc., etc.

« Le cortège, précédé du corps de musique et de la compagnie des grenadiers de la garde nationale, s'est aussitôt mis en marche vers le pont, où il avait été devancé par M. l'abbé Surgis, représentant Mgr le cardinal archevêque de Rouen, prince de Croï, et chargé comme tel de bénir le pont. Le clergé des deux paroisses d'Elbeuf, croix et bannières en tête. avait conduit processionnellement M. l'abbé Surgis à l'endroit où devaient s'opérer les cérémonies religieuses ».

Le vicaire général prononça un discours, trop long pour être reproduit ici et n'ayant d'ailleurs aucun intérêt historique.

« Par une singulière coïncidence de dates, ajouta M. Bourdon, le jour choisi pour l'inauguration du pont se trouvait être celui où,

102 ans plus tôt, le 5 janvier 1741, la barque qui servait de passage pour communiquer d'Elbeuf à Saint-Aubin avait été submergée au milieu du fleuve avec 40 passagers, qui tous périrent dans les flots.

« Ainsi, par l'effet de la nouvelle création, l'humanité n'avait plus à redouter pareil sinistre pour la population des deux rives, et cette pensée devait nécessairement exercer une heureuse influence sur la pieuse cérémonie, qui venait de s'achever, avec le concours du clergé de Saint-Aubin, qui s'était porté, en même temps que le corps municipal de cette commune, sur la partie centrale du pont, à la rencontre de M. le préfet et du cortège, dont ce magistrat avait pris la tête.

« Pendant le cours de la cérémonie, la musique de la garde nationale d'Elbeuf et celle de Saint-Aubin exécutèrent alternativement des airs spécialement choisis pour cette solennité...

« M. le préfet voulut examiner ensuite comment il pourrait être formé, dans le prolongement du pont, une belle voie de communication susceptible de conduire aussi directement que possible tant à la station du chemin de fer de Paris à Rouen, dont la formation a été projetée à Tourville dans l'intérêt d'Elbeuf, qu'au Port-Saint-Ouen, pour se relier avec la route royale de Paris à Rouen.

« Comment aussi le chemin de halage pourrait être prolongé au-delà du pont, le tout en vue d'obvier tant aux réclamations de la ville d'Elbeuf qu'aux besoins de la navigation d'affranchir de la servitude du halage les quais d'Elbeuf ; de faciliter la marche des bateaux, entravée jusqu'alors par la rapidité du courant qui existe en face de ces quais ; enfin de préparer l'accès des chevaux du halage sur le pont, pour que l'on n'ait plus à les transporter d'une berge à l'autre par des barques.

« Comment, enfin, il peut paraître nécessaire de disjoindre, de la commune de Caudebec, les îles dont elle est séparée par la ville d'Elbeuf et par le pont, pour enclaver ces îles dans le territoire de cette dernière ville, et provoquer les établissements d'abattoirs et d'écoles de natation, que la ville d'Elbeuf ne pourrait aussi bien placer en aucun endroit de son littoral actuel...

« La navigation avait aussi ses organes officiels dans cette circonstance, où elle se trouvait représentée par MM. Malivoire et Maillet du Boulay. M. le préfet, après avoir promis de faire étudier sérieusement les questions qui venaient de lui être soumises, passa dans la presqu'île, où deux discours ont été prononcés, l'un par le maire de Saint-Aubin, l'autre par le percepteur de cette commune...

« Le digne curé de Saint Aubin s'était alors présenté pour faire remarquer à M. le préfet que l'agrandissement de son église allait devenir chose indispensable, et pour l'inviter à venir s'assurer par lui-même de l'importance des travaux, le cortège se rendit à l'église et, après un examen attentif, par M. le préfet, de l'objet de la demande, on se remit en marche pour rentrer en ville, où la foule attendait avec impatience, aux abords du cortège.

« En ce moment, les eaux sauvages, qui s'étaient accrues considérablement, affluaient contre la rampe du pont avant de se diviser le long de ses parties latérales pour aller se perdre dans les bouches d'absorption, et M. le préfet put juger de l'effet déplorable de ces ravines, sur lesquelles la municipalité n'a pas cessé d'appeler depuis longtemps l'attention du conseil général du département.

« C'était sans doute un incident fâcheux, mais utile toutefois pour démontrer la nécessité de détourner un fléau dont les ravages interrompent la circulation dans la traverse urbaine de plusieurs routes départementales et dans la rue qui conduit au pont et au port. Aussi M. le préfet, convaincu de l'urgence d'un prompt détournement des ravines, n'hésita pas à dire que cette mesure serait l'objet de ses soins les plus empressés.

« La fête, à laquelle une intermittence de beau temps avait donné, malgré l'apparition de la ravine, une sorte d'éclat inattendu dans cette journée pluvieuse, se termina dans la grande salle de l'Hôtel de Ville, par un banquet de cent couverts, dont la belle ordonnance et la brillante organisation ont été particulièrement dues aux soins de MM. Huard-Maille, Armand Durécu, Hémery, Lizé, Victor Ménage, Chennevière et E. Rollin, commissaires désignés par le maire.

Ce banquet était présidé par M. le pair de France baron Dupont-Delporte, préfet ; par M. Mathieu Bourdon, maire, et par M. Mathieu Quesné père, doyen de cette ville... On y retrouvait ce que provoqueront toujours l'étroite communauté des intérêts et les bons sentiments des habitants d'Elbeuf, de cette ville qui, comme l'a dit Napoléon, le 3 novembre 1802, « est une ruche où tout le monde tra-« vaille ».

Nous arrêterons ici le compte-rendu de cette fête à laquelle M. Bourdon consacra douze grandes pages du registre des arrêtés du maire.

Le dimanche suivant, 8 janvier, une quête fut faite sur le pont, au profit des pauvres, par MM^{mes} Auguste Lefort et A. Bunel, Desfresches et J. Suchetet, Prieur-Quesné et Victor Delarue, Constant Grandin et Drieu, Tabouelle et Morel-Beer, Lefort-Henry et Louvet, Mathieu Bourdon et Lesseré, Alph. Godet et François Delaporte, Mallet et H. Lizé, Trinité-Maille et H. Delarue ; elle produisit la somme 1.009 fr. 50, qui, ajoutée aux 246 fr. 60 reçus par les concessionnaires du pont et abandonnés par eux, et à 215 fr. provenant d'une quête faite au banquet, forma un total de 1.471 fr. 10.

C'était en quelque sorte pour répondre aux attaques de M. Guilmeth que les dames de notre ville avaient pris l'initiative de cette quête.

Sur la lithographie, sans date, reproduite en tête du présent volume, on remarque que le pont suspendu est supporté par deux piles, alors qu'il n'en existe qu'une seule. Cela semble indiquer que ce dessin fut exécuté vers 1840, c'est-à-dire à l'époque où il était déjà question de la construction du pont, mais avant qu'on en connût le projet définitif.

Le contre maître charpentier des frères Seguin, constructeurs des ponts d'Elbeuf-Saint-Aubin, se nommait Arnaudin et épousa, pendant la durée des travaux, Mlle Dupont, dont le père habitait le Port-Saint-Gilles, où il exerçait la profession de charpentier en bateaux et en pontons pour le lavage des laines.

Le contre-maître des frères Seguin n'eut qu'un fils, qui devint ingénieur de grand mérite. Entre autres travaux importants, il fut chargé de relever les deux ponts d'Elbeuf et celui d'Orival, détruits par les Prussiens en 1870; mais il est surtout connu dans notre région par la construction du pont transbordeur de Rouen, entreprise dans laquelle il fut secondé par son fils, que nous nommerons Arnaudin III, ancien élève de l'Ecole centrale, et qui avait déjà coopéré à d'autres travaux du même genre.

Autre détail :

Le petit pont de Saint-Aubin fut construit le premier et servit pour le transport des matériaux composant la chaussée établie à travers les îles et les anciens bras de la Seine. Quand ce petit pont fut entièrement construit, on invita M. Nicolas Maille, alors âgé de 89 ans et doyen des habitants de Saint-Aubin, à passer le premier dessus ; ce qu'il fit.

M. Nicolas Maille eut un fils, du nom de Nicolas également, aujourd'hui (1902) âgé de 93 ans, et père de M. Isidore Maille, maire actuel de Saint-Aubin et conseiller général du canton.

Dans les premiers temps d'existence du pont, il resta fermé pendant la nuit, de sorte que les habitants de la presqu'île qui avaient besoin de secours à Elbeuf en demeuraient privés, et il ne fallait pas songer à traverser la Seine en bateau comme autrefois, car le passage Saint-Gilles fut en partie comblé presque immédiatement du côté d'Elbeuf; en outre, la chaussée du pont avait coupé le bras du fleuve qui passait auparavant derrière l'île de la Bastide.

On ne laissait pas le pont ouvert durant la nuit, parce que l'on craignait que des ivrognes

Hameau des Roches, à Orival

exerçassent des violences sur les préposés à la perception, ou que des malfaiteurs attentassent au pont lui-même.

A cette époque, les cours pratiques de gymnastique professés par M. Roux à l'usage des pompiers de notre ville étaient terminés, et chacun s'extasiait devant les résultats obtenus.

M. Roux, d'une force extraordinaire comme gymnaste, était encore plus remarquable pour sa force physique. Pendant son séjour à Elbeuf, il défia tous les lutteurs de profession, lesquels, dans de nombreuses séances publiques et très suivies données au théâtre, ne purent le renverser. Il vainquit même Vallée, dont la réputation était universelle.

Le lundi 9, une foule considérable se porta à Orival, au hameau des Roches, où une partie énorme de roc s'étant détachée de la falaise, avait écrasé trois maisons et couvert de pierres la route neuve d'Elbeuf à Rouen.

Le service des pompes funèbres commença le 15.

Le 16, M. Lefebvre-Duruflé vint faire une conférence industrielle et commerciale, dans laquelle MM. Victor Grandin et Lizé prirent aussi la parole. On jeta les bases d'une société d'exportation par la nomination d'une commission composée de MM. Lefebvre-Duruflé, Victor Grandin, Lefort-Henry, Charles Flavigny, Théodore Chennevière, Hippolyte Lizé et Théodore Sallambier.

Le 20, M. Félix Moret, ancien agréé à Elbeuf, fut de nouveau nommé à cette fonction, en remplacement du sieur Hécan, qui lui avait succédé. — Le 31 mars suivant, M. Hippolyte Rivière, licencié en droit, demeurant à Paris, fut nommé agréé pour remplacer M. Moret, démissionnaire.

On lut une lettre de M. Grégoire, architecte du département, pendant la séance municipale du 4 février, dans laquelle étaient exposées les mesures à prendre pour la consolidation de la tour de l'église Saint-Jean, où, depuis quelque temps, on ne mettait en branle qu'une cloche à la fois, par crainte d'accident.

Un devis de M. Darré estimait que les travaux de consolidation s'élèveraient à 14 700 francs. Le Conseil vota 4.500 fr., la fabrique paroissiale 2.700 fr. et l'on demanda 7.500 fr. à l'Etat.

Le 7, mourut M. Antoine-François Grémont, doyen du conseil municipal, où il siégeait depuis 1825, président de la société des Anciens militaires, ancien juge au Tribunal de commerce, ancien membre de la Chambre consultative, ordonnateur du bureau de bienfaisance, membre de la commission administrative de l'Hospice. Il était âgé de 66 ans.

Le 11 du même mois, mourut également M. Antoine-Marguerite Prieur-Quesné, doyen du Conseil après M. Grémont, âgé de 68 ans.

Le 4 février, M. Amédée Petit, venant de Dieppe, prêta serment comme second commissaire de police ; il succédait à M. Goltayries, démissionnaire. — Quelque temps après, on divisa la ville en deux sections, pour le service de la police.

La Chambre consultative adressa, le 7 mars, au ministre de l'agriculture et du commerce, une réclamation au sujet d'une modification aux droits imposés par la Sardaigne à l'entrée des draps dans cet État.

La Chambre, de nouveau réunie le 14 mars,

adopta un travail de M. Hyacinthe Lizé, pour recommander la création d'un vice-consulat dans le nord de la Chine et pour appuyer les titres de M. Charles de Montigny, postulant à ce vice-consulat.

Le même jour, faisant droit à un exposé du Comité de défense de l'industrie nationale, elle désigna M. Paul Sevaistre pour rédiger un projet d'adresse au ministre, à propos du projet de traité de commerce avec l'Angleterre. Le texte en fut adopté dans la séance suivante.

Une souscription au profit des sinistrés de la Guadeloupe produisit, à Elbeuf, la somme de 3.028 fr. 60.

Vers ce temps, l'administration municipale fut informée que le gouvernement avait accordé une allocation de 4.000 fr. sur le crédit des monuments historiques, pour aider la ville dans la restauration de l'église Saint-Etienne. De son côté, le conseil municipal avait voté 6.000 fr. pour le même objet.

Le 31, le Conseil concéda gratuitement, à M. Eugène Sevaistre, pour dix années, la jouissance du filet d'eau, perdu pour tout le monde, qui s'échappait de la fontaine dite du Dauphin, placée au Bout-du-Couvent.

Le 9 avril, un déplorable accident se produisit dans l'église Saint-Jean. Un fragment de pierre, provenant de la voute intérieure de la tour, tomba dans l'église, par l'effet de la chute d'un poids de l'horloge, et fit une grave blessure à la tête d'une femme. L'entrepreneur de l'entretien des horloges publiques, qui n'était pas à l'abri de tout reproche, prit à ses frais le traitement de la blessée.

L'attention du conseil municipal ayant été

appelée sur cet accident, il décida de faire réparer d'urgence la voute de la tour.

Ce même jour, qui était le 26 avril, un crédit de 600 fr. fut voté par le Conseil pour participer à la fête qui devait avoir lieu le 3 mai à Rouen, à l'occasion de l'inauguration du chemin de fer.

A cette fête furent invités : le conseil municipal, le tribunal de commerce, les officiers de la garde nationale et même les ouvriers de la fabrique d'Elbeuf. La principale dépense devait consister dans le transport des invités par bateau à vapeur.

Suivant M. Mathieu Bourdon, on devait diviser les ouvriers en quatre corporations : les teinturiers, sous le patronage de saint Maurice ; les cardeurs et les fileurs, avec saint Blaise pour protecteur, les apprêteurs en tous genres, sous l'égide de sainte Anne ; les tisseurs, avec saint Roch pour patron ; chaque corporation serait précédée de bannières ; mais après des observations de MM. Lefort et Tabouelle, on résolut de réunir tous les ouvriers sous la même bannière, portant pour emblême les armes de la ville d'Elbeuf.

Pour la première fois, le vendredi 28, on joua un opéra-comique à Elbeuf : Mlle *de Meranges*, avec le concours de Mme Pottier.

Peut-être trouvera-t-on intéressant de connaître le genre de pièces qui étaient représentées à cette époque sur notre théâtre. Voici la liste de quelques-unes, jouées au printemps de 1843 :

Un Monsieur et une Dame, l'Apprenti, la Vendetta, la Citerne d'Alby, la Sœur de Jocrisse, la Nuit aux soufflets, Arthur, Mlle Dangeville, Tartufe, le Ménage au tambour, Rita, *le Caporal et la Payse, le Protégé, Madeleine, la Dot de Suzette, la Marquise de Prétintailles, le Voyage à Pontoise, Jacquard, la Mère et l'Enfant se portent bien, Jocko, les Cabinets particuliers, les Meuniers* (ballet). Le public elbeuvien jouit pendant les deux derniers jours de la saison de la présence de Ratel, artiste de la Porte-Saint-Martin.

Le 24 avril, l'administration reçut une demande de M. Pierre-Florentin Hurel, pour tenir une école de natation sur l'île Lecomte et, conjointement avec M. Louis Laîné, la garde des baigneurs à l'île des Mottes.

En mai, le maire prit un arrêté réglementant les bains publics. Il était défendu de se baigner ailleurs qu'à l'établissement de l'île des Mottes dite aussi de l'Epinette, qui fermerait à 2 heures de l'après-midi le dimanche, et à 9 heures les autres jours.

Le 3 mai 1843, la garde nationale d'Elbeuf se rendit à Rouen, où elle fut passée en revue, avec celle de cette ville, par le duc de Nemours et son frère, le duc de Montpensier, accompagnés de plusieurs ministres, pairs de France et sénateurs. Cette cérémonie eût lieu à l'occasion de la bénédiction du chemin de fer de Rouen à Paris, qui fut livré au public le 9 du même mois.

La station la plus rapprochée d'Elbeuf était celle de Tourville ; mais le service se faisait aussi par la gare d'Oissel et par celle de Pont-de-l'Arche.

La ville d'Elbeuf fournit un important contingent de curieux à la cérémonie, qui fut précédée, à Elbeuf, de deux incidents tout à fait inattendus.

Le cortège elbeuvien partit de l'Hôtel de

Ville et se dirigea vers le quai, par la rue Saint-Jean, dans l'ordre suivant : Deux tambours, le brigadier des appariteurs avec la bannière de la ville et du canton ; les maires et adjoints du canton ; les membres du conseil municipal, du tribunal de commerce, et les divers fonctionnaires publics de notre ville ; les anciens militaires en costume ; une députation d'ouvriers avec une bannière sur laquelle étaient une ruche et cette inscription : « La ville d'Elbeuf est une ruche, tout le monde y travaille »; le bataillon de la garde nationale, sapeurs, tambours et musique en tête.

Au dire des contemporains, ce fut un magnifique spectacle que celui de l'embarquement du cortège sur le bateau à vapeur.

A ce moment, une foule immense de curieux se porta sur le pont suspendu et le soumit à une épreuve autrement plus forte que celle faite lors de sa réception. On craignit même une horrible catastrophe ; heureusement qu'un grand nombre de personnes eurent cette crainte salutaire, qui sauva peut-être la vie à des milliers d'individus.

Le second incident marqua le départ du bateau. Des murmures s'élevèrent parmi les ouvriers spectateurs, à cause de l'inscription : « Elbeuf..., tout le monde y travaille ». Ils croyaient que cette légende, nouvelle pour eux, avait pour but d'exprimer, devant les fils du roi et les ministres, que la classe ouvrière était heureuse et le travail actif dans notre ville, alors que l'on souffrait d'un chômage fort préjudiciable à la population. C'était d'ailleurs la première fois que l'on entendait parler de Napoléon à propos de cette légende, et l'appréciation du peuple était très naturelle.

Arrivés à Rouen, les Elbeuviens se rendirent d'abord au Champ-de-Mars, où étaient déjà réunies les autorités départementales, les troupes, les corporations rouennaises, etc., puis à l'avenue de Grammont, devant laquelle passa bientôt la première locomotive.

Les jeunes gens d'Elbeuf furent invités à prendre part au carrousel « course à la bague dans un parallélogramme, dont les angles étaient arrondis », qui devait avoir lieu le lendemain 3 mai.

A la séance municipale du 10 mai, M. Laurents fit la proposition d'adresser, aux autorités de Rouen, des remerciements « pour leur gracieuse invitation aux autorités d'Elbeuf à assister aux fêtes de l'inauguration du chemin de fer et pour la réception qui en avait été la suite ».

A cette proposition, une sorte d'hésitation se manifesta dans l'assemblée, « encore sous l'impression des souvenirs du voyage du 3 mai ». Dans l'expression d'une politesse, qui ne se semblait pas justifiée au Conseil, on craignit de faire connaître l'intention d'un blâme.

Aussi, MM. Lefort et Patallier firent-ils de vives mais inutiles instances auprès de leur collègue pour qu'il retirât sa proposition. Enfin, comme elle n'était pas, aux termes du réglement, appuyée par deux conseillers, le président ne la mit pas aux voix.

Les nouvelles armes de la ville, inaugurées elles-mêmes le jour de l'inauguration du chemin de fer, donnèrent lieu à une polémique entre *l'Industriel*, qui les trouvait très bien, et *la Gazette d'Elbeuf*, qui leur aurait préféré une croix de Lorraine surmontée d'une couronne ducale.

Le 12, le conseil municipal vota l'acceptation de la rue offerte par M. Valentin Cousin, faisant suite à la rue Henry et devant communiquer de l'allée sud du Champ-de-foire à la rue de Paris ; mais la construction d'un pont sur l'aqueduc à ciel ouvert qui traversait les terrains de cette rue fut ajournée indéfiniment.

La salle d'asile et l'école communale étaient situées rue de la Justice ; on renouvela pour six ans, avec M. Alexandre Lebret, propriétaire, les baux précédents, moyennant une somme de 2.260 fr. par an.

Le conseil municipal s'entretint à nouveau, dans la séance du 17 mai, des moyens de supprimer la ravine.

Le Département considérait cette question comme purement communale et il ne pourrait, disait-il, donner d'allocation que si la ville d'Elbeuf entreprenait elle-même les travaux à ses frais.

M. Adamoli, ingénieur de l'arrondissement, voyait deux moyens d'arriver au but proposé. Le premier consistait dans la construction d'un aqueduc sous les rues de l'Hospice, Saint-Jean et Royale ; la dépense était évaluée à 282.000 fr. Le second était d'établir des barrages dans la vallée des Ecameaux, ainsi que cela avait été déjà dit au Conseil ; la dépense s'élèverait à 53.000 fr. suivant l'ingénieur et à 80 000 fr. d'après le préfet.

M. Patallier manifesta ses regrets que l'ingénieur n'eût pas étudié le percement de la côte Saint-Auct, pour conduire le torrent à la Seine. Les barrages n'étaient qu'un palliatif, car les pierres, les terres, les troncs d'arbres — M. Houllier avait estimé à 1.100 mètres cubes la masse des déblais que l'on avait enlevés de la rue Royale à la suite d'une ravine — combleraient les barrages et puisards établis à grands frais.

En résumé, on vota 600 fr., payables en deux années, pour les études nouvelles que l'ingénieur de l'arrondissement serait chargé de faire.

Il fut décidé par le conseil municipal, le 26 du même mois, qu'un abreuvoir serait établi à la suite des murs du quai.

Un troisième journal prit naissance à Elbeuf, le 1er juin, sous le titre de *Le Progrès*. Son rédacteur fut M. Jules Dupuy, homme d'affaires, demeurant rue Saint-Jean, 98. *Le Progrès*, journal politique, avait versé un cautionnement de 7.500 fr. ; *le Journal d'Elbeuf*, feuille littéraire et d'annonces, en était exempt. *Le Progrès* imprimé d'abord à Rouen, le fut à partir du 15 juillet suivant chez MM. Levasseur et Barbé, imprimeurs établis à Elbeuf.

A cette époque vivait à Elbeuf M. Théodule-Augustin Ribot, né à Saint-Nicolas d'Attez (Eure) en 1823 ; il était donc âgé de 20 ans. Le jeune Ribot, alors employé de fabrique, étudiait la peinture. Après avoir connu une misère profonde, il parvint à « faire son trou » et devint le célèbre Th. Ribot, une des gloires de l'école française.

Le mercredi 7 juin, on inhuma M. Michel-Pierre-Alexandre Grandin père, ancien industriel, décédé l'avant-veille à l'âge de 78 ans. Pendant sa jeunesse, il avait été emprisonné comme suspect, et ses jours paraissaient en danger, quand une démarche de ses ouvriers le sauva, aidée en cela par les événements de thermidor.

Ce même jour, l'évêque de Nancy se rendit Saint-Aubin, où il visita la nouvelle chapelle érigée à la communauté du Sacré-Cœur de Jésus.

A la suite des opérations électorales triennales, on procéda à l'installation, le 28 juin, des treize nouveaux élus: MM. Colvée, Lefort-Henry, Isidore Sèbe, Duval, Victor Quesné, Louis Bertrand, Henri Tabouelle, Th. Chennevière, Edouard Turgis et Frédéric Fouard. MM. David Dautresme, Laurent Patallier et Victor Grandin, également élus, furent installés à la séance qui suivit.

Le 28 également, le Conseil vota 1.000 fr. pour faire des études sur une ligne de chemin de fer partant d'Elbeuf pour se diriger vers Cherbourg.

CHAPITRE XXVI
(juillet-décembre 1843)

Projet d'une Société de tempérance. — M. Cunin-Gridaine, ministre, M. Jules Janin et autres notabilités visitent notre ville. — Echantillons de drap d'Elbeuf envoyés en Chine ; M. Natalis Rondot. — La caserne de gendarmerie. — Un Elbeuvien industriel en Russie. — Projet d'embranchement d'Elbeuf a Tourville. — Elections dans la garde nationale. — La production elbeuvienne.

M. Alexandre Poussin entra de nouveau à la Chambre consultative, le 29 juillet 1843, en remplacement de M. Albert Ménage.

Une fête funèbre, anniversaire de la mort du duc d'Orléans, fut célébrée le 4 août. Les maisons restèrent fermées pendant le service solennel que l'on célébra à Saint-Jean, où les autorités se rendirent en cortège, avec la musique, les tambours et une compagnie de garde nationale.

Ce même jour, M. Tabouelle proposa au conseil municipal une Société de tempérance

« L'abus des liqueurs spiritueuses, dit-il, ne cause que trop de malheurs parmi la classe ouvrière. Il ne suffit pas de déplorer les résultats de cette funeste passion, il faut tâcher d'y apporter remède. Depuis plusieurs années, le Conseil a été à même, en voyant croître toujours le nombre des aliénés, de juger l'intensivité des ravages produits par l'usage immodéré de l'alcool ». — Une commission fut nommée pour étudier cette proposition.

Le 16, on ouvrit une enquête pour l'établissement d'une école rue de la Justice, à tenir par les frères de la Doctrine chrétienne. — Cette école ouvrit le 10 janvier suivant.

Une ordonnance du roi, datée du 17 septembre, nomma aux fonctions de juges au Tribunal de commerce MM. Charles Flavigny et Laurent Collas, en remplacement de MM. Victor Barbier et Constant Delalande ; et M. Alphonse Martel à celles de juge suppléant, pour remplacer M. Alexandre Poussin, démissionnaire. Les nouveaux magistrats furent installés le 10 du mois suivant.

M. Cunin-Gridaine, manufacturier à Sedan, ministre de l'Agriculture et du Commerce, vint visiter Elbeuf le lundi 25 septembre. Il était accompagné de M. Jules Janin, le célèbre critique des *Débats* ; de M. Passy, ancien ministre des Finances, député de l'Eure ; de M. Senac, directeur du Commerce intérieur, et de plusieurs autres notabilités.

Les visiteurs se rendirent d'abord chez M. Victor Grandin, où ils déjeunèrent, en compagnie du général Teste, du préfet de la Seine-Inférieure, du maréchal Gérard, de M. Charles Levavasseur, député, et de M. Delapreugne, secrétaire du préfet.

Le ministre se rendit ensuite à l'Hôtel de Ville, où il reçut les autorités locales, puis dans les établissements Randoing, Th. Chennevière, Chefdrue et Chauvreulx, et de là chez MM. Faucheux et Bastien, qui venaient d'installer sur le Cours l'établissement connu déjà sous le nom de Sécherie elbeuvienne, duquel on espérait d'utiles services.

Des visites eurent ensuite lieu à la manufacture Charles Flavigny, à la teinturie Godet, à la fabrique Armand Durécu, rue Saint Jean, la même qui avait reçu Bonaparte en 1802 et où les dames de la ville s'étaient réunies. De là, le cortège se rendit sur le pont suspendu et enfin à l'établissement Victor Grandin. Un banquet de 90 couverts eut lieu le soir, à l'hôtel de ville. M. Mathieu Bourdon fils, maire de la ville, porta la santé du roi ; M. Victor Grandin leva son verre en l'honneur de M. Cunin-Gridaine ; M. Quesné fils porta un toast aux pairs et aux députés ; enfin M. Lizé but aux invités et aux convives.

Le registre de la Chambre consultative nous a conservé le texte du discours prononcé par M. Cunin-Gridaine :

« Permettez-moi, Messieurs, en portant votre santé, de vous exprimer ma reconnaissance pour votre bienveillant accueil et combien j'ai à me féliciter des instants passés au milieu de vous.

« Chargé par le confiance du roi des grands intérêts de l'Agriculture, du Commerce et de l'Industrie, je leur ai consacré avec ardeur ce que j'avais de dévouement et d'expérience, et je suis heureux des encouragements dont vous daignez payer mes intentions et mes efforts. Je vous en remercie.

« En venant étudier vos besoins, ceux de la classe ouvrière, dont le travail garantit le bien-être et la moralité, j'ai voulu vous prouver toutes les sympathies du gouvernement pour une industrie à la tête de laquelle votre ville s'est placée en première ligne. Je m'applaudis de proclamer en son nom les progrès immenses de votre fabrication, qui, dans sa variété, satisfait aux convenances de toutes les classes. Vous avez résolu, Messieurs, un grand problème : vous avez abaissé les prix et relevé en même temps les qualités de vos produits. C'est là une véritable conquête ; elle vous fait d'autant plus d'honneur qu'elle s'allie avec l'amélioration des salaires. Si des rivaux étrangers vous opposent encore une concurrence que rend redoutable la différence des conditions du travail, vous parviendrez à les vaincre par la puissance de vos efforts et à l'aide d'une sage protection.

« En présence du développement que prend chaque jour la consommation intérieure, le gouvernement n'ignore pas que l'activité incessante de toutes les industries tend rapidement à rendre cette consommation insuffisante ; aussi s'applique-t-il, dans sa constante sollicitude, à favoriser l'extension de nos débouchés aux dehors, à améliorer les conditions matérielles des individus, à rendre les communications plus promptes, plus faciles et moins coûteuses.

« L'application intelligente de ces principes introduira des progrès féconds dans toutes les parties de l'économie sociale. Le gouvernement, placé au-dessus de tous les intérêts privés, ne peut oublier qu'il y a entre tous les éléments qui constituent la prospérité publique et qui font la force des nations, solidarité et communauté réelles.

« Les intérêts agricoles, manufacturiers, les opérations commerciales, qui portent nos produits à l'étranger et qui, en échange, nous rapportent d'autres produits et des matières premières, tous ces intérêts, dis je, se confondent dans leur sphère d'activité et se prêtent une mutuelle assistance, sans laquelle l'industrie du pays le plus riche serait bientôt paralysée.

« Vivifier le travail national en lui ouvrant de plus vastes débouchés, telle est la tâche du gouvernement, telle est celle qui m'est personnellement imposée. Grâce à vous, Messieurs, et à vos émules, il ne s'agit plus de résoudre un programme économique. Les faits commerciaux qui se sont accomplis depuis treize ans témoignent hautement des progrès de notre agriculture et de ceux de nos industries, et justifient la prudence dont le gouvernement a fait preuve dans les débats consciencieux que les grandes questions de tarifs ont toujours soulevés.

« Ai je besoin de vous dire, Messieurs, que je ne ferai jamais défaut à la défense de ces grands intérêts de mon pays ? C'est en accomplissant ces devoirs que je justifierai la haute confiance du roi, que je répondrai dignement à l'accueil dont vous m'honorez et dont je conserverai toujours le souvenir.

« Je me trouve heureux et fier, Messieurs, d'avoir parcouru tous les degrés de l'industrie que réunit dans cette assemblée toutes les illustrations et je m'honore de lui appartenir encore. J'aime à penser, pardonnez, Messieurs, ce sentiment d'orgueil, que ce titre n'est pas complètement étranger aux témoignages d'amitié qui m'entourent. Merci, Messieurs et chers confrères, merci, et, en toute occasion, comptez sur mon dévouement, comme sur ma profonde reconnaissance... »

M. Cunin-Gridaine était, en effet, fabricant de draps. D'abord simple ouvrier dans la manufacture de M. Gridaine, à Sedan, il était devenu le gendre et le successeur de son patron en 1824. Elu député en 1827, par le parti libéral, il était de ceux qui avaient mis la couronne sur la tête de Louis-Philippe. Ministre depuis 1837, il conserva son portefeuille presque sans interruption jusqu'en 1848. Malgré le discours que l'on vient de lire, M. Cunin s'associa à toutes les mesures répressives du gouvernement, fit résistance à divers progrès et conduisit par son aveuglement la nouvelle dynastie vers l'abîme. Il mourut en 1859, âgé de 81 ans. — Nous continuons.

Le lendemain 26, dès six heures et demie du matin, le ministre rendit visite au maire et président du Tribunal de commerce, et, à sept heures, il entra en conférence avec la Chambre consultative. Dans cette séance, qui dura jusqu'à dix heures, le ministre donna des explications sur une expédition qui se préparait pour la Chine. Le gouvernement désirait préalablement régler avec le Céleste empire nos conditions d'échange, accréditer des représentants pour assurer l'entrée des cinq ports à nos marchandises et protéger nos transactions au moyen de conventions internationales, qui seraient arrêtées par une mission étant alors sur le point de partir pour l'Extrême-Orient.

Le ministre remontra qu'il était utile de comprendre parmi les délégués du gouvernement, des agents choisis dans les industries devant trouver des consommateurs dans ces vastes contrées ; de ce nombre étaient les articles de Paris, les tissus de laine et de coton.

M. Cunin-Gridaine recommanda du soin et du discernement dans le choix de ces agents, qui tous devraient être honorables, avoir des connaissances positives les rendant capables d'apprécier les échanges, d'étudier les besoins des différentes zônes. Il ne s'agit pas, ajouta-t-il, de procurer un emploi à une incapacité malheureuse, ni de se déterminer en vue d'un intérêt privé. Je ne dissimule pas mes sentiments sur M. de Montigny, qui s'est posé dans le cortège comme le candidat officiel du gouvernement ; ce jeune homme n'a ni l'expérience manufacturière ni la connaissance des besoins des fabriques ; il a déjà échoué auprès des fabricants de Mulhouse. Il serait heureux qu'il se présentât un industriel éclairé, qui voulût bien se dévouer pour son pays. — Ces agents recevront 500 fr. par mois et la table de l'état-major.

M. Victor Grandin observa que cette somme était insuffisante de beaucoup et invita le ministre à la porter à 1.500 fr. par mois.

M. Lefebvre-Duruflé appuya cette observation et émit l'avis qu'il serait utile que ces agents connussent l'anglais et le hollandais. Le ministre lui répondit qu'il serait difficile de rencontrer chez le même individu des connaissances en industrie et celles de plusieurs langues étrangères ; mais l'un de ces agents pourrait être versé dans ces langues, afin de pouvoir venir en aide à ses collègues.

M. Lefebvre-Duruflé se montra partisan d'une expédition particulière, avant celle officielle projetée par le gouvernement. A quoi le ministre répondit qu'il y aurait imprudence en l'absence de convention.

M. Paul Sevaistre profita de la circonstance pour prier le ministre de donner quelques explications sur le traité belge.

M. Cunin-Gridaine répondit que le projet d'une alliance avec la Belgique était inexécutable et qu'une union douanière n'était pas plus praticable. Elle entraînerait la Belgique dans un changement complet de son système financier, comme, dit-il, imposer le tabac, le sucre, le café et presque toutes les denrées que le peuple belge est accoutumé de se procurer à bas prix.

M. Victor Grandin engagea le ministre à user de toute son influence pour améliorer nos rapports avec l'Espagne et arrêter l'action envahissante de l'Angleterre.

M. Grandin demanda à M. Cunin s'il ne serait pas possible d'obtenir des secours de l'Etat pour établir un embranchement de chemin de fer reliant Elbeuf à la ligne de Paris à Rouen. Le ministre répondit négativement.

Enfin, l'heure étant arrivée, pour le ministre, de se rendre à Louviers, il se mit en route escorté par la garde nationale à cheval.

Le mercredi 27, le baron Dupont-Delporte, préfet du département, Mme et Mlle Dupont-Delporte visitèrent notre asile communal.

Le 5 octobre, les fabricants elbeuviens furent invités à présenter un candidat pour être adjoint à l'ambassade qui allait se rendre en Chine, et à fournir des échantillons de draps pouvant s'écouler dans cet empire.

Aucun échantillon ne fut envoyé, mais deux personnes, MM. Louis Delarue et Talbot, offrirent leurs services comme agents en tissus de laine.

La Chambre consultative adressa une nouvelle circulaire aux fabricants pour les inviter à remettre des échantillons de drap. En novembre, on parvint à réunir une collection suffisante, se composant de 304 échantillons.

Quant aux candidats, la Chambre les évinça parce qu'il y avait trop longtemps qu'ils ne s'occupaient plus de fabrication.

Dans une lettre au ministre, elle le pria de recommander à l'agent qui serait choisi pour les tissus de s'informer en Chine de la nature, qualité et nuances des étoffes préférées par la consommation, de la largeur et de la longueur des pièces, des lisières, marques et emballages, des frets, etc.

Le 13 novembre, M. Natalis Rondot, qui avait été désigné par le gouvernement pour faire partie de l'ambassade que l'on allait envoyer en Chine, vint dans notre ville, où la Chambre consultative lui remit les échantillons de tissus de laine susceptibles de trouver un écoulement en Extrême-Orient. Après avoir étudié nos produits et visité les principales fabriques de notre ville, ce qui lui demanda plusieurs jours, M. Rondot se rendit à Louviers.

En novembre, M. Malteau offrit de faire bâtir un local pour le casernement de la gendarmerie, ce qui fut accepté. Le loyer se montait d'abord à 1.200 fr. par an ; il fut plus tard porté à 1.800 fr. Cette caserne était située rue Patallier, à l'angle de la rue Tournante.

A cette époque, M. Victor Dupont, ancien manufacturier à Elbeuf, dirigeait en Russie, aux environs de Moscou, une des manufactures les plus exercées à produire des étoffes de laine pour la Chine ; le genre de fabrication de cet établissement, disait-on dans notre ville, avait beaucoup de rapports avec la production de quelques fabricants elbeuviens.

Le 18, on inhuma M. Mathieu-François-Nicolas Quesné, ancien manufacturier, ancien adjoint au maire, décédé à l'âge de 87 ans.

M. Aug. Duval, adjoint, procéda, le même jour, à l'installation de M. Pierre Mathieu Bourdon, nommé maire d'Elbeuf, pour la seconde fois, par ordonnance royale en date du 17 septembre précédent.

Dans cette même séance, M. Lefort-Henry expliqua les études faites par M. Villars, ingénieur, chargé d'examiner la possibilité d'établir un embranchement de chemin de fer de Tourville à Elbeuf, comme tête d'une ligne sur la basse Normandie.

L'exécution était reconnue impossible par le val de la Saussaye, mais praticable par la vallée de l'Oison.

M. Lefort et la commission municipale du chemin de fer étaient allés à Paris, avec le maire. M. Thibaudeau, secrétaire de la Compagnie, pensait que celle-ci pourrait faire à la ville d'Elbeuf de larges concessions, par exemple, accorder le parcours de Tourville à Rouen et *vice versâ* moyennant 30 centimes par voyageur et 10 centimes par 100 kilos de marchandises, mais qu'elle se réserverait la faculté de rachat, et, qu'en tous cas, elle reprendrait l'intégralité de ses droits le jour où le projet de chemin de fer de Cherbourg étant réalisé, Elbeuf deviendrait tête de ligne de ce chemin.

De semblables conditions devaient faire obstacle à la formation d'une compagnie particulière pour un embranchement de Tourville à Elbeuf. M. Victor Grandin avait ainsi été conduit à démontrer non seulement la possibilité, mais encore la nécessité pour la Compagnie d'exécuter elle-même cet embranchement : ainsi, elle resterait maîtresse de la tête du chemin de basse Normandie. Cet argument et d'autres avaient fait une impression réelle sur M. Thibaudeau, qui avait accepté de venir à Elbeuf et d'examiner, sur le terrain, les intérêts de sa compagnie.

La commission était revenue à Elbeuf. M. Grandin, resté à Paris, rendit compte au conseil municipal de ce qui s'était passé après cette entrevue.

« Si, dit-il, en dehors du Conseil, des sentiments de mauvais vouloir ont cherché à mettre la commission dans un état de suspicion, cette commission s'est montrée néanmoins constamment unanime dans ses vues, dans ses efforts, dans ses démarches.

« Deux opinions ont pu se produire dans son sein : l'une, exclusive dans son principe, de n'admettre le chemin qu'autant que le débarcadère serait dans Elbeuf ; l'autre admettant, à défaut de débarcadère *intra muros*, toute combinaison qui rapprocherait du chemin de fer ; mais, avant tout, la commission tout entière était fermement résolue à épuiser tous les moyens raisonnables d'obtenir un débarcadère intérieur, le tout sous réserve d'opinion pour le cas où ce projet ne pourrait être accompli. Ce concert entre tous ses membres s'était surtout révélé dans les conférences avec le secrétaire de la compagnie.

« Tout paraissait donc marcher vers un résultat probable, lorsqu'un incident fâcheux était venu sinon détruire, du moins paralyser les espérances de la commission.

« Un jour avait été fixé pour le voyage du secrétaire de la compagnie ; c'était le jeudi 16 novembre. Mais la veille, dit M. Grandin, je le trouvai dans des dispositions toutes contraires. M. Thibaudeau déclara qu'il avait consenti à entrer en pourparlers avec la commission du conseil municipal à venir discuter même les bases préliminaires d'un traité avec la ville, mais qu'il n'entrait nullement dans ses vues de traiter des affaires en place publique.

« Or, les journaux d'Elbeuf semblaient montrer la prétention d'intervenir dans les négociations ; l'un d'eux, dans un article assez malveillant, avait voulu sans doute le placer dans une position fausse vis-à-vis de la compagnie en le désignant, lui secrétaire, comme *directeur de fait* et maître en quelque sorte de toutes les opérations. Des insinuations de cette nature lui interdisaient désormais de s'occuper de l'embranchement d'Elbeuf, à moins d'ordres précis du conseil d'administration.

« La détermination de M. Thibaudeau était irrévocable ; je dus borner mes instances auprès de lui à ce qu'il voulût bien informer le conseil d'administration des démarches de la commission de la ville d'Elbeuf, obtenir de ce conseil qu'il prît en sérieuse considération une affaire également intéressante pour les deux parties, enfin d'user de toute son influence personnelle auprès de sa compagnie pour hâter le résultat si ardemment désiré par la ville d'Elbeuf.

« Le conseil d'administration devait s'assembler hier 17. M. Thibaudeau me promit de le saisir immédiatement de cette affaire et de rendre compte à la commission de la décision prise dans cette réunion ».

M. Grandin rendit compte également des démarches faites à Paris par le maire et la commission auprès des ministres des Travaux publics, de l'Intérieur et du Commerce, et auprès des sous-secrétaires d'Etat des mêmes ministères, en vue de disposer favorablement ces hauts fonctionnaires à donner leur sanction aux ordonnances sans lesquelles la création de l'embranchement ne pourrait avoir lieu.

M. Thibaudeau tint sa promesse, car, le dimanche 19 novembre, il vint dans notre ville avec deux administrateurs de sa compagnie, qui s'entretinrent avec M. Lefort et la commission.

Les représentants de la compagnie exposèrent les motifs qui interdisaient à celle-ci d'entreprendre par elle-même la construction de l'embranchement ; mais ils déclarèrent être dans les meilleures dispositions pour la ville d'Elbeuf dans ses efforts à obtenir ce tronçon se rattachant à la ligne principale.

Ce concours se manifesterait en obtenant de la compagnie de faire sur le prix de son tarif les concessions les plus larges et en accordant les conditions les plus favorables à la compagnie particulière qui se chargerait de l'entreprise.

Le 22, le Conseil municipal s'assembla de nouveau. M. Victor Grandin y fit un long discours et parla d'une compagnie dite de Rouen, avec laquelle M. Lefort-Henry était en relations ; il ajouta qu'il se pourrait que M. Thibaudeau entrât en pourparlers avec elle quand elle se serait fait connaître. Il en avait été question avec les représentants de la grande compagnie de Paris lors de leur voyage à Elbeuf.

« Vous comprendrez, avait dit M. Thibaudeau, que la compagnie du chemin de fer de Paris à Rouen est trop considérable et son conseil d'administration composé d'hommes trop graves pour dire tout de suite le dernier mot, consentir à entrer en pourparlers avec une société qui reste dans l'ombre et dont l'existence même demeure un problème : il ne peut s'agir d'un mariage secret et nous demandons qu'on s'explique ».

M. Lefort avait répondu :

« La compagnie dont je suis l'organe est également composée d'hommes graves et sérieux. C'est précisément pour cela qu'ils ont résolu de ne livrer leurs noms à la publicité qu'autant qu'ils auront la certitude que les bases arrêtées par eux soient admises et qu'ils soient rassurés sur l'avenir qui leur est réservé ».

« — Eh bien ! soit, avait repris M. Thibaudeau ; nous allons vous donner toute satisfaction. Nous ne pouvons pas lier d'une manière absolue la compagnie dont nous n'avons pas pleins pouvoirs ; mais Messieurs les administrateurs ici présents et moi prenons l'engagement de faire tous nos efforts pour que la compagnie accepte les propositions dont M. Lefort nous a entretenus, et nous sommes persuadés que la compagnie ratifiera notre engagement personnel.

« Ainsi, on a demandé à ne payer que trente centimes par voyageur pour se servir de nos rails : accordé. — On a demandé à ne payer que dix centimes par 100 kilogrammes de marchandises : accordé. On demande des garanties d'avenir à cet égard pour rassurer complètement sur les intentions de la compagnie : nous déclarons que ces intentions sont telles de leur nature qu'elles n'apportent aucun obstacle à la conclusion du traité à intervenir. Maintenant, nous le pensons, rien ne fait plus obstacle à ce que la compagnie spéciale se fasse connaître, et nous attendons ».

M. Lefort Henry avait répondu qu'il présenterait la compagnie dans les deux jours, et la séance avait été levée.

Après avoir rendu compte de cette conférence, M. Grandin dit à ses collègues du conseil :

« Au lieu de 48 heures, que M. Lefort prenne huit jours, cela n'a pas d'importance ; mais ce qui est essentiel, c'est que la compagnie spéciale se présente ; car si elle s'y refusait, la ville d'Elbeuf se trouverait dans une position bien déplorable ; car, ainsi que je crois l'avoir démontré, la compagnie a conservé le désir d'exécuter par elle-même ; ses exigences seraient bien plus grandes, alors que les efforts tentés en dehors d'elle auraient fourni la preuve qu'aucune compagnie spéciale n'aurait pu se former. Pour ma part et pour prévenir un pareil résultat, si, après que le conseil municipal aurait voté une allocation, une somme de 100.000 fr. était encore nécessaire pour assurer l'exécution du chemin d'Elbeuf en tant qu'embranchement, avec le débarcadère dans l'intérieur de la ville, je n'hésiterais pas à souscrire pour deux années de mes contributions ».

M. Lefort répondit qu'il ne croyait pas que

la compagnie de Paris eût l'intention de construire l'embranchement. Il ajouta qu'une compagnie autre s'était mise en communication avec celle de Rouen pour faire un traité ; demain une autre encore fera les mêmes démarches. Il manifesta son regret de ne pouvoir citer aucun nom pour le moment.

A la séance qui suivit, tenue le 28 de ce même mois de novembre, M. Lefort Henry annonça que la compagnie dont il avait parlé préparait la rédaction de ses statuts, et que, sous huit ou dix jours, elle se présenterait devant le conseil municipal avec l'adhésion et recommandation de la compagnie principale. « C'est après avoir traité avec celle-ci, après avoir versé un cautionnement comme garantie de la validité de son entreprise, qu'elle fera connaître à la commune d'Elbeuf l'importance de la subvention qu'elle demande pour la doter d'un embranchement.

M. Lefort fit une autre communication au Conseil. Le ministre des Travaux publics aurait pris une décision pour la suppression de la station de Tourville, et des sommations réitérées auraient été faites à la Compagnie à ce sujet. L'orateur fit la remarque que cette station, peu fréquentée au début, voyait maintenant 80 voyageurs par jour et que ce nombre tendait toujours à augmenter ; la station de Tourville étant une nécessité pour Elbeuf, il y avait opportunité à prendre des mesures pour obtenir sa conservation.

M. David Dautresme déclara qu'il voyait avec peine que la fermeture de la station de Tourville put compromettre l'embranchement réclamé. Il se plaignit du temps que l'on perdait en lenteurs. La ville de Louviers donnait l'exemple de résolutions plus promptes : son conseil municipal, avec l'adjonction des plus imposés des habitants, avait déjà voté 300.000 fr. de prime en faveur de la compagnie qui doterait cette ville d'un embranchement de chemin de fer. Il conclut en disant que si, dans les huit ou dix jours, la compagnie de M. Lefort ne se faisait pas connaître, il conviendrait que le Conseil se réunît de nouveau pour voter une subvention en faveur de la société qui voudrait entreprendre la ligne d'Elbeuf à Tourville.

La discussion continua. Finalement, on prit la résolution suivante : « Dans l'embranchement de Tourville à Elbeuf, il y a lieu de protester par toutes voies légales contre la suppression de la station de Tourville ».

Le maire mit ensuite aux voix la proposition de M. Dautresme ainsi formulée : « Si, dans le délai de quinzaine, le Conseil n'est pas saisi de propositions d'une compagnie disposée à entreprendre le chemin de fer d'Elbeuf à Tourville, le Conseil sera réuni pour délibérer sur le moyen d'obtenir cet embranchement ». Elle fut adoptée par 19 voix, comme la précédente.

L'ouverture de la rue du Glayeul avait été faite d'après un marché à forfait avec la Ville, par M. Henri Quesné, pour la somme fixe de 85.000 fr. M. Quesné reçut en outre 550 fr. pour le pont en fer sur la Rigole, 41.570 fr. de souscription et il lui restait un terrain valant 500 fr., total 127.620 fr. ; mais les dépenses s'étant élevées au-delà de ses prévisions, il subit une perte nette de 19.561 fr. de cette opération, d'après des comptes arrêtés à la date du 18 novembre.

En ce même temps, MM. Jacques-Stanislas et Hippolyte-Léonine Malfilâtre frères, de Rouen, fondèrent un lit à l'hospice, en mémoire de leur père, M. Michel-Jean-Paul Malfilâtre, moyennant 8.000 fr.

De nouvelles élections dans la garde nationale se firent le 15 décembre. Par suite, les officiers se trouvèrent être MM. :

Emile Delaunay, commandant du bataillon; P.-A. Laurents, porte-drapeau; Lejeune, chef de musique.

Pompiers : L. Pion, capitaine ; L.-N. Pinchon, lieutenant ; Romain Leroy, Héron, sous-lieutenants ;

Grenadiers : Delanos, capitaine ; Osmont, Lecoq, lieutenants ; V. Papavoine, Faucheux, sous-lieutenants.

1re Cie de chasseurs : Ménage, capitaine ; Godet, Dumort-Flambart, lieutenants ; Petit, Cousin, sous-lieutenants ;

2e Cie de chasseurs : Lanseigne, capitaine ; Hébert, Barbe, lieutenants ; Bunel, Lebret, sous-lieutenants ;

3e Cie de chasseurs : Delousteau, Barbier, capitaines ; Durécu, Dupuy, lieutenants ; Vernier, Fréret, sous-lieutenants ;

Voltigeurs : Loslier, Benoist, capitaines ; Boisguillaume, Lebret, lieutenants ; Lefort, Lecerf, sous-lieutenants ;

Fusiliers : Milliard, capitaine ; Descoubet, Collard, lieutenants ; Vallée, Pelfrêne, sous-lieutenants ;

Chasseurs à cheval : Sallambier, lieutenant, P.-E. Turgis, sous-lieutenant.

On attendait avec impatience, à Elbeuf, la nouvelle séance du conseil municipal ; elle eut lieu le 21 décembre. Le maire donna lecture d'une lettre du préfet et d'une autre du ministre des Travaux publics, concernant les stations de Tourville et d'Oissel, puis la parole fut donnée à M. Lefort Henry, président de la commission du chemin de fer.

M. Lefort informa le Conseil qu'il était allé à Paris et que l'on touchait à une solution plus prompte qu'on pouvait l'espérer. Il avait été mis en rapport avec la personne honorable disposée à se placer à la tête de la construction de l'embranchement. C'était un homme jouissant d'une considération commerciale rare, qui, par sa position de fortune, sa haute probité, sa moralité bien établie commandait le respect ; c'était, en un mot, M. A. Lajonkaire, dont il venait de recevoir cette lettre.

« Paris, 20 décembre 1843.

« Nous avons mûrement examiné un projet de chemin de fer entre Elbeuf et Tourville, et nous croyons dès à présent pouvoir vous dire que cette affaire nous convient et que nous allons en notre nom solliciter la concession.

« Cependant, de pareilles affaires nécessitent un examen approfondi, tant de soin dans la vérification des devis, que nous ne sommes point encore suffisamment édifiés et que nous aurions encore besoin d'une quinzaine de jours d'étude, moins peut-être pour nous-mêmes que pour les amis que nous entendons intéresser avec nous dans l'opération.

« Une circonstance nous reste à déterminer, c'est de savoir sur quel concours nous pouvons compter de la part de la ville. Deux modes pourraient convenir dans de certaines limites ; le premier serait de faire assurer par la ville un minimum d'intérêt, le second serait une subvention pure et simple.

« Nous pensons qu'il ne nous convient pas de fixer dès à présent à la ville d'Elbeuf le mode le plus convenable, ni la quotité de la somme ; cependant, il nous semble que l'assurance d'un minimum d'intérêt ne pourrait être moindre de 4 0/0 pendant trente années, ou que la subvention devrait au moins s'élever à 300.000 fr.

« Veuillez, etc... A. LAJONKAIRE ET Cie ».

M. Lefort-Henry ajouta que M. Lajonkaire et son beau-frère versaient 1.000.000 fr. dans l'entreprise. Les études préparatoires avaient été faites par M. Limay ; les plans, devis et vérification des calculs par un des premiers ingénieurs de France, M. Corréard.

MM. Lajonkaire et Cie auraient déjà présenté à la ville une proposition ferme, sans le refus d'une forte maison de banque de Paris de prendre part à cette opération, par des considérations d'amour-propre, mais le chef de cette banque consentirait, après la constitution de la société, à verser 500.000 fr. si MM. Lajonkaire et Cie les lui demandaient.

Mais MM. Lajonkaire et Cie paraissaient plus disposés à préférer le concours du pays et verraient avec plus de satisfaction des habitants de Rouen et d'Elbeuf prendre des actions. Déjà, un de leurs amis s'engageait pour une somme de 300.000 fr., et il serait possible que la société fût exclusivement composée de capitalistes parisiens.

M. Lefort donna encore d'autres renseignements et termina par la proposition, que la commission du chemin de fer faisait au Conseil, d'ajourner toute discussion jusqu'au jour où la demande officielle de l'entreprise serait produite et que les bases du traité avec la ville auraient été établies. Cette proposition fut adoptée.

M. Lebaron, directeur de l'Ecole primaire supérieure, quitta l'enseignement en décembre. On proposa à M. Fririon de lui succéder, mais celui-ci préféra rester à la tête de l'Ecole mutuelle.

En 1843, la fabrique occupait 21.000 ouvriers, auxquels elle avait payé pendant l'année 14.000.000 fr. pour main-d'œuvre. Elle avait payé à l'agriculture française pour laines, chardons, gaude, garance, etc., 16.000.000 fr. Sa production s'était élevée à 85.000 draps, valant 46 millions de francs; sur cette somme, 38 millions s'appliquaient à l'intérieur et 8.000.000 à l'exportation. Enfin, elle avait consommé 160.000 hectolitres de charbon, au prix moyen de 3 fr. 75, soit environ pour 600.000 fr.

Cette année-là, les naissances se chiffrèrent par 561; il y eut 110 mariages et l'on compta 462 décès.

CHAPITRE XXVII
(Janvier-Octobre 1844)

Vote municipal de 250.000 fr. pour l'embranchement d'Elbeuf-Tourville. — L'école primaire supérieure. — Les rues du Havre, Lefort, Desmonts et du Tapis-Vert. — Le maréchal Gérard. — Place d'armes. — Le théatre. — L'embranchement Alcan. — Ce qu'on lisait a Elbeuf en 1844. — Les actionnaires du chemin de Paris-Rouen votent pour un embranchement sur Elbeuf.

Le 2 janvier 1844, M. François-Constant Duruflé, ancien manufacturier, mourut subitement, à l'âge de 74 ans. Le défunt avait longtemps été placé à la tête des plus habiles industriels de notre ville. Il était le beau-père de M. Lefebvre-Duruflé, qui fut ministre.

La Chambre consultative, qui avait déjà représenté au ministre les abus de la douane, privant les négocianls d'opposer toute justification, et qui se trouvaient atteints dans leur honneur et leur fortune, lui adressa de nouvelles plaintes le 5 de ce même mois.

La question de l'embranchement de chemin de fer d'Elbeuf à Tourville revint devant le conseil municipal le 8 janvier, où lecture fut donnée de deux rapports, dont la discussion va nous indiquer les points principaux.

M. Laurents dit avoir vu avec peine le rejet du système d'une garantie d'intérêt à la compagnie qui entreprendrait le travail. Si MM. Lajonkaire et Cie eussent maintenu leur proposition verbale d'une garantie de 3 0/0 sur une somme de 1.500.000 fr. pendant vingt ans, cette condition lui aurait semblé plus avantageuse pour la commune que le paiement d'une subvention de 300.000 fr. proposé par la commission.

Aujourd'hui, MM. Lajonkaire et Cie augmentent, il est vrai, dit-il, d'un pour cent leur demande de garantie, mais les conditions primitivement proposées par eux seraient peut-être acceptées par une autre compagnie.

« Dans la garantie d'intérêt, je trouve une chance de succès pour l'entreprise. Tous les habitants de la commune sont fortement intéressés alors à donner la préférence à la voie du chemin de fer, car plus cette exploitation sera productive, plus les bénéfices de la compagnie s'élèveront, plus la garantie deviendra fictive. Les conditions de prospérité de l'entreprise peuvent être telles que la commune n'ait rien à payer.

« Si même la position des choses est convenablement examinée, on est amené à reconnaître que la garantie de minimum d'intérêt, lors même que l'on serait obligé de la payer sur la somme de 1.500.000 fr., circonstance tout à fait improbable, équivaudrait à peu près à la subvention de 300.000 fr., dont aucune chance favorable ne peut diminuer l'importance. Et il serait peu raisonnable de croire que l'opération par elle-même ne présentera aucun bénéfice, autrement on devrait s'abstenir de la proposer ; mais elle renferme les éléments de succès que n'ont pu infirmer les attaques inconsidérées de ceux qui ont cherché à la discréditer ».

M. Lefort-Henry répondit que, lors des propositions faites de vive voix par M. Lajonkaire à la commission municipale, le choix de la subvention ou d'une garantie d'intérêt devait être laissé à l'appréciation du conseil d'Etat, et sa décision devait faire la loi des entrepreneurs et de la ville. Dans cette hypothèse, l'orateur partageait l'avis de M. Laurents et regardait la garantie d'intérêt comme la plus avantageuse à la commune. Mais il n'y avait plus lieu à s'occuper d'une question qui n'était pas soumise au Conseil. La garantie ayant été élevée de 3 0/0 à 4, la commission avait été unanime à l'écarter comme inadmissible et à donner la préférence au mode de subvention. Il n'y avait donc pas opportunité à discuter un autre point.

M. Laurents reprit la parole pour formuler la proposition de voter une garantie de minimum d'intérêts de 3 0/0 pendant vingt ans, sur une somme de 1.500.000 fr., en faveur de la compagnie qui entreprendrait l'embranchement.

M. Henri Quesné combattit cette proposition par diverses raisons qu'il exposa.

M. Dautresme, au contraire, l'appuya. Bien que pénétré de la pensée que l'embranchement était une question de vie ou de mort pour Elbeuf, il ne pouvait cependant se défendre d'un sentiment d'effroi en réfléchissant au poids et à la durée de l'impôt au moyen duquel on proposait d'obtenir cette ligne. L'orateur reprit une idée de M. Grandin : de payer volontairement deux années de contributions comme complément aux ressources extraordinaires en vue de l'embranchement. Pourquoi ne pas ouvrir une souscription ?

M. Patallier parla en faveur de la subvention, qui avait le bon côté d'éviter des complications et de faire connaître tout de suite ce à quoi on s'engageait.

M. Paul Sevaistre se déclara en faveur d'une garantie d'intérêt.

« Mais nous sommes, dit-il, à la veille d'être dévorés par une ville voisine et rivale, à laquelle, en échange d'une complaisance électorale, on offre un chemin de fer. Qui peut répondre des conséquences fâcheuses, pour nous, de manœuvres qu'on pourrait qualifier avec une juste indignation ? Qui peut prévoir les entraves que de semblables menées peuvent apporter à l'exécution même de notre embranchement ?

« En présence d'un danger aussi imminent pour le pays, en présence du besoin si vivement senti par tous ses habitants d'assurer sa prospérité menacée, le Conseil, sans se préoccuper de questions qui pourront être étudiées plus tard, doit sentir le besoin impérieux de voter sur les conclusions du rapport soumis à sa délibération, et si un vœu doit être formé, c'est qu'un vote unanime soit une éclatante manifestation de la volonté unanime de la cité».

MM. Houllier, Laurents, Chennevière, Victor Grandin, Robert Flavigny, Tabouelle, Lefort-Henry parlèrent successivement. M. Laurents, disposé d'abord à demander le renvoi à l'étude de sa proposition, consentit enfin à la retirer ; mais la discussion n'en continua pas moins très longuement sur les termes des conclusions du rapport.

Le maire mit enfin aux voix l'ensemble du projet, qui fut adopté. Voici quel fut le résumé de cette longue délibération :

« Le Conseil, à l'unanimité de 26 membres présents, le 27e s'étant fait excuser pour cause d'absence,

« Considérant que la facilité et la rapidité des communications par le chemin de fer est aujourd'hui reconnue comme étant d'un immense avantage.

« Que cet avantage se fait surtout sentir dans les rapports établis dans les centres de production, la capitale et les principales villes du royaume.

« Considérant que la ville d'Elbeuf, heureuse de marcher au premier rang des fabriques de draps, doit réunir tous ses efforts, afin qu'aucun élément de succès ne fasse défaut à son industrie.

« Qu'une communication directe avec le chemin de fer de Paris à Rouen, au moyen d'un embranchement sur Tourville, sera pour elle une source de prospérité, comme la privation de cet embranchement serait une cause de décadence.

« Que cette décadence serait d'autant plus imminente que des villes industrielles, ses émules, seraient par une circonstance quelconque, appelées à jouir d'un bienfait dont elle serait déshéritée.

« Considérant que si, au premier abord, sa position financière révèle une sorte d'embarras, un examen attentif du mouvement ascendant de ses ressources, et l'expérience de sa fidélité à remplir ses engagements passés, démontrent suffisamment la possibilité pour elle de s'imposer de nouveaux sacrifices.

« Que ces sacrifices, quelle que soit leur étendue, sont d'une nécessité indispensable, puisqu'il s'agit pour elle d'être ou de n'être pas.

« Considérant que, pendant une première période de dix ans, ces sacrifices n'aggraveront en aucune manière les taxes extraordinaires supportées par les contribuables depuis quelques années.

« Que, pendant une seconde période de dix autres années, ces charges, loin d'être augmentées, s'amoindriront au contraire par le retranchement : 1º du décime additionnel à la perception des droi s d'octroi ; 2º de cinq centimes spéciaux aux chemins communaux ; délibère :

« Art. 1er. — Une subvention de 250.000 fr. au maximum sera accordée à toute compagnie concessionnaire de l'embranchement au chemin de fer de Paris à Rouen, venant de Tourville jusque dans Elbeuf.

« Art. 2. — Une somme de 50.000 fr. sera employée pour pavages, remblais, ouverture de rues et généralement tous objets relatifs à l'accès au chemin de fer.

« Art. 3. — Est accepté le plan de débarcadère annexé au rapport de la commission.

« Art. 4. — La subvention de 250.000 fr. mentionnée en l'article 1er ne sera accordée qu'à la condition expresse d'exécuter le débarcadère selon le plan arrêté, sauf modifications à consentir par le conseil municipal, s'il y a lieu, mais en tant, toutefois, qu'elles n'apportent pas un changement réel de position.

« Art. 5. — La subvention de 250.000 fr. demeure également subordonnée à l'acceptation préalable du tarif à intervenir et à consentir par le conseil municipal, avec la réserve formelle que ce tarif devra, pendant la durée de la concession, être maintenu en faveur des voyageurs d'Elbeuf, et lors même que l'embranchement deviendrait tête de ligne du chemin de fer de la basse Normandie ».

Et comme sanction, le Conseil vota séance tenante des centimes additionnels au principal des contributions directes pour faire face à l'emprunt de 300.000 fr.

Le 12 janvier, M. Sainte-Marie Lemonnier-Chennevière fut installé comme juge suppléant au Tribunal de commerce, où il avait été nommé par ordonnance du roi, datée du 17 septembre précédent, en remplacement de M. Charles Flavigny.

L'école chrétienne des Frères de l'institut de Saint-Jean, rue de la Justice, fut ouverte le 18 du même mois, par les soins de MM. Pierre Turgis, Alexandre Poussin, Constant Grandin, Edouard Delarue et du conseil municipal.

A la suite d'un avis donné au comité local de l'instruction primaire par M. Lebaron, directeur de l'Ecole primaire supérieure, de l'intention où il était de donner sa démission, « par des motifs infiniment sérieux » le comité avait suffisamment apprécié ces motifs et consacré trois séances consécutives à examiner les titres de M. Le Page, professeur des cours commerciaux au collège de Rouen et, comme M. Lebaron, ancien élève distingué de l'Ecole normale.

Cependant, par un sentiment d'équité, le comité avait cru devoir avant tout offrir la place vacante à M. Fririon, directeur de l'Ecole primaire élémentaire, qui méritait ce témoignage d'estime et de satisfaction, et ce n'avait été que sur son refus que le comité s'était décidé à présenter M. Le Page.

Le conseil municipal ratifia ce choix dans sa séance du 8 février.

Ce même jour, sur la demande de M. Léon Pion, capitaine des pompiers, le Conseil vota l'achat de 80 bourgerons pour le service des incendies. Cette dépense fut estimée à 1.500 francs.

Une ordonnance royale, du 26 mars, autorisa l'ouverture : 1º de la rue du Havre jusqu'à la Seine ; 2º de la rue Lefort, devant communiquer de la rue du Neubourg prolongée (rue de Paris) à celle du Havre « destinée peut-être elle-même à être prolongée jusqu'à l'église Saint-Jean ».

Des pierres étant tombées de la voute du chœur de l'église Saint-Jean, le maire fit immédiatement établir des échafaudages pour enlever celles qui menaçaient encore, et dresser un devis par l'architecte des travaux à exécuter, s'élevant à 1.260 fr., que le Conseil approuva, le 29 mars. Le mois suivant, un crédit supplémentaire de 467 fr. fut voté.

Il fut procédé, le 1er avril, à l'installation de M. Désiré Petitgrand, aux termes d'une ordonnance royale rendue sur le pourvoi de plusieurs électeurs de la section A, contre un arrêté du conseil de préfecture qui avait attribué à M. Tabouelle le bénéfice de l'élection de cette section.

Dans la même séance, on lut une lettre de

M. Duval-Dantan, annonçant sa démission de conseiller municipal.

Le projet de la rue de Lyon, partant de la rue Hervieux pour aboutir au milieu de la place Lécallier, était abandonné, car on donna un alignement à M. Benun, pour bâtir dans la direction de ce tracé.

Le don gratuit d'une nouvelle rue allant de la rue du Cours à celle Constantine fait par MM. Jean-Marie Lécallier et Enoult fut accepté par le Conseil, le 1er également. Dans la séance suivante, le Conseil arrêta que cette nouvelle voie prendrait le nom de rue du Calvaire — c'est la rue Desmonts actuelle.

Le 15 avril, les membres du jury départemental vinrent visiter les produits qu'Elbeuf destinait à la grande exposition de 1844 à Paris.

Nous avons dit que M. Colvée avait entrepris le percement de la rue de Paris à ses frais moyennant un forfait de 30.000 francs passé avec la ville. Les comptes définitifs, arrêtés le 8 mai 1844, établirent que cet entrepreneur était en perte de 2.898 fr.

La question des abattoirs publics, dont il avait été discuté depuis bien longtemps déjà, fut reprise. On adopta un emplacement situé au bord de la Seine, en aval de la ville, appartenant à M. Pierre Turgis, qui consentait à le céder à la ville moyennant 40.000 fr., et le tarif des droits d'abattage.

Dans sa séance du 10, le conseil municipal vota 4.000 fr. pour la construction d'un bureau d'octroi sur la place du Port.

Une ordonnance royale, en date du 14 mai, porte révocation du sieur Lecomte, greffier du Tribunal de commerce. Quinze jours après,

M. Alexandre-Frédéric-Mathieu Plagelat, clerc de notaire à Damville, d'abord greffier intérimaire, qui fut nommé titulaire le 15 septembre suivant par une seconde ordonnance du roi.

Le 15 mai, le Conseil municipal décida que les prisons communales et la salle de police de la garde nationale seraient transférées au rez-de-chaussée d'un bâtiment de l'hôtel de ville.

Il discuta ensuite longuement sur l'emplacement du bureau d'octroi du quai et sur celui de la morgue.

Le 5 juin, le maréchal Gérard et le préfet, venus à Elbeuf à l'occasion de la revision des conscrits, se rendirent à Saint-Aubin, pour la pose de la première pierre de l'agrandissement de l'église.

Le maréchal Gérard était alors âgé de 71 ans. Engagé volontaire en 1791, il avait fait toutes les guerres de la République, combattu à Austerlitz, à Wagram, à Smolensk, à Bautzen, à Méry-sur-Seine, à Ligny, et, si on l'eût écouté, Waterloo eût été une victoire pour les armes françaises.

Sans emploi pendant la Restauration, il avait pris une part très active à la Révolution de Juillet, fut nommé ministre de la guerre, maréchal de France, chef de l'expédition d'Anvers et grand chancelier de la Légion d'honneur. Il était très populaire sous le règne de Louis-Philippe. Le maréchal-comte Gérard mourut en 1855. Il avait épousé la petite-fille de Mme de Genlis.

Les travaux du quai étant complètement terminés, M. Mathieu Bourdon, maire, prit un arrêté, le 10 juillet, réglementant la police du port et de la halle au blé, qui s'y rattachait à plus d'un titre.

Dans le courant de ce mois, le conseil de fabrique de Saint-Jean vota des remerciements à M. Emmanuel Massé, artiste peintre, pour le don qu'il avait fait à cette paroisse d'un tableau, dont le sujet, tiré de l'histoire du bas empire, représentait saint Jean-Chrysostome sauvant le ministre Eutrope de la fureur du peuple révolté.

A partir du 16, la place d'armes de chaque compagnie de la garde nationale fut ainsi fixée :

Pompiers : place Saint-Louis, côté Ouest ;

Grenadiers, place Lécallier, partie Sud ;

1re compagnie de chasseurs : place Bonaparte, côté Ouest.

2e compagnie de chasseurs : place Lécallier, partie Nord.

3e compagnie de chasseurs : place Bonaparte Est.

Fusiliers : place Lemercier.

Chasseurs à cheval : place du Bassin.

Le 17 juillet, MM. Fournier Semsalle, Devisuzanne et Renard, libraires, s'opposèrent à l'exploitation, par Mme Delacour, d'un quatrième brevet de libraire, délivré à M. Noirfalise dix ans auparavant, et dont MM. Levasseur et Barbé, imprimeurs, étaient porteurs.

Dans la séance municipale du 6 août, M. Dautresme proposa de réduire de 25 fr. à 12 fr. 50 le loyer de la salle de théâtre par représentation.

M. Petitgrand alla jusqu'à la gratuité complète.

M. Lefort-Henry représenta que le prix de location devenait nul quand les troupes étaient convenablement composées et que le talent des acteurs attirait la foule. Ce ne pouvait être l'abandon de tout ou partie des 25 fr. qui dédommagerait la direction de l'absence de spectateurs. La réussite d'un théâtre, dit-il, dépend de l'habileté de celui qui le dirige. A Paris, plusieurs directeurs de l'Opéra se sont ruinés, tandis que M. Véron a su forcer le public de reprendre la route d'un théâtre presque abandonné.

La proposition de M. Petitgrand fut adoptée par 9 voix contre 7.

Alors, M. Lefort proposa de porter de 4 à 500 fr. le prix de la location de cette même salle pour les bals publics qui s'y donnaient assez fréquemment pendant l'hiver. Cette proposition fut également adoptée, par 11 membres contre 2.

Le même jour, on vota l'établissement d'un second commissaire; M. Michel aurait le titre et les fonctions de commissaire central.

Dans sa séance du 9 août, le conseil municipal, considérant que des ruisseaux pavés devaient être établis rue du Cours, en remplacement des fossés existant entre les arbres ; que la promenade du Cours était remplacée par celles entourant le Champ-de-foire, décida que tous les arbres du Cours seraient vendus sur pied, sur une mise à prix de 2.650 fr.

On parla ensuite sur le projet de détournement de la ravine, mais les votes émis furent négatifs, et la question resta en l'état où elle était précédemment.

Quatre jours après, le Conseil eut une nouvelle réunion. Il y fut question d'un différend existant avec la commune de Caudebec, causé par des empiétements, rue du Port, sur le territoire d'Elbeuf. La commune de Caudebec ayant déjà reçu une assignation, le Conseil décida que le procès suivrait son cours.

Le Conseil accepta la donation d'une nouvelle rue, faite par M. Suzanne à la ville, et décida qu'elle serait nommée rue du Tapis-Vert.

Les deux rues que Mme Oursel avait ouvertes dans sa propriété des Trois-Cornets, en 1815, c'est-à-dire à une époque où l'on n'avait pas fixé huit mètres comme minimum de largeur à donner aux rues nouvelles, et dont le conseil municipal avait ordonné la fermeture, furent enfin acceptées, le 13 août.

Le 15, les anciens militaires et une partie de la population elbeuvienne se rendirent au Val-de-la-Haye, où l'on posait la première pierre du monument commémoratif du transbordement des restes de Napoléon.

Le 22, mourut M. Jacques-Antoine Lue Suchetet, un des meilleurs manufacturiers de notre ville ; il n'était âgé que de 54 ans.

Le même jour, M Blanquart de Bailleul, le nouvel archevêque de Rouen, vint visiter les deux églises d'Elbeuf, puis se rendit au couvent de Saint-Aubin, où trente six religieuses prirent l'habit.

A partir du 1er septembre, MM. Langlois frères organisèrent un service d'omnibus entre Elbeuf et Pont-de-l'Arche, avec cinq départs et retours chaque jour.

M. Durup de Ealeine fut autorisé, le 10, à établir une fonderie de fer, rue de Caudebec, propriété Cousin, comprenant deux fourneaux, un four à coke et un ventilateur à force centrifuge.

Dans la journée du 20 septembre, M. Mathieu Bourdon fit disposer sur les lambris de la salle des séances du conseil municipal et sur des meubles, les plans, coupes et profils du projet de chemin de fer d'Elbeuf à Tourville, par M. Michel Alcan, ingénieur.

Le soir, les membres du Conseil se réunirent et examinèrent avec soin les pièces qui leur étaient soumises; après lecture d'un rapport, dont l'auteur était M. Lefort-Henry, l'assemblée prit cette délibération :

« Considérant que le projet de M. Alcan soumis à l'enquête est présenté, dans ses explications verbales et notamment dans sa lettre du 15 septembre, comme tête de ligne du chemin de fer de la basse Normandie.

« Que les plans par lui déposés n'offrent aucune preuve appréciable de la certitude que son tracé puisse servir de tête de ligne.

« Qu'il y a dès lors impossibilité de raisonner en toute connaissance de cause sur les conséquences de son projet.

« Considérant, en outre, que la Compagnie rouennaise a déposé des plans qu'elle annonce devoir soumettre de suite aux enquêtes.

« Qu'il y a conséquemment intérêt à suspendre toute décision, pour avoir à statuer simultanément sur le mérite des deux projets comparés ;

« Par ces motifs, arrête ce qui suit :

« 1° Il sera fait officiellement à M. le ministre des Travaux publics la demande de la prolongation de l'enquête actuellement ouverte sur le projet de M. Alcan...

« 2° M. Alcan sera invité à compléter ses plans, en indiquant le tracé qu'il entend suivre pour le passage de la ligne de la basse Normandie, et en présentant les nivellements et devis à l'appui ».

Vu la nécessité d'être fixés avant le 6 octobre suivant, le Conseil décida que la députation, nommée par lui, se rendrait immédiatement auprès du ministre.

La prolongation d'enquête fut accordée par le ministre.

Le 22, une autre enquête fut ouverte sur un projet d'acquisition, par la ville, d'un terrain évalué à 15.000 fr., destiné à recevoir les eaux des deux rues du Cours.

A la séance municipale tenue le 4 octobre, il fut donné lecture de quantité de lettres relatives au chemin de fer.

Une proposition de M. Alcan de faire pénétrer dans Elbeuf l'embranchement qu'il avait soumissionné, moyennant une somme de 600.000 fr. à payer par la ville, reçut un enterrement de première classe : le Conseil vota que le projet serait déposé aux archives communales. Il fit même plus, car il protesta contre ce projet.

Il ne sera peut-être pas sans intérêt de savoir ce qu'on lisait à Elbeuf, en 1844.

En première ligne venaient les journaux de Rouen, puis l'*Industriel elbeuvien*, organe officieux de l'administration municipale, et le *Progrès d'Elbeuf*, qui entretenaient beaucoup trop le public de leurs querelles personnelles. Tous ces journaux étaient d'un prix élevé.

La librairie à bon marché n'existait pas encore, aussi avait-on recours aux cabinets de lecture tenus par M. Amédée Fournier, imprimeur-gérant de l'*Industriel*, rue de la Justice, et de M. Renard, rue du Glayeul, et voici la liste des ouvrages, tous romans, qui avaient la préférence des habitués :

Les Mystères de Paris (Eug. Suë), *les Mystères de Londres*, *les Mystères du grand monde*, *Ascanio* (A. Dumas), *Huit jours au Château*

(F. Soulié), *Un duel sans témoin* (P.-L. Jacob), *Dinah et Rosa ie* (Balzac), *la Villa Palmieri* (A. Dumas). *la Valise noire* (E. Souvestre), *la Femme d'un ministre* (Brisset), *la Baronne de Rudolstad* (George Sand), *le Docteur rouge* (J Laffitte), *la Porte du Salut* (R. de Beauvoir), *Sans Cravate* (P. de Kock), *Feu Bressier* (Alph. Karr), *le Château de Rochecourbe* (Victor du Hamel), *David Séchard* (Balzac), *les Prétendues* (F. Soulié), *les Comtes de Kienny* (de Bazancourt), *le Château de Pinon* (comtesse Dash), *Cécile*, *le Château d'Eppstein* (A. Dumas), *Au jour le jour* (F. Soulié), *l'Anneau de fer* (d'Arlincourt), *Histoire d'un ours* (comtesse Dash), *Marianne de Schugnies* (H. Berthoud), *la Famille Gogo* (P. de Kock), *les Trois Royaumes* (d'Arlincourt), *le Juif errant* (Eug. Suë), *les Trois Mousquetaires* (A. Dumas), *le Bord de l'Eau* (A. Brot), *Géraldine* (Mme Ch. Raybaud). *l'Ile des Cygnes* (A. Roger), *le Masque de velours* (Delacroix), *Amaury* (A. Dumas), *Raccolta* (Ch. Didier), *les Vrais Mystères de Paris* (Vidocq), *les Quatre Sœurs* (F. Soulié), *les Châteaux en Afrique* (comtesse Dash), *les Bohémiens de Paris*, (H. de Kock).

Les journaux de Paris les plus généralement lus à Elbeuf étaient la *Presse*, le *Constitutionnel* et les *Débats*; mais le premier se fit un tort considérable par un article malveillant pour les fabricants en général, et dont voici quelques lignes :

« Elbeuf ? — Ville sans poésie, campagne sans grâce, maisons sans élégance, pays sans couleurs, ville toute barbouillée de noix de galle, d'indigo et de bois de campêche, où la Seine n'est pas la Seine, mais le fleuve noir de l'Enfer ».

En octobre, on mit en vente, au profit des pauvres, « *les Tisserands elbeuviens*, romance pathétique, éminemment philanthropique et légèrement morale ».

A une élection municipale partielle, qui eut lieu les 23 et 25 octobre, MM. Henry Tabouelle et A. Legrand-Duruflé furent élus conseillers. L'élection, attaquée devant le conseil de préfecture, fut déclarée valable. On installa les nouveaux élus le 15 novembre.

Pendant la nuit du 26 au 27, la population fut mise en émoi par un incendie qui s'était déclaré à la fonderie Durup de Baleine, rue de Louviers.

Le 31, se tint une assemblée générale des actionnaires de la Compagnie des chemins de fer de Paris à Rouen ; plus de 36.000 actions s'y trouvaient représentées. Dans cette réunion, les embranchements d'Elbeuf et de Louviers furent votés à la presque unanimité.

Cette nouvelle fut accueillie dans notre ville avec beaucoup de plaisir, mais la majorité des personnes prenant intérêt aux affaires publiques se prononça contre toute subvention. Entre autres raisons données étaient les suivantes :

« Un chemin de fer est une voie très accélérée, avantageuse surtout aux points extrêmes et aux pays de production, soit. Mais au temps où d'Elbeuf à Rouen un bateau à corde transportant péniblement les voyageurs en cinq ou six heures, lorsqu'une compagnie voulut créer le premier service de bateau à vapeur, c'était aussi alors une manière de voyager infiniment plus prompte et un vrai service rendu au pays.

« A cette époque, a-t-on eu un seul instant l'idée de subventionner cette compagnie bienveillante ? Et quand elle eut perdu son capital ou à peu près, quand une autre compagnie de même nature s'est vue forcée d'opérer sa dissolution, le conseil municipal a-t-il pensé à voter quelque indemnité pour ces deux entreprises, qui se sont ruinées en prenant et ramenant les voyageurs à un lieu d'embarquement tout elbeuvien ?

« Non, sans doute ; c'étaient des spéculations particulières qu'on a abandonnées à leurs chances de bénéfices ou de perte. Pourquoi donc ajouter aux profits certains de compagnies avides qui, après avoir prélevé la contribution volontaire que nous nous serions imposée, après avoir découragé et détruit toute concurrence, si elles le peuvent, nous exploiteront à loisir et organiseront le monopole ? »

CHAPITRE XXVIII
(NOVEMBRE-DÉCEMBRE 1844)

Elbeuf a l'Exposition de Paris ; hautes récompenses. — Nouvelles machines et procédés industriels ; les effilochages. — Projet de tunnel entre Elbeuf et Louviers. — Au Tribunal de commerce ; réglements ; médailles ; tarification pour les agréés ; création de syndics, etc — Les brevets de libraire. — Statistique des crimes et délits.

La participation de la fabrique d'Elbeuf à l'Exposition de 1844 avait valu de hautes récompenses à plusieurs exposants. Voici un extrait du rapport du jury central :

« *MM. Chefdrue et Chauvieulx*. — Plus de vingt ans se sont écoulés depuis que cette maison a commencé, à Elbeuf, la fabrication de la nouveauté. A bon droit, elle peut revendiquer la création de plusieurs genres d'étoffes qui ont contribué à la prospérité de cette ville. De grands sacrifices, inévitables dans l'origine, n'ont point découragé ces habiles fabricants.

« Le succès a couronné leurs efforts ; ils ont

vu chaque année leur importance commerciale s'accroître, et chaque exposition, depuis 1823, constater les progrès de leur industrie. En 1834, ils ont obtenu la plus haute récompense; elle leur a été rappelée en 1839.

« Au milieu d'une exposition dépassant 80 coupes et composée d'une grande variété d'articles, draps lisses, croisés et nouveautés, unis et mélangés, d'une fabrication parfaite, le jury a distingué un drap extra-fin bronze doré à 30 fr., remarquable par son lainage et la perfection des apprêts ; un satin garance drapé, d'une grande force, sans exclure le moelleux, et enfin des écossais tatoués et rayés d'un excellent goût.

« Le jury reconnaît que MM. Chefdrue et Chauvreulx sont du petit nombre des industriels qui, ayant épuisé la série des récompenses nationales, savent encore dépasser la hauteur à laquelle ils avaient atteint, et leur rappelle la médaille d'or obtenue en 1834 et 1839.

« *M. Louis-Robert Flavigny aîné.* — Cet établissement continue à produire sur une grande échelle des draps et surtout des nouveautés et satins drapés, qui justifient de plus en plus la réputation dont il jouit.

« Les prix de ces nouveautés sont modérés, eu égard à leur perfection ; il en est de même des draps unis et mélangés, qui sont parfaitement fabriqués.

« En général, il y a dans cet établissement le mérite d'une innovation permanente et en progrès, Le jury lui rappelle la médaille d'or.

« *Charles-Robert Flavigny.* — (Même appréciation et dans les mêmes termes que pour l'exposition du précédent).

« *M. Théodore Chennevière* — Cet intelligent industriel, auquel le jury de 1839 décernait la médaille d'or, a encore, depuis cette époque, développé à un haut degré et au milieu d'une concurrence active, l'industrie de la nouveauté, à laquelle il avait précédemment donné une si grande impulsion. C'est lui qui fait aujourd'hui les affaires les plus importantes de la place d'Elbeuf et qui occupe le plus grand nombre d'ouvriers.

« Il se livre avec succès à tous les genres et se fait remarquer par le goût, le choix et la diversité de ses dessins; ses prix modérés sont à la portée de toutes les classes de consommateurs.

« Son ardeur pour le progrès de l'industrie semble avoir été stimulée par la récompense qu'il a reçue en 1839, et le jury, lui reconnaissant des droits si bien justifiés, lui rappelle la médaille d'or.

« *M. Dumor Masson.* — L'exposition de M. Dumor-Masson soutient bien le caractère de bel ensemble que présentait celle de 1839 et réalise les espérances données alors.

« En examinant ses tissus, on reconnaît facilement les soins apportés dans tous les détails, par cet habile industriel, aux diverses qualités qu'il produit.

« Un satin garance, un bronze faisan ont particulièrement fixé l'attention du jury. On ne saurait trop louer ses efforts pour arriver à la perfection et fabriquer le drap fin avec avantage ; efforts heureux, qui lui ont mérité la confiance des maisons de consommation les plus importantes et les plus honorables. Nous pensons ne pouvoir mieux terminer qu'en citant la note textuelle du jury départemental :

« Le jury de la Seine-Inférieure a reconnu
« unanimement que cet habile manufacturier
« doit être placé à la tête des manufacturiers
« de draps de première qualité à Elbeuf, et il
« le recommande tout spécialement au jury
« central ».

« Pour reconnaître la perfection soutenue des étoffes de M. Dumor-Masson, dans le genre le plus difficile, le jury lui décerne la médaille d'or.

« *M. J.-P. Charvet*. — Ce fabricant, dont l'établissement remonte à 1816, a toujours été l'un des premiers à se livrer aux innovations qui, dans cette ville, ont donné un si grand essor à l'industrie drapière.

« En 1834, pour la beauté et la variété de ses nombreux produits, il obtint la médaille d'argent; ses ventes s'élevaient à 400.000 fr.

« En 1839, le bon goût et la fabrication de son exposition, notamment ses progrès soutenus dans le genre nouveautés pour pantalons et manteaux de dames, lui méritèrent le rappel de la médaille d'argent; son chiffre de production était alors de 750.000 fr.

« L'exposition de 1844 voit apparaître M. Charvet avec 76 coupes servant d'échantillons aux produits qu'il fournit habituellement à la consommation. Parmi tous ces tissus, vraiment remarquables par la variété et le fini du travail, le jury signale celui dont l'exposant est le créateur et auquel il a donné le nom d'articulé, étoffe extrêmement élastique, sans emploi de caoutchouc, et qui n'a pas cessé d'être demandée depuis cinq ans, malgré l'inconstance de la mode.

« Sa fabrication, dit le jury départemental, est au premier rang de celles du même genre;

elle tend à progresser, et l'on peut ajouter que M. Charvet a fait preuve d'un mérite incontestable en élevant sa maison au point de réputation où elle est arrivée. En effet, M. Charvet livre aujourd'hui pour 1.200.000 fr. de ses produits à la consommation, et cependant il ne peut suffire aux demandes qui lui sont journellement adressées.

« En raison de ses progrès si bien constatés, le jury lui décerne une médaille d'or.

« *MM. Armand Durécu et C*ie. — Cet exposant débutait presque, en 1839, et prenait aussitôt un rang distingué qui lui présageait les plus grands succès. Cette attente n'a pas été trompée, et son exposition, miroir fidèle des produits qu'il livre à la consommation, se distingue par la fraîcheur, le fini et une grande variété de très belles étoffes connues sous le nom de nouveautés.

« Ses tartans, pour robes de chambre d'hommes, sont très recherchés par le commerce intérieur et extérieur, et l'on remarque dans ses piqués façonnés, pour pantalons, la pureté des nuances et l'exécution des armures. La progression ascendante de cette fabrique, qui emploie un grand nombre d'ouvriers, sans qu'il en résulte d'encombrement dans ses magasins, prouve les heureux résultats obtenus par ses efforts.

« A tous ces mérites l'exposant joint celui, qui ne lui est pas contesté même par ses rivaux, d'avoir enrichi la fabrique de plusieurs créations de nouveautés que la mode a acceptées avec empressement et qui ont fait naître beaucoup d'imitateurs.

« Le jury décerne la médaille d'or à MM Armand Durécu et Cie.

« *M. Félix Aroux*. — Cet industriel expose 80 pièces de tissus, composées de six genres bien distincts. Ses ouates présentent une idée heureuse et méritent d'être accueillies par le consommateur pour vêtements d'hiver.

« Cet habile manufacturier, qui a eu la médaille d'argent en 1834 et le rappel en 1839, travaille sur une grande échelle, présente une grande variété et décèle beaucoup de goût ; il n'a jamais reculé devant aucun sacrifice pour introduire dans ses ateliers les machines nouvelles et contribuer constamment à faire progresser l'industrie drapière.

« Le jury lui vote la médaille d'or.

« *M. Victor Barbier*. — Cet établissement comprend deux genres, les draps et les nouveautés ; ces derniers produits sont remarquables surtout par leur variété et leur bonne exécution.

« Il y a principalement des twines, des castors et des étoffes d'hiver fabriquées avec des laines naturelles, qui ont frappé l'attention du jury par leur qualité et la modération des prix. Les draps, dans leur ensemble, sont d'une fabrication très satisfaisante.

« Le jury rappelle à M. Victor Barbier la médaille d'argent obtenue en 1839

« *M. Charles Fouré*. — Ce fabricant se consacre principalement à la fabrication du drap lisse et croisé ; sa nouveauté est d'un très bon goût et de bonne qualité. Le jury a remarqué surtout les draps fins de son exposition, draps pleins, bien garnis et d'apprêts soignés.

« C'est vraiment l'ancien type de la bonne fabrication elbeuvienne, avec les perfectionnements que le temps lui a fait subir, et que les consommateurs recherchent toujours.

« Le jury rappelle, avec éloge, à M. Fouré, la médaille d'argent qu'il lui a décernée en 1839.

« *M. Augustin Delarue*. — Ce manufacturier expose des draps de billards, des draps lisses et croisés, et des nouveautés de printemps. Ce dernier genre est satisfaisant eu égard aux prix. Les draps ordinaires, lisses croisés sont bien faits, et le jury a distingu les draps de billards, qui sont fort moelleux et bien tondus.

« Il reconnaît que M. Delarue conserve la bonne tradition dans ce genre, et lui rappelle la médaille d'argent déjà obtenue en 1834 et 1839.

« *MM. Sevaistre et Legrix*. — Ces fabricants qui avaient obtenu la médaille d'argent en 1834, n'ont point exposé en 1839. Leur fabrication est importante, et les produits qu'ils exposent ont paru remarquables au jury à plus d'un titre Les draps fins sont d'une belle qualité ; les nouveautés ont un fini et un brillant qui les distinguent et les mettent en rivalité avec les meilleurs fabricants. Leurs étoffes dites draps-caoutchouc ont paru joindre à la beauté des couleurs l'élasticité qui en fait le principal mérite.

« Le jury rappelle à MM. Sevaistre et Legrix la médaille d'argent obtenue précédemment et se plaît à reconnaître qu'ils la méritent de plus en plus.

« *M. Alphonse Touzé*. — L'ensemble de son exposition, composée de cuirs-laines, castors, zéphirs et draps lisses, présente une grande variété d'excellentes qualités et des apprêts parfaitement soignés. Cet industriel est un de ceux qui excellent dans la fabrication des draps fins.

« Les numéros 11.134 bleu vif, 11.124 bleu nègre et 11.049 brun-musc ont surtout paru remarquables par la solidité de la toile, la finesse du grain, la douceur et le moelleux de l'étoffe.

« Pour le mérite réel de M. Touzé, le jury lui décerne la médaille d'argent.

« *MM. Flamant et C*^{ie}. — Ce fabricant exploite spécialement la draperie à l'usage des officiers de l'armée. Nulle autre maison, à Elbeuf, n'avait jusqu'à ce jour donné un aussi grand développement à cette branche d'industrie, qui présente des difficultés réelles pour la réussite des couleurs distinctives, telles qu'écarlates, bleues, jonquille, etc.

« Le succès a couronné ses efforts : ses relations se sont promptement étendues et lui ont en peu d'années, pour l'importance, assigné un rang très distingué. Dans l'ensemble varié des produits qu'il expose et dont les nuances et qualités sont très remarquables, le jury a distingué un satin garance de 1 m. 60 de large ; ce tissu annonce une très grande solidité et les apprêts en sont réussis parfaitement.

« Le jury, reconnaissant toutes les difficultés qu'a dû vaincre M. Flamant, et sa bonne fabrication, lui décerne la médaille d'argent.

« *MM. B. Javal et J. May*. — Les articles à bas prix, nouveautés à 10 fr. 50, tartans à 5 fr., twines à 9 fr., draps lisses de 10 fr. 50 à 16 fr., exposés par ces fabricants, justifient, par la qualité et la solidité, eu égard à la modicité des prix, l'accroissement de leurs débouchés Le jury leur rappelle la médaille de bronze qu'ils ont déjà obtenue.

« *M. Rastier fils*. — Cet industriel fabrique

presque exclusivement des draps et satins noirs de diverses qualités, de 11 à 28 fr. le mètre. Ses produits ont paru au jury d'une fabrication très satisfaisante, et il lui confirme la médaille de bronze qui lui a été décernée en 1839.

« *MM. Michel Couprie et Cie*. — Cette maison présente à l'exposition des draps fins d'un beau lainage, d'une toile serrée et régulière ; elle se livre beaucoup à la fabrication du drap noir. Le jury rappelle à M. Couprie la médaille de bronze qui lui fut décernée en 1839.

« *M. Morel Beer*. — Se livre à deux genres de fabrication bien distincts : draps lisses et nouveautés, les premiers de qualité moyenne, de bonne fabrication et de prix modérés.

« Les nouveautés se distinguent par la variété de dessin et la souplesse du tissu ; le jury a particulièrement distingué parmi ces dernières les numéros 17.845 et 16.811 écossais moirés, et l'article dit chinois portant le numéro 17.813, dont les pareils ont été goutés par les étrangers.

« Le jury accorde à M. Morel-Beer une nouvelle médaille de bronze.

« *MM Regnault et Peltier*. — Fondé depuis peu d'années, cet établissement se livre spécialement à la fabrication des draps fins et superfins de 17 à 28 fr. le mètre. Ces produits d'un tissu délié, bien garnis, serrés et tenants, méritent sous tous les rapports d'être distingués.

« Le jury leur accorde la médaille de bronze.

« *M. Philippe Decaux*. — Ce fabricant expose des draps types de ses fournitures à la garde municipale ; ils sont remarquables par leur bonne fabrication et la quantité de matière qui y est entrée, relativement aux prix auxquels il les livre.

« Il est parvenu, par suite d'un excellent dégraissage, à obtenir une teinture si bien fixée, que les étoffes, même les bleus de toutes nuances, ne blanchissent plus, pour ainsi dire, sur les coutures.

« Le jury lui décerne la médaille de bronze.

« *MM. J. Boisguillaume et fils aîné.* — Leur exposition se compose de nouveautés et de draps pour billards. Les nouveautés sont faites avec goût et d'un prix modéré. Nous mentionnerons surtout les deux pièces numéros 32.044 et 32 054. Les draps de billard, corsés et souples à la fois, sont bien apprêtés.

« Le jury leur décerne une médaille de bronze.

« *MM. Osmont et Boismard.* — Cette fabrique, établie depuis peu d'années, expose pour la première fois ses nouveautés et ses draps, qui méritent d'être appréciés pour leur bonne confection et le soin des apprêts.

Le jury, persuadé que MM. Osmont et Boismard acquerront d'ici à la prochaine exposition, des droits à une récompense plus élevée, leur accorde, en ce moment, la médaille de bronze.

« *M. Brisson.* — Mentionné en 1839, sous la raison Berrier et Brisson. Ses draps, d'une qualité ordinaire, paraissent convenablement fabriqués. — Rappel de mention honorable.

« *M Jules Thillard.* — Expose pour la première fois des draps qui, surtout dans les qualités supérieures, ont paru d'une fabrication soignée en rapport avec leurs prix. — Mention honorable ».

Relevons ici les moyens de fabrication que

les manufacturiers elbeuviens avaient alors à leur disposition et l'état, au point de vue technique, de l'industrie de la laine cardée :

« L'industrie des fils cardés et des étoffes foulées et drapées, dit M. Alcan, avait marché à grands pas et amélioré la plupart de ses machines Le travail du *rattacheur*, si pénible pour les enfants qui l'exerçaient et si préjudiciable à la perfection du résultat, fut supprimé partiellement, grâce aux cardes fileuses ou *cardes américaines*. Celles-ci, au lieu de fournir des petits cylindres ou loquets d'une longueur limitée à la largeur de la carde, puis soudés ou rattachés à la main, rendit la substance sous la forme d'un *boudin*, ou gros fil continu. Une augmentation de vitesse dans les diverses machines de l'assortiment permit de produire plus et mieux. De cette époque (1840 à 1844) datent les premiers foulons cylindriques fermés, au moyen desquels le travail important qui leur incombe s'exécute avec plus de précision, de sûreté, et une économie de place considérable, en supprimant les pilons à chocs, et en évitant la déperdition de la chaleur, si utile à l'opération. Ces machines s'installent partout comme un outil quelconque, et il n'est plus indispensable de reléguer au dehors, dans les campagnes isolées, une des opérations les plus dignes de l'œil du maître.

« Le domaine des lainages fut augmenté par l'adjonction des tricots foulés et drapés fabriqués sur les métiers circulaires. La toile de laine, tricotée avec une grande économie sur les nouvelles machines, prend, après le foulage et les apprêts, un moelleux remarquable en conservant l'élasticité due au genre d'entrelacement des fils, et devient particulièrement propre aux vêtements chauds, tels que pantalons à pieds, robes de chambre, camisoles, gilets unis ou à poils, etc.

« Dans le même temps apparaissent aussi les machines à feutrer directement les nappes de laine cardée. Cette invention eut un assez grand retentissement ; les uns augurèrent trop et d'autres pas assez de la destination des nouveaux moyens mécaniques. Leur application est désormais acquise à des produits spéciaux, tels que les tapis communs, les tentures ordinaires imprimées, les chabraques et autres objets pour le service militaire, des articles pour chaussures, des manchons pour enveloppes, pour appareils calorifiques, des applications aux marteaux de pianos et à diverses autres garnitures pour amortir les chocs, etc.

« L'effilochage des chiffons, des tissus ras pour en utiliser de nouveau la laine, est encore un résultat des recherches de cette époque, auquel aucune espèce de déchet de laine n'échappe maintenant ; ce travail a pris, comme on sait, une très grande extension. Une série de catégories et de matières à bas prix vint fournir une certaine ressource à la production des tissus mélangés à très bas prix ».

Une nouvelle compagnie parut naître au commencement de novembre. Le 8, le général Excelmans, député, assista à une réunion tenue à Louviers, dans laquelle il exposa un projet de chemin de fer entre cette ville et Elbeuf et parvint à engager un certain nombre de petits capitalistes. Il était question d'un très long tunnel, réunissant directement les deux localités. On estimait les dépenses à six millions : ce fut la pierre contre laquelle le nouveau projet vint se briser.

Peu de temps après, on lisait dans le *Courrier de l'Eure* :

« Il est toujours de plus en plus question de l'embranchement de Louviers sur Elbeuf, mais la ville d'Elbeuf ne veut pas qu'on l'embranche, à moins que Louviers ne paye la faveur. On répète sans cesse que Louviers n'est qu'un satellite d'Elbeuf ; mais ici la planète repousse son satellite. Laplace n'a pas prévu le cas ».

On sait qu'une société de bienfaisance pour l'emploi des déchets de fabrique s'était fondée dans notre ville. Le Conseil fut informé, le 15 novembre, que les deux tiers des bénéfices, attribués au bureau de bienfaisance, s'étaient élevés à 7.000 fr. pendant l'exercice précédent. Cette somme fit le premier fonds d'une réserve destinée à la construction d'un établissement pour recevoir les ouvriers indigents ne remplissant pas les conditions pour être admis à l'hospice des vieillards.

Le Conseil vota, ce même jour, 1.275 fr. pour la construction d'un pont rue Henry, sur le fossé courant conduisant les eaux des fabriques et autres à la Seine.

Réuni de nouveau, le 22 du même mois, le Conseil décida d'acheter les maisons de MM. Delaplanche et Dreyfus pour élargir la place du Port, du coté Est.

Le 15 novembre, à la suite d'une ordonnance royale, datée du 21 octobre précédent, portant nomination de magistrats au Tribunal de commerce d'Elbeuf, on procéda à l'installation de M. Paul Sevaistre, président, succédant à M. Constant Grandin ; de M. Edmond Trinité, juge, remplaçant M Charles Flavigny, démissionnaire ; et de M. Noël Savoye, juge suppléant, pour remplacer M. Alphonse Martel.

— M. Pierre Heullant qui avait été nommé juge suppléant le 4 novembre, en remplacement de M. Lizé, fut également installé dans cette séance.

Dans son discours, M. Paul Sevaistre proposa de suivre l'exemple du Tribunal de commerce de Paris, pour la conduite des faillites, et témoigna de son désir de faire une prompte justice.

Quelques jours après, les membres du Tribunal se réunirent et nommèrent une commission, composée de MM. Collas et Savoye, avec mission de présenter un projet de réglement et d'amendes pour inexactitudes et la destination de ces amendes.

Le 21, le Tribunal adopta l'ouverture d'un registre d'annotation sur la marche des faillites, décida de vérifier la taxe des frais et réglementa les honoraires des arbitres.

Dans des séances suivantes, le Tribunal fixa les heures des montées des audiences et le chiffre des amendes.

Il fut décidé que ces amendes seraient employées à la confection de médailles, qui seraient remises aux membres du Tribunal à fin d'exercice, et que celles du Tribunal de commerce de Rouen serviraient de modèles.

On décida également de réclamer du Conseil général une augmentation de budget et une somme de 1.000 fr pour achat de livres de jurisprudence, dont la liste figure sur les registres de la compagnie, et de réclamer du ministre de la Justice une augmentation dans le personnel du tribunal. On fixa le tarif des émoluments à percevoir par les agréés pour actes de leur ministère devant le Tribunal; le réglement qui le concerne est très détaillé. Enfin, on adopta le principe de nommer des syndics, pris autant que possible parmi les agréés.

La salle d'audience du Tribunal de commerce était toujours rue de la Prairie, dans un local que le département tenait à loyer de M. Prieur-Quesné ; mais il arrivait que lorsque la Seine sortait de son lit, cette rue était une des premières inondées, de sorte que juges et plaideurs étaient dans l'obligation de se rendre aux audiences par le moyen d'un bateau.

C'est ce qui fut exposé au préfet. D'un autre coté, notre administration municipale étudia les moyens d'approprier l'arrière-corps de l'hôtel de ville à une salle d'audience et accessoires. Le 22 novembre, un rapport fut présenté en ce sens au Conseil par MM. Lecerf et Louis Bertrand. La dépense était estimée à 15.100 fr. Le vote pour le transfèrement fut émis le 18 février suivant. — En 1848, le département prit à location de la ville d'Elbeuf, les locaux du Tribunal de commerce à raison de 2.400 fr. par an.

Pendant la dernière semaine de novembre, l'archevêque de Rouen et le préfet du département vinrent l'un après l'autre à Elbeuf. Le premier fut escorté à son arrivée et à son départ par la garde nationale à cheval, ce qui fit l'objet d'assez vifs commentaires.

La prison municipale, à l'hôtel de ville, avait été jusque-là au premier étage. C'était parfois fort gênant pour y faire entrer les ivrognes ou les récalcitrants. En 1844, on l'installa au rez-de-chaussée.

Vers la fin de novembre, la duchesse d'Orléans envoya à la ville d'Elbeuf un tableau représentant, en buste, le feu duc son mari, peint par M. Massé, d'Elbeuf, d'après un tableau du célèbre Ingres. Le maire remercia la donatrice par une lettre dont copie est conservée aux archives municipales.

Le 6 décembre, le ministre signa un brevet de libraire en faveur de Mlle Denise-Isoline Thibaut, qui l'exploita à Elbeuf jusqu'au commencement de 1847. Elle en fit cession, le 15 janvier de cette dernière année, à M. Emmanuel-Joseph Langevin, originaire de Brionne, mais le transfert ne fut pas autorisé.

M. Georges-René Saint-Fuscien entra en fonction comme commissaire de police, le 26 décembre. Il remplaçait M. Petit.

Une étude statistique, publiée l'année suivante, établit que, du 1er avril 1834 jusqu'au 31 décembre 1844, la police d'Elbeuf avait opéré 692 arrestations pour crimes et délits. Sur ce nombre, 30 individus avaient été acquittés, faute de preuves suffisantes.

Il existait dans le ressort de la police d'Elbeuf, au 31 décembre de cette même année, 662 repris de justice, et 7.920 personnes avaient été condamnées pour infractions aux réglements municipaux et autres.

L'état-civil avait noté, pendant l'année, 583 naissances, 112 mariages et 434 décès.

CHAPITRE XXIX
(1845)

Artistes elbeuviens : MM. Delaunay et Aubert. — Les projets Letellier et Laffitte. — Les forçats libérés. — Le journalisme a Elbeuf. — Projet de gare au Vallot. — La mare du Gard. — Réunions relatives aux projets de voies de fer sur Caen ; discussions intéressantes — Les pièces de six liards et les décimes a l'N. — La catastrophe de Monville

Le premier dimanche de janvier 1845, on inaugura des cours gratuits de phonographie, c'est à-dire de sténographie, faits par M. Vidal, qui quitta bientôt notre ville pour se rendre à Paris.

A cette époque, des ingénieurs étudiaient une ligne de chemin de fer de Caen à Elbeuf, par Pont l'Evêque, Epaignes, Pont-Audemer, Corneville et le Roumois.

En janvier-février, M. Laferrière vint donner une série de représentations à Elbeuf.

M. Jules Dupuy, homme de loi à Elbeuf, fut nommé agréé au Tribunal de commerce, le 1er février, en remplacement de M. Thibaud, démissionnaire.

Un arrêté préfectoral, du 3 février, approuva un réglement municipal concernant le classement des bateaux à leur arrivée au quai d'Elbeuf, les mesures à suivre pour leur chargement ou déchargement, la division des ouvriers du port, carruyers et voituriers, en trois classes, et le service de la halle.

M. Delaunay, d'Elbeuf, demanda l'appui du conseil municipal pour être autorisé à faire une copie du portrait de la reine, d'après M. Winter-Halter; cette copie devait être envoyée à la ville, pour être placée dans la grande salle de l'Hôtel de Ville. Le Conseil, réuni le 14 février, s'empressa d'appuyer cette demande.

Il fut dit au Conseil, le même jour, que pendant la nuit précédente, des fragments de pierre s'étaient de nouveau détachés de la tour de l'église Saint-Jean. Le Conseil renouvela la demande de subvention qu'il avait déjà deux fois faite au ministre, pour contribuer à réparer ce monument.

On discuta ensuite sur la liberté de la boulangerie, que voulait établir le ministre du commerce. Le Conseil se montra opposé à cette mesure.

Le 18 du même mois, la Chambre consultative donna son adhésion pleine et entière à une pétition de la Chambre de commerce de Rouen, pour l'amélioration de la basse Seine.

Le même jour, le conseil municipal refusa de dispenser du service actif de la garde nationale les administrateurs de la Caisse d'épargne, qui réclamaient cette faveur en raison de leurs fonctions.

Il vota le principe du transfèrement du Tribunal de commerce à l'Hôtel de Ville, à condition que les travaux seraient subordonnés au maintien du droit d'octroi sur les houilles, au moyen d'une loi que sollicitait le Conseil.

Le 19, mourut, à Caudebec, où elle demeurait, Mme veuve Louis-Pierre-Auguste Grandin, née Marie-Rose Lefebvre. Par son testament, elle donna 20.000 fr. aux pauvres de sa commune, et 20.000 fr. à ceux de notre ville.

On mit à l'enquête, le 20, le projet des travaux à exécuter pour l'établissement du chemin de fer de Caen à la ligne de Paris à Rouen, sur laquelle il s'embranchait en deux points différents : à Saint-Pierre-du-Vauvray et à Oissel, et dont les administrateurs du chemin de fer de Paris à Rouen demandaient la concession.

La commission d'enquête fut composée de MM. Pierre Turgis, maire d'Oissel, Joseph Flavigny, conseiller d'arrondissement ; Mathieu Bourdon, maire d'Elbeuf ; Laurents, ancien maire ; Henri Quesné, manufacturier ; Tabouelle, agréé ; Th. Chennevière, Nicolas Louvet, manufacturiers ; Heullant, ex-maire de Caudebec ; Bachelet, maire de Saint-Aubin.

Deux autres enquêtes étaient alors ouvertes dans le département de l'Eure sur deux autres projets ; l'un, de M. Letellier, portait sur une ligne par Lisieux, Bernay, Evreux, avec embranchement soit à Mantes, Saint-Germain ou Versailles, et comportant un embranchement d'Evreux à Rouen par Louviers ; l'autre, de M. Méry, avait pour objet une ligne par Lisieux, Bernay, Evreux, Mantes, avec embranchements Louviers et Alençon.

La rue du Pré-Bazile fut au nombre de celles

qui donnèrent lieu à beaucoup de formalités, soit pour leur ouverture, soit pour leur alignement. A cette époque, le conseil municipal était en conflit avec le comité des bâtiments civils du Conseil d'Etat au sujet de cette rue.

Le 22 février, le maire invita le Conseil a formuler une demande au ministre pour interdire le séjour d'Elbeuf à de nouveaux forçats libérés placés sous la surveillance de la police.

M. Dautresme, à l'appui de quelques considérations généreuses en faveur d'hommes frappés par la loi, mais auxquels la société devait le pardon après la peine qu'elle leur avait infligée, dit qu'on n'avait pas à se plaindre de ceux résidant à Elbeuf. Les vols de fabrique, dit-il, ne sont pas nombreux, malgré la confiance des manufacturiers, dont les marchandises sont le plus souvent exposées à l'aventure dans des maisons ouvertes longtemps encore après la nuit close.

« N'étouffons pas la voix de l'humanité ; n'oublions pas que le nom seul de libéré est une cause de réprobation qui empêche souvent ces malheureux de trouver des moyens d'existence. Et où les rencontreront-ils, si ce n'est dans une grande ville manufacturière, où leur individualité se trouvant perdue, du pain leur est assuré en échange de leur travail ? »

M. Lefort-Henry aurait approuvé l'avis de M. Dautresme s'il eût seulement plaidé la cause des libérés résidant alors à Elbeuf, bien qu'il fût désirable, dit-il, que nous en fussions entièrement exempts. « Mais si on laisse s'agglomérer un nombre trop grand de ces individus, quelles funestes conséquences !

« Notre population ouvrière, surexcitée par

des paroles perfides, entraînée par des conseils insidieux, pervertie par des exemples criminels, l'oisivité succédant au travail, la révolte chassant la soumission, toutes les mauvaises passions fermentant au milieu de nous ! Evitons de pareils malheurs, et, pour les éviter, appuyons de tous nos vœux la proposition qui nous est faite ».

La proposition fut adoptée par 17 voix contre une.

L'hiver de 1844-45 avait été très long et très rude. La gelée avait commencé en novembre, et au 15 mars 1845, la neige couvrait encore les champs, sous un froid tellement intense que l'on prévoyait la prise complète de la Seine en une seule nappe de glace.

L'année 1845 fut fertile en événements de journalisme dans notre ville.

A cette époque, l'ancien *Industriel Elbeuvien* journal officiel de l'administration municipale, édité par M Pierre-Amédée Fournier, imprimeur typographe et lithographe, rue de la Justice, était dans sa huitième année.

Le *Progrès*, journal fondé par M. Jules Dupuy, agréé près le Tribunal de commerce, cessa de paraître le 20 mars

Le 21 du même mois, M. Victor Normand. écrivain lithographe à Elbeuf, déclara qu'il serait le gérant d'un nouveau journal politique sous le titre de le *Censeur Normand*. qui bientôt prit celui de *Progrès d'Elbeuf et Nouveau Censeur de Rouen réunis*. Le *Censeur* fut fondé par actions de 250 fr. pour un capital total de 10.000 fr. M. Gustave Naquet en était le rédacteur.

Peu de semaines après son premier numéro, le *Censeur* attaqua M. Mathieu Bourdon, maire d'Elbeuf, et M. Henri Barbé, maire de Rouen, qui, chacun de son côté, assignèrent M. Normand devant les tribunaux. Les nombreux milliers de francs auxquels le *Censeur* fut condamné, sans préjudice de mois de prison, d'affichage des jugements, etc., amenèrent la disparition de ce journal le 6 octobre de la même année.

Alors naquirent la *Sentinelle* et le *Journal d'Elbeuf*, dont le premier numéro parut au commencement d'octobre.

A la suite d'une grande réunion qui avait eu lieu à Lisieux, le 30 mars, M. Mathieu Bourdon convoqua le conseil municipal de notre ville le 3 avril, pour l'entretenir une fois de plus du projet de chemin de fer de Caen à Elbeuf.

Sur une observation de M Laurents, MM. Mathieu Bourdon, Nicolas Louvet, Henri Tabouelle et Laurents, nommés membres de la commission d'enquête par arrêté préfectoral, déclarèrent s'abtenir de tout vote, afin de conserver leur liberté dans la commission.

M. Robert Flavigny demanda qu'il fût fait des réserves sur le détournement ou l'amoindrissement des eaux du Puchot, si l'exécution projetée d'un tunnel dans la côte portait atteinte à ses sources, si précieuses pour l'industrie de la ville

M. Lefort répondit que les eaux alimentant le cours du Puchot et les nombreuses fontaines s'y rattachant avaient leurs sources bien au-delà de la côte qu'il s'agissait de percer. On en trouve la preuve, dit-il, dans les phénomènes naturels qui se produisent les mêmes et instantanément dans les eaux du Puchot et dans la petite rivière de Moulineaux.

M. Laurents appuya l'observation de M. Flavigny et cita un exemple à l'appui.

Le Conseil prit en considération l'observation et prit cette délibération :

« Considérant que le projet de chemin de fer déposé par MM. Charles Laffitte et Cie et soumis actuellement aux enquêtes, a pour but non seulement de maintenir mais encore d'augmenter les relations qui existent aujourd'hui entre les départements de la Seine Inférieure, de l'Eure et du Calvados ;

« Que le tracé de ce chemin de fer, venant se relier avec la ligne de Rouen à Paris, met notre contrée en rapport direct avec tous les points essentiels de son industrie, Paris, Rouen et la basse Normandie ;

« Considérant que, dans une réunion qui a eu lieu à Lisieux, le 30 mars dernier, M. Laffitte, au nom de sa compagnie, a manifesté l'intention positive, a pris l'engagement de diriger un embranchement de Caen vers la ligne de Nantes.

« Que, de l'exécution de cette promesse formelle, suit une double communication immédiate vers la Bretagne, probable avec Bordeaux ;

« Considérant que la ligne de Paris-Rouen sera inévitablement, dans un avenir peu éloigné, jointe à la ligne du Nord par Beauvais, jonction qui doit, à l'immense avantage des départements déjà nommés et ceux du Nord-Ouest de la France, compléter le grand réseau de nos voies de transport ;

« Que, seul, le projet de MM. Ch. Laffitte et Cie résume le bienfait de ces importantes communications ;

« Considérant que, au contraire, les tracés

indiqués par les compagnies rivales ont le tort immense de rompre les liens qui aujourd'hui rattachent la haute et la basse Normandie ;

« Que leur résultat serait impuissant pour les intérêts bien compris d'une contrée populeuse, agricole et surtout industrielle, lors même qu'ils subiraient une modification pour établir un rapport plus direct de la basse Normandie avec la ville de Rouen, aujourd'hui complètement sacrifiée ;

« A l'unanimité, le Conseil municipal déclare adopter le projet de MM. Laffitte et Cie ; invite la commission d'enquête à lui accorder toute faveur, M. le préfet son approbation, et conjure le gouvernement de lui donner préférence exc'usive ».

Le maire invita l'assemblée à consigner à l'enquête les réserves intéressant particulièrement Elbeuf, et l'on prit cette autre délibération :

« Le Conseil, vu le parcellaire du tracé du chemin de fer mis aux enquêtes ;

« Vu les indications qui lui ont été données sur la manière dont ce projet traverse la ville d'Elbeuf ;

« Emet l'avis unanime que, dans l'intérêt de la commune, les observations suivantes soient consignées au registre d'enquête :

« 1º Que la sente des Rouvalets, au lieu d'être supprimée, soit, à sa partie voisine d'Orival, détournée, de manière à passer, en conservant sa largeur actuelle, sur la tête du tunnel ; qu'elle suive ensuite une direction latérale au railway jusqu'à son ancien tracé, au point où la voie de fer doit la traverser ;

« 2º Que le chemin de fer longe le bâtiment

principal de l'hospice, sans l'entamer aucunement ; la question d'accès à cet établissement de charité publique demeurant réservée à l'appréciation du jury.

« 3° Qu'un petit aqueduc qui conduit l'eau chaude de la pompe à feu voisine, appartenant à M. Touzé, à un réservoir de l'hospice, d'une indispensable nécessité pour laver le linge, soit remplacé par un autre aqueduc de dimensions convenables, passant sous le railway ;

« 4° Que l'arche du viaduc à établir sur la rue de l'Hospice ait dix mètres d'ouverture au lieu de huit que lui accorde le projet. Deux motifs réclament l'adoption de cette mesure : d'abord l'alignement de la rue, fixé à cette largeur de dix mètres, et ensuite l'obstacle de deux mètres en saillie, qui pourrait rendre l'affluence des eaux sauvages plus dommageable et plus dangereuse.

« 5° Que les sources ou filets d'eau qui pourraient être traversés dans le percement du tunnel et détournés de leur direction actuelle, soient fidèlement recueillis pour être rendus au réservoir commun de la fontaine du Sud, qui alimente la petite rivière dite le Puchot ;

« 6° Que pour rendre aux habitants du quartier Saint-Etienne l'accès du débarcadère plus facile, condition également favorable pour eux et pour la compagnie, celle-ci soit tenue de céder sur l'emplacement qu'elle projette d'acquérir pour sa station, le terrain nécessaire pour porter l'élargissement de la rue Traversière à dix mètres de largeur. Cette rue, suivant toute probabilité, est destinée à recevoir l'entrée principale de l'embarcadère. Le terrain cédé par la compagnie serait alors payé au prorata de ses débours ;

« 7° Que la partie supérieure de la sente des Echelettes, dont le projet fait une véritable impasse, soit mise en communication avec la rue de la Justice, vers le nord du débarcadère, au moyen d'une sente de même largeur, que la compagnie céderait gratuitement sur son terrain, en remplacement de la partie qu'elle supprime.

« 8° Que le ponceau placé aux abords de la sente du Bosquet-Chandelier soit reporté en face de cette sente, de manière à éviter une déviation résultant des dispositions indiquées au plan et que rien ne semble justifier.

« 9° Enfin, qu'au moment où la compagnie concessionnaire achètera les terrains pour le passage de sa ligne, elle se concerte avec la commune, si cette dernière a la volonté et la possibilité d'exécuter un pareil projet, pour obtenir, moyennant remboursement du traité simultané, un terrain large de douze mètres parallèle à la voie de fer et destiné à ouvrir une rue qui, partant de la rue du Gard, aboutirait à celle de la Justice, sur un des principaux côtés de l'embarcadère ».

Comme on le voit, le tracé Laffitte passait au nord de l'hospice, sur l'emplacement de la rue Petou actuelle, et le tunnel sous la côte Saint-Auct avait son ouverture tout près de la fontaine du Sud.

Le 16 avril, la Chambre consultative prit une délibération approuvant de tous points le projet de chemin de fer de Paris à Caen proposé par MM. Charles Laffitte et Cie.

La Société des Anciens militaires possédait un peloton d'artillerie, avec deux pièces de canon que l'on chargeait dans les jours de grande cérémonie, comme la Saint-Philippe par exemple. Mais le 1er mai 1845, quand le peloton alla prendre les deux pièces, que l'on laissait ordinairement dans la cour de la mairie, on s'aperçut que tous les outils nécessaires à la manœuvre avaient été enlevés. Il fallut donc en improviser d'autres, et grâce au dévouement et à l'habileté des artilleurs, le canon gronda ce jour-là comme au 1er mai des années précédentes.

Dans sa séance du 9 mai, le conseil municipal revalida un vote antérieur pour la création d'une mare, dans la propriété du Gard, au nord du Cours, pour recevoir les eaux de cette rue et de celle Petite-du-Cours, contrairement à l'avis de M. Dautresme, qui réclamait un aqueduc jusqu'à la Seine.

M. Pierre-Amable Corblin, mourut le 21 du même mois, à l'âge de 87 ans.

Une mauvaise nouvelle circulait à Elbeuf depuis quelque temps : la ville de Caen, disait-on, et c'était la vérité, s'était formellement opposée, lors de l'enquête, aux projets de MM. Laffitte et Cie et à un autre de M. Letellier, ce qui avait causé une grande irritation dans les départements du Calvados et de l'Eure, dont les populations aspiraient après un chemin de fer. De nombreuses délégations de ces deux départements s'étaient déjà rendues à Paris, pour appuyer le projet Laffitte. Une délégation de la ville d'Elbeuf, composée de la commission du chemin de fer, de M. Mathieu Bourdon, maire, et de MM. Sauvage, Colvée, Fossard et Victor Quesné, se rendit à Paris, le 5 juin, dans le même but.

Un procès intéressant, concernant les dessins industriels, était alors pendant entre MM. Lefort, Chevalier et Cie, d'une part, et M.

Couprie, de l'autre, devant la Cour royale de Rouen. Il s'agissait de savoir si ce dernier avait contrefait les draps nouveautés des premiers, et sur ce point les experts n'étaient pas d'accord, de sorte que le Tribunal de commerce dut en nommer d'autres.

L'ancienne brasserie de bière dite de *l'Ours noir*, rue du Bout-du-Gard, fut créée en cette même année, par autorisation préfectorale du 14 juin.

Le 25 de ce mois, à neuf heures du matin, la Chambre consultative fut appelée à se réunir à la commission du Conseil municipal, pour entendre des ouvertures de M. Grandin sur la question du chemin de fer. Nous reproduisons le procès-verbal de cette séance et de celles qui suivirent, auxquelles notre ville s'intéressa vivement :

« M. Victor Grandin commence par dire à l'assemblée que la commission chargée, par la Chambre des députés, de l'examen du projet de Paris à Rennes est sur le point de faire son rapport ; que, dans ses bureaux, le projet de Cherbourg à Paris avait surgi avec des chances telles qu'il pourrait se trouver classé parmi les projets votés avec précipitation dans les derniers moments de la session ; que, dans une occurrence semblable et d'une si haute gravité, il avait cru devoir venir en toute hâte pour instruire le pays de ce qui se passait et s'inspirer sur la ligne de conduite qu'il aurait à tenir, dans le cas où la Chambre serait entraînée dans une décision.

« Afin d'éclairer l'assemblée sur la question, M. Grandin annonça qu'une convention avait eu lieu entre M. Rotschild, soumissionnaire de la ligne de Rennes, et M. Letellier, soumissionnaire de celle de Cherbourg ; que l'accord à l'aide duquel toute difficulté se trouve aplanie, à l'occasion de ces deux lignes et les avantages qu'elles s'offrent mutuellement, pouvaient déterminer des conclusions favorables dans le sein de la commission et, par suite, dans la Chambre élective.

« La compagnie Laffitte, ajoute M. Grandin, offre il est vrai des avantages plus complets pour la ville ; mais le silence qu'elle observe, au moment même où la question fait tant de progrès, doit éveiller l'attention, pour ne pas laisser échapper l'occasion qui se présente dans la nouvelle combinaison de M. Letellier.

« Dans cet état de choses, M. Victor Grandin désire savoir s'il devra voter en faveur du projet de M. Letellier, s'il vient à être présenté à la Chambre, avec un embranchement se dirigeant dans Elbeuf pour aller à Rouen.

« Après une controverse très animée, l'assemblée décida qu'elle ne donnera son opinion qu'après s'être éclairée auprès de la compagnie Laffitte, sur les observations et intentions qu'elle pourrait produire. En conséquence, M. le maire est prié d'écrire à Paris, par le plus prochain départ, pour engager cette compagnie à envoyer immédiatement l'un de ses représentants avec toutes les instructions nécessaires pour l'aider à fixer son opinion.

« M. Grandin annonce, en outre, la prochaine arrivée de M. Letellier, et dit qu'il a préféré instruire à l'avance le Conseil municipal et la Chambre consultative, afin de leur donner le temps et la facilité de s'éclairer sur ses propositions, qui ne seront que la reproduction des faits qu'il vient d'exposer ».

L'assemblée se déclara en permanence et

se sépara, pour se réunir au premier appel du maire.

Le même jour, à deux heures du soir, arriva M. Letellier, qui parla de ses conventions avec la compagnie soumissionnaire du chemin de Rennes, et exprima le désir de faire passer dans Elbeuf l'embranchement devant desservir Rouen.

Il ouvrit ses cartes et fit apercevoir que, par une légère déviation, on pourrait arriver dans Elbeuf par le vallon des Ecameaux. La dépense ne serait en aucun cas un obstacle pour obtenir ce résultat, si la ville d'Elbeuf voulait s'engager à lui prêter son concours. Toutefois. il se réservait de faire un examen plus attentif des lieux. en s'y transportant immédiatement; il réclama pour cette excursion la compagnie de MM. Colvée, Darré fils et Lefebvre-Duruflé.

L'assemblée se sépara jusqu'au lendemain dimanche 22, huit heures du matin. Nous poursuivons par le procès verbal de cette dernière séance :

« Les membres sont convoqués de nouveau, et M. Blaise, représentant de la compagnie Ch. Laffitte, arrive par suite de la lettre dont a été question et est introduit.

« Après l'avoir entretenu des motifs qui avaient dicté la lettre écrite à la compagnie Laffitte, trois questions principales lui sont posées :

« 1° S'il est vrai qu'ils ont refusé de s'entendre avec la compagnie soumissionnaire du chemin de Rennes. Motifs de ce refus ?

« 2° Pourquoi leur silence dans des conjonctures qui semblaient présager l'issue prochaine de la question du chemin de Caen à Paris ?

« Quel était l'avis de la compagnie sur les

démarches qu'il conviendrait de faire pour amener une solution avantageuse ?

« Sur la première question, M. Blaise a répondu que la compagnie Rotschild lui avait proposé, d'abord, de renoncer à faire arriver les voyageurs deux heures plus tôt de Caen à Paris par Saint-Pierre, qu'ils ne pouvaient arriver par la ligne dont elle devait se rendre concessionnaire ; qu'une deuxième proposition leur avait été faite, en vue d'élever leurs tarifs à des proportions telles qu'il n'y eût pas de différence en se dirigeant de Caen, soit par la Bretagne, soit par la ligne de Lisieux, Saint-Pierre, etc.; ou bien, à défaut de l'une ou l'autre de ces deux propositions, la compagnie Rotschild demandait qu'il lui fût accordé, pour toutes les provenances de la ligne de Caen, une participation de moitié dans les bénéfices que ce déversement pourrait occasionner à partir de Saint-Pierre du Vauvray jusqu'à Paris. La réponse de la compagnie Laffitte a dû être négative sur toutes ces propositions, par la raison qu'elles étaient dictées dans un intérêt particulier contre l'intérêt général ; qu'ensuite elles étaient toutes d'une nature onéreuse et inacceptable. C'est sur leur refus formel que les négociations ont été entamées avec M. Letellier.

« Sur les seconde et troisième questions, M. Blaise a répondu que la Compagnie, après avoir abandonné les négociations avec M. Rotschild, n'avait point renoncé pour cela à son projet de soumissionner la ligne de Paris à Caen, mais qu'elle croyait fermement que la question n'était pas arrivée à un état de maturité tel qu'on pût croire à une décision quelconque de la part de la Chambre des députés.

Ce qu'il y avait de plus désirable, pour l'intérêt de tous, c'était l'ajournement des deux projets. Il engageait la ville d'Elbeuf d'agir, par l'organe de son député, en vue d'arriver à ce résultat, soit auprès de la commission, soit dans la Chambre élective. Que, dans l'hypothèse improbable où ces projets seraient soumis au vote de la Chambre, il serait utile qu'un amendement fût proposé pour obtenir le tracé reliant entre elles les villes de Rouen, Elbeuf et Louviers ».

La séance, encore une fois suspendue, fut reprise à midi en présence des membres de l'administration et de presque tous les conseillers municipaux. Il s'agissait d'entendre M. Letellier, qui avait terminé son exploration, et ensuite M. Blaise.

« M. Letellier est introduit et, de suite, dit qu'après examen des pentes et des courbes, il persévère dans la pensée qu'il y a lieu d'entrer dans Elbeuf par le val qui, du haut de la rue Meleuse, se dirige vers le Bourgtheroulde et d'établir un embarcadère dans le voisinage de l'hospice Il énumère les avantages que la ville doit espérer de son projet qui la met en rapport, d'un côté, avec les provinces de l'ouest et, de l'autre, avec la Beauce, et il se résume en déclarant que, si la ville veut lui promettre son concours, il prend l'engagement de faire arriver dans Elbeuf l'embranchement qui doit desservir la ville de Rouen. Les dépenses ne seront point un obstacle ; toutefois, il se réserve de conférer avec M. Méry, son ingénieur, pour le consulter simplement sur la question des pentes et des courbes, et il réclame un délai de deux à trois jours pour faire une proposition définitive et par écrit, de manière à bien fixer l'assemblée sur la certitude de ses offres.

« M. Letellier se retire et M. Blaise lui succède. Il reproduit les arguments qu'il avait déjà exposés ce matin ; il insiste sur les avantages que la ville d'Elbeuf a lieu d'espérer du tracé de la compagnie ; il parle de ses rapports directs avec Paris et ensuite avec l'ouest. On lui objecte la rapidité de ses pentes et la résolution du gouvernement de ne rien accorder au-dessus de 8 millimètres Il répond que cette objection ne peut être sérieuse, parce que ce n'est qu'une question de dépense, que les ingénieurs ont reconnu la possibilité de se renfermer en cela dans des conditions qui leur seront imposées. Il réitère son opinion sur la nécessité d'un ajournement pour les deux projets, et l'impossibilité d'un vote de la part de la Chambre élective dans la session actuelle ».

Après le départ de M. Blaise, l'assemblée déclara donner une préférence exclusive au projet Laffitte, et, pour en assurer le succès, elle invita M. Victor Grandin d'appuyer et de voter l'ajournement des projets de Rennes et de Paris à Caen. Si, contre toute probabilité, la Chambre venait à classer le projet de Paris à Caen avec l'embranchement sur Rouen passant par Elbeuf, le député pourrait déposer un vote favorable, à la condition toutefois que, dans le projet, aucune disposition ne préjugerait en faveur du tracé proposé par M. Letellier.

Cette résolution, sur la demande de M. V. Grandin, fut consignée dans une lettre collective que la Chambre consultative et le Conseil municipal lui adressèrent.

Le 28 de ce même mois de juin, les membres du Conseil municipal et de la Chambre consultative eurent une nouvelle réunion, dans laquelle M. Bourdon, maire, donna lecture d'une lettre de M. Letellier, portant engagement envers la ville d'Elbeuf de faire passer par sa partie la plus centrale l'embranchement sur Rouen.

M. Lefort dit que, dans une entrevue avec M. Victor Grandin, à Paris, il avait remarqué la sympathie du député pour le projet Letellier. Par suite de la divergence existant entre cette opinion et celle de la majorité des présents, il serait mieux, ajouta M. Lefort, de laisser à M. Grandin la liberté de soutenir son opinion, tandis que la ville ferait, de son côté, toutes les démarches utiles pour assurer le succès du projet de M. Laffitte, auquel elle donnait la préférence.

L'assemblée décida qu'en l'absence de M. Grandin, il n'y avait pas lieu de donner suite à cette proposition, et déclara persister dans sa préférence pour le projet Laffitte.

Le ministre avait fait demander de grands échantillons de draps pour distribuer gratuitement à des indigènes de la côte orientale d'Afrique, Mayotte, Nossi-Bé, etc.; mais les manufacturiers elbeuviens firent la sourde oreille, même les membres de la Chambre consultative, de sorte que le maire dut répondre au ministre, le 21 juillet, par une lettre assez embarrassée.

Le ministre n'en tint pas rancune aux Elbeuviens, car, peu de jours après, il leur adressa des échantillons de draps allemands, achetés à l'exposition de Berlin, afin de les instruire sur la fabrication drapière d'au-delà du Rhin. M. Poussin fut chargé d'envoyer au ministre l'appréciation de la Chambre sur ces étoffes, en laine fine, mais de beaucoup inférieures à celles d'Elbeuf comme travail.

Quand on avait su, à Caudebec, que la ville d'Elbeuf se proposait d'établir une mare pour recevoir les eaux du Cours et de la rue Petite-du-Cours, un soulèvement contre ce projet s'était produit et une pétition, adressée au ministre de l'Intérieur, établissait que la mare serait située dans un terrain environné de dix hectares de terrain appartenant à la commune de Caudebec, terrain peuplé de plus de mille habitants, pour lesquels ce boit-tout serait une cause d'insalubrité, car quelques-uns avaient leur habitation à cinq mètres seulement de la mare projetée. Les pétitionnaires ajoutaient que les Elbeuviens pouvaient conduire leurs eaux directement à la Seine, au moyen d'un aqueduc.

Le conseil municipal d'Elbeuf, réuni le 1er août, prit une délibération pour contredire les pétitionnaires qui, d'ailleurs, n'avaient aucun mandat pour agir.

Une loi, datée du 10 juillet 1845, portait démonétisation, à partir du 31 décembre suivant, des pièces de six liards et de celles de dix centimes à la lettre N, et enjoignait aux receveurs des finances de ne plus les accepter après cette époque. Cette loi causa un assez grand émoi dans notre ville ; le conseil municipal, appelé à s'occuper de cette affaire, dans sa séance du 9 août, prit la délibération suivante :

« Considérant que la distinction des pièces vraies ou fausses n'est pas déterminée d'une manière positive dans cette instruction...

« Que dans la crainte de recevoir en échange

de sa marchandise une monnaie déjà frappée d'interdit par l'opinion publique, le petit commerce préfère s'abstenir de toute espèce de vente...

« Considérant que cet état de choses détermine une perturbation fâcheuse dans les transactions journalières, plus grave encore quand il s'agit de rapports entre les maîtres et les ouvriers... »

La conclusion fut que des instructions fussent données aux receveurs pour l'acceptation des pièces démonétisées, et de leur fournir, au besoin, des types régulateurs pour eux et pour le public.

La ville s'était toujours refusée, dans les années précédentes, à payer une part dans les dépenses occasionnées par l'ouverture de la route d'Orival à Oissel, et s'était pourvue au Conseil d'Etat contre les arrêtés du préfet, qui l'avait imposée d'office à une somme de 20.000 francs.

On apprit, ce même jour 9 août, que le Conseil d'Etat avait rejeté le pourvoi formé par la ville. Alors, le conseil municipal demanda le classement de cette route comme départementale, afin de moins contribuer à son entretien.

Cette année là, le Tribunal de commerce étudia un projet de bourse commune entre les agréés.

Le 9 août, il fut procédé à l'installation des magistrats consulaires, nommés par le roi le 28 du mois précédent, savoir : MM. Laurent Collas et Ed. Trinité, juges réélus, et M. Aug. Lefort, en remplacement de M. Lemonnier-Chennevière.

Dans cette même séance, M. Paul Sevaistre,

président, donna, aux autres membres du Tribunal, le résultat d'un dépouillement auquel il s'était livré : Depuis le 30 janvier 1830, date de l'installation du Tribunal de commerce, 161 faillites avaient été déclarées.

Dans le courant de cette même année, le 7 novembre, le Tribunal prit une délibération relative à une nouvelle salle pour ses audiences, dans l'enclave de l'Hôtel de Ville.

Une trombe épouvantable se déchaîna sur Monville (Seine-Inférieure), le 19 août ; plus de trois cents ouvriers furent ensevelis sous les décombres de trois fabriques, en quelques minutes. On ouvrit une souscription à Elbeuf par les soins de l'administration, qui, en quelques jours seulement, recueillit 14.520 fr.

Le 30, le conseil général émit un avis favorable à la réunion au territoire d'Elbeuf des îles Le Comte, de la Bastide et de l'Epinette.

Dans la même séance, il demanda l'étude et le classement d'un chemin d'Elbeuf à Guerbaville, par Bourgachard et le Landin.

Le mercredi 17 septembre, le conseil municipal fut convoqué avec les vingt-sept contribuables les plus imposés, qui étaient MM. Laurent Collas, Cousin-Corblin, Louis Delarue, Emile Delaunay, Prosper Flambart, Charles Flavigny, Achille Fouquier, Fréd. Fouquier, Jean-Félix Gariel, Constant Godet, Jacques Grandin, Grandin de l'Eprevier, Nicolas-Félix Lefebvre, Alphonse Lefort, Aristide Lefort, Léonime Malfilâtre, Stanislas Malfilâtre, Pierre Omont, Papavoine-Boivin, Laurent-Etienne Patallier, Georges Petou, Henri Quesné, Randoing, Réfuveille, Eugène Sevaistre, Jean-Baptiste Suchetet, Pierre Turgis, Rocheux, Jacques Boisguillaume et Lebret.

Dans cette réunion, on nomma un délégué pour débattre, conjointement avec le maire, les intérêts de la commune dans l'assemblée cantonale où il devait être question de la sous-répartition de la contribution foncière. M. Robert Flavigny fut désigné par 26 voix, sur 31 votants.

Dans la nuit du 21 au 22 octobre, un très violent incendie se déclara chez M. Buisson, épicier, rue de la Barrière, en face le théâtre. Le feu se communiqua à la fabrique de Mme Lécallier, occupée par l'importante maison Chefdrue et Chauvreux, et causa des dégâts considérables.

Une gratification fut donnée à M. Louis-Félix Gatineau, ouvrier de fabrique, et à M. Louis Pascal Médard, porteur à la halle, qui s'étaient distingués pendant ce sinistre. M. Amédée Bastin, pompier, et Mme Fédou, dont le mari était horloger, furent également cités pour leur dévouement.

Cet incendie, le cinquième qui se produisait dans ce quartier depuis trois ans, engagea la municipalité à faire des études pour l'établissement d'un ou plusieurs réservoirs dans cette partie de la ville, car l'eau était venue à manquer pour l'extinction de ces sinistres, pendant le dernier surtout. Une commission municipale fut nommée à cet effet.

Le 6 novembre, Mme Catherine Victoire Fournier succéda comme imprimeur typographe et lithographe à son mari, démissionnaire en sa faveur.

Sur la demande de M. Gustave Morin, directeur de l'Académie de peinture de Rouen, le conseil municipal de notre ville vota, le 7 novembre, une somme de 300 fr. à titre d'encouragement, en faveur du jeune Joseph Aubert, né à Elbeuf, qui s'était fait remarquer depuis quatre ans par son travail opiniâtre et son excellente conduite dans les cours professés par M. Morin. Pendant trois jours chaque semaine, il se livrait à un rude travail manuel, qui lui permettait d'employer les quatre autres à l'étude du dessin et de la peinture.

Ce même jour, le Conseil vota une pareille somme de 300 fr. en faveur du jeune Clavié, le meilleur élève de notre école primaire supérieure, alors dirigée par M. Le Page. Cet élève, âgé de treize ans seulement, avait déjà produit de fort jolies choses, entre autres un dessin représentant la façade du Panthéon, et un autre montrant une des fontaines de la place de la Concorde.

Le conseil municipal accepta une demande de M. Enoult, qui conjointement avec M. Lécallier, avait offert gratuitement le terrain de la nouvelle rue joignant celle Constantine au Cours, près la place du Calvaire, de lui donner le nom de rue Desmont. M. Enoult exposait que c'était pour se conformer aux intentions de feu M. Desmont qu'il avait ouvert cette rue. Comme remerciement au Conseil, M. Enoult donna à la ville une somme de 500 fr. pour les pauvres.

C'est à partir du 7 novembre que le grand carrefour voisin reçut le nom de place du Calvaire.

Le port d'Elbeuf était de nouveau ensablé, de sorte que l'accostage du quai était devenu très difficile et même dangereux pour les bateaux à vapeur. L'administration municipale s'adressa au préfet afin qu'il fit envoyer une drague pour enlever les dépôts, provenant en grande partie de masses considérables de sable qui avaient servi à éprouver le pont et que l'on avait ensuite jetées à la Seine.

Le 19 novembre, on mit en adjudication des travaux à faire à la tour de l'église Saint Jean, évalués à 14 700 fr.

Cet année-là mourut la comtesse de Grenneville, veuve en premières noces du comte de Colloredo, et en secondes de Charles-Eugène de Lorraine, prince de Lambesc, dernier duc d'Elbeuf, veuf également, et décédé depuis vingt ans.

Cette princesse, avait tenu, dans sa jeunesse, un grand état à la cour d'Autriche. Suivant M. P. Maille, elle conserva jusqu'à sa mort la réputation d'une femme d'esprit.

Le dimanche 7 décembre, M. Hiliani, âgé de 47 ans, archevêque de Damas, métropolitain de la Syrie, célébra une messe, suivant le rite grec, en l'église Saint-Jean. Cet ecclésiastique faisait une tournée en France afin de recueillir des secours en faveur des chrétiens d'Orient, persécutés par les Druses.

Le 10, M. Joseph Flavigny fut réélu membre du conseil d'arrondissement, par 167 électeurs sur 444 inscrits et 175 votants.

C'est pendant l'hiver de 1845-46 que la ville perdit son avenue de la rue du Cours, dont les arbres furent mis en adjudication le 17 décembre

A cette époque, M. Beck-Déparrois, constructeur-mécanicien à Elbeuf, modifia la machine à lainer les draps, dans le but de régulariser la tension de l'étoffe sur les croisées à chardons.

A cet effet, il supprima les colliers de pression et le rouleau de tension, et ajouta au haut de la machine un rouleau en contact avec un cylindre de pression agissant sur le premier par l'entremise de leviers La commande du drap sur le cylindre avait lieu par des rouleaux lamineurs, mus par une vis sans fin recevant son mouvement par un pignon placé sur l'axe du premier rouleau.

Cette année-là, M. Victor Grandin, député d'Elbeuf, se fit remarquer par plusieurs discours à la Chambre, notamment dans un où il passa en revue les dangers de l'agiotage, le trafic infâme de l'argent, le mystère des hausses et des baisses à la Bourse, calculées d'avance, et où il força le ministre des Finances et celui de la Marine à venir se justifier d'accusations qui les touchaient non moins comme particuliers que comme ministres.

Dans le courant de l'année, l'état-civil avait enregistré 562 naissances, 128 mariages et 466 décès.

CHAPITRE XXX
(JANVIER-AVRIL 1846)

Les statues extérieures de la tour Saint-Jean. — La salle d'asile. — Le chemin de fer par Elbeuf ; accord Laffitte-Letellier-Rotschild ; réunions et députations. — Le projet s'écroule ; réapparition de la Compagnie des embranchements ; un projet de gare sur l'emplacement de l'hôtel de ville actuel. — L'attentat Lecomte ; adresse au roi.

Des travaux à la tour Saint-Jean furent commencés au printemps de 1846. Ils comprenaient :

144 corbeaux, 8 chapiteaux de pyramides, 5 chapiteaux de piédouche, un couronnement de croisée, 8 statues à 500 fr. l'une, 2 statues à 600 fr., 8 statues à 400 fr. La dépense totale s'éleva à 14.000 fr. Les travaux furent exécutés par M. Joseph Colvée, entrepreneur à Elbeuf.

M. Lainé, curé de Saint-Jean, présenta, à ce sujet, un rapport au nom du conseil de fabrique, qui avait examiné avec soin les anciennes statues encore existantes et fixé l'individualité des saints qu'elles représentaient.

Le Conseil s'était aussi inspiré des vitraux et statues intérieures des deux églises d'Elbeuf et avait acquis la conviction que le culte des évangélistes, des apôtres, des saints Louis, Sébastien, Nicolas et Taurin y était établi depuis le xve siècle. Enfin, il avait interrogé plusieurs vieillards qui lui avaient assuré avoir vu avant la Révolution, sur les fronton, balustrade, etc., de l'église Saint-Jean les statues du Sauveur du Monde, de saints Nicolas, Taurin, Louis et apôtres. En conséquence, la fabrique fixa la liste suivante des statues à conserver ou à rétablir. Les statues marquées d'un * existaient déjà :

Fronton. — *Est*. — S. Pierre*, S. Jude*, S. Paul*.

Sud. — S. Jean l'Ev.*, la Vierge*, S. Philippe.

Ouest. — S. Nicolas*, S. Jacques le mineur*, S. Barthélemy.

Nord. — S. Thomas*, S. Sébastien*, S. André.

Balustrade. — S. Jacques le majeur, le Sauveur du Monde, S. Mathieu, S. Siméon.

Etage supérieur. — S. Taurin.

Etage inférieur. — S. Louis, roi.

Le 10 janvier, le Tribunal de commerce dressa l'état des marchandises neuves pouvant être vendues par enchères publiques.

Par ordonnance royale du 4 février, M. Jean Bénard, commissaire de police à Avranches, fut nommé à Elbeuf, en remplacement de M. de Saint-Fuscien, démissionnaire.

C'est de ce même temps que date l'extension du daguerréotype à Elbeuf. Le premier atelier où le public fut admis était rue du Maurepas et dirigé par M. A. Leborgne. Les prix variaient de 5 à 15 fr. par portrait.

Parmi les Elbeuviens du milieu de ce siècle, il en fut un non moins connu que le père Dupont ; nous voulons parler de M. Carel, plus tard directeur de la musique des Frères des Écoles chrétiennes, mais qui, pour le moment, était entrepreneur de bals à Caudebec.

Il eut des difficultés avec M. Fleury dit Jeault, directeur du théâtre d'Elbeuf, qui prétendit l'empêcher de faire danser pendant le carnaval de 1846. Le préfet fut saisi du différend ; ce magistrat le trancha en faveur de M. Carel, parce que Caudebec, n'ayant pas de théâtre, M. Jeault ne pouvait se prévaloir de sa qualité de directeur privilégié dans l'exploitation du théâtre de la division départementale qu'il exploitait.

Vers ce temps, MM. Joseph Colvée, Jean-Pierre Chouanne-Hazet et Jean Guérot-Eloy offrirent gratuitement à la Ville les terrains nécessaires pour prolonger la rue Mazagran, ouverte depuis peu, jusqu'à la rue Guérot ; la nouvelle rue devait avoir le bon côté de permettre la délimitation définitive des communes d'Elbeuf et de Caudebec.

En mars, sur une demande adressée par le ministre aux fabricants d'Elbeuf, M. Chennevière envoya un lot d'échantillons, afin de les faire connaître sur la côte occidentale de Madagascar et sur la côte orientale d'Afrique.

M. Henri Quesné, membre de la commission municipale des chemins de fer, informa ses collègues, le 10 mars, que les renseignements donnés par les journaux sur la ligne de Rouen à Caen étaient exacts.

M. Letellier lui avait affirmé de nouveau que sa compagnie, d'accord avec celle de M. Laffitte, avait pris l'engagement positif de faire passer sa ligne par Elbeuf même. Le point où cette voie serait reliée au chemin de fer de Paris à Rouen, entre Oissel et Sotteville-sous-le-Val, serait fixé ultérieurement par le conseil des ponts et chaussées, arbitre choisi par les deux compagnies. M. Letellier devait envoyer prochainement un plan du chemin de fer dans la traverse d'Elbeuf.

Dans la séance municipale du 10 mars, M. Lefort-Henry raconta comment et à quelles conditions avait eu lieu la fusion des deux compagnies Letellier et Laffitte. Il termina son discours en disant que la ville d'Elbeuf avait en perspective la meilleure position qu'elle eût jamais eue.

MM. Nicolas Louvet, Paul Sevaistre et Frédéric Fossard se montrèrent moins optimistes. Ils ne pouvaient se défendre de certaines inquiétudes, motivées par les tergiversations des compagnies, et redoutaient surtout toute combinaison qui rejetterait le railway soit à l'est, vers la Villette, soit à l'ouest, vers le Gravier d'Orival.

Le 29, M. Victor Grandin, arrivant de Paris, informa ses collègues du conseil municipal de ce qu'il savait au sujet du chemin de fer, qui était toujours la grosse préoccupation du moment.

Le ministre des Travaux publics avait donné la préférence au projet du tracé Laffitte et écarté celui de la compagnie Rotschild, qui s'était mise aussi sur les rangs ; mais on ne connaissait pas encore de quelle manière notre ville serait desservie. L'attention de la commission n'avait même pas été sérieusement appelée sur notre ville. Plus encore, M. Blaise, secrétaire, avait montré à M. Grandin un plan n'offrant rien de rassurant, en disant : « Nous allons à Elbeuf sans savoir comment, rien n'est étudié à ce sujet ».

M. Grandin ajouta que de puissants intérêts tendant à faire incliner autant que possible vers Bourgtheroulde et la Bouille la direction du chemin de fer, il lui paraissait probable que la compagnie ferait descendre son tracé par le Gravier d'Orival au Val-aux-Anglais pour ensuite traverser le fleuve et longer la rive droite. Dans cette hypothèse, l'embarcadère serait placé à la tête du pont suspendu, en face du port d'Elbeuf.

M. Mathieu Bourdon annonça, à son tour, qu'il avait reçu la visite de M. Limet, ingénieur civil, associé de M. Alcan, tous deux attachés à la compagnie Nord-Ouest dite de M. Rotschild. Ils ne renonçaient pas à présenter des plans, concurremment avec M. Laffitte, pour le chemin sur Caen. M. Limet avait demandé la faveur de soumettre au conseil municipal la partie de ces plans concernant notre ville.

Le maire avait également reçu la visite des quatre personnes attachées à la compagnie dite des embranchements : elles avaient exprimé l'intention de doter la ville d'un embranchement direct sur Tourville, avec embarcadère à l'intérieur de notre cité, au point désigné par le conseil municipal en 1844. M. Bourdon ne considérait pas cette proposition comme sérieuse,

M. Limet, qui faisait antichambre, fut introduit dans la salle du Conseil et soumit ses plans à l'assemblée, puis s'efforça d'établir que sa compagnie donnerait seule satisfaction aux intérêts d'Elbeuf. Ce serait une erreur de croire, ajouta-t-il, que les deux compagnies Laffitte et Rotschild sont irrévocablement en fusion. Dans le cas où la compagnie Laffitte abandonnerait la ville, celle du Nord-Ouest, que M. Limet représente, s'engagerait à desservir notre localité par une ligne d'Elbeuf à Oissel.

M. Victor Grandin établit qu'il existait d'abord quatre compagnies désireuses d'obtenir la confection du chemin de fer de Caen à Paris, avec embranchement sur Routot : la compagnie Laffitte, la compagnie Letellier, celle du Nord-Ouest et celle dite de M. Rotschild ; il y avait eu fusion, d'une part, entre les deux premières, et, d'autre part, entre les deux dernières.

Le résultat de cette fusion avait amené la suppression du chemin de Dreux, puis déterminé un accord entre la compagnie Laffitte-Letellier et celle Rotschild ; cet accord avait dû être fait au profit des deux premiers et alors MM. Alcan et Limet avaient été désintéressés dans cette question. C'est dans ce sens que M. Grandin s'en était expliqué avec M. Alcan, qui lui avait fait visite à Paris. Aussi M. Alcan avait-il répondu que son but unique était de témoigner l'intérêt qu'il continuait à porter à la ville d'Elbeuf, et de démontrer que le plan par lui proposé était, quoiqu'on l'ait contesté, d'une exécution possible.

M. Limet répondit qu'il ne pensait pas que sa compagnie se fût jamais entièrement effacée. Si un commencement de fusion avait eu lieu, des arrangements définitifs n'avaient ja-

Vue du quartier Saint-Jean, prise de l'Hôtel de Ville.

mais été conclus : c'était donc un projet sérieux qu'il soumettait au Conseil. Il déclara même que ses plans seraient envoyés au ministre des Travaux publics, pour être remis à la commission de la Chambre des députés.

Ceci dit, M. Limet se retira, et M. Grandin reprit la parole en ces termes :

« L'année dernière, M. Laffitte a proposé un projet de chemin de fer partant de Caen, venant jusqu'au val d'Oison, vers le Valanglier, établissant à ce point une bifurcation, une branche tendant à Louviers, l'autre se dirigeant sur Rouen par Elbeuf.

« M. Letellier, opposé à ce système, amenait sa ligne de Caen à Serquigny, puis la dirigeait vers Bourgtheroulde, d'où elle descendait par le Gravier d'Orival ou par le val des Ecameaux.

« Le projet Laffitte, soumis à l'examen du corps royal des ponts et chaussées, a été déclaré impraticable. Cette décision est elle motivée à cause de la direction de Louviers, ou à cause de la direction sur Rouen ? C'est un point inconnu.

« Le projet Laffitte, écarté, laissait des chances au projet Letellier ; de là, arrangement entre MM. Laffitte et Letellier.

« Cet arrangement est le résultat de concessions réciproques ; M. Letellier renonce à avoir un chemin indépendant et courant sur Paris, presque parallèle à celui de M. Laffitte ; celui-ci consent à ce que le tronçon commun remonte au moins jusqu'à Serquigny. De ce dernier point, M. Letellier tend à se rapprocher le plus possible de Pont-Audemer ; le succès, déterminé par de hautes influences, est à cette condition. Cette direction rend impossible le passage par le val d'Oison, passage qui assurerait l'arrivée du railway à Elbeuf dans les conditions les plus favorables. Vouloir faire adopter ce tracé en adoptant les plans de M. Limet, c'est vouloir anéantir les bases sur lesquelles repose la fusion de la compagnie Letellier ; c'est tenter ce que n'a pu faire M. Laffitte.

M. Grandin accepta de faire partie d'une délégation de notre ville à la commission de la Chambre des députés, mais il regardait cette démarche comme allant à un échec inévitable.

M. Lefort appuya, au contraire, l'envoi d'une délégation, et conclut en proposant de rejeter tout tracé qui n'arriverait pas à Elbeuf par le val d'Oison.

M. Paul Sevaistre observa qu'il était peu logique de se présenter devant la commission de la Chambre en disant : « Vous nous accorderez tel tracé, autrement nous ne voulons rien ». Ce serait le moyen de ne rien obtenir. Il faut au contraire, dit-il, obtenir une concession favorable à la ville d'Elbeuf et, un plan à la main, démontrer que ce n'est pas sur un point voisin d'Elbeuf, mais dans Elbeuf même, que doit passer la ligne de fer. Si la commission objectait que le projet Laffitte a été mis aux enquêtes et a reçu l'assentiment de notre ville, il faudrait répondre que le projet n'est plus le même ; que le projet actuel, mis aux enquêtes, serait énergiquement repoussé par la ville d'Elbeuf, comme contraire à ses intérêts. En conséquence, M. Sevaistre soumit à ses collègues la proposition suivante, qui fut adoptée à l'unanimité :

« Envoyer à Paris une députation qui aura pour mission de réclamer au nom de la ville d'Elbeuf que le projet de loi porte textuellement que le chemin de fer de Rouen à Caen passe par et dans Elbeuf, et que la compagnie concessionnaire ou adjudicataire soit tenue de placer le débarcadère sur le territoire de cette commune, c'est-à-dire sur la rive gauche de la Seine ».

La députation se composa de MM. Victor Grandin, Lefort Henry, Th. Chennevière, Bernard Join-Lambert, Paul Sevaistre et Nicolas Louvet.

Les membres du conseil municipal, plus MM. Alexandre Poussin et Constant Grandin, membres de la Chambre consultative, eurent une réunion officieuse le 6 avril, dans laquelle M. Paul Sevaistre, au nom de ses collègues rendit compte des démarches faites par la députation à Paris.

La commission de la Chambre des députés ayant annoncé sa résolution de ne recevoir aucune députation, mais d'admettre seulement des mémoires, les délégués d'Elbeuf avaient dû se rendre au conseil d'administration de la compagnie Letellier-Laffitte, pour connaître ses intentions et obtenir d'elle un engagement conforme au passage demandé. Cette compagnie avait écouté, avec une très grande réserve, les observations pressantes, les arguments solides, présentés par la députation, puis elle avait ajourné sa réponse à vingt quatre heures.

Dans cet intervalle, la commission de la Chambre, à laquelle avait été soumise une note résumant d'une manière concise les motifs à l'appui de la demande de la ville d'Elbeuf, fit savoir aux délégués, par un de ses membres, que les prétentions de faire insérer dans la loi « le passage par et dans Elbeuf, avec débarcadère sur la rive gauche » étaient inadmissibles ; qu'on ne pouvait imposer à une compagnie un tracé déterminé, que c'était un mode inusité ; que si la députation se contentait de demander l'insertion dans la loi des mots « par Elbeuf », il faudrait que la compagnie eût des motifs très sérieux pour que ces mots n'y fussent pas introduits.

Les délégués elbeuviens, reconnaissant l'inutilité de leurs efforts pour faire admettre toutes les fins de la délibération du 29 mars, avaient cru agir dans l'intérêt de leur mandat en restreignant leur demande au passage « par Elbeuf », et avaient rédigé et remis une seconde note dans ce sens.

Le jeudi 2 avril, la compagnie Letellier et Laffitte avait consenti à l'insertion dans la loi des mots « par Elbeuf », et la commission avait promis de donner cette satisfaction ; lorsque le lendemain, au moment où les délégués arrivaient à la Chambre pour s'assurer définitivement que les mots « par Elbeuf » feraient partie du texte de la loi, ils apprirent qu'une nouvelle modification était intervenue, et qu'aux mots « par Elbeuf », on avait substitué ceux-ci : « par ou près Elbeuf ».

La délégation avait fait alors de nouvelles démarches auprès de la commission de la Chambre ; une nouvelle note avait été rédigée pour obtenir le maintien des seuls mots « par Elbeuf », à quoi la commission avait fait cette réponse :

« La commission espère servir utilement les intérêts de la ville d'Elbeuf en proposant la mention « près ou par ». La discussion en sera facilitée au profit de la ville ; mais l'adhésion précise de la compagnie est la meilleure issue ».

« La compagnie, d'un autre côté, avait fait connaître verbalement qu'il n'entrait nullement dans ses intentions de modifier les mots « près ou par ».

Après ce compte-rendu, M. Paul Sevaistre proposa de prendre une délibération motivant avec force l'intérêt pour Elbeuf du passage intérieur de la voie ferrée et d'une gare centrale; de faire signer une pétition par les habitants; de faire imprimer ces deux pièces pour les distribuer à la Chambre la veille du jour où serait discuté le projet de loi.

M. Lefort Henry ajouta au compte-rendu du voyage de la députation elbeuvienne qu'une résolution extrême avait été prise par les délégués. Ils avaient fait parvenir à la commission de la Chambre une dernière note, pour demander instamment que le nom d'Elbeuf ne fût pas mentionné dans le projet de loi; il n'était pas juste de permettre à la compagnie de mal desservir une localité si importante; mieux valait pour elle être tout à fait mise à l'écart qu'être desservie d'une manière incomplète. Plus tard, la ville aviserait elle-même à une meilleure intelligence de ses intérêts.

M. Grandin, député, demanda à l'assemblée quelle ligne de conduite il devrait tenir à la Chambre. Devrait-il se renfermer dans un silence absolu, ou tenter de faire rétablir ces seuls mots : « par Elbeuf », en écarter ceux : « ou près » ?

M. Lefort émit l'avis qu'il valait mieux se taire, tous les efforts étant désormais inutiles. Mais il fallait éviter de s'aliéner, par une lutte trop vive contre elle, une compagnie avec laquelle on aurait plus tard à traiter. Cependant, comme cette compagnie pourrait exagérer l'importance des dépenses pour le passage par Elbeuf, il serait bon, dit-il, de faire faire des études par un ingénieur pour démontrer, au moyen d'un contre-projet, la dépense réelle à laquelle entraînerait la traversée d'Elbeuf et l'établissement d'une gare centrale.

On discuta là-dessus ; mais on s'aperçut que cette proposition ne pouvait être faite légalement, la réunion étant purement officieuse ; on ne pouvait donc formuler de vote financier.

Enfin, l'assemblée prit cette délibération :

« Considérant que la ville d'Elbeuf avait, en 1838, obtenu dans la loi constitutive d'un chemin de fer de Paris à Rouen, l'introduction d'un amendement qui précisait l'arrivée d'un embranchement, avec embarcadère dans la ville même ;

« Considérant que des études faites successivement par les trois compagnies Laffitte, Letellier, Grouchy, avant leur fusion, il résulte qu'il y a moyen de satisfaire les intérêts d'Elbeuf, puisque les tracés indiqués par ces compagnies font passer la ligne principale par Elbeuf et placent le débarcadère dans son enceinte ;

« Que l'enquête ouverte en 1845 a eu lieu sur des plans conformes à ce tracé en indiquant le passage par Elbeuf ; que si l'enquête avait eu lieu sur les plans indiqués aujourd'hui et dont le tracé est fixé sur la rive droite de la Seine, la ville d'Elbeuf aurait protesté de toutes ses forces contre un projet hostile à ses intérêts bien entendus ;

« Considérant qu'il appartient au gouvernement et aux Chambres de désigner nominativement dans la loi la direction à donner aux chemins de fer et de préciser les villes qu'ils doivent desservir, et la manière dont elles doivent être desservies dans leur intérêt véritable et non dans l'intérêt des compagnies ;

« Considérant qu'un tracé qui conduirait le chemin de fer sur la rive droite, à St-Aubin, et fixerait la station dans ce village, aurait pour résultat le bouleversement des intérêts commerciaux et industriels d'Elbeuf, la dépréciation énorme au profit d'une commune rurale, des valeurs immobilières, des vastes usines qu'un travail opiniâtre, qu'une industrie laborieuse, sont parvenus à agglomérer dans Elbeuf ;

« A l'unanimité délibère :

« La ville d'Elbeuf supplie la Chambre des députés d'introduire dans l'article premier de la loi sur les chemins de fer de l'Ouest ainsi conçu : « Il sera établi un chemin de fer allant directement de Paris à Cherbourg par Bernay et Caen, avec embranchement partant de Rouen, etc. » l'amendement suivant : « passant dans Elbeuf, avec débarcadère intérieur ».

« La présente délibération sera imprimée au nombre de 500 exemplaires et distribuée à chacun des membres de la Chambre ».

Quand elle sut que la ville était trompée dans ses espérances, la compagnie des embranchements se proposa de lui offrir à nouveau ses services.

Presque à l'ouverture de la séance municipale tenue le 9 de ce même mois d'avril, M. Mathieu Bourdon informa le Conseil que l'un des administrateurs de cette compagnie, le comte Hugo, témoignait le désir d'être admis devant l'assemblée.

M. Victor Grandin donna lecture du compte-rendu, par le *Moniteur*, d'une séance de la

Chambre. Le rapporteur de la loi ne pouvait encore fixer l'époque du dépôt de son rapport ; un ajournement, peut-être indéfini, paraissait probable.

Une discussion incidente s'éleva sur la valeur de la délibération du 4 janvier 1844 et le vote d'une subvention de 250.000 fr. par la ville d'Elbeuf, en faveur d'une compagnie qui entreprendrait un embranchement. Or, la proposition de la compagnie des embranchements rentrant entièrement dans les conditions déterminées, quelques membres demandèrent si cette compagnie ne réclamerait pas plus tard le montant de cette subvention.

Le maire répondit que dans une conférence, le 22 mars, avec les administrateurs de la compagnie des embranchements, il leur avait démontré l'impossibilité pour la ville d'exécuter un vote émis dans un mouvement d'enthousiasme, en mettant sous leurs yeux l'état de situation financière de la commune. Nul doute que le gouvernement ne refusât son approbation à la combinaison d'emprunt, pour payer la somme de 250.000 fr., et la sanction législative ne pourrait être obtenue. Cette démonstration établie, les administrateurs s'étaient retirés bien convaincus qu'aucune subvention ne pourrait être demandée à la ville d'Elbeuf ; aussi, leur proposition écrite, en date du 6 avril, était-elle complètement muette à cet égard.

« D'ailleurs, ajouta le maire, si le Conseil conserve des craintes, il peut rapporter la délibération du 4 janvier 1844, bien qu'aux termes de la loi sur les attributions municipales, elle n'ait aucune valeur, puisqu'elle n'a jamais reçu l'approbation de l'autorité supérieure ».

Cependant, comme des membres du Conseil persistaient dans leurs inquiétudes, l'assemblée prit immédiatement une délibération rapportant celle précitée.

Cette mesure de précaution prise, on introduisit le comte Hugo, qui développa les propositions de la compagnie, dont il était l'un des administrateurs et le secrétaire général.

« Notre projet, dit-il, est tout à fait elbeuvien. C'est Elbeuf seul que nous voulons desservir et de la manière la plus favorable. Au contraire des autres compagnies, nous ne venons imposer aucune condition à la ville ; c'est d'elle dont nous attendons le concours et dont nous recevons en quelque sorte la loi.

« Elbeuf a pu, lorsque l'embranchement de Caen sur Rouen venait par la vallée de l'Oison, espérer d'être rattaché convenablement à la ligne de Paris à Rouen ; mais avec les plans actuels, il y a impossibilité de le desservir comme ses intérêts le commandent. Le passage par Orival présente des difficultés insurmontables ; il entraînerait la destruction totale de ce village et coûterait des sommes énormes ; c'est du moins l'opinion d'ingénieurs très distingués.

« La compagnie des embranchements ne redoute point, d'ailleurs, la concurrence de la ligne de basse Normandie ; car, à supposer même qu'elle s'approchât « près Elbeuf », cette ligne ne desservirait la ville que d'une manière incomplète.

« Entièrement désintéressés dans la grande combinaison des chemins de fer de l'Ouest, nous venons vous offrir une ligne pour Elbeuf seul, pour vous relier à Paris et à Rouen de la manière la plus favorable à vos intérêts. Aucune compagnie, avant nous, ne présentait un chemin établi dans des conditions aussi avantageuses pour vous; aussi espérons-nous que vous ferez cause commune avec nous et que votre appui sincère pour notre proposition nous sera acquis auprès du ministre des Travaux publics et du gouvernement ».

A quelques questions qui lui furent adressées, M. Hugo répondit :

Que sa compagnie avait l'intention de n'établir que deux classes de voitures ; si, plus tard, elle avait des wagons de troisième classe, ils seraient couverts et construits dans de bonnes conditions de salubrité ;

Que jusqu'après la construction du pont, une seule voie de fer serait posée ; mais le terrain nécessaire à une double voie serait acheté.

Quant au mode d'arrivée à Tourville et au passage direct des wagons sur la ligne de Paris, ces questions ne pouvaient être résolues que par des règlements d'administration publique.

Le péage ne pouvait encore être précisé ; il était soumis au ministre des travaux publics ; mais on pouvait déjà affirmer que les tarifs demandés seraient les mêmes que ceux du chemin d'Orléans, tarifs beaucoup plus modérés que ceux de Paris à Rouen.

On demanda au comte Hugo quel degré d'espérance pouvait fonder sa compagnie sur la réussite de son projet auprès de l'administration.

Il répondit que l'embranchement d'Elbeuf n'était pas le seul pour lequel sa compagnie avait réclamé de puissantes recommandations auprès du ministre et elle espérait avoir des garanties de succès. Du reste, on rencontrait pour les embranchements des difficultés comme pour les grandes lignes. Si la ville adoptait sa proposition, il faudrait agir directement auprès du ministre et immédiatement.

M. Mathieu Bourdon observa à M. Hugo que sa compagnie avait été convaincue de l'impossibilité où serait la ville d'accorder une subvention, par laquelle, à une époque antérieure, elle aurait eu le désir de s'attacher irrévocablement une entreprise d'embranchement, et qu'il demeurait bien établi que tout sacrifice pécuniaire était absolument interdit à la commune.

M. Hugo répondit : « Notre compagnie aimerait mieux recevoir une subvention, la ville aimerait mieux n'en pas donner ; nous ne demandons rien ».

Le comte Hugo se retira et la discussion s'ouvrit entre les membres du Conseil :

M. Sevaistre exprima quelques inquiétudes sur la volonté ferme de cette compagnie d'exécuter la ligne d'Elbeuf à Tourville. Son représentant, dit-il, vient d'avancer qu'elle avait reçu de la compagnie Laffitte et Letellier des propositions pour se désister de ce projet. N'est-il pas à craindre que ces paroles ne révèlent quelques-unes de ces négociations d'argent entièrement hostiles aux intérêts des localités et profitables seulement aux entrepreneurs ? Il serait prudent de n'appuyer ce projet que conditionnellement et de nous en servir pour démontrer que cette compagnie des embranchements est prête à donner ce qui nous serait refusé par la compagnie Laffitte et Letellier.

M. Fossard pensait, au contraire, qu'il y avait avantage à donner la préférence au projet actuel. Ce serait prouver au gouvernement que la ville d'Elbeuf méritait un embranchement, puisqu'une compagnie n'hésitait pas à se présenter pour profiter du seul mouvement commercial de cette localité.

Le Conseil décida, à une très forte majorité, que la proposition de la compagnie des embranchements était acceptée par la ville.

Sur l'avis de M. Tabouelle, on arrêta également que des démarches seraient faites pour la réalisation du nouveau projet.

M. Victor Grandin exposa en ces termes la nouvelle situation :

« La dernière instance faite par les délégués à la commission de la Chambre avait pour but d'obtenir que le projet de loi ne s'occupât nullement d'Elbeuf. Le conseil municipal a donné son approbation pleine et entière à la résolution de ses délégués. Depuis lors, les espérances de la ville se sont réalisées ; elle a eu foi dans sa propre valeur, l'événement a justifié cette confiance : une compagnie sérieuse s'est présentée pour lui offrir un embranchement ; son appui, son concours, sont acquis à cette compagnie. Si le ministre autorise le projet, elle entre en jouissance d'un avantage immédiat. Si le ministre résiste, le projet actuel nous vient en aide, puisqu'il force la compagnie Letellier à nous desservir convenablement ; la situation qui nous est faite est très bonne ».

M. Grandin termina en proposant au Conseil d'informer immédiatement M. Lacrosse, rapporteur de la commission du chemin de l'Ouest, de la décision qui venait d'être prise. L'assemblée accepta. Voici le texte de la lettre que notre député adressa à M. Lacrosse :

« Monsieur et cher collègue,

« J'ai l'honneur de vous donner avis que le conseil municipal de la ville d'Elbeuf et la Chambre consultative réunis ont approuvé à l'unanimité la lettre que leurs délégués ont adressée à la commission le 3 avril dernier, lettre par laquelle ils demandaient avec instances qu'il ne fût rien changé aux termes de votre rapport de l'année dernière, et que, par conséquent, la ville d'Elbeuf fût complètement laissée en dehors du tracé à indiquer et mise hors du débat.

« Le conseil municipal et la chambre consultative insistent d'autant plus vivement pour que la commission veuille bien avoir égard à la lettre de MM. les délégués, qu'ainsi qu'il était facile de le prévoir, une compagnie s'est formée pour entreprendre un embranchement spécial qui réunirait Elbeuf au chemin de fer de Rouen, que ses plans et sa soumission sont déposés au ministère des Travaux publics et que la population toute entière se rallie à ce projet, qu'elle préfère de beaucoup à toute autre combinaison.

« Comme le projet que j'appellerai « elbeuvien » ne peut troubler en rien l'harmonie des tracés que la commission paraît disposée à proposer à la Chambre ; que, loin de là, il en facilite l'exécution, mes commettants et moi osons espérer qu'elle voudra bien accueillir favorablement notre pressante réclamation.

« Agréez, etc. — Victor GRANDIN ».

Enfin, la réunion municipale du 9 avril se termina par le vote, à l'unanimité, de la délibération suivante :

« Le Conseil ; vu la lettre en date du 6 avril 1846, par laquelle la compagnie des embranchements, représentée par MM. Rendu, vice-président, et le comte Hugo, administrateur et secrétaire général de cette compagnie, signataire de ladite lettre, fait à la ville d'Elbeuf la proposition d'établir une ligne de fer pour relier Elbeuf au chemin de fer de Rouen, par la station de Tourville ;

« Vu le plan d'ensemble, où se trouve figurée la direction du tracé proposé, partant de la station de Tourville et arrivant, au moyen d'un pont jeté sur la Seine, sur la rive gauche du fleuve, jusque dans la vallée même.

« Vu l'engagement pris par la compagnie, dans la lettre précitée, de livrer dans le délai d'un an, après la mise en possession des terrains nécessaires, toute la ligne de Tourville à Elbeuf, et, dans huit mois, de mettre en exploitation la voie de fer entre Tourville et Saint-Aubin ;

« Vu la lettre en date du 3 avril, adressée par les délégués de la ville d'Elbeuf à la commission de la Chambre des députés, après des démarches réitérées et toujours sans succès, pour obtenir l'insertion, dans le projet de loi sur les chemins de l'Ouest, du passage direct de la ligne de Caen à Rouen par Elbeuf ;

« Considérant que le projet soumis à son approbation par la compagnie des embranchements remplit les conditions désirables dans l'intérêt de la commune, puisqu'il offre, par la station de Tourville, la communication la plus directe sur Paris d'abord et ensuite sur Rouen ;

« Qu'il présente l'avantage incontestable d'une position centrale, puisqu'il place l'embarcadère dans un parallélogramme compris entre la rue du Havre à l'est ; une rue votée aux plans généraux en continuation de la rue

Robert, à l'ouest; le chemin de halage au nord, et au midi, une autre rue votée pareillement aux plans généraux comme prolongement de la rue Henry jusqu'à celle Saint-Jean ;

« Considérant que l'acceptation de cette offre supplée aux espérances toujours déçues qu'a-avait pu concevoir la ville d'être favorablement desservie par d'autres projets ;

« Qu'en même temps elle la protège contre la crainte d'être desservie d'une manière hostile à ses intérêts.

« Est acceptée l'offre faite par la compagnie des embranchements...., sont adoptés la direction et l'emplacement d'embarcadère figurés au plan mis sous les yeux du Conseil... » etc.

Louis-Philippe fut encore l'objet d'un attentat. Le 16 avril. Un nommé Pierre Lecomte, ancien garde général de la forêt de Fontainebleau, embusqué dans cette forêt, derrière un mur, tira deux coups de fusil sur la voiture du roi, mais sans atteindre personne.

Le conseil municipal d'Elbeuf, convoqué extraordinairement le samedi 18, crut devoir adresser une lettre de félicitations au roi d'avoir échappé au danger. M. Patallier, secrétaire du Conseil, fut chargé de la rédaction de cette pièce, dont voici le texte :

« Sire ; en apprenant l'attentat dirigé contre Votre Majesté, la ville d'Elbeuf a été profondément émue.

« Mais vous êtes sauvé ; à notre indignation succède un vif sentiment de reconnaissance envers la Providence Deux fois, comme par un miracle répété, elle a détourné de votre auguste tête le double coup qui la menaçait : grâces lui soient rendues !

« Sire, ces lâches et criminelles attaques, la honte de notre siècle, rehaussent encore l'éclat de ce courage calme, de cet inaltérable sang-froid, mis trop de fois à l'épreuve. L'arme du meurtrier est dirigée contre vous, vous le voyez ; ce n'est pas le danger qui vous préoccupe ; vous ne pensez qu'à rassurer votre royale famille.

« Quel noble sujet d'admiration !

« Sire, jamais les peuples n'implorent en vain la Providence pour le salut des princes qu'ils chérissent L'amour de la France vous assure cette protection divine : nos vœux sincères, nos prières ardentes pour l'obtenir se confondent dans les vœux, dans les prières de la France entière.

« Nous sommes, Sire, avec le plus profond respect, de Votre Majesté, les très humbles et fidèles serviteurs ».

CHAPITRE XXXI
(mai-juin 1846)

Toujours la question du chemin de fer. — La première trieuse mécanique ; les troubles des 22-23 mai ; la fabrique Aroux ; le sang coule ; arrivée de troupes de Rouen et du maréchal Gérard ; proclamations ; cinquante arrestations. — Au conseil municipal ; vote de l'érection d'une caserne place du Champ-de-Foire, et de l'habillement et de l'armement de la garde nationale.

M. Bourdon, maire, reçut le dimanche 3 mai trois lettres de M. Victor Grandin, député, qui était retourné à Paris ; il convoqua le conseil municipal pour le lendemain.

M. Grandin demandait qu'un vote nouveau du Conseil précisât la position qu'il devrait prendre dans la question soumise ce même jour lundi à la Chambre.

Un amendement, présenté par plusieurs députés, réclamait le rétablissement d'une branche de chemin de fer sur Laigle, Verneuil et Dreux. Cet amendement devait être fortement appuyé par plusieurs députés, notamment par Lamartine, et paraissait avoir grande chance de succès. S'il était adopté, les concessionnaires des chemins de fer de l'Ouest se retireraient.

M. Lefort-Henry dit qu'il ne croyait pas que cet amendement fût adopté. Si la loi présentée par le ministre et la commission était votée, il ne lui paraissait pas douteux que la compagnie concessionnaire ne fît tous ses efforts pour desservir Elbeuf convenablement. En supposant que le vote de l'amendement amenât le retrait de la compagnie et qu'une autre compagnie Rotschild, Breteuil et Letellier reprît les chemins de l'Ouest, des délais nouveaux, de nouvelles lenteurs seraient inévitables. Rien ne garantissait, d'ailleurs, que, dans cette combinaison, on fît à Elbeuf une position meilleure. On savait, par expérience, que M. Letellier n'avait jamais produit un plan qui satisfît notre ville. Il ne fallait pas croire du reste, que le retrait de la compagnie de MM. Blount, Laffitte et Breteuil pût amener une solution favorable au projet de la compagnie des embranchements. Il convenait d'engager notre député à ne voter aucun des amendements qui pourraient compromettre le succès de la loi sur les chemins de l'Ouest.

M. Paul Sevaistre était d'un avis tout opposé. Si la compagnie Breteuil, Blount et Laffitte se désistait, Elbeuf aurait l'espérance d'être mieux desservi par une autre. Il fallait donc demander à M. Grandin de voter tout ce qui pourrait amener l'ajournement du projet de l'Ouest et le prier d'user de son influence sur ses collègues pour le suivre en cette circonstance.

A ce moment, arriva une quatrième lettre de M. Grandin. Sa conduite, dans le vote sur l'amendement, disait-il, aurait une grande signification. Un vote en faveur de l'amendement donnerait à la demande de la ville d'être mise en dehors de toute mention dans la loi, un caractère de gravité, une expression de volonté sérieuse ; ce serait l'opposition au projet de l'Ouest poussée jusqu'à sa limite extrême : « Si le conseil municipal préfère à toute autre combinaison l'embranchement spécial avec débarcadère intérieur, s'il veut cela, rien que cela, le meilleur moyen de formuler cette volonté, c'est de voter pour l'amendement en faveur de Verneuil, Laigle et Dreux. La signification sera complète, personne ne pourra s'y méprendre ».

Après quelques observations de MM. Tabouelle, Paul Sevaistre, Houllier et Patallier, M. Lefort déclara ne pas vouloir se séparer de ses collègues ; le Conseil décida que M. Grandin serait prié de voter pour le tracé Laigle, Verneuil, Dreux et en faveur de tous amendements tendant à annuler le projet de la compagnie Breteuil, Laffitte et Blount. Cependant, ce vote pourrait être modifié dans le cas où M. Grandin obtiendrait une garantie écrite dans la loi en faveur du passage dans Elbeuf de la ligne de Rouen à Caen, avec gare intérieure.

Vers ce temps, M. Emmanuel Massé, peintre des portraits de Louis-Philippe et du feu duc d'Orléans accordés à la ville d'Elbeuf par le roi, et auteur d'un tableau donné à l'église Saint-Jean, fit un nouveau don à sa ville natale ; il se composait de dessins lithographiés, sur le camp de la Gironde, en 1845.

Le 13 mai, le maire fit connaître la démission donnée par M. Edouard Turgis, comme membre du conseil municipal.

L'introduction ou plutôt l'essai d'une trieuse mécanique dans l'établissement de M. Félix Aroux, rue de Paris, causa des troubles dans notre ville.

Le bruit avait couru qu'au moyen de cette nouvelle machine, on arriverait à supprimer les ouvrières trieuses de laines, alors en grand nombre dans les fabriques ; on disait même qu'une certaine quantité de ces ouvrières avaient été renvoyées de la fabrique Aroux.

Le vendredi 22 mai, vers huit heures et demie, une masse considérable d'ouvriers se porta dans la rue de Paris, et voici ce qui se passa, suivant ce qu'un journal rapporta le surlendemain.

« Ce rassemblement, d'abord inoffensif, ne tarda pas à proférer des cris, demandant que la machine en essai chez M. Aroux fût brisée. Les exhortations bienveillantes, paternelles de M. le maire, accouru en toute hâte sur les lieux pour dissiper l'attroupement, furent inutiles, ainsi que les efforts de MM. les commissaires de police, du maréchal-des-logis de la gendarmerie et des agents de police et des gendarmes.

« Bientôt on ne s'en tint plus aux cris. Une pierre ayant été jetée dans les vitres de l'établissement, ce fut comme un signal, et, pendant plus de trois heures, les pierres, les briques, les projectiles de toute sorte ne cessèrent d'être lancés. Tous les carreaux furent brisés.

« Sur l'invitation de M. le chef de bataillon, qui s'était aussi empressé d'accourir en uniforme, un certain nombre de gardes nationaux avaient pris les armes et, peu à peu, on est parvenu à dissiper le rassemblement ».

Le lendemain samedi, le maire fit publier par toute la ville la proclamation suivante :

« Ouvriers, on vous trompe en vous faisant sortir de vos habitudes d'ordre, de travail et de sagesse

« Quelques-uns d'entre vous, égarés par de perfides conseils, se sont, dans la soirée d'hier, portés à de blâmables excès

« Le prétexte de ces désordres, c'est une machine à laquelle on a donné faussement le nom de trieuse

« Elle ne peut remplacer, elle ne remplacera pas le travail intelligent auquel se livrent les ouvrières qui trient les laines. Cette machine, purement matérielle, n'a pas l'organe de la vue pour retirer des laines teintes en bleu, par exemple, des parcelles de laine d'une autre couleur, ni d'autres corps étrangers ; par conséquent, il faudra toujours le même nombre de trieuses pour trier les laines.

« On vous trompe encore quand on vous dit qu'elle a été la cause du renvoi d'un certain nombre de ces trieuses.

« Celles qui n'ont pas eu de travail, hier, n'étaient employées qu'en étoupage, et pas une seule des trieuses de l'atelier n'a été renvoyée.

« Cette machine, soyez en convaincus, sert seulement à déglutonner les laines étrangères, dont le bas prix permet d'augmenter la masse de fabrication, et par conséquent assure aux ouvriers une plus grande quantité de travail.

« Les machines ne sont point hostiles à l'ouvrier, car sans les machines, vous le savez tous, il n'y aurait pas d'industrie à Elbeuf, et maîtres et ouvriers n'y pourraient exister.

« Il ne peut donc y avoir que des malveillants, ennemis de votre repos et de vos intérêts, qui vous excitent au désordre. Fermez l'oreille à leurs perfides conseils ! Que chacun de vous reste à ses travaux et écoute la voix paternelle de ses chefs et de ses magistrats !

« Point de rassemblements : la loi les interdit et punit même les spectateurs inoffensifs qui en font partie.

« Le devoir du maire est de maintenir l'ordre et la tranquillité publique. L'ordre et la tranquillité vous assurent du travail pour vous, pour vos femmes, pour vos enfants.

« Le maire est convaincu qu'aucun de vous ne se mettra, en les troublant, dans le cas d'encourir les sévérités de la loi. — Mathieu Bourdon ».

Nous reprenons le compte-rendu fait par le journal :

« Malheureusement, tout n'était pas fini et le désordre devait recommencer le lendemain samedi plus sérieux.

« Cependant, par les soins de M. le maire, le parquet avait été prévenu de ce qui se passait, et, dès le matin, arrivaient M. le procureur du roi Guillemard, substitut de Cemier, et M. Boné, juge d'instruction, accompagnés d'un capitaine de gendarmerie.

« Au commencement de la journée, des groupes annonçant des intentions hostiles s'étaient reformés dans la rue de Paris. Au milieu de ces groupes figuraient un grand nombre de femmes dans un état d'exaspération difficile à décrire. Vainement M. le maire et les membres du parquet essayaient de leur faire entendre la voix de la raison. Leurs efforts restaient sans résultat.

« A neuf heures, moment du déjeuner des ouvriers, ils se portèrent en foule dans la rue de Paris. Des pierres furent encore jetées, et quelques-unes atteignirent les gardes nationaux qui voulaient rétablir le bon ordre Le tumulte cessa vers dix heures, les ouvriers ayant à ce moment, selon l'usage, retourné à leurs travaux.

« On craignait, avec raison, que le trouble ne recommençât à l'heure du dîner. Aussi, vers midi, on fit battre le rappel.

« A deux heures, les gardes nationaux, malheureusement trop peu nombreux, qui avaient pris les armes, se dirigèrent sur le lieu qui avait été déjà le théâtre de ces scènes, et se rangèrent en haie sur les deux trottoirs de la rue de Paris. La garde nationale à cheval, la gendarmerie, renforcée de la brigade du Grand-Couronne, stationnaient sur la place du Calvaire.

« Comme le matin, mais en plus grand nombre encore, et animés d'intentions de plus en plus hostiles, les ouvriers arrivèrent bientôt. Cette fois, ils ne voulaient rien moins que pénétrer dans l'établissement pour y briser tout, et surtout la machine qui avait été le prétexte des gros attroupements de la journée précédente.

« Les gardes nationaux essayèrent en vain de les arrêter. Vainement aussi, M. le maire et M. le procureur du roi essayèrent-ils, par des paroles bienveillantes, conciliantes, de calmer leur exaspération.

« Alors, il fallut bien avoir recours à la dernière ressource. Après un roulement de tambour, M. le commissaire de police Michel fit, au nom de la loi, sommation à la foule de se disperser. Cette sommation, faite par trois fois, ne fut pas écoutée.

« Tous les moyens de conciliation se trouvant épuisés, la garde nationale à cheval et la gendarmerie s'avancèrent. Mais alors ce fut une véritable grêle de pierres et de projectiles dont furent atteints bon nombre d'entre eux et quelques-uns même assez grièvement.

« Deux fois, ils chargèrent sans pouvoir dissiper la foule, qui se refermait derrière eux. Ils étaient en trop petit nombre pour lutter plus longtemps, force leur fut donc de s'abstenir.

« Bientôt, les perturbateurs, refoulant les gardes nationaux placés en haie, se ruèrent sur l'une des portes de l'établissement de M. Félix Aroux, parvinrent à l'enfoncer et se précipitèrent dans la cour.

« Là, ils brisèrent les vitres de l'emplacement où est placée la pompe, s'emparèrent de plusieurs balles de laine et les jetèrent dans la rue. Le modeste logement de la portière fut pillé, dévasté complètement, tous les meubles brisés ou emportés.

« On comprend combien il était important de les empêcher de pénétrer dans les ateliers. M. le maire, M. le procureur du roi, les divers fonctionnaires, les gardes nationaux et les citoyens réunis dans la cour, firent pour y parvenir et malgré les pierres qui pleuvaient autour d'eux, les plus grands efforts. Ils soutinrent, pendant trois quarts d'heure, un véritable siège.

« Grâce à cette courageuse résistance, le 1er bataillon du 21e de ligne, que l'on avait mandé, eut le temps d'arriver, ayant en tête son chef de bataillon. L'arrivée de la troupe, eut pour effet de dissiper comme par enchantement ce rassemblement si tumultueux.

« Les soldats furent bien vite disposés et échelonnés dans la rue de Paris et les rues avoisinantes, et, en peu d'instants, l'ordre se rétablit complètement.

« Ceux des perturbateurs qu'on avait pu remarquer furent alors arrêtés. Une douzaine d'entre eux ont été envoyés à Rouen et sont partis sur le bateau de quatre heures. Les arrestations ont continué pendant tout l'après-midi.

« M. le préfet du département et M. le maréchal de camp Gérard, commandant le département, sont arrivés à cinq heures, escortés d'un détachement de gendarmerie.

« Dans la soirée, grâce au déploiement de la force armée, tout était parfaitement calme ».

Parmi les plus blessés se trouvait l'agent de police Duboc, atteint d'un briqueton. Les briques lancées sur la force publique provenaient de la maison du docteur Godquin, alors en construction rue de Paris, en face la fabrique de M. Aroux.

Les soldats du 21e étaient arrivés de Rouen par le bateau à vapeur. En débarquant sur le quai, où peu de personnes se trouvaient, l'officier commandant s'était informé de quel côté était l'émeute, en s'adressant à un ouvrier du port connu sous le sobriquet de « Dur-à-cuir » qui, au lieu de donner un renseignement vrai, avait conduit la troupe par la rue du Pré-Bazile vers la rue Notre-Dame, avec l'intention de lui faire reprendre le chemin de Rouen.

— Après la journée, les soldats furent logés chez les habitants, auxquels le maire adressa un avis le dimanche 24.

Le 25, le maire fit afficher cette nouvelle proclamation :

« Ouvriers, mes avertissements n'ont point été entendus.

« Egarés par de perfides conseils et par un vertige fatal, des hommes indignes de figurer dans vos rangs se sont oubliés jusqu'à porter la dévastation dans un de vos établissements industriels. L'ordre public a été méconnu par eux ; des pierres ont été lancées sur vos magistrats et la garde nationale !

« C'est en vain que par la modération, par la longanimité, j'ai voulu longtemps m'opposer à d'abominables attentats !

« Le sang a coulé ; non pas celui des coupables, mais celui des courageux citoyens qui se groupaient autour de moi pour faire respecter l'inviolabilité des personnes et des propriétés.

« Aujourd'hui le calme est rétabli. Il importe de rappeler à leurs devoirs ceux qui s'en sont écartés ; il faut que force reste à la loi.

« L'industrie ne se soutient que par la tranquillité ; elle serait gravement compromise s'il n'était pas pris des mesures efficaces pour la protéger et la favoriser dans tous ses développements.

« C'est votre gagne-pain qu'il s'agit de préserver.

« Il est temps de revenir à des sentiments calmes, de fermer l'oreille à des suggestions passionnées ; toute tentative nouvelle contre l'ordre de choses établi serait, dans tous les cas, sévèrement réprimé.

« Ouvriers, comprenez votre véritable intérêt, celui de vos familles. Livrez-vous à vos utiles occupations, éloignez-vous de ces rassemblements, qui sont interdits formellement par la loi ; obéissez à vos antiques habitudes de travail !

« Que les honnêtes gens se séparent complètement des fauteurs de troubles ; qu'ils écartent à jamais le retour des malheurs dans lesquels une audace impardonnable n'a pas craint de plonger notre ville, si paisible jusqu'alors. C'est le premier devoir du maire de les y exhorter, au moment où la justice poursuit son cours contre les violations de la loi. — Mathieu BOURDON ».

A l'ouverture de la séance municipale du 25, au moment où M Lecerf entrait dans la salle, M. Mathieu Bourdon s'informa de la santé de M. Lecerf fils, qui avait été blessé à la tête « pendant qu'il remplissait son devoir de garde national dans l'émeute du 23 mai ».

Tout le Conseil témoigna à M. Lecerf le même intérêt et apprit avec satisfaction qu'une amélioration s'était produite dans l'état du blessé et que sa guérison était assurée.

Le maire rappela les événements qui s'étaient passés pendant les deux jours d'émeute et termina ainsi son discours :

« La persuasion, les avertissements, la longanimité, sont impuissants au milieu d'une multitude égarée, auprès de la population ouvrière excitée par les agitateurs. La force, une force imposante, peut seule aujourd'hui la contenir dans les bornes du devoir. Cette force est donc devenue indispensable pour assurer l'ordre public, maintenir la tranquillité et protéger les fauteurs de troubles eux-mêmes contre leurs propres excès ; car l'émeute des ouvriers les conduit infailliblement à la privation du travail.

« Il faut donc une garnison à Elbeuf ; de là la nécessité d'une caserne pour y loger la troupe de ligne

« Tout ajournement de cette mesure salutaire, tout délai de construction, pourrait être la cause de regrets tardifs, dont il faut se préserver ; il est temps de profiter d'un douloureux enseignement ».

Déjà. M. Bourdon, avec MM. Paul Sevaistre et Robert Flavigny, s'était rendu sur le « Champ de Mars », et de concert avec eux, il soumit au Conseil l'avant-projet de caserne suivant :

L'emplacement proposé était une partie du Champ-de-foire, vers la Seine, entre les deux ports de débarquement. Le terrain appartenait à la commune, qui, si elle était obligée de l'acquérir, le paierait plus de 30.000 fr. Une longueur de 40 mètres sur une largeur pareille suffirait pour la construction.

Le terrain étant sujet aux inondations, il faudrait le remblayer et faire aussi une chaussée d'un mètre de hauteur pour y accéder librement en tout temps. Cette chaussée mettrait la caserne en communication avec la rue Henry. Pour la régularité de la place, on pourrait planter, à droite et à gauche de la caserne, une avenue raccordant avec celles déjà plantées.

Ainsi, la caserne occuperait au Nord, entre le chemin de halage et le Champ de-foire, une position centrale, d'un aspect régulier, qui contribuerait à embellir la place

Les dépenses pour remblai et construction s'élèveraient à environ 60 000 francs, de laquelle somme le gouvernement fournirait probablement la moitié.

M. Dautresme demanda le renvoi du projet à une commission.

M. Fossard réclama, au contraire, une solution prompte, les événements des 22 et 23 ayant parlé assez haut pour qu'aucun retard ne fût apporté.

Sans plus de discussion, l'assemblée, véritablement sous le coup de la peur, prit cette délibération ;

« Le Conseil, considérant que dans la soirée du 22 de ce mois et le lendemain 23, des désordres inconnus jusqu'à ce jour ont affligé la cité ;

« Que les ouvriers, malgré les remontrances du maire, malgré les avertissements du procureur du roi, malgré les conseils et les instances de plusieurs chefs d'atelier, malgré les efforts et les exhortations des gardes nationaux, se sont portés à des actes de violence contre l'autorité municipale et judiciaire.

« Que, dans leur égarement criminel, ils ont attenté aux personnes et à la propriété, en accablant de pierres le maire, le procureur du roi, les agents de la force publique et les gardes nationaux, en faisant de graves blessures à tous les bons citoyens qui voulaient assurer la tranquillité publique et préserver l'établissement industriel assailli, en brisant les fenêtres et les clôtures de cet établissement.

« Considérant qu'une lutte inégale, dans laquelle l'autorité n'oppose à la force brutale que le calme et la modération, peut conduire aux plus grands malheurs ;

« Que les ouvriers, dans leur délire, ont été sourds aux sommations de la loi, tant qu'ils ont compté sur l'impunité ;

« Considérant que la présence seule de la

troupe de ligne a mis fin aux désordres, lorsque les émeutiers ont reconnu qu'une répression vigoureuse allait enfin les atteindre ;

« Considérant que ces actes de barbarie, s'ils se reproduisaient, auraient infailliblement pour résultat non seulement de porter atteinte aux personnes et aux propriétés, mais encore de tuer l'industrie de la ville ;

« Qu'une ville d'industrie ne peut subsister qu'à la condition d'une protection égale pour les chefs d'ateliers et pour les ouvriers ;

« Considérant que le gouvernement ne peut rester étranger à tout ce qui intéresse l'ordre et la tranquillité du pays entier, et surtout des grands centres de population et des villes manufacturières ;

« Considérant que sous ce dernier rapport, la ville d'Elbeuf se recommande vivement à sa sollicitude, puisqu'en impôts de toute nature, elle fait entrer au moins un million dans les coffres de l'Etat ;

« A l'unanimité délibère : Une caserne sera construite à Elbeuf, sur le Champ-de-Mars, dans des proportions telles qu'elle puisse contenir une garnison de quatre compagnies ;

« Le terrain appartenant à la commune sera cédé au génie militaire, sur une superficie de 1.600 mètres carrés et conformément au plan joint à la présente délibération. Un procès-verbal d'estimation sera également joint aux pièces ;

« Le ministre de la guerre sera prié de donner les plans de constructions, distribution et disposition intérieures qui devront être suivis.

« La dépense totale, terrain compris, étant évaluée à 90.000 fr, le gouvernement est supplié d'y contribuer pour le tiers ;

« L'autre tiers sera fourni par la commune.

« Le préfet est vivement pressé de donner son approbation à la présente délibération et l'appuyer auprès des ministres de la Guerre et de l'Intérieur, pour qu'elle reçoive une exécution immédiate ;

« Le ministre de la Guerre est en outre prié d'accorder à la ville d'Elbeuf une garnison assez nombreuse pour aider la garde nationale à maintenir l'ordre public et à faire respecter les lois ».

Cette délibération prise, le maire exposa la nécessité de pourvoir au casernement provisoire du demi-bataillon en séjour à Elbeuf depuis deux jours. Des billets de logement avaient été préparés, mais le chef de bataillon avait préféré garder ses soldats réunis et prêts au premier appel. Ces soldats étaient donc placés dans des cantonnements improvisés, sans objets de literie et campés comme au bivouac.

Une commission de cinq membres fut nommée pour s'occuper de cette affaire.

Alors M. Tabouelle, après des éloges adressés au courage et à la prudence des gardes nationaux qui avaient, sans succès, usé tous leurs efforts à réprimer l'émeute des ouvriers, et particulièrement à la garde nationale à cheval, émit le vœu que les noms de tous ceux ayant répondu à l'appel et, au péril de leur vie, qui avaient défendu l'ordre public et la propriété industrielle fussent annexés au registre des délibérations municipales.

Le Conseil s'associa à cette proposition et décida que le rapport du chef de bataillon serait annexé également à ce registre ; ce qui fut fait, mais, par la suite, on enleva cette annexe du registre dont il s'agit, où il n'est plus aujourd'hui.

Toujours sous l'impression de l'émeute, le Conseil s'occupa ensuite de donner une organisation plus forte à la garde nationale.

Le 26, le préfet adressa cette lettre à M. Emile Delaunay :

« Monsieur le commandant,

« Vous vous êtes conduit d'une manière conciliante et énergique pendant les troubles qui ont éclaté à Elbeuf, et la manière habile avec laquelle vous avez employé la garde nationale a certainement prévenu de grands malheurs. C'est donc avec plaisir que je vous exprime ici les sentiments de reconnaissance publique qui vous sont dus, non seulement par la ville d'Elbeuf, mais encore par ce pays, si rempli de fabriques et d'ouvriers.

« Je vous prie d'exprimer les mêmes sentiments aux gardes nationaux à pied et à cheval qui ont marché sous vos ordres.

« Recevez, etc. Le pair de France, baron DUPONT-DELPORTE ».

En ce même temps et tout le reste de la semaine, le juge d'instruction et le procureur du roi firent de nombreux voyages à Elbeuf. Une cinquantaine d'arrestations furent opérées et tous les inculpés transférés dans les prisons de Rouen.

Le ministre de l'Intérieur écrivit à M. Mathieu Bourdon, maire, pour lui témoigner sa satisfaction de la conduite qu'il avait tenue durant l'émeute.

Pendant la dernière semaine de mai, les prisonniers furent ramenés de Rouen à Elbeuf, sous forte escorte, pour être confrontés, en présence du parquet, avec les gardes nationaux qui se trouvaient sur le lieu des troubles, puis reconduits à Rouen. De nombreux témoins furent aussi entendus.

Par bail en date du 29 mai, la ville loua un un grand bâtiment sis sur le côté Sud de la rue de la Bague, presque en face la rue Lafayette, mais dans la direction de celle de la Justice. Ce bâtiment et ses dépendances dont l'entrée principale était la porte cochère se trouvant dans l'axe de la rue Lafayette, furent affectés à usage de caserne provisoire pour les troupes de la garnison. Le bail fut consenti pour le prix de 1.250 fr. par an.

Quatre des sept compagnies du 21e de ligne qui étaient venues dans notre ville le 23, regagnèrent Rouen le 30, avec leur commandant Roze, qui, avant de partir, remercia les habitants d'Elbeuf du bon accueil qu'ils avaient fait à ses troupes.

Le 31, M. Besnard, maréchal des logis de gendarmerie à Elbeuf, fut nommé chevalier de la Légion d'honneur, en grande partie à cause de sa conduite pendant les troubles des 22 et 23. — Le sergent de ville Duboc reçut une gratification de 300 fr., et M. Henri, brigadier de gendarmerie à Couronne, une de 200 fr.

M. Lefort-Henry, rapporteur d'une commission municipale composée de MM. Lecerf, Sèbe, H. Tabouelle et David Dautresme, présenta au Conseil, le 4 juin, un rapport dont voici quelques extraits :

« Les événements à jamais déplorables des 22 et 23 mai dernier ont fait vivement sentir combien il importait, à chaque centre de population, d'avoir toujours préparée une force effective imposante pour réprimer à l'instant même toute atteinte portée à l'ordre public.

« Cette nécessité, qui prime toutes les autres, est plus impérieuse encore dans une ville comme la nôtre, où l'industrie appelle chaque jour pour ses besoins de nombreux ouvriers étrangers qui, sans liens de famille, sans antécédents qui leur inculquent, au moins par habitude, le respect pour les maîtres, arrivent avec des passions que ne modère aucun frein, prêts à se livrer avec fureur aux actes de l'hostilité haineuse de celui qui n'a rien contre celui qui possède.

« Ces étrangers, nous l'avons vu, se sont le plus audacieusement signalés dans les troubles qui ont si violemment agité notre cité ; mais il faut le reconnaître en même temps, la démoralisation incessamment croissante de notre classe ouvrière a produit manifestement aussi ses funestes fruits, et nous avons remarqué avec douleur qu'un grand nombre d'ouvriers plus anciens avaient pris part active au désordre.

« Nous sommes donc au milieu d'éléments d'agitation, en présence de dangers qui peuvent se reproduire d'un instant à l'autre ; il suffit d'une étincelle pour rallumer tout à coup l'incendie.

« Dans cette situation, il faut non seulement une force pour réprimer, mais une puissance supérieure au mal et aussi prompte pour l'arrêter; il faut, en un mot, une forte organisation intérieure, car l'appel au secours du dehors est insuffisant dans les circonstances qui exigent une répression immédiate : nous avons failli en faire une bien terrible épreuve.

« La belle, la grande institution de la garde nationale nous offre ces moyens d'organisation, Sa devise : LIBERTÉ, ORDRE PUBLIC, indique assez que son but essentiel est précisément de constituer cette force intérieure dont nous éprouvons le besoin.

« Malheureusement, la loi qui régit cette admirable institution se ressent des temps qui l'ont créée... »

Le rapporteur exposa l'utilité d'armer et habiller la garde nationale, afin qu'elle pût en imposer davantage.

« ... Il a suffi, vous le savez, de cent gardes nationaux au plus, réunis sans ensemble et la plupart sans uniforme, pour contenir l'émeute si nombreuse du 23 mai, émeute favorisée d'ailleurs par les lieux et le hasard de constructions voisines qui lui fournissaient des armes, et certes il est incontestable qu'avec un nombre triple de citoyens bien équipés et confiants dans leur organisation, on eût facilement dominé l'insurrection... »

Le rapport conclut à l'adoption de l'uniforme des gardes nationaux de Paris pour plusieurs compagnies d'élite désignées sous le nom de compagnies de chasseurs et d'une compagnie de grenadiers. Ce costume serait une tunique en drap bleu de roi, un pantalon de même couleur avec passepoil rouge, un képi-shako, une cravate noire, des buffleteries; l'armement consisterait en un sabre et un fusil de calibre.

Ce rapport fut adopté ainsi qu'un autre tendant à la réorganisation complète de la garde nationale.

Le sous-intendant militaire écrivit le 21 juin au maire de notre ville :

« M. le ministre de la guerre, tout en décidant qu'un détachement de troupe serait maintenu à Elbeuf, a prescrit que celui qui s'y trouve actuellement serait relevé par deux compagnies du 18e de ligne, venant de Dieppe et Eu. Ces deux compagnies arriveront à Elbeuf le 26 de ce mois et seront logées chez les habitants. Le 27, elles prendront possession du logement affecté aux deux compagnies du 21e de ligne, qui rentreront à Rouen... »

Dans la séance du 25, le maire donna lecture au conseil municipal d'une lettre de M. Félix Aroux, disant qu'aux termes de la loi, il aurait droit à 9 000 fr. pour cause de dommages éprouvés par lui durant l'émeute, puisque ses pertes s'élevaient à 3 000 fr., mais qu'il ne réclamait rien, ajoutant que la conduite personnelle du maire était pour beaucoup dans la résolution qu'il avait prise.

Le Conseil vota des remerciements à M. F. Aroux.

Entre temps, le 31 mai. M. Legrand-Duruflé, membre du conseil municipal et ancien président du Tribunal de commerce, était décédé à son château de Fontenettin, près Gaillon, où on l'inhuma.

FIN DU TOME IX

TABLE DES GRAVURES

DU TOME IX

1. Vue d'Elbeuf, vers 1840. . . . . au titre
2. Le quai. . . . . p. 144
3. Mlle Caroline Bertaut. . . . . p 170
4. Jacquard . . . . p. 177
5. Plan de l'Usine à Gaz . . . . p. 246
6. Le Théâtre. . . . . p 279
7. L'ancien passage Saint-Gilles . . p. 327
8. La place Lemercier . . . . . p. 332
9. Le Pont suspendu . . . . . p 383
10. Les Armes d'Elbeuf. . . . . p. 423
11. Le hameau des Roches, à Orival . p. 457
12. Le quartier Saint-Jean . . . . p. 567

Nota. — *Cette table servira d'avis au relieur*

TABLE DES MATIÈRES

DU TOME IX

I. (Août 1830). — Chute de Charles X. — Les Volontaires elbeuviens à Paris ; leur réception par La Fayette et le duc d'Orléans. — Administration provisoire à Elbeuf. — Avènement de Louis-Philippe. — Fête publique. — Délégation de fabricants vers le gouvernement. — Adresse au nouveau roi. — L'affaire du curé de la Londe. — Pétition contre les clubs . . . p ige 1

II. (Septembre-Octobre 1830). — M. Pelou reprend ses fonctions. — Craintes de troubles ; arrestations. — Le nouveau conseil municipal. — La garde nationale d'Elbeuf ; Louis-Philippe lui donne un drapeau ; la double fête du 27 octobre. — Agrandissement de l'Hôtel de Ville. — Lettre du maire au ministre — La crise industrielle ; proposition de M. V. Grandin. p. 16

III. (Janvier-Mai 1831). — La question du gaz. — Manque de travail ; création d'ateliers de charité. — Une fourniture de draps militaires — On commence la route de Bourgtheroulde. — Difficultés dans l'administration municipale ; démission des adjoints. — La garde nationale « intra muros » et « extra muros ». — La Saint-Philippe. — Dégâts dans les forêts. — Le roi vient visiter Elbeuf. — Les tribulations de M. Nicolas Louvet . . . . p. 39

IV. (Juin-Juillet 1831). — Au tribunal de commerce. — Emeute à Elbeuf ; arrestations. — Le général Quiroga et autres réfugiés espagnols se fixent dans notre ville. — Trois décorations ; le commandant Sevaistre. — Les sœurs d'Ernemont. — Ouverture du cimetière du Vallot. — — Le premier imprimeur elbeuvien. — Anniversaire des « Trois Glorieuses ». . . p. 63

V. (Août-Décembre 1831). — Le Saint-Simonisme à Elbeuf ; conférences publiques ; rapport au préfet. — Craintes d'une épidémie cholérique. M. Constant Leroy, 21ᵉ maire d'Elbeuf. — Installation solennelle de la municipalité ; discours du préfet. — Projet de nouveaux travaux municipaux. — M. Th. Chennevière et les articles nouveautés. . . . . p. 76

VI. Janvier-Juin 1832). — Considérations sur la fabrication elbeuvienne. — La mendicité. — Naissance du « Journal d'Elbeuf ». — Les logements ouvriers. — Progrès du choléra ; son apparition à Elbeuf ; terreur de la population ; mesures municipales et cantonales. — Le docteur Henry et « la Cousine ». — Dévouement extraordinaire de Mlle Bertaut ; ses fondations à Elbeuf . . . . p. 95

VII. (Juillet-Décembre 1832). — A la Chambre consultative. — L'anniversaire des Journées de Juillet ; plusieurs Elbeuviens sont décorés ; discours du maire. — Projet d'un Champ de Mars à Elbeuf. — Création d'une foire aux laines. — Députation d'Elbeuviens vers le roi ; tranfèrement du moulin Saint-Etienne. — Fin de l'épidémie cholérique. — Toujours le gaz et M. Malteau . . . . p. 114

VIII. (Janvier-Octobre 1833). — Les draperies nouveautés ; les monteurs. — La tête-poire du roi. — Le bassin de la place de ce nom. — Les fêtes de Juillet. — Elections municipales. — Louis-Philippe à Moulineaux ; la garde nationale d'Elbeuf à Rouen. — L'obélisque de Louqsor. — Nouvelles démissions dans la municipalité. — M. Laurents, 22ᵉ maire d'Elbeuf — Avant-dernier mot sur le gaz de M. Malteau . . p. 132

IX. (Novembre-Décembre 1833). — Installation de M. Laurents. — M. Thiers, ministre du commerce, visite Elbeuf ; son discours ; un mémoire. — Elections aux Conseils général et d'arrondissement. — La garde nationale à la recherche de forçats. — Une liste de forçats. — Singulières excuses. — Les puits artésiens . . . p. 149

X. (1834). — Donation Romelot. — Mort de Mlle Bertaut. — Le commerce « à la pouque ». — Les massacres de Paris ; suppression à Elbeuf des fêtes du 1ᵉʳ mai. — Le Champ-de foire. — Emprunt de 250 000 fr. — Elections. — Elbeuf à l'Exposition de 1834. — Projet de lois douanières. — État de la fabrique elbeuvienne . . p. 168

XI. (1835). — L'incident Cheffrue. — La foire aux laines. — M. Lefort-Henry, 23ᵉ maire d'Elbeuf. — La compagnie de pompiers. — Police secrète pour la répression des vols de fabrique. — Projet de chemin de fer de Paris en Normandie ; statistique des transports de ou pour Elbeuf ; protestation — L'attentat de Fieschi ; adresse au roi. — Installation de la nouvelle municipalité ; discours. — Lettre à M. Thiers . . . p. 184

XII. (1836). — Salle d'asiles.— M.F. Alcan ; cours scientifiques gratuits. — Les Frères de la Doctrine chrétienne. — Projets de pont sur la Seine ; singulier vote du Conseil municipal ; rivalités. — Extinction de la mendicité. — L'attentat d'Alibaud ; une adresse au roi. — Les Frères de Charité. — Projet de transformation de l'Hôtel de Ville. — Le chemin de fer de Paris à la mer. — Les arbres et l'état du Cours. — — Création de la Caisse d'épargne. — L'eau à Elbeuf ; l'Oison ; l'abbé Paranelle. — L'attentat de Meunier ; nouvelle adresse au roi . . p. 207

TABLE DES MATIÈRES 593

XIII. (Janvier-Mai 1837). — Ouverture de la route de Bourgtheroulde — Le projet de pont suspendu et la Chambre consultative; curieux votes : le projet Moutier. — Les places Lemercier et Lécallier. — La rue Louvet — Projet de prolongement du quai. — Les projets de chemins de fer ; espérances d'une gare. — Victor Hugo a Elbeuf. — L'éclairage par le gaz ; les sociétés rivales ; l'usine de la rue du Neubourg. p. 229

XIV. (Juin-Décembre 1837). — Elections municipales. — Mariage du duc d'Orléans ; fête à Elbeuf. — Opinion sur l'avenir de la Caisse d'épargne. — Crise industrielle. — La rue Curmer. Le duc et la duchesse d'Orléans visitent notre ville. — Coalition des fabricants de chandelles. — Appréciation du maire sur la garde nationale. — Triste conditions des enfants employés dans les fabriques. — Les sécheries à vapeur — Elections dans la garde nationale. — Ouverture de la rue de Louviers . . . . p 248

XV. (1838). — Les noms des rues. — Un nouveau journal. — Société pour l'emploi des déchets des fabrique. — Situation de la draperie. — Question du chemin de fer; deux projets; députation d'Elbeuviens vers le roi. — Incident au Conseil municipal. — La route d'Oissel. — Les nouveaux curés. — Incendie de l'établissement C. Randoing. - La rue Céleste. — La ville achète le théâtre. — Naissance du comte de Paris. — Les premiers trottoirs. — Les rues de Paris et du Glayeul. — L'incendie Javal . . . p 266

XVI. (1839). — Projet de nouvelles rues. — Inondation. — M. Victor Grandin élu député et conseiller général. — Le Buquet, la Souche et les Ecameaux. — Le succès d'Elbeuf à l'Exposition de 1839. — L'oléïne. — Translation du calvaire au cimetière Saint-Jean. — Liste des fabricants. — Le coke. — Le pont suspendu ; le projet Séguin ; un « referendum ». — Nouvelle crise industrielle ; travaux publics. . . . p. 287

IX 38

XVII. (Janvier-Juin 1840). — Les rues Lefort et Henry. — Travaux de charité. — Les bateaux a vapeur d'Elbeuf à Rouen ; concurrence extraordinaire. — Elections municipales. — Le chemin de fer de Paris-Rouen ; projet d'embranchement sur Elbeuf; incident au Conseil municipal. — Le pont suspendu. — La question de la rue du Glayeul ; autres incidents. — Souvenirs d'une « caisse roulante » de la garde nationale. — Amusante méprise . . . . p. 304

XVIII. (Juillet-Novembre 1840) — La première conférence. — Le chemin de fer et les intérêts d'Elbeuf ; le projet par Criquebeuf ; nouveaux et vifs incidents au Conseil municipal ; démission de M. Lefort-Henry. — M M. Bourdon, 24e maire (provisoire) d'Elbeuf. — Prix de revient d'un drap à cette époque. — L'exploitation du théâtre. — Attentat de Darmès ; adresse au roi. — Casernement et passage de troupes. . . . p. 322

XIX. (Décembre 1840). — Retour des cendres de Napoléon ; la « Dorade », qui les porte, passe devant Elbeuf ; cérémonie solennelle ; foule immense. — Construction d'un mur de quai. — Les vitraux de l'église Saint Etienne ; leur description par M. Deville ; reproduction des légendes — Statistique de l'industrie lainière de notre ville . . . . p. 339

XX. (Janvier 1841). — Le froid arrête les travaux de la fabrique. — Les Frères de la doctrine chrétienne ; les enseignements congréganiste et laïque devant le Conseil municipal ; intéressante discussion ; l'introduction des Frères est votée. — Pièces de théâtre interdites. — Crainte de création d'un troisième journal. — La police secrète pour la répression des vols de fabrique : la Société pour l'emploi des déchets. . . . p. 357

XXI. (Février-Mai 1841). — Portrait de Louis-Philippe par un artiste elbeuvien — Machine à ramer. — M. Bourdon est nommé maire ; son installation, discours, fête. — L'église Saint-Jean ; historique. — Adjudication du pont suspendu. — Les Elbeuviens ne veulent pas de garnison. — Ordre de préséance dans les cérémonies publiques. — Création de pompes fuèbres ; nouvelle discussion philosophique au Conseil municipal ; le tarif . . . . p. 375

XXII. (Juin-Décembre 1841). — Statistique cantonale. — Terrible orage ; la ravine, projets. — Adresse au roi ; crainte d'un traité avec la Belgique. — Les rues éclairées au gaz. — Attentat contre les fils de Louis-Philippe ; nouvelle adresse. — Le daguerréotype. — L'industrie elbeuvienne. — Joie et déconvenue — La place Bonaparte. — Les rues Oursel. — La ligne sur la basse Normandie. — L'école primaire Fririon. — Machines à laver la laine . . . . p. 391

XXIII. (Janvier-Juin 1842). — La Société des ouvriers tisserands. — Entreprise souterraine. — Les rues Guérot et Bridoux. — Quadruple noyade — Manœuvre financière. — L'avant-dernière mare. — Les rues de la Halle et des Débardeurs. — Les sections électorales. — Le chemin de fer ; la gare de Tourville ; incidents au Conseil municipal. — Les armes d'Elbeuf. — Délimitation entre Elbeuf et Caudebec. p. 411

XXIV. (Juillet-Décembre 1842). — Mort du duc d'Orléans : adresse ; proclamation ; service funèbre ; M Massé, artiste peintre elbeuvien. — L Association normande tient ses assises dans notre ville. — Ouverture du Cirque, rue Lefort. — Projet de traité avec la Belgique ; deux délégations successives vont trouver !e roi ; nouvelle adresse à Louis-Philippe. — L'Histoire d'Elbeuf, par M. A. Guilmette ; protestations. — La rue Patallier. — Statistique. . . . . . p. 427

XXV. (Janvier-Juin 1843). — Projet de caisse de retraite pour les employés municipaux. — Inauguration du pont suspendu. — Réparations aux deux églises. — Inauguration du chemin de fer ; murmures contre la légende des armes d'Elbeuf ; la garde nationale d'Elbeuf se rend à Rouen. — Au théâtre. — Les bains en Seine. — Études pour la suppression des ravines — Un troisième journal. — Nouveaux conseillers municipaux . . . . p. 449

XXVI. (Juillet Décembre 1843). — Projet d'une Société de tempérance. — M Cunin-Gridaine ministre, M. Jules Janin et autres notabilités visitent notre ville — Echantillons de drap d'Elbeuf envoyés en Chine; M. Natalis Rondot. — La caserne de gendarmerie. — Un Elbeuvien industriel en Russie. — Projet d'embranchement d'Elbeuf à Tourville. — Elections dans la garde nationale. — La production elbeuvienne . p. 467

XXVII. (Janvier-Octobre 1844). — Vote municipal de 250.000 fr. pour l'embranchement d'Elbeuf Tourville — L'école primaire supérieure. — Les rues du Havre, Lefort, Desmonts et du Tapis-Vert. — Le maréchal Gérard — Place d'armes. — Le théâtre. — L'embranchement Alcan. — Ce qu'on lisait à Elbeuf en 1844. — Les actionnaires du chemin de Paris-Rouen votent pour un embranchement sur Elbeuf. . p. 488

XXVIII. (Novembre-Décembre 1844). — Elbeuf à l'Exposition de Paris ; hautes récompenses. — Nouvelles machines et procédés industriels ; les effilochages. — Projet de tunnel entre Elbeuf et Louviers. — Au Tribunal de commerce ; réglements ; médailles ; tarification pour les agréés : création de syndics, etc. — Les brevets de libraire. — Statistique des crimes et délits. p. 506

XXIX. (1845) — Artistes elbeuviens : MM. Delaunay et Aubert. — Les projets Letellier et Laffitte. — Les forçats libérés. — Le journalisme à Elbeuf. — Projet de gare au Vallot. — La mare du Gard. — Réunions relatives aux projets de voies de fer sur Caen ; discussions intéressantes.

— Les pièces de six liards et les décimes à l'N
— La catastrophe de Monville. . . . p. 522

XXX. (Janvier-Avril 1846). — Les statues extérieures de la tour Saint-Jean. — La salle d'asile. — Le chemin de fer par Elbeuf : accord Laffitte-Letellier-Rotschild; réunions et députations. — Le projet s'écroule ; réapparition de la compagnie des embranchements ; un projet de gare sur l'emplacement de l'Hôtel de Ville actuel — L'attentat Lecomte ; adresse au roi . . p. 547

XXXI. (Mai-Juin 1846). — Toujours la question du chemin de fer. — La première trieuse mécanique ; les troubles des 22-23 mai ; la fabrique Aroux ; le sang coule ; arrivée de troupes de Rouen et du maréchal Gérard ; proclamations ; cinquante arrestations. — Au Conseil municipal ; vote de l'érection d'une caserne, place du Champ-de-foire, et de l'habillement et de l'armement de la garde nationale . . . . p. 569

FIN DE LA TABLE

Elbeuf. — Imprimerie H. SAINT-DENIS.

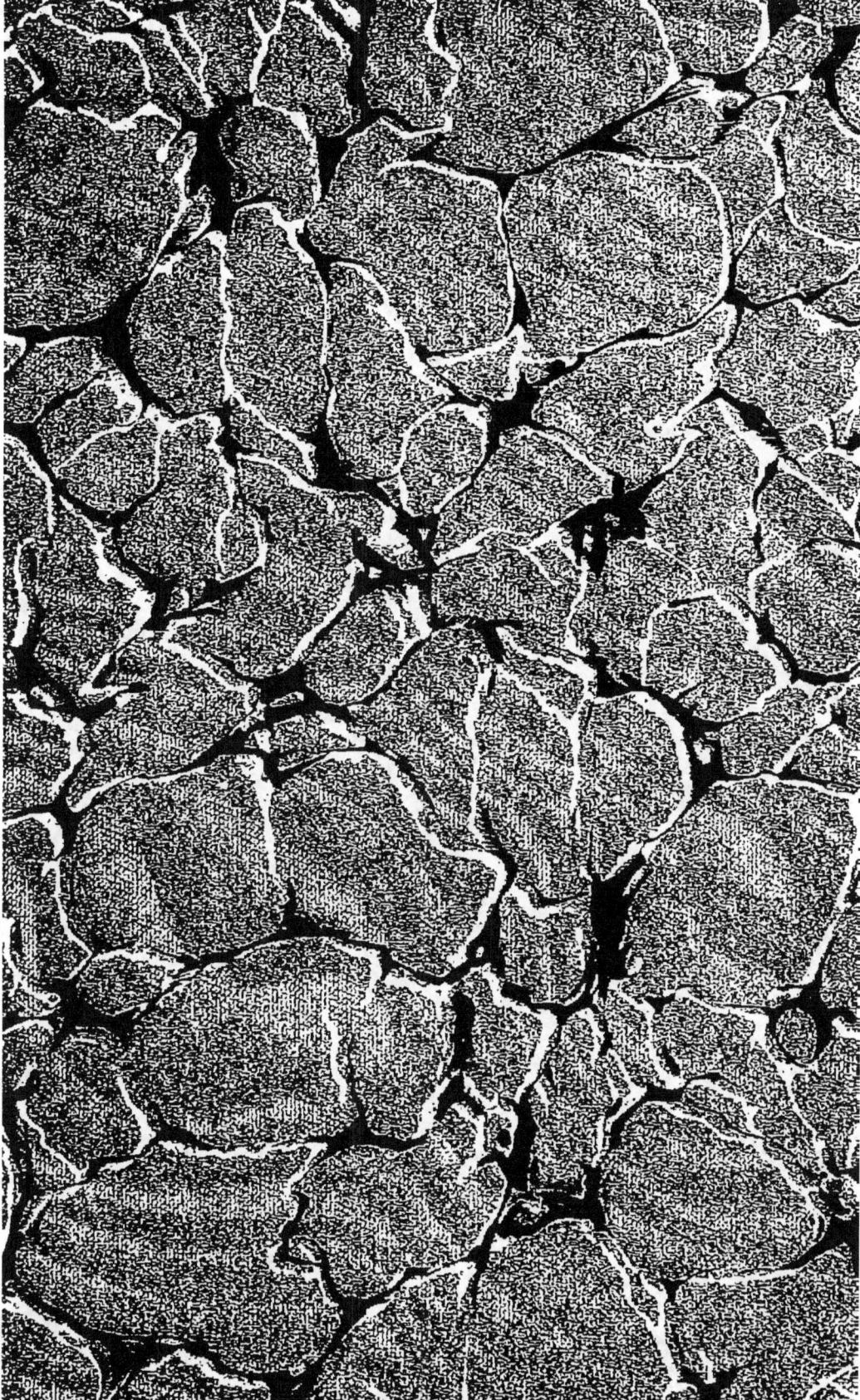

www.ingramcontent.com/pod-product-compliance
Lightning Source LLC
Chambersburg PA
CBHW071155230426
43668CB00009B/961